WIRKEN IM WANDEL DER ZEIT

Richard Merz

WIRKEN IM WANDEL DER ZEIT

150 Jahre Kreissparkasse Augsburg

Deutscher Sparkassenverlag

Bibliografische Information Der Deutschen Bibliothek
Die Deutsche Bibliothek verzeichnet diese Publikation in der Deutschen Nationalbibliografie; detaillierte bibliografische Daten sind im Internet unter http://dnd.ddb.de abrufbar.

Herausgeber: Kreissparkasse Augsburg

Konzeption und Gesamtbetreuung:
Deutscher Sparkassen Verlag GmbH, Stuttgart

Projektleitung: Kreissparkasse Augsburg
Lektorat: Wilfried Sehm
Gestaltung: Silke Nalbach
Herstellung: Jeanette Nickoll und Hansjörg Hauser
Bild- und Datenbearbeitung: UMP, Utesch,
Media Processing GmbH, Hamburg
Druck und Verarbeitung: Schoder Druck GmbH & Co. KG,
Gersthofen/Augsburg

ISBN 3-09-303808-1

INHALT

GRUSSWORT

Landrat Dr. Karl Vogele.

Der direkte Vorläufer der heutigen Kreissparkasse Augsburg ist die am 16. Juli 1855 gegründete „Sparkassa-Anstalt des königlichen Landgerichtsbezirkes Zusmarshausen“. Die Gründung lässt sich letztlich zurückführen auf den im Juni 1833 geäußerten Wunsch des bayerischen Königs Ludwig I., möglichst viele Sparkassenanstalten in kleineren Städten und Märkten als „kommunal getragene Selbsthilfeeinrichtungen“ zu bilden. Der Errichtung der Kasse lagen ausschließlich soziale Erwägungen zugrunde, denn auch „der kleine Mann“ sollte Gelegenheit haben, seine Ersparnisse sicher und Gewinn bringend anzulegen.

Der Neuanfang fiel in eine von Armut und Krankheit geprägte Zeit. Den historischen Quellen zufolge wütete damals die Cholera in der Region, viele Menschen waren bitterarm. Mit der Einrichtung einer Sparkasse wurden erstmals Möglichkeiten für die Landbevölkerung geschaffen, durch Sparen für Alter und Krankheitsfall vorzusorgen.

Heuer feiert die Kreissparkasse Augsburg ihren 150. Geburtstag. Im Verlauf einer langen Tradition ist sie zu einem Großunternehmen herangewachsen, zu einem Universalkreditinstitut, das alle Bankgeschäfte abdeckt. Gewerbetreibende, Handel und Freiberufler schätzen sie als kompetenten, vertrauensvollen Partner, und für viele unserer mittelständischen Betriebe und Großunternehmen ist sie zum unverzichtbaren Rückgrat geworden. Doch nach wie vor steht die Kreissparkasse Augsburg auch allen Bürgern offen. Das flächendeckende, enge Netz der Geschäftsstellen gewährleistet die Kundennähe dieses großen Kreditinstituts. Dabei steht die persönliche Beratung und individuelle Betreuung im Vordergrund.

Vorausschauende, kluge und besonnene Entscheidungen haben in der Vergangenheit die erfolgreiche Geschäftspolitik der Kreissparkasse Augsburg gekennzeichnet und geprägt. Die Kreissparkasse Augsburg nimmt bei vielen Gelegenheiten Einfluss auf die Lebensqualität unserer schwäbischen Heimat. Sie unterstützt und sponsert Vereine, kulturelle Veranstaltungen, den Sport sowie soziale und gemeinnützige Einrichtungen. Sie trägt so zu einem vielschichtigen gesellschaftlichen Leben in unserer Region bei.

Als Vorsitzender des Verwaltungsrates der Kreissparkasse Augsburg und Landrat des Landkreises Augsburg danke ich allen, die zur hervorragenden Entwicklung und zum hohen Ansehen unserer Kreissparkasse in der Öffentlichkeit beigetragen haben. Ich beglückwünsche die Kreissparkasse Augsburg und alle ihre Mitarbeiter, die Mitglieder des Vorstands und des Verwaltungsrates zum 150-jährigen Jubiläum. Sie können stolz darauf sein und sich in Ihrer guten Leistung bestätigt fühlen. Ich wünsche uns, dass die Zukunft weiterhin so erfolgreich verläuft.

Ihr

Dr. Karl Vogele

Der Vorstand der Kreissparkasse Augsburg (von links): Horst Schönfeld, Alfons Maierthaler (Vorsitzender) und Manfred Stöckl.

Die Kreissparkasse Augsburg feiert in diesem Jahr ihr 150-jähriges Bestehen. Dies ist für uns Anlass, auf die Geschichte unseres Unternehmens zurückzublicken und mit diesem Wissensschatz unseren Weg als moderner Finanzdienstleister fortzusetzen – ganz im Sinne des Philosophen Wilhelm von Humboldt, der meinte: „Nur wer die Vergangenheit kennt, hat eine Zukunft." Unser Selbstverständnis entspricht diesem Motto: Wir sind ein modernes, innovatives Unternehmen mit Geschichte und Tradition, das mit Blick in die Zukunft handelt.

Die historischen Wurzeln der Kreissparkasse Augsburg reichen weit zurück in die Mitte des 19. Jahrhunderts. Durch die innere Erneuerung Preußens war damals soeben der Weg zur kommunalen Selbstverwaltung und zur modernen Bürgergesellschaft geebnet worden. Diese Rahmenbedingungen bildeten eine wesentliche Voraussetzungen für die am 16. Juli 1855 gegründete „Sparcassa-Anstalt für den Landgerichtsbezirk Zusmarshausen" mit Sitz in Dinkelscherben, dem Vorläufer unserer heutigen Kreissparkasse.

Unsere Sparkasse ist im Laufe ihrer 150-jährigen Geschichte aus kleinen Anfängen zu einem modernen Kreditinstitut von ansehnlicher Größe herangewachsen. Wir sind ein verlässlicher, leistungsfähiger Partner unserer Kunden und führend, was qualifizierte Beratung, Service und lokale Kundenkenntnis angeht. Da wir uns auf den regionalen Markt in der Stadt Augsburg und dem Landkreis Augsburg konzentrieren und wohnortnah präsent sind, können wir gezielt auf die Wünsche unserer Kunden sowie der hier ansässigen Unternehmen eingehen und ihnen maßgeschneiderte Lösungen anbieten.

Ein echtes Unternehmen aus der Region für die Menschen, Unternehmen und Kommunen in der Region sind wir auch im 150. Jahr unseres Bestehens geblieben. Unsere stabile und gesunde Wirtschaftskraft schafft die Basis zu investieren, zu fördern, zu sponsern – und mit einem hohen Steueraufkommen die Kommunen in der Region zu stärken. Es gehört zu unserem Selbstverständnis, uns über die eigentliche Geschäftstätigkeit hinaus für die Interessen des Gemeinwohls einzusetzen.

Dass wir nicht nur von Gemeinnützigkeit reden, sondern diese auch praktizieren, beweist die Tatsache, dass die Kreissparkasse allein im Jahr 2004 rund 830 000 Euro an finanzieller Unterstützung für verschiedene gesellschaftliche Zwecke – für Kultur, Soziales oder Sport – aufgewendet hat. Dazu kommt unsere finanzielle Beteiligung und das ehrenamtliche Management in mehreren Stiftungen sowie die Gründung einer eigenen Stiftung aus Anlass des Jubiläums. Diese führt den Namen „Zukunft" und verfolgt gemeinnützige Ziele. So will die Kreissparkasse nachhaltig zum Wohlergehen der Region sowie zur Lösung gesellschaftlicher Themen beitragen. Auch als Veranstalter und Förderer zahlreicher kultureller und gesellschaftlicher Ereignisse geben wir Impulse, damit Menschen sich in unserer Region wohlfühlen.

Die Zukunft lässt sich nicht vorhersagen. Zuversicht und Optimismus sind dennoch angebracht. 1855 hat der erste Vorstand unserer Sparkasse, Pfarrer Franz-Xaver Egger aus Dinkelscherben, die Herausforderung seiner Zeit angenommen. Diesen Mut wollen auch wir zeigen und zusammen mit unseren Mitarbeiterinnen und Mitarbeitern die Zukunft mit Tatkraft und Energie angehen.

Wir danken allen, vor allem unseren Kunden, Mitarbeitern und den Verwaltungs- und Verbandsräten, dass sie an der Erfolgsgeschichte dieser Sparkasse mitgewirkt haben und mitwirken.

Alfons Maierthaler
Horst Schönfeld
Manfred Stöckl

SPARKASSEN – VON DER IDEE ZUR REALITÄT

Nürnberger Hand geht durch alle Land,
aber nichts geht über Augsburger Geld,
das gilt in der Neuen Welt.

Achim von Arnim (1781–1831)

Schon in den frühesten Menschheitskulturen entwickelte sich zur Lebenserhaltung und Daseinssicherung ein unverzichtbares Vorsorgedenken. Als denkendes Wesen bezog der Mensch schon immer die Dimension Zukunft in sein Handeln ein: Er sah sich gezwungen, Vorräte anzulegen oder Rücklagen zu bilden. Mit dem Kulturschritt vom spontanen Benutzer zum vorausschauenden Verbrauchsplaner wandelte sich der Mensch auch zum Sparer. Der Athener Politiker und Historiker Xenophon erkannte daher schon im Jahr 360 v. Chr.: „Sparsamkeit bringt Nutzen in Haushalt und Landwirtschaft." Nicht von ungefähr verweist der älteste erhalten gebliebene Sparbehälter (2.–1. Jahrhundert v. Chr.), eine Sparbüchse in Form eines Schatzhauses des Tempelbezirkes, nach Griechenland.[1]

In den antiken Kulturen Babylons, Ägyptens und Griechenlands fungierte die Priesterschaft als Hüter fremder und privater Schätze. Die Schöpfung dieses griechischen „thesauros" für den privaten Gebrauch ist durch die Form der Schatzhäuser angeregt worden. *Deutscher Sparkassenverlag*

Der Geldwechsler, aus: „Der Seele Trost", Augsburg 1478. *Staats- und Stadtbibliothek Augsburg*

Der Zahlungsverkehr in der Antike lief über die Geldwechsler. Ihre Aufgabe bestand darin, den Kaufleuten gute, in der Region akzeptierte, gegen fremde, unbekannte Münzen zu wechseln. Spätestens im 12. Jahrhundert sind Wechsler auch in den Städten des westlichen Mittelmeeres, in Genua, Montpellier und Navarra, aber auch schon nördlich der Alpen, in Augsburg und Brügge, bekannt.[2] Der Hl. Franz v. Assisi war es, der um das Jahr 1200 Zeichen setzte, um in Not geratenen Menschen nicht nur geistlichen Zuspruch, sondern auch materielle Hilfen zu gewähren. Mit seinen „Bettelbrüdern" schuf er Stiftungen und Schenkungen, um aus deren Mitteln Darlehen gegen Faustpfand geben zu können. Die Franziskaner wollten insbesondere dem schädlichen Wucher entgegenwirken, der Arme damals oft in noch größere Not und Abhängigkeit stürzte.[3] Der Hl. Antonius von Padua veranlasste in seinem unermüdlichen Kampf gegen die Wucherei sogar die Stadtregierung Padua das grausame Gesetz gegen die Wucherei zu mildern.[4] Der Gedanke des Wucherschutzes taucht später auch noch in den Gründungsmotiven und Satzungen von Sparkassen auf.

Im 15. Jahrhundert betrieben die Franziskaner, nachdem sie einsehen mussten, dass sie mit ihrer selbstlosen Hilfe allein die Probleme nicht bewältigen konnten, die Gründung von „Montes Pietatis – Berge der Mildtätigkeit".[5]

Die Legende berichtet uns darüber: Die Franziskanerbrüder Barnabas von Terni und Antonius von Todi baten Jesus Christus inständig um Hilfe für die Stadt Perugia, die unter den Druck der Wucherer sehr zu leiden hatte. Im Traum erschien ihnen Jesus und kündigte an, dass

1 Thurn, H.P., Die Kultur der Sparsamkeit, S. 7, 23–26.
2 Körner, M., Handel und Geldwesen, S. 66.
3 Dijk, W.-Chr. v., Geschichte der franziskanischen Spiritualität, S. 244.
4 Gamboso, Vergilio, Das Leben des Hl. Antonius, Padua, 9. Aufl. 1989, S. 68 ff.
5 Holzapfel, H., Montes Pietatis. Die folgende Ausführung darüber fußt wesentlich auf dieser Untersuchung.

Eine Bank im Florenz des 15. Jahrhunderts.
Aus: Sambacher, Das Geld, 1964, S. 67

in der folgenden Fastenzeit Frater Michael de Carcano aus Mailand in der Stadt ein Leihamt gründen werde, um die Armen gegen den Wucher zu schützen. Dieser weilte damals im Heiligen Land, wurde aber alsbald zurückgerufen und als Fastenprediger für Perugia bestimmt. Dort gründete er tatsächlich nach göttlicher Weisung den „Mons Pietatis", der 1462 ins Leben trat. Der Wahrheitsgehalt dieser Legende hält kritisch-historischer Betrachtung insoweit stand, als wohl die drei Ordensleute nachweislich das Gründungsgeschehen wesentlich beeinflusst haben.

In Deutschland wurden „Montes" als „Leihäuser" u. a. in Augsburg (1590) und Nürnberg (1618) errichtet.[6]

In seinem mentalitätsgeschichtlichen Meisterwerk „Der Bourgeois" verweist Werner Sombart auf den Florentiner Leon Battista Alberti (1404–1472) – Architekt, Jurist, humanistischer Gelehrter und Politiker.[7] In ihm sieht er den Mentor des moralisch begründeten Sparens basierend auf der christlichen Mäßigkeits-Forderung. In Albertis Familienbüchern „Abhandlung über die Familie" (1432–1441) erkennt Sombart bereits die vollständige Ausformulierung der Lehrschriften über die bürgerlichen Tugendkataloge des 16., 17. und 18. Jahrhunderts. Die Botschaft des florentinischen Vordenkers fasst Sombart mit folgenden Worten zusammen: „Das war das Unerhörte, das Neue: daß jemand die Mittel hatte und sie doch zu Rathe hielt. Denn alsbald kam es zu jenem Grundsatz: nicht mehr auszugeben als einzunehmen: zu sparen. Die Idee des Sparens trat in die Welt. Nicht des erzwungenen, sondern des selbst gewollten Sparens, des Sparens nicht aus einer Not, sondern des Sparens als einer Tugend. Der sparsame Wirt wird nun das Ideal selbst der Reichen, soweit sie Bürger geworden waren."[8] Alberti jedoch sprach sich auch gegen jede übertriebene Sparsamkeit aus.

Eine weitere „Sparkassenidee" impliziert das gesellschaftspolitische Buch des französischen Gesandten unter den letzten Herrschern des Hauses Valois und Berater König Heinrichs IV. von Frankreich, Hugues Delestre, aus dem Jahre 1611 mit dem Titel „Le premier Plant du Mont de Piété Francois Consacré à Dieu" (Erste Pflanzung des gottgeweihten französischen Mons Pietatis).[9] Mit dieser Schrift (1200 Seiten) unterbreitete er der Regentin Maria Medici, Witwe Heinrichs II. und Regentin Frankreichs für den unmündigen Ludwig XIII., ein gesamtgesellschaftliches Programm auf streng religiös-katholischer Grundlage[10], aber beeinflusst vom aufkommenden Merkantilismus. Neben einer Waisenanstalt, einem Heim für mittellose Priester, der Gewährung von kostenlosem Rechtsschutz für Waisen, Witwen und Armen sollte der von Delestre vorgeschlagene Mont de Piété von Dienstboten und Lohnarbeitern eine hochverzinsliche Anlage ihrer Gelder (Zinssatz 5,88 Prozent) ohne betragsmäßige Begrenzung entgegennehmen und sicher verwalten. Für Einlagen von Bürgern anderer Stände war nur eine Verzinsung von 3,33 Prozent vorgesehen. Als „Aktivgeschäfte" waren die Pfandleihe und die Beteiligung an Handelsgeschäften vorgesehen. Delestre gebührt der Ruhm, als erster den Sparkassengedanken geäußert zu haben, obwohl das Wort „Sparkasse" oder ein ähnlicher Begriff in seinem Werk nicht zu finden ist.[11]

Daniel Defoe (1660–1731), unerschrockener Streiter für politische und religiöse Freiheit, weltberühmt durch seinen Roman „Robinson Crusoe", befasste sich in seinem 1697 erschienen Buch „An Essay on Projects" mit so genannten Gegenseitigkeitsgesellschaften. Er verstand darunter Personengesellschaften, deren Mitglieder sich gegenseitig vertraglich verpflichteten, einander zu helfen, falls sie Unglück oder Not treffen sollte. Um die Armut zu verhindern und das Betteln zu unterdrücken, forderte Defoe

6 Houtman – De Smedt, H., Wee, H. v. d., Die Entstehung des modernen Geld- und Finanzwesens Europas in der Neuzeit, S. 83.
7 Die Ausführungen zu Leon Battista Alberti sind entnommen: Sombart, Werner, Der Bourgeois. Zur Geistesgeschichte des modernen Wirtschaftsmenschen, Berlin 1987.
8 Ebd., S. 139.
9 Wysocki, Josef, Eine utopische Sparkassenidee aus dem Zeitalter des frühen Absolutismus, in: Sparkassen in der Geschichte 2 (1984), S. 95–122.
10 Die religiöse Komponente des Werkes steht in enger Beziehung zu den damaligen Erneuerungsbewegungen in der katholischen Kirche wie z. B. Frömmigkeit einer neuen Art, wie sie insbesondere der Hl. Franz von Sales (1567–1622) oder der Hl. Vinzenz von Paul (1576–1660) lehrten.
11 Ashauer, G., Von der Ersparungscasse zur Sparkassen-Finanzgruppe, S. 31.
12 Gosden, P. H.J.H., Die Entstehung der Sparkassen in Großbritannien, in: Innovation–Diffusion, S. 161.
13 Sombart, Der Bourgeois, S. 135.
14 Ebd.
15 Ebd., S. 158.
16 Trende, A., Deutschlands älteste Sparkasse, in: Sparkasse 6 (1955), S. 85–89.
17 Wüst, W., Das Fürstbistum Augsburg, S. 378 ff.; Spies, M.; Feuerversicherung, Waisen- und Kreditkassen, S. 10–13.
18 Strafe für Sittlichkeitsvergehen.
19 Spies, M., Feuerversicherung, Waisen- u. Kreditkassen, S. 11.
20 Wüst., W., Das Fürstbistum Augsburg, S. 379.

die Errichtung eines Sparinstitutes für jede englische Grafschaft.[12]

Prägenden Einfluss hatten Defoes Ideen auf Benjamin Franklin (1706–1790) – nordamerikanischer Staatsmann und Schriftsteller. Einer vollendeten Zeitökonomie („Zeit ist Geld") muss eine[13] vollendete Stoffökonomie entsprechen: Sparen, sparen und nochmals sparen propagiert Franklin in all seinen Schriften. „Wollt ihr reich werden, so seid aufs Sparen ebensowohl wie aufs Erwerben bedacht." „Vergeude nie die Zeit noch Geld, sondern mache immer von beiden den denkbar besten Gebrauch."[14]

In Franklins „Tugendschema" hatte die „Sparsamkeit" neben zwölf anderen Tugenden wie z. B. Gerechtigkeit, Wahrhaftigkeit, Ordnung oder Gemütsruhe seinen Platz.[15]

Im 18. Jahrhundert entstand vor dem Hintergrund struktureller Umbrüche in Wirtschaft und Gesellschaft ein neuer Typus Kreditinstitut: „die Sparkasse". In vielen Territorialstaaten des Deutschen Reiches wurden – oft durch Privatinitiative – Waisenkassen und Leihkassen gegründet, um die Ersparnisbildung und damit die finanzielle Vorsorge in der Bevölkerung zu fördern. Dieser wirtschaftliche Aspekt verband sich mit philantropischen und erzieherischen Motiven zur Bekämpfung des Armutsproblems. Als erste Waisenkasse gilt heute die Waisenkasse des Klosters Salem, die Abt Anselm II. 1749 ins Leben rief.[16]

Im Hochstift Augsburg wurde auf Veranlassung von Fürstbischof Clemens Wenzeslaus in den Jahren 1777/78 eine Witwen- und Waisenkasse gegründet.[17] Die rechtliche Grundlage hierfür bildete die 25 Paragrafen umfassende „Hochfürstliche=Augsburgische Witwen= und Weyßenkasse Verordnung" von 1778 mit Sitz in Dillingen. Die Bildung des Stammkapitals erfolgte überwiegend durch eine jährliche Zahlung von 500 Gulden (fl.) des Hofzahlamtes, durch 3 fl. von jeder Fornicationsstrafe[18] und den Beiträgen von einem Kreuzer je Gulden Lohn. Dieses Stammkapital musste zu 4 % verzinslich beim Steuerkassieramt angelegt werden.[19]

Clemens Wenzelslaus von Sachsen als Augsburger Fürstbischof (1768 – 1802/12) und Kurfürst von Trier in seinem 53. Lebensjahr. *Schloss Marktoberdorf*

Die Vorteile der Kasse – Knaben bekamen bis zur Vollendung des 20. und unverheiratete Mädchen bis zur Vollendung des 18. Lebensjahres Unterhalt – wurden innerhalb der stiftischen Beamtenschaft schnell erkannt, sodass gleich zu Beginn ein wahre Beitrittswelle zu verzeichnen war. Auch gut verdienende Fürstendiener zählten zu den ersten Mitgliedern, obwohl die Mehrheit der unteren Schicht der der hochstiftischen Beamten zuzurechnen war.[20]

Im Frühjahr 1780 beschloss auch das Domkapitel, eine Witwen- und Waisenkasse für ihre Stadt- und Landbeamten zu gründen. Am 20. März 1782 erließen die Freiherren von Ungelter und Staufenberg im Namen des gesamten Domkapitels die 30 Paragrafen umfassende Verordnung, die sich im Wesentlichen der des Hochstiftes anglich.[21]

Für das Augsburger Kloster St. Ulrich und Afra ist eine Waisenkasse ab 1787 nachweisbar.[22]

Die Aufhebung aller Stifte und Klöster im Rahmen der Säkularisation in den Jahren 1802 und 1803 brachte die Auflösung für die Witwen- und Waisenkassen und führte zu einer Verschärfung der Situation der Armen und Bedürftigen, insbesondere auf dem Lande. Institutionen, die in Krisensituationen durch materielle Hilfen oder durch Darlehen ausgleichend wirken konnten, standen nicht mehr zur Verfügung.

Die zentralistische Politik des 1806 ausgerufenen Königreiches Bayern und die hohen Aufwendungen für die Kriegsführung bewirkten nicht nur eine ungeheure Staatsverschuldung, sondern auch eine allgemeine Verarmung des Landes. Durch die Zentralisierung des Armenwesens im Jahre 1808 übernahm der Staat die soziale Verantwortung, war aber nicht in der Lage, die Probleme zu lösen. Die Hungerkatastrophe von 1816/17 zeigte dies deutlich. Bis zum Herbst 1817 verteuerten sich die Getreidepreise um das Fünffache. Da 70 Prozent der Ernährung aus Getreideprodukten bestand, konnte der Großteil der Bevölkerung den Bedarf an Grundnahrungsmitteln nicht mehr decken. Es kam in Bayern gegen Getreidehändler gerichtete Krawallen, bei denen Militär eingreifen musste. Daraufhin versuchte die Regierung mit gesetzlichen Maßnahmen die Auswirkungen der Hungersnot zu lindern.[23] Mit der Verordnung vom 17. November 1816 wurde die Zuständigkeit für das Armenwesen an die Gemeinden übertragen. Im Artikel 57 wurden die Armenpflegen angewiesen, Einrichtungen für die Daseinsvorsorge zu fördern bzw. neue zu gründen. Sie hatten Versicherungsanstalten für Brand- und Hagelschäden zu unterstützen, „nach Umständen für die Bildung von Spar-Kassen für Zeiten des Alters und der Noth und für die Ausmittelung von Leihkassen zu sorgen, besonders aber dahin zu trachten, dass für Handwerksgesellen und Dienstboten ein Sicherungsverband auf Fälle der Krankheit, mittels kleiner Beiträge von ihrem Lohne unter Mitwirkung der Meister und Dienstherren, zu Stand komme".[24] Zum ersten Mal wurde in einer bayerischen Rechtsnorm die Sparkassenidee explizit aufgegriffen. Durch das Gemeindeedikt vom 17. Mai 1818 hatten die Gemeinden auch Aufgaben zu übernehmen, die bisher vom Staat besorgt wurden. Dazu gehörte neben dem Schul- und Polizeiwesen auch die Fürsorge, den in Not geratenen Bürgern ein Mindestmaß an Unterstützung zukommen zu lassen.[25] Diese beiden Verordnungen bildeten die gesetzliche Grundlage für die ersten Sparkassengründungen in Bayern.

Bereits 1817 baten Präsident von Graven und Direktor Seutter von der Regierung des Oberdonaukreises, Augsburg, um Errichtung von „Bezirksanleihkassen" und eines Hypothekeninstitutes.[26]

Die Augsburger Privatbanken – Bankiers wie z. B. Johann Lorenz Schaezler, Carl Wohnlich, Jakob Obermayer, Johann Gottlieb Süsskind – konnten diese notwendige Aufgabe nicht übernehmen. Deren Geschäftsgebiet war ausschließlich orientiert auf die Staats- und Kriegsfinanzierung, Münz- und Wechselgeschäfte, die Finanzierung der Augsburger Kattunindustrie, später auch der frühen Industrie.[27] So wurden die Jahre 1810 bis 1815 von den Augsburger Bankiers als die „Glanzperiode des Augsburger Wechselhandels" bezeichnet.[28] Ferdinand von Schaezler unterstrich noch im Jahre 1835, Augsburg sei ein Wechselplatz von europäischer Bedeutung und Augsburger Wechsel seien in Triest wie in London verkäuflich, dagegen sei München kein bedeutender Wechselplatz, dessen Wechsel nicht einmal in Frankfurt sicher einlösbar seien.[29]

Die Versorgung der Landbevölkerung mit Geldmitteln, besonders in der ersten Hälfte des 19. Jahrhunderts, war noch nicht ausgeprägt institutionell geregelt. Soweit Verwandte, Freunde oder Nachbarn nicht aushelfen konnten oder wollten, war die große Masse der ländlichen Bevölkerung darauf angewiesen, in erster Linie sich im „Freien Handel" die Darlehensmittel zu beschaffen. Als Kapitalgeber kamen insbesondere Kirchenstiftungen, Händler (Vieh-, Getreide-,

21 Spies, M., Feuerversicherung, Waisen- u. Kreditkassen, S. 13.
22 Ebd., S. 207.
23 Heydenreuter, R., u.a., Armenfürsorge u. Daseinsvorsorge, S. 50 f.
24 RGBl, 1816, Sp. 801; Schachner, R., Bayerisches Sparkassenwesen, S. 5.
25 GBl, 1818, Sp. 49; Spiethoff, B:, Ungewollt zur Größe, S. 10.
26 BayHStA, MF, Akt 13306, 4.9.1817.
27 Donaubauer, K. A., Augsburger Bankwesen, S. 299–302.
28 Zorn, W., Handels- und Industriegeschichte Bayerisch-Schwabens, S. 123.
29 Ebd., S. 137.
30 Merz, R., „Von der Wohltat des Sparens", S. 282.
31 BayHStA, MInn, Akt 52670, Gutachten Brunner.
32 Trende, A., Sparkassen, S. 69–75.
33 Rahn, Hans Adolf, Die Sparkasse der Stadt Zürich 1805–1944, Diss. Zürich 1946.
34 Benker, L., Die Geschichte der Stadtsparkasse Nürnberg, S. 49–120; Mertens, R., Johannes Scharrer. Profil eines Reformers, S. 110–131.
35 Merz, R., Die Gründung des Vereins „Augsburgsche Erspaniss-Kasse mit Verzinsung", S. 190.
36 Ders., „Was die Dresdner können, das können auch wir", S. 203–208.
37 Ders., Die Gründung des Vereins „Augsburgische Ersparniss-Kasse mit Verzinsung", S. 193.
38 Kopitzsch, F., Sparkassenrealität und Sozietätsbewegung im Zeitalter der Aufklärung, S. 3–21.
39 Malchus, C. A. v., Sparcassen in Europa, S. III.

Güterhändler), Gastwirte und Geldvermittler (Agenten) in Frage.[30]

Diese Nachfragelücke sollten die Sparkassen zukünftig ausfüllen. Inspiriert von den gesetzlichen Vorgaben – Armenverordnung 1816 und Gemeindeedikt 1818 – schickte der Münchner Hauptbuchhalter Johann Kaspar Brunner 1818 ein im Jahre 1817 verfasstes Gutachten[31], in dem er den großen Nutzen einer Sparkasse darlegte, an den bayerischen Innenminister Friedrich Graf von Thürheim. Vorbild war für ihn die 1805 gegründete „Zinstragende Ersparungsanstalt für alle Stände der Einwohner des Kantons Zürich". Mit umfangreichen Berechnungen belegte er, dass regelmäßige Sparleistungen große finanzielle Aufwendungen, wie die Ausbildung oder die Einrichtung einer Werkstatt für die Kinder, ermöglichen.[32] Die Institution einer „Sparkasse" war ihm aus dem familiären Umfeld bekannt: Sein Vater war einer der Einnehmer der Züricher Sparkasse.[33] Ein unmittelbarer Erfolg war Brunners Vorschlag in Bayern allerdings nicht beschieden.

In Nürnberg kam es zur Gründung der ersten bayerischen Sparkasse am 1. November 1821 basierend auf dem Gedankengut des Magistratsrates Johannes Scharrer mit der von ihm gewünschten Einbindung der Sparkasse in den Kommunalbereich.[34]

Die zweite bayerische Sparkasse, die „Ersparniss-Kasse mit Verzinsung" in Augsburg, begann ihren Geschäftsbetrieb am 2. Februar 1822.[35] Spiritus Rector dieser Gründung war der Augsburger Bankier Lorenz Freiherr von Schaezler nach dem Vorbild der am 3. Februar 1821 ins Leben gerufenen Dresdner Sparkasse.[36] Anders als in Nürnberg wurde die Sparkasse nicht vom Magistrat, sondern in der Rechtsform eines Vereins von den Augsburger Bankhäusern Johann Lorenz Schaezler, Carli & Comp., Johann Gottlieb Süsskind und Wohnlich & Froelich gegründet.[37]

Der Augsburger Bankier Johann Lorenz Freiherr von Schaezler. *Stadtarchiv Ansbach*

Geistesgeschichtlich betrachtet waren die Anfänge der deutschen Sparkassen sicherlich ein Bestandteil des Reformprogramms der Aufklärung, Teil ihres sozialpolitischen Konzeptes. Der gemeinnützige Einsatz vieler Aufklärer ließ aus der Sparkassenutopie Sparkassenrealität werden. Die Sparkassen dieser Art waren das Werk einer kleinen Minderheit, einer kritischen Avantgarde. Sie waren das Ergebnis der Initiative von Bürgern, die ihre soziale Verpflichtung erkannten und ihren Mitmenschen helfen wollten, mündig und selbstständig zu werden.[38] „Die ersten Spar-Cassen sind durch die philanthropische Bemühung wohlwollender Menschenfreunde ins Leben gerufen worden", resümierte Carl August Freiherr von Malchus in seinem Werk über die Sparkassen in Europa.[39]

In der Bekanntmachung über die Eröffnung der Augsburger Sparkasse vom 1. Januar 1822 lässt Johann Lorenz von Schaezler stolz verkünden: „Augsburg, das sich in Gegenständen der Wohltätigkeit vor vielen Städten so vortheilhaft auszeichnet, soll nun auch in den Einrichtungen der neuen Zeit, in Begründung einer Ersparnis-Anstalt mit Verzinsung nicht zurückbleiben."[40] In einem undatierten Zirkular von Schaezlers an seine „hochzuehrenden Herren und Freunde" stellte er die wichtigsten Gründe für eine Sparkassenerrichtung heraus:

1. die zahlenmäßig „unberechenbar" werdenden Arbeiter in den Fabriken,
2. Nahrungslosigkeit vieler alter Bürger,
3. die „außer Kundschaft und Mode" gekommenen Handwerker und
4. die immer zunehmende Zahl der Armen und Erwerbslosen.[41]

Nachdem allerdings das Geschäftsgebiet der Augsburger „Ersparniss-Kasse mit Verzinsung" sich ausschließlich auf das Augsburger Stadtgebiet beschränkte[42], blieb für das Gebiet des heutigen Landkreises Augsburg das Desiderat einer solchen Institution bestehen.

40 HAStakaA, Nr. 110/01, Bekanntmachung vom 1.1.1822.
41 StadtAA, Bestand Stadtkommissariat, Akt 1114, Nr. 1, Beilage 2.
42 Ebd., Kreisunmittelbare Stadt, Aktenabgabe 1920, Nr. 992, §§ 9, 11, 12.

Zehn Gulden
Bayerische Hypotheken- u. Wechsel-Bank
10
Zehn Gulden
10
REICHS-KASSEN-SCHEIN
50
FUNFZIG
MARK
Berlin, den 11. Juli 1874
Ein Hundert Mark
100
Reichsbanknote.
Ein Tausend Mark
1000
Reichsbankdirektorium
1
PFENNIG
1858
DEUTSCHES REICH
1
MARK
1875

DIE GRÜNDUNG UND ENTWICKLUNG DER SPARKASSEN IM LANDKREISGEBIET BIS 1914

Ist nur die Jugend gewonnen zu emsigen Sparen,
lebt in der Zukunft froh ein zufriedenes Volk!

Johann Wolfgang von Goethe

VORLÄUFERSPARKASSE – 1826 GRÜNDUNG EINER „ERSPARNISS-KASSE“ FÜR DAS LANDGERICHT GÖGGINGEN

Wenn der Ortspfarrer anfänglich alle 8 Tage und späterhin alle 14 Tage sich mit dem Schullehrer und dem Ortsvorstand zusammensetzt, so ist die Vereinigung dieser 3 Personen hinlänglich, um die Spar-Kassen-Gulden anzunehmen und den Einlegern Quittungsbüchlein darüber auszufertigen.

Johann Lorenz Freiherr von Schaezler

Freiherr von Schaezlers Vision einer Sparkasse für den Landgerichtsbezirk

Die erste Sparkassengründung im Landkreisgebiet Augsburg fand im Jahre 1826 im Landgericht Göggingen statt. Diese „Ersparniß-Kasse" im königlich bayerischen Landgericht Göggingen hat deshalb den Status einer „Vorläufer-Sparkasse" der jetzigen Kreissparkasse Augsburg.

Am 11. Dezember 1825 trat das königliche Landgericht an den königlichen Finanzrat Freiherrn von Schaezler, Bankier in Augsburg, mit der Bitte heran, „ob es wohl nicht möglich wäre, daß die diesseitig wenigst nächst angrenzenden Ortschaften in jenseitiger Lokal-Anstalt unmittelbar gleichfalls theilnehmen könnten, zumal mehrere Individuen ohnhin schon im jenseitigen Dienstverband stehen, folglich von dieser wohlthätigen Einrichtung geniessen dürfen".[1] In seinem Antwortbrief vom 31. Dezember 1825 teilte von Schaezler unwiderruflich mit, dass an der Augsburger Ersparniss-Kasse nur „in loco Augsburg selbst wohnende Individuen daran theilnehmen" können, weil ansonsten hinsichtlich der zu erwartenden Größe des Institutes die „genaue Übersicht" verloren ginge.[2] In den Statuten der Augsburger Sparkasse vom 1. Mai 1828 wurde der Einlegerkreis ausschließlich auf Personen, die in der Stadt ansässig oder dort in einem Berufsverhältnis stehen, beschränkt.[3] Grundsätzlich regte von Schaezler die Gründung von Sparkassen auch außerhalb der Stadtgrenzen an, um so möglichst vielen Sparwilligen die Möglichkeit der Geldanlage zu verschaffen.[4] Deshalb ermutigte er das Landgericht Göggingen zur Errichtung einer eigenen Ersparniß-Kasse und machte gleich einen detaillierten Vorschlag: „Wenn der Ortspfarrer anfänglich alle 8 Tage und späterhin alle 14 Tage sich mit dem Schullehrer und dem Ortsvorstand zusammensetzt, so ist die Vereinigung dieser 3 Personen hinlänglich, um die Spar-Kassen-Gulden anzunehmen und den Einlegern Quittungsbüchlein darüber auszufertigen: der Geistliche schreibt eigenhändig die Einlage in das Quittungsbüchlein, so hierbey, so wie auch bei der Zurücknahme des Geldes, das allein gültige Document ausmacht. Der Schullehrer schreibt die GeldEinlagen in das Cassenbuch und der Orts-Vorstand in das sogenannte Protocoll-Buch, aus welchem sodann der Schullehrer jedem einzelnen Einleger einen Conto auf dem Hauptbuch eröffnet. Das ganze Geschäft kann so vereinfacht werden, daß jede einzelne Einzahlung oder Rückzahlung sowohl im Cassa- als Protocoll-Buch nur eine einzelne Zeile einnimmt. Vor Aufhebung der Sitzung werden die Posten sowohl im Protocoll- als auch im Cassabuch zusammen summiert und das eingegangene Geld zusammengezählt, wo so dann sämtliche 3 Summen genau übereinstimmen müssen und außerdem nachzusehen ist, wo der Fehler steckt. Auf diese Weise wurde in meiner Spar-Kassa in 2 bis 3 Stunden öfters 100 ein- und ausgehende Posten in musterhafter Ordnung dokumentiert. Das eingegangene Geld kann in einem Kistchen mit 2 Schlössern, wozu der Pfarrer und der Ortsvorstand jeder einen Schlüssel hat, verwahrt werden, bis daß wenigstens 100 fl. beisammen sind, welche dann by der Special Schuldentilgungs-Cassa allhier verzinslich anzulegen sind, in dem die Quittung darüber an Geldes statt in die Cassa gethan wird."[5] Die Ausgaben für die Quittungsbücher, Schreibmaterialien, Heizung, Porto u. a. sollte aus dem Zinsüberschuss bestritten werden. Nachdem nach Einschätzung von Schaezlers die Einrichtung gemeinnütziger Institutionen oft nur daran scheiterte, dass niemand die ersten Kosten trug, versprach er die Gründung einer Ersparniß-Kasse für das Landgericht Göggingen „durch einen freiwilligen Beitrag meiner Seits die Anschaffung von Quittungsbüchlein, die ich dann besonders lithgraphieren lassen werde, sowie des Cass-, des Haupt- und des Protocollbuches zu erleichtern".[6] Im gleichen Sinne vermachte Freiherr von Schaezler, der am 6. Januar 1823 eröffneten Sparkasse in seiner Vaterstadt Ansbach, zur Erleichterung der Gründung ein großzügiges Geldgeschenk.[7]

1 StAA, BA Augsburg, Akt 673, Nr. 1. Dieses Schreiben wurde persönlich durch die Gemeindevorsteher von Göggingen, Pfersee und Oberhausen von Schaezler überbracht. S. dazu: Merz, R., Sparkasse Landgericht Göggingen, S. 873–897.

2 StAA, BA Augsburg, Akt 673, Nr. 2.

3 StadtAA, Bestand 1, Akt 1111, Nr. ad 82, 2.

4 Freiherr von Schaezler beabsichtigte deshalb die Errichtung von Sparkassen auf seinen Gütern Scherneck und Sulzemoos.

5 StAA, BA Augsburg, Akt 673, Nr. 2.

6 Merz, R., Stadtsparkasse Augsburg, S. 153.

7 BayHStA, MInn, Akt 52670, fol. 168; Reinhart, M./Zeitler, P., Zwischen Tradition und Fortschritt. 175 Jahre Sparkasse Ansbach, S. 29.

Die Grundsatzbeschlüsse

Der Vorschlag des Landgerichts Göggingen vom 31. Januar 1826 über die Einrichtung und Organisation einer „Ersparniß-Kasse-Anstalt für die geringer bemittelte Volksklasse im königlichen Landgerichte Göggingen nach dem anlokendem Beyspiele der Nachbarschaft Augsburg" enthüllte die Absicht: „Eine ähnlich organisierte Anstalt solle nunmehr auch auf das glatte Land gleichfruchtbringend übertragen werden, und die verhältnißgemäße Ausführung begünstiget sich wirklich um so eher, als von Seite obgemeldeter Großhandlungshäuser insbesondere der königliche Herr Finanzrath Freiherr von Schaezler in Augsburg, dessen allgemeiner Wohlthätigkeitssinn notorisch keine Gränzen kennt, auch zur Rechnung der ersten Kosten solch ländlich neuen Institutes sich edelmüthigst herbygelassen hatte. Nach dem Zwecke der besagten Anstalt solle schon in der zarten Jugend die Lust zur Sparsamkeit als die Quelle vieler anderer Tugenden lebhaft angeregt und sorgsam bewahret, so wie den Erwachsenen und zwar besonders aus der arbeitenden, dienenden Inwohner-Klasse zunächst eröffnet werden, um ihrem verschwenderischen oder wenigstens leichtsinnigen Verbrauch künftig entzogen werden, mithin wohl entbehrlichen auch noch so geringeren Gelderwerbnisse von Zeit zu Zeit mit der vollesten Sicherheit und gleichzeitig mit dem stets mehr heran wachsenden Gewinn der Zinsen von Zinsen anzulegen, wodurch für die Folge ein bestimmtes Vermögen nun Behufe solider Versorgung oder gleichwohl ein Noth-Pfennig für das reifere und gewöhnlich hülflose Alter erübriget werden möge."[8]

Auf der Versammlung der Gemeindevorsteher am 4. Februar 1826 fand dieses Vorhaben die grundsätzliche Zustimmung.[9] Eine zügige Bearbeitung wurde angemahnt. Aufgrund der Nähe des Landgerichtsbezirkes zur Stadt, die Gelegenheit biete zur Verschwendung und zum „leichtsinnigen Leben", sei ein Institut, das zum Sparen anleitet, unbedingt wünschenswert. Ein ausführlicher Bericht über die beabsichtigte Eröffnung einer Sparanstalt nebst Satzungsvorschlägen ging am 7. Februar 1826 an die königliche Regierung des Oberdonaukreises.[10] Darin wurde nochmals explizit auf den „Armenstand" in den Gemeinden hingewiesen sowie auf die gesunkene „Moralität" der jungen Leute – Gründe für eine schnelle Genehmigung der Sparanstalt.[11]

Göggingen und das königliche Landgericht

Die damalige wirtschaftliche Lage Göggingens gibt ein im Dezember 1822 abgefasstes Schreiben der Gemeindeverwaltung treffend wieder: „Die Gemeinde

Das Landgericht umfasste damals 36 Gemeinden und 19 kleinere Einzelsiedlungen:[12]

Gemeinde		Einzelsiedlung
Achsheim	Langweid	Bannacker
Anhausen	Leitershofen	Burgwalden
Aystetten	Lützelburg	Dietkirch
Batzenhofen	Margertshausen	Eggelhof
Bergheim	Neusäß	Engelshof
Deuringen	Oberhausen	Gailenbach
Diedorf	Ottmarshausen	Holzhausen
Döpshofen	Pfersee	Kobel
Edenbergen	Reinhartshausen	Luisenruh
Gablingen	Rettenbergen	Muttershofen
Gersthofen	Schlipsheim	Oberschönenfeld
Gessertshausen	Stadtbergen	Petershof
Göggingen	Steppach	Radau
Hainhofen	Stettenhofen	Radegundis
Hammel	Täfertingen	Schallerhaus
Haunstetten	Waldberg	Scheppach
Hirblingen	Westheim	Schmutterhaus
Inningen		Weiherhof
Kriegshaber		Wellenburg

8 StAA, BA Augsburg, Akt 673, Nr. 3.
9 Ebd., Nr. 4.
10 Ebd., Nr. 5.
11 Im Dorf Oberhausen betrugen die Aufwendungen für die Armen jährlich 1600 fl. Im Jahre 1822 beschrieb das Landgericht Göggingen Oberhausen: „Eine ohnehin von Armen wimmelnde Gemeinde (...), zumal die Gemeinde schon die bisherigen Armen größtenteils auf Straßen, Wegen und Stegen zur Belästigung der benachbarten Regierungsstadt empfindlichst aussetzte." (Schuber, M.; Oberhausener Chronik, S. 76.)
12 Bildstein, G., Die Entstehung der schwäbischen Landkreise, S. 117ff.
13 Zit. nach: Stoll, Siegfried, Die Landgemeinde im Einflußbereich der benachbarten Industriestadt, in: Deininger, H. F., Göggingen, S. 179.
14 Jahn, J., Augsburg Land, S. 592 – 601.
15 StAA, BA Augsburg, Akt 673, Nr. 5; BayHStA, MInn, Akt 52670, fol. 202.
16 StAA, BA Augsburg, Akt 673, Nr. 10. Gesonderte Statuten für die Ersparniß-Kasse sind nicht auffindbar. Die Bekanntmachung ist abgedruckt bei: Merz, R., Stadtsparkasse Augsburg, S. 429f.

Das königliche Landgericht in Göggingen 1827, 1790 von Fürstbischof Clemens Wenzeslaus als Heim für Priester erbaut (aquarellierte Federzeichnung von Heinrich Wilhelm Klonke, 1803 – 1887). *Städt. Kunstsammlungen Augsburg*

Göggingen tritt wohl als eine der verarmtesten im Königreiche Bayern aus den vielen Leidesjahren eines verhängnisvollen Zeitalters heraus. Die Gewerbsleute, größtenteils Uhrmacher und Uhrhändler, sind durch die absolute Stockung dieses Industrie- und Handelszweiges ruiniert, die ehemaligen Fabrikarbeiter, die täglich reichen Verdienst in dem benachbarten Augsburg gefunden hatten –, brodlos, die Bauern durch übermäßige Grundabgaben und das anerkannte lokal auf falsche Grundsätze übertrieben berechnete Steuerprovisorium bis zur Helfte des ehemaligen Wohlstandes erschöpft, – die Gemeinde ist mit Armen überfüllt (...)."[13]

Durch die Generalverordnung der Churpfalzbayerischen Landesdirektion in Schwaben vom 1. März 1804 wurden bisherige geistliche und ständische Niedergerichte aufgehoben und als untere Gerichts- und Verwaltungsbehörde Landgerichte errichtet. Göggingen war somit zu Beginn des 19. Jahrhunderts als Verwaltungsmittelpunkt und Sitz einer Justizbehörde zu überörtlicher Bedeutung gekommen.[14]

Die Markteinführung der „Ersparniß-Kasse" 1826

Bereits am 10. März 1826 genehmigte die königliche Regierung des Oberdonaukreises per schriftlicher Mitteilung die Errichtung der „Ersparniß-Kasse" für den Landgerichtsbezirk.[15] Freiherrn von Schaezler wurde dabei ausdrücklich die Anerkennung für seine Unterstützung der Errichtung des Institutes ausgesprochen. Nachfolgende Auflagen waren zu beachten:

- Die Verzinsung setzte erst ab 1 Gulden (fl.) Einlage ein.
- Die Zentralverwaltung hat durch eine „doppelte Kassaperson" zu geschehen.
- Die Übersendung der Geldbeträge von einer Kasse zur anderen muss durch „haftungsfähige" Personen gewährleistet werden, die bei eigen verschuldetem Verlust aus ihrem Privatvermögen den Schaden ausgleichen können.

Die publizierte „Bekanntmachung über die im königlichen bayerischen Landgerichte Göggingen errichtete Ersparniß-Kasse 1826" vom 21. März 1826 stellte die Geschäftsgrundlage für das Institut dar.[16] Demnach ist die Ersparniß-Kasse für das Landgericht Göggingen in separate „Lokal-Ersparniß-Kassen" für jeden Pfarrsprengel aufgeteilt, verbunden mit einer

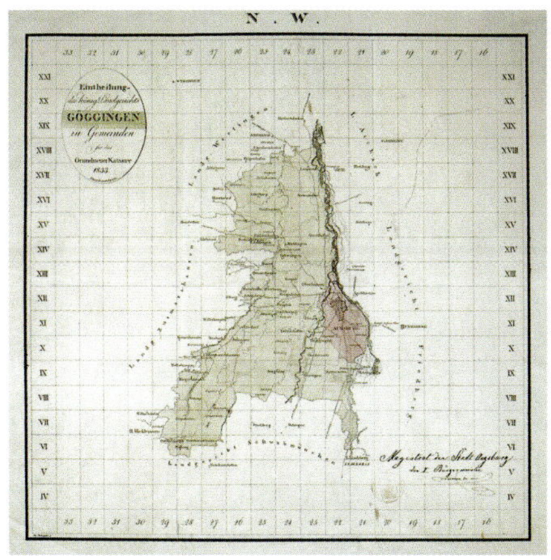

Karte des Königlichen Landgerichts Göggingen aus dem Jahr 1833. *Stadtarchiv Augsburg*

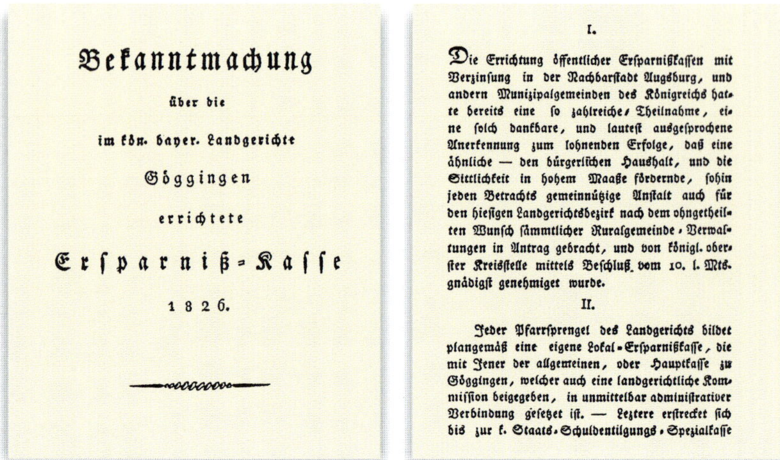

Bekanntmachung

über die

im kön. bayer. Landgerichte

Göggingen

errichtete

Ersparniß-Kasse

1826.

I.

Die Errichtung öffentlicher Ersparnißkassen mit Verzinsung in der Nachbarstadt Augsburg, und andern Munizipalgemeinden des Königreichs hatte bereits eine so zahlreiche, Theilnahme, eine solch dankbare, und lautest ausgesprochene Anerkennung zum lohnenden Erfolge, daß eine ähnliche — den bürgerlichen Haushalt, und die Sittlichkeit in hohem Maaße fördernde, sohin jeden Betrachts gemeinnützige Anstalt auch für den hiesigen Landgerichtsbezirk nach dem ohngetheilten Wunsch sämmtlicher Ruralgemeinde-Verwaltungen in Antrag gebracht, und von königl. oberster Kreisstelle mittels Beschluß vom 10. l. Mts. gnädigst genehmiget wurde.

II.

Jeder Pfarrsprengel des Landgerichts bildet plangemäß eine eigene Lokal-Ersparnißkasse, die mit Jener der allgemeinen, oder Hauptkasse zu Göggingen, welcher auch eine landgerichtliche Kommission beigegeben, in unmittelbar administrativer Verbindung gesetzet ist. — Leztere erstrecket sich bis zur k. Staats-Schuldentilgungs-Spezialkasse

Die am 21. März 1826 publizierte Bekanntmachung stellte die Geschäftsgrundlage für die Gögginger Ersparniß-Kasse dar. *Staatsarchiv Augsburg*

Haupt-/Zentralkasse in Göggingen. Die Anlage der Gelder geschieht ausschließlich bei der königlichen Staatsschuldentilgungskasse in Augsburg. Die jeweiligen Gemeindeverwaltungen haften solidarisch für die Einlagen.

Der Einlegerkreis wird wie folgt definiert:

- gering bemittelte Einwohner
- Beisassen
- Pfründner
- Dienstboten
- Handwerksgesellen
- Lehrlinge
- Kinder/Jugend
- Waisen

Das Einlagenminimum betrug 30 kr., die Verzinsung 4 % pro Jahr. Die Rückzahlung war in der Regel nach vierteljähriger Kündigung möglich. Die „Älteren, Vormünder, Dienstherren und Meisterschaften" wurden aufgerufen, mögliche Interessenten der Sparkasse zuzuführen. Nach der nunmehr erteilten Genehmigung wurden mit Zirkularen die Gemeindevorsteher und Pfarrer des Landgerichtes davon unterrichtet und sogleich der Termin für die erste Sitzung mitgeteilt – Ostermontag, der 3. April 1826.[17] Bereits in einer Sitzung am 21. März im Landgericht Göggingen sollten die nötigen Details besprochen werden. Mit Nachdruck wurde auf das notwendige Erscheinen und die Unterstützung dieser Anstalt hingewiesen: „Die Beförderung dieser Anstalt, woran Dienstbothen, Handwerker, minder wohlhabende Familien und selbst Kinder theil nehmen können, ist mit Sicherheit- und Religionspolizey so enge verwebet, daß die Herrn Pfarrer im voraus thätigst mitzuwirken sich beeifern werden."[18] Während die Gemeindevorsteher sämtlicher Landgerichtsgemeinden erschienen, blieben die Pfarrer von Achsheim, Aystetten, Batzenhofen, Dietkirch, Haunstetten, Hainhofen, Inningen, Ottmarshausen, Reinhartshausen und Steppach der Sitzung fern.[19]

Die erste Sitzungstag der Ersparniß-Kasse brachte nicht den erhofften Ansturm auf die Anstalt. Das Pfarramt von Döpshofen meldete bereits am 8. April dem Landgericht: „Es ist dem unterfertigen Pfarramte schwer, einem königlichen Landgericht (...) eine Fehlanzeige eingeben zu müssen, obgleich man sich das Zeugniß geben darf, die Sache sowohl öffentlich als privatim auf deutlichste und wärmste empfohlen zu haben."[20] Das Landgericht gab sich mit diesem Misserfolg nicht zufrieden und antwortete am 23. April 1826: „Da fast von allen Gemeinden Beyträge hierher geliefert werden und selbe ohnehin auch in kleinen Beträgen angenommen werden, so hätte man eine Fehlanzeige nicht erwarten sollen, zumal wenn die Gemeindeverwaltung mit dem Beispiel vorangeht. Es muß daher nochmal die Gemeinde versammelt werden und dieselbe über den wohlthätigen Zweck neuerdings belehrt werden, damit wenigstens einiges geleistet wird. Jedenfalls werden auch vorräthige Waisengelder angenommen. Man verläßt sich auf die pfarrliche Mitwirkung und zweifelt nicht mit nächster Sitzung eines besseren Erfolges vertraut zu werden."[21]

17 StAA, BA Augsburg, Akt 673, Nr. 3 u. Nr. 7.
18 Ebd., Nr. 7.
19 Ebd., Nr. 8 u. Nr. 9.
20 Ebd., Nr. ad 7.
21 Ebd., Rückseite.
22 Ebd., Nr. 12.
23 Ebd., Nr. ad 7.
24 Ebd. Eine ausdrückliche Fehlanzeige wurde auch von der Gemeinde Diedorf eingereicht.
25 StAA, BA Augsburg, Akt 673, 1.4.1827.
26 Handelsmann in Göggingen.
27 1 Gulden (fl.) = 60 Kreuzer (Kr.), siehe auch „Kleine (deutsche) Währungsgeschichte", in diesem Buch, S. 216/217.

Lediglich die „Lokal-Ersparniß-Kassen" der Gemeinden Gablingen, Inningen, Kriegshaber, Bergheim, Haunstetten, Gessertshausen, Anhausen, Stadtbergen und Göggingen konnten zu dieser Zeit Einlagen verzeichnen. Auffallend ist, dass sich die Einwohner der Augsburger Vororte Pfersee und Oberhausen sich dieser Einrichtung nicht bedienten. In einem neuerlichen Zirkular vom 12. April 1826 an die Gemeindevorsteher und örtlichen Pfarrer, das nochmals zum vehementen Einsatz für das neue Institut aufrief, war der königliche Landrichter Reiber der Meinung, die mangelnde Frequenz der Kasse kann „lediglich dem Mangel an Thätigkeit der übrigen Vorsteher zugeschrieben werden".[22] Auch der erneute Aufruf brachte nicht die gewünschte Einlagenmehrung. Eine gehörige Portion Frustration ist den Fehlanzeigen der Gemeinden Batzenhofen, Rettenbergen und Edenbergen zu vernehmen: „In Hinsicht der zu errichteten Ersparniß-Kasse im hiesigen Landgerichte wird Gehorsam angezeigt, daß die Verkündigung und Erklärung von Seite des Herrn Pfarrers sowohl auf der Kanzel als auch in der Christenlehre an alle seine Pfarrgenossen aufs nachdrücklichste und empfehlendste erging; auch nicht minder geschah von denen Gemeindeverwaltungen, wo dann Sonntag den 2. u. Sonntag den 16. d. M. die Sitzungen im Schulhause statt hatten; aber ungeachtet aller Empfehlungen und Mühe zu diesem Zwecke, Niemandem Sinn dafür zeigte, und die Sitzung beidemalen ohne Verrichtung ihrer so sehr gewünschten Amtsgeschäfte auseinander gehen mußte."[23] Die Gemeinde Westheim teilte am 27. April 1826 dem Landgericht lapidar mit, dass „wegen allzuharten geldbedürftigen Zeiten" eine Fehlanzeige zu machen ist.[24]

Das Rumpfgeschäftsjahr 1826

Das erste Geschäftsjahr zeigte am Ende nachfolgenden Rechnungsabschluss:[25] Zum Überschuss von 6 Gulden (fl.) im Gründungsjahr stellte Actuar J. D. King[26] konstruktiv fest: „Die Bilanz würde sich vorteilhafter heraus werfen, wenn die kleinen Beträge unter 50 fl. der königlichen Staats-Schulden-Tilgungs-Cassa Augsburg sogleich überliefert werden dürften, da aber oft zwey oder drey Monate verfließen bis die Geldbeträge der Einleger zur ansehnlichen fl. Acceptations-Summe steigen, so erscheint bey dem ersten Beginn der Anstalt dieses Utile als genügend."

Zieht man nach dem ersten Rumpfgeschäftsjahr ein Resümee, so ist festzustellen: Von den 36 Landgerichtsgemeinden und 19 Einzelsiedlungen benutzen nur 15 Gemeinden die Ersparniß-Kasse des Landgerichts. Den größten

Einnahmen aus den Gemeinden (ohne Zinskapitalisierung)

Gemeinde	Gulden (fl.)	Kreuzer (kr.)
Anhausen	108	30
Kriegshaber	189	48
Haunstetten	42	
Gablingen	102	
Stadtbergen	6	
Gessertshausen	218	
Bergheim	81	30
Diedorf	15	
Inningen	22	
Oberhausen	163	
Pfersee	26	24
Döpshofen	40	
Schlipsheim	30	
Margertshausen	50	
Göggingen	373	55
Gesamtsumme[27]	**1 468**	**7**

Mädchen aus Göggingen (Lithographie, 1818).
Staats- und Stadtarchiv Augsburg

Ausgaben

Staatsobligationen bei der königlichen Staatsschuldentilgungskasse		
10. April	Obligation Nr. 2003	700 fl.
6. Mai	Obligation Nr. 2013	350 fl.
6. Juli	Obligation Nr. 2041	275 fl.
31. August	Obligation Nr. 2064	80 fl.[29]
27. Dezember	Obligation Nr. 2091	60 fl.
Gesamtsumme		**1 465 fl.**

Rechtfertigung

Einnahmen	1 468 fl.	7 kr.
Ausgaben	1 465 fl.	– kr.
Einnahmenüberschuss	**3 fl.**	**7 kr.**

Zinseinnahmen Obligationen à 5 % p. a.	44 fl.	28 kr.
Zinsaufwendungen Spareinlagen à 4 % p. a.	37 fl.	31 kr.
Zinsüberschuss	6 fl.	57 kr.
Aufwendungen Schreibmaterialien		57 kr.
Überschuss	**6 fl.**	**– kr.**

Einlagenbestand wies Göggingen mit 373 fl. 55 kr. auf, das zugleich Sitz der Zentralkasse war.

Über die soziale Herkunft der Sparer gibt das „Hauptbuch der Districts-Ersparniß-Kassa des Königlichen Landgerichts Göggingen, Anfangend 1826, Geführt von J. D. King als Cassierer und Buchhalter der Central Ersparniß Kassa Verwaltung" Auskunft.[28] Spezifizierte Standesbezeichnungen sind allerdings nur für den Landgerichtsort Göggingen überliefert, nicht für die anderen separat geführten Lokalsparkassen, außer für Gablingen.

Nach der spezifizierten Einleger/Einlagenübersicht des Rumpfgeschäftsjahres 1826 waren 18 Einleger für die Lokalsparkasse Göggingen verzeichnet. Sämtliche Sparer gehörten zum definierten Kundenkreis der Distriktssparkasse. Auffällig ist eine Einlegergruppe von acht Personen (44,5 %), die gänzlich der Verwaltungsspitze zuzurechnen war – die Köchin des Landrichters, die Söhne und Töchter des Ortsvorstehers Höfle, Sohn, Tochter und verwitwete Mutter des Handelsmanns King als Actuar der Sparkasse. Betrachtet man die jeweilige Einlagenhöhe, ist die Einlage der Waisenkinder, die gewöhnlich mehrere Personen

28 StAA, BA Augsburg, Akt 673, Hauptbuch.
29 Grundsätzlich betrug der Mindestanlagebetrag bei der königlichen Staatsschuldentilgungskasse 100 fl.
30 StAA, BA Augsburg, Akt 673, Hauptbuch, S. 10–32.
31 Wysocki, J., Untersuchungen, S. 55f.
32 StAA, BA Augsburg, Akt 673, Nr. 8.

Sparguthaben Lokalsparkasse Göggingen 31.12.1826[30]
(inkl. Zinsen)

Soziale Gruppe	Gulden (fl.)	Kreuzer (kr.)
Tochter des Ochsenwirts	2	46
Sohn des Ochsenwirts	2	46
Köchin des Landrichters	37	2
Dienstknecht	51	26
Sohn des Vorstehers	3	5
Sohn des Vorstehers	3	5
Tochter des Vorstehers	3	5
Tochter des Vorstehers	3	5
Sohn des Sattlermeisters	3	5
Tochter des Sattlermeisters	3	5
Sohn des Handelsmannes	43	24
Tochter des Handelsmannes	35	43
verwitwete Mutter des Handelsmannes	51	26
Waisenkinder	64	45
Dienstmagd	25	32
Pflegesohn des Tierarztes	25	30
unbemittelte Person	21	55
unbemittelte Person	6	56
gesamt	387	41

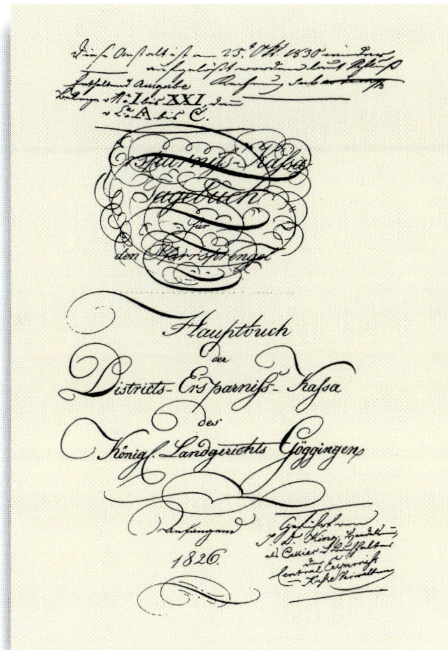

Titelblatt des ersten Hauptbuches der Distrikts-Erspar-niß-Kassa des Königl. Landgerichts Göggingen 1826.
Staatsarchiv Augsburg

impliziert, die höchste. Auch sie wurde auf Initiative der Gemeindeverwaltung getätigt. In sozialer Hinsicht zählten die Dienstboten zu den Unterschichten. Ihr Lohn wies immer eine naturale Komponente auf, da Unterbringung und Verpflegung meistens dem Dienstgeber oblagen. Dienstbotenlöhne zwischen 12 und 60 fl. waren zu dieser Zeit üblich. Die große Spannweite ergab sich aus der Tatsache, dass die Dienstboten keineswegs eine homogene Gruppe, sondern vielmehr eine vielstufige Hierarchie darstellten.[31] Die Kindereinlagen in einer Bandbreite von 2 bis 43 fl. gehörten Kindern wohlhabendender Leute – Wirt, Sattlermeister, Handelsmann, Vorsteher, Tierarzt. Hohe Summen für Kinderersparnisse zu halten, ist schlechthin absurd. In Wirklichkeit müssen diese Kindereinlagen wohl aufgrund der bestehenden Satzungsvorschriften als „Strohkindereinlagen" betrachtet werden. Sie stellen oft eine Vermögensanlage der Eltern dar.

Die Lokalsparkasse Gablingen konnte im Jahre 1826 explizit nachfolgende Einlagen verzeichnen:[32]

Einleger/soziale Herkunft	fl.	kr.
Theres Ihle, Magd	25	
Johann Wibl, Bauerssohn		10
Kreszenz Durz, Hafnerstochter	1	
Joseph Ruf, Hafnergeselle	1	
Joseph Hafner, Schmiedssohn	25	
Michael Langenmair, Bauerssohn	9	36
Joseph Langenmair	9	
Theres Langenmair	7	30
Pius Langenmair	4	42
Joseph Langenmair	3	48
Johann Langenmair	2	42
Augustin Langenmair	2	24
gesamt	**91**	**52**

Die Entwicklung der Distriktssparkasse bis 1830

Mit einem Zirkular vom 11. September 1827[33] wies das Landgericht Göggingen die Gemeinden nochmals an, verstärkt für die Ersparniß-Kasse zur Gewinnung neuer Einlagen einzutreten. Insbesondere die Pfarrämter wurden aufgefordert, sich weiterhin Mühe zu geben, bei den Dienstboten, der „Lehrjugend" und den Gesellen über die Eltern und Meister einzuwirken, dass die „Sparkasse immer lebhafter in Gang gebracht" wird. Den Grund, warum die Anstalt des Landgerichts nicht in dem Maße florierte wie das Nachbarinstitut in Augsburg, gaben der Gemeindepfleger und Pfarrer von Leitershofen in ihrer Fehlanzeige glaubhaft zu verstehen: „Der Grund hiervon liegt in der bekannten Armuth der hiesigen Bewohner, wovon die meisten kaum soviel erwerben, daß sie ihre dringensten Bedürfnisse befriedigen können."[34] Pfarrer Schiesl und Vorsteher Wiedenmann aus Täfertingen berichteten in gleicher Angelegenheit am 14. September 1827 an das Landgericht Göggingen: „Unterzeichnetes Pfarramt berichtet hochachtungsvollst, daß die hiesige Gemeindeverwaltung schon dreimal alle Dienstbothen und ledigen Leute im Hause des Ortsvorstehers versammelte und sich sehr bemühte ihnen die Sicherheit und schönen Vorteile vorzustellen, wenn sie etwas zur Ersparnißkasse hergeben würden. Aber alles Zureden war vergebens. Es gab Niemand was her. Dies bezeugt das Pfarramt und die Gemeindeverwaltung." Auch der Pfarrer von Reinhartshausen schrieb, dass „nach aller angewandten Mühe noch nichts zu Stande gebracht wurde; der Vorstand gab sich alle Mühe, indem er die Gemeinde und die ledigen Leute besonders zusammen berufen ließ".[35]

Bis zum Ende des Geschäftsjahres konnte keine neue Gemeinde Sparer für die Idee einer Ersparniss-Kasse gewinnen. Neue Einlagen von insgesamt 528 fl. 38 kr. flossen aus den Gemeinden Gablingen, Göggingen, Inningen, Oberhausen, Pfersee und Schlipsheim.[36]

Gleich zu Beginn des Jahres 1828 erfolgte ein erneuter Aufruf des Landrichters Reiber an die Pfarrämter, Gemeindeverwaltungen und Schullehrer zur Förderung des Instituts. „Es sind die Gemeinden zu versammeln, es sind auch Insonderheit die weiblichen und männlichen Dienstbothen, alle Handwerksgesellen und Lehrjungen vorzurufen und wenigst zu monatlichen Einlagen zu veranlassen. Vorzüglich sind auch die Vormünder anzuweisen, ihre entbehrlichen Waisenbaarschaften oder Zinsgelder fleißig einzuliefern."[37] Die Pfarrer wurden sogar mit der Ankündigung, zukünftig bei pfarramtlichen Versetzungsgesuchen in den landgerichtlichen Zeugnissen über den Erfolg hinsichtlich der Förderung der Ersparniß-Kasse zu berichten, unter Druck gesetzt. Am 14. Februar 1828 berichtete der Pfarrer aus Lützelburg. „Die Sparkasse betreffend ist alles zur Aufmunterung nöthige vorschriftsmäßig gethan worden, weil es aber ohne der mindesten Wirkung war, so kann nichts als eine Fehlanzeige gemacht werden." Gemeindevorsteher und Pfarrer von Inningen gaben am 27. Februar zu Protokoll: „Bey der ersten Sitzung haben sich zwar mehrere Knechte und Mägde eingefunden, von letzteren auch einige sich eingelassen, in besagte Kasse einzulegen; die Burschen aber ohne Schüchternheit verlachten selbe, und machten sie von ihrem Vorhaben wieder abwendig. So finden wir uns also selbst zum Gelächter ausgesetzt, der Zeitversäumung ungeachtet. (...) Endlich sind einige Leute nach mehrmaliger Aufklärung doch noch immer der Meinung, daß das in die Sparniß-

33 Ebd., 11.9.1827.
34 Ebd.
35 Ebd., 14.9.1827 u. 10.9.1827. Eine weitere Fehlanzeige liegt von Waldberg vor.
36 StAA, BA Augsburg, Akt 673, 31.12.1827.
37 Ebd., 15.1.1828.
38 Ebd., 14.2.1828 u. 27.2.1828.
39 StadtAA, Bestand 2, Akt 993, Quittungsbuch Nr. 2300.
40 Zusammengestellt aus den Jahresabschlussrechnungen der Zentralkasse Göggingen von 1826–1830 (StAA, BA Augsburg, Akt 673).
41 Inklusive vergüteter Zinsen.
42 Der niedrige Gesamtkapitalbestand per 31.12.1830 beruht auf den hohen Rückzahlungen im Laufe des Geschäftsjahres.

kasse gelegte Geld nicht hinlänglich gesichert seye. Doch dessen ungeachtet müssen wir das k. Landgericht unterthänig bitten, 1. den ledigen Burschen mehr Respekt einzuflössen, und 2. einigen Weibspersonen zu ihrem rückständigen Lohne zu verhelfen, den sie dann freudig in die

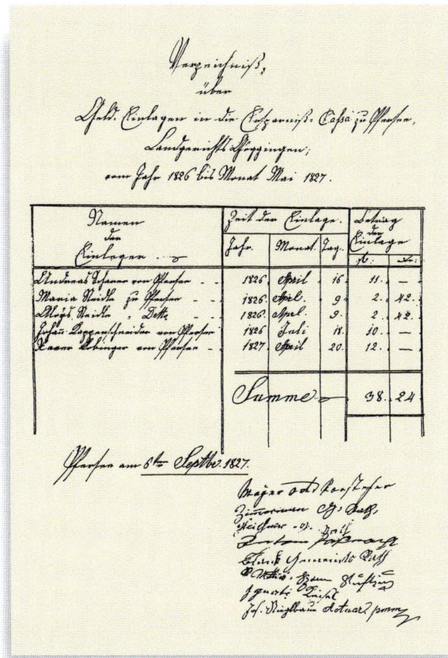

Verzeichnis der Einlagen der Ersparniß-Cassa zu Pfersee, Landgericht Göggingen, Mai 1827. *Staatsarchiv Augsburg*

Ersparniß-Kasse legen werden. Ohne dies wird die Einlage nie ergiebig ausfallen."[38] Die massiven und permanenten Aufforderungen zur Belebung des Distriktssparkasse trugen im Geschäftsjahr 1828 mit einem Einlagenzuwachs von 882 fl. 3 kr., darunter eine Großeinlage von 362 fl. der Lokalsparkasse Gessertshausen, ein wenig Früchte. Bereits im Jahre 1829 gingen die Neueinlagen auf 318 fl. 30 kr. korrespondierend mit erhöhten Auszahlungen von 856 fl. 51 kr. zurück. Anzumerken ist, dass außer in Leitershofen keine neue Lokalsparkasse bis 1829 platziert werden konnte. Als aktive Lokalsparkassen sind neben Göggingen nur Gablingen, Oberhausen und Gessertshausen mit einem funktionierenden Geschäftsverkehr zu erkennen. Die Tätigkeit der Sparkassen in Haunstetten, Diedorf, Margertshausen und Döpshofen ruhte völlig.

Die Lokalsparkasse Göggingen am Sitz des Landgerichtes konnte im Jahre 1827 drei Neukunden mit einem Einlagenvolumen von 81 fl. gewinnen. Auch Sohn und Tochter des Actuars King legten neu ein, insbesondere seine Mutter 200 fl., die höchste Einzeleinlage der Anstalt. Auszahlungen sind im Jahre 1827 bei keiner Lokalsparkasse zu verzeichnen.

Im Geschäftsjahr 1828, dem erfolgreichsten, bedienten sich sieben Neukunden der Gögginger Sparkasse – alle aus dem Dienstbotenbereich, einer angestellt bei Vorsteher Höfle. Die Einlagen der Dienstboten erfolgten größtenteils zum Zeitpunkt des Arbeitsplatzwechsels, nämlich im Frühjahr. Die Auszahlungen dieser Gruppe wurden ausnahmslos aufgrund eines Ortswechsels vorgenommen. Auffallend sind die geringen Einmaleinlagen der Kinder, hier die Kinder des Wirts, Sattlermeisters und Vorstehers. Sie deuten auf „Anschub-Einlagen" hin. Die honorigen Personen des Orts und der Anstalt wollten mit gutem Beispiel vorangehen. Auch der Gründer der Augsburger Ersparniß-Kasse und „heimliche" Mitbegründer der Gögginger Distriktssparkasse, Freiherr Johann Lorenz von Schaezler, ging in Augsburg mit gutem Beispiel voran und tätigte eine Einlage bei der Anstalt, obwohl er satzungsgemäß nicht zum Einlegerkreis zählte.[39]

Einlagenentwicklung der Ersparniß-Kasse für das Landgericht Göggingen[40]

Jahr	Gesamteinlagen[41]		Zinsen	
	fl.	kr.	fl.	kr.
1826	1 505	38	37	31
1827	2 072	37	68	21
1828	3 214	11	93	57
1829	3 036	31	106	11
1830	1 372	15[42]	–	–

Ein- und Auszahlungen Lokalsparkasse Göggingen 1827 – 1829[43]

Sozialgruppe	**Einlagen**						**Auszahlungen**					
	1827		1828		1829		1827		1828		1829	
Altkunden	fl.	kr.	fl.	kr.	fl.	kr.	fl.	kr.	fl.	kr.	fl.	kr.
Tochter des Ochsenwirts												
Sohn des Ochsenwirts												
Köchin des Landrichters	12		50									
Dienstknecht			25		25							
Sohn des Vorstehers												
Sohn des Vorstehers												
Tochter des Vorstehers												
Tochter des Vorstehers												
Sohn des Sattlermeisters									3			
Tochter des Sattlermeisters												
Sohn des Handelsmannes	6	20	12	3								
Tochter des Handelsmannes	6	20	12	3								
verwitwete Mutter des Handelsmannes	200										264	55
Dienstmagd												
Pflegesohn des Tierarztes												
unbemittelte Person												
unbemittelte Person												
Neukunden	fl.	kr.	fl.	kr.	fl.	kr.	fl.	kr.	fl.	kr.	fl.	kr.
Witwe (1827)	30											
Dienstmagd (1827)	25								27	2		
Hirtensohn/Waise (1827)	26											
Dienstmagd (1828)			50		75							
Dienstknecht (1828)			10		15							
Dienstmagd (1828)			25									
Dienstmagd (1828)			35						35			
Dienstmagd (1828)											100	
Dienstknecht (1828)			1									
Dienstknecht (1828)			1									
Waise (1829)					25							
gesamt	**305**	**40**	**221**	**6**	**140**				**65**	**2**	**364**	**55**

43 Zusammengestellt: StAA, BA Augsburg, Akt 673, Hauptbuch.
44 Zusammengestellt: ebd.

Ein- und Auszahlungen Lokalsparkassen 1827 – 1829[44]

Einzahlungen	1827		1828		1829	
Gemeinden	fl.	kr.	fl.	kr.	fl.	kr.
Anhausen			20		16	
Kriegshaber			50		25	
Haunstetten						
Diedorf						
Gablingen		37	66	3		
Stadtbergen					17	
Gessertshausen			362		38	
Bergheim			41	54		
Inningen	12					
Margertshausen						30
Döpshofen						
Schlipsheim	20		25			
Leitershofen					100	
gesamt	**32**	**37**	**564**	**57**	**196**	**30**

Auszahlungen	1827		1828		1829	
Gemeinden	fl.	kr.	fl.	kr.	fl.	kr.
Anhausen					73	31
Kriegshaber					27	35
Haunstetten						
Diedorf						
Gablingen					91	38
Stadtbergen						
Gessertshausen					299	12
Bergheim						
Inninge						
Margertshausen						30
Döpshofen						
Schlipsheim						
Leitershofen						
gesamt					**492**	**26**

Die gedrückte Lage der Wirtschaft (1825)

Wir sehen den Wohlstand unserer Nation von Tag zu Tag mehr schwinden; wir sehen die Hauptpfeiler dieses Wohlstandes – unsern Ackerbau, unsere Gewerbe, unsern Handel – bis in ihr Innerstes erschüttert.
Der Preis unserer Getreidefrüchte ist fortwährend im Fallen, und gieng bereits zu einer solchen Tiefe herab, daß die dermalige Wohlfeilheit derselben für unser Volk wirklich schrecklichere Folgen hat, als die ehemalige Theuerung. Der Werth der Landgüter, und alles Grundbesitzes ist so gesunken, daß das Grund-Vermögen unserer Güterbesitzer und Landleute dadurch gewiß um mehr, als einhundert Millionen Gulden minder geworden ist.
Niemand will sich mehr auf Grund und Boden ansäßig machen. Viele größere, und ehemals wohlhabende Bauern suchen ihr Anwesen zu veräußern, und halten sich für glücklich, wenn ihnen von der Verkaufs-Summe noch etwas übrig bleibt, um diesen, auch kleinen Überschuß alsdann auf Zinsen zu legen, womit sie ihren künftigen Zustand, als Taglöhner, erträglicher zu machen hoffen.
Dieses sind traurige Zeichen der Zeit; – indessen mußten sie erscheinen, um uns auf unsern innern Zustand aufmerksam zu machen, und zu veranlassen, daß wir die Gebrechen unsers Ackerbaues, unserer Gewerbe, und unsers Handels genau kennen lernen.
Unsere Landleute haben in der Bearbeitung ihres Grund und Bodens mit so vielen Hindernissen zu kämpfen, daß wir zu einer Zeit, wo – wie dermalen – die Produkte des Ackerbaues im Preise so niedrig stehen, eine Werthserhöhung des Grundeigenthumes, eine Nachfrage zu dessen Ankauf nicht erwarten dürfen.
Unser Landmann bedarf bey dem dermaligen Ackerbausysteme, welches nach der ganz unvorbereiteten Aufhebung der Brache einen Zuwachs von neuen, vorher unbekannten Gebrechen erhalten hat, zu vieler Dienstbothen, zu vielen Zugviehes, und zu vieler Geräthschaften.
Die Gebundenheit der Landgüter ist zwar in unseren Verordnungen schon längere Zeit aufgehoben; allein sie besteht in der That noch wirklich und wird, wenn man dem Landmanne nicht auf eine andere Weise zu Hülfe kömmt, als eines der nachtheiligsten Hindernisse eines besseren landwirthschaftlichen Betriebes noch fernerhin bestehen.
Unsere Landleute haben in den letzten Kriegen, – dann auch vielfältig in der letzten Theuerung, – wo ein großer Theil derselben, – mit keinem Getreide-Vorrathe versehen, – seine Brodfrüchte kaufen mußte, ihr Betriebs-Kapital verloren; man kann demnach vernüftiger Weise wesentliche Verbesserungen, welche ein vorräthiges Kapital voraussetzen, von ihnen nicht erwarten; sie müssen sich glücklich schätzen, wenn sie dem Staate die Abgaben, und ihren Gläubigern die Zinsen entrichten können.
Bey dem fortwährenden Fallen des Landgütherwerthes, ist die Kreditlosigkeit unserer – mit Gilten, Stiften, Zehenten, Laudemien und Taxen aller Art – belasteten Grundbesitzer unvermeidlich.
Bey der Art und Weise, wie von unserm Ackerbaue das baare Geld seit mehreren Jahren ununterbrochen abgeleitet wird, und wie es großentheils in unfruchtbare, zum Theil nachtheilige Geschäfte übergeht, läßt sich nicht erwarten, daß – ohne höhere, kraftvolle Einwirkung – das dem Landmanne gleichfalls unentbehrliche Circulationsmittel im Kreise des Ackerbaubetriebes jemals hinreichend wieder zum Vorschein kommen, und sich darin erhalten werde.

aus: Joseph von Utzschneider, Antrag an die hohe Kammer der Abgeordneten zur Begründung und Erhaltung des Wohlstandes der baierischen Güterbesitzer, zur Beförderung des vaterländischen Gewerbfleißes und zur Belebnung des Handels in Baiern, München 1825, S. 3f.

45 StAA, BA Augsburg, Akt 673, Nr. 529 u. 795; StadtAA, Bestand 2, Staatsschuldentilgungskasse Augsburg, Nr. 73, 4.5.1829; Wysocki, J./Pix, M., Keine eigenen Wege!, S. 179.
46 StAA, BA Augsburg, Akt 673, Nr. ad 1430, Anhang.
47 Ebd., 8.5.1830.
48 Ebd.
49 Ebd., Nr. 13/7.
50 Gladen, A., Sparkassen als Element der Modernisierung, S. 24.
51 Merz, R., Stadtsparkasse Augsburg, S. 63–69.
52 StadtAA, Bestand 11, Akt 1436, Nr. 9.

Die Liquidierung der Distriktssparkasse im Jahre 1830

Zu wenig Akzeptanz in der Bevölkerung und mangelnde Sparfähigkeit führten dazu, dass sich die Ersparniß-Kasse des Landgerichts Göggingen am Markt nicht etablieren konnte. Daneben war die Zinsreduktion für die bei der königlichen Staatsschuldentilgungskasse angelegten Sparkassenkapitalien von 5 % auf 4 % ab 1. Mai 1829[45] mit ausschlaggebend für die Liquidierung des Institutes zum Jahresende 1830.

Am 20. April 1830 kündigte die Staatsschuldentilgungskasse sämtliche von der Ersparniß-Kasse dort angelegte Kapitalien. Die von der Sparkasse Göggingen zu diesem Zeitpunkt dort angelegten Kapitalien beliefen sich auf 1385 fl. – Aufkündigung 1 Monat, 60 fl. – Aufkündigung 3 Monate, und 1330 fl. – Aufkündigung 6 Monate.[46] Im Monat Mai floss daher bereits ein Betrag von 1385 fl. zurück. Deswegen wurden die Gemeindevorsteher aufgefordert, am 22. Mai beim Landgericht mit dem „Gemeinde Sparkassa-Buchl" zu erscheinen und gegen Quittung und Rückgabe des Sparbuches die Einlagen in Empfang zu nehmen.[47] Die Gemeindevorsteher erhielten den Auftrag, die Einleger ausdrücklich daraufhin zu weisen, dass sie ihre Spargelder weiterhin anderswo in Sicherheit anlegen und nicht auf „leichtsinnige Weise verschwenden oder vernachlässigen sollten".[48] Die Rückzahlungen der Einlagen erfolgten sukzessive je nach Zeitpunkt der Aufkündigungsfrist.

Trotz der anfänglichen Euphorie besonders in den Gemeindeverwaltungen – 24 bestätigten dies ausdrücklich schriftlich an das Landgericht im Jahre 1827 – für die Errichtung einer gemeinnützigen Sparanstalt für den Landgerichtsbezirk Göggingen war der Distriktssparkasse Göggingen nur eine kurzfristige Lebensdauer von knapp fünf Jahren beschieden. Aufschlussreich ist der Brief der Gemeindeverwaltung Gablingen vom 1. Oktober 1827, die beispielhaft als eine der wenigen Gemeinden das Institut der Lokalsparkasse pflegte: „Da die Errichtung einer Ersparniß-Kasse im königlich bayerischen Landgericht Göggingen als eine vielseitig erwünschte Gelegenheit und wahre Wohltat ins Leben getreten ist, so hält es die gehorsamst unterfertige Verwaltung für ihre angenehme Pflicht, hiermit dem königlichen Landgerichte für diese wohltätige Anstalt den aufrichtigen Dank abzustatten, mit der Erklärung möglichst zu solcher gemeinnützigen Anstalt diesorts beyzutragen.[49]

Hauptursache für die misslungene Sparkassengründung war die nicht gegebene Sparfähigkeit der definierten Zielgruppen. Kritisch ist anzumerken, dass die Gründungsabsicht sicherlich positiv gemeint war, aber die vorausgesetzte Sparfähigkeit eher dem Wunschdenken der Gründer entsprach als der reellen Wirklichkeit der Bevölkerung.[50] Auch die Sorge um die Sicherheit der Spareinlagen, wie das Beispiel Inningen zeigte, ist nicht zu übersehen. Eine Hilfestellung durch die Augsburger Sparkasse, wie bei der Gründung, war nicht zu erwarten. Der Träger der Augsburger Sparkasse, der „Sparkassen-Verein", legte zu diesem Zeitpunkt gerade die Verwaltung nieder. Im „Übergangsjahr Verein-Sparkasse" 1830 musste sie selbst um ihren Fortbestand kämpfen.[51]

Wie später aber noch zu berichten ist, konnte durch die Initiative des Landrichters Freiherr von Leoprechting im Jahre 1860 zum zweiten Mal eine „Distrikts-Anstalt" für den Landgerichtsbezirk Göggingen eröffnet werden.[52]

SCHWESTERSPARKASSE – 1845 „SPARCASSA" FÜR DEN LANDGERICHTSBEZIRK WERTINGEN

In normalen Jahren kommen auch die mit Schulden stark belasteten gut durch, die Besten legen etwas zurück. Kommt aber ein Unglück – Hagel, Viehfall, steht der Getreidepreis sehr niedrig, so kommt der Überschuldete manchmal gar in Gant* und der Bessere gerade durch oder in Schulden.

Dr. Thomas Götz, Landgerichtsarzt, 1861

Der nördliche Teil des Landkreisgebietes fällt in die ehemalige Zuständigkeit der Wertinger Sparkasse. Die Wertinger Zeitung schrieb 1976: „Die Sparkassengründung in Wertingen fiel in eine Zeit der allgemeinen Armut. Der an und für sich nicht mit Reichtümern gesegnete Bezirk des Landgerichts Wertingen hat immer noch unter wirtschaftlichen und sozialen Schwierigkeiten, Folgen aus den napoleonischen Kriegen, zu leiden. Wer einen Blick in die Statuten vom 9. Juli 1845 wirft, erkennt, daß die Einrichtung der Sparkasse Wertingen als Akt der Selbsthilfe im Kampf um Not verstanden werden muß."[1]

Das Landgericht Wertingen umfasste 1844 eine Fläche von 5 683 Quadratmeilen und zählte 17 518 Einwohner mit 3 986 Familien.[2] 52 Gemeinden waren im Landgerichtsbezirk beheimatet.[3]

Grundsätze: Statuten, Geschäftsführung und Geschäftsumfang

Einen Einblick in die Geschäftsführung, den Geschäftsumfang und die Usancen des damaligen Sparkassengeschäftes geben die ersten Statuten der Wertinger Sparkasse, abgefasst in 19 Paragrafen, vom 9. Juli 1845.[4] Der Träger des Institutes war der Distriktsarmenpflegschaftsrat des königlichen Landgerichtes Wertingen. Die „Oberaufsicht" über die Sparkasse hatte die Distriktspolizeibehörde inne, welche auch zu gegebener Zeit einen „Sturz der Kassa" (Kassenrevision) anordnen konnte. Das ordentliche Aufsichtsgremium war der Distriktsarmenpflegschaftsrat, dessen Ausschuss aus seiner Mitte zur Geschäftsführung der Sparkasse zwei Mitglieder und einen Rechnungsführer wählte. Fand sich in diesem Gremium keine Person für das Amt des Rechnungsführers, konnte auch „ein anderes gut beleumundetes Individuum" gewählt und bestellt werden. Die beiden Mitglieder des Ausschusses hatten ihre Amtsgeschäfte unentgeltlich zu verrichten, der Rechnungsführer konnte durch ein jährliches, angemessenes Honorar entlohnt werden.

Das Geschäftsgebiet der Sparkasse war auf die Stadt Wertingen und den Landgerichtsbezirk beschränkt. Der Einlegerkreis wurde in § 2 der Statuten abschließend definiert:

Paar aus dem Landgericht Wertingen um 1850 (kolorierte Zeichnung von Karl Lutterotti). *Tiroler Landesmuseum Ferdinandeum*

Gemeinden

Affaltern	Hegnenbach	Ostendorf	Zusamzell
Allmanshofen	Hennhofen	Osterbuch	
Altenmünster	Herbertshofen	Pfaffenhofen	
Baiershofen	Heretsried	Prettelshofen	
Biberbach	Hettlingen	Rieblingen	
Blankenburg	Hirschbach	Riedsend	
Bliensbach	Hohenreichen	Roggden	
Bocksberg	Kühlenthal	Sontheim	
Buttenwiesen	Langenreichen	Unterschöneberg	
Ehingen	Laugna	Unterthürheim	
Eisenbrechtshofen	Lauterbach	Villenbach	
Emersacker	Lauterbrunn	Wengen	
Eppishofen	Markt	Wertingen	
Erlingen	Meitingen	Westendorf	
Feigenhofen	Neumünster	Wörleschwang	
Frauenstetten	Oberthürheim	Wortelstetten	
Gottmannshofen	Ortlfingen	Zusamaltheim	

*Gant = von lat. quantum (Wie hoch wird geboten?), Versteigerung.

1 Wertinger Zeitung, 23.7.1976.
2 Pötzl, W., Urgroßeltern, S. 153.
3 Fehn, K., Wertingen, S. 97–102.
4 HA SpkW, Statuten 9.7.1845.

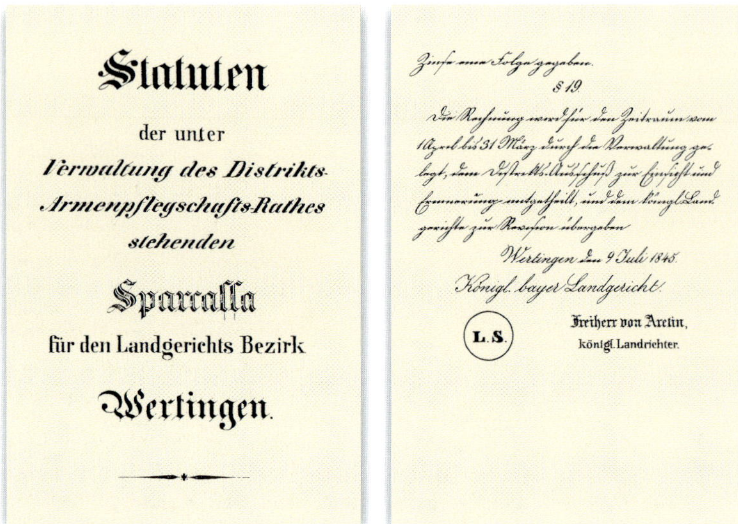

Statuten

der unter

Verwaltung des Distrikts-Armenpflegschafts-Rathes stehenden

Sparcassa

für den Landgerichts Bezirk

Wertingen.

Zinse eine Folge gegeben.

§ 19.

Die Rechnung wird für den Zeitraum vom 1 April bis 31 März durch die Verwaltung gelegt, dem Distrikts-Ausschuß zur Einsicht und Erinnerung mitgetheilt, und dem königl. Landgerichte zur Revision übergeben

Wertingen den 9 Juli 1845.

Königl. bayer Landgericht.

L.S.

Freiherr von Aretin,
königl. Landrichter.

Die Statuten der Sparkasse für den Landgerichts-Bezirk Wertingen vom 9. Juli 1895 (erste und letzte Seite). *Historisches Archiv der Sparkasse Wertingen*

a) alle Minderjährigen ohne Unterschied des Standes,
b) Dienstboten,
c) Lehrlinge und Handwerksgesellen,
d) Taglöhner und Leerhäusler,
e) sonstig verarmte oder unbemittelte Personen,
f) die Lokal- und Schulfonds mit ihren Überschüssen,
g) die Kultusstiftungen mit ihren Kassenüberschüssen bis auf 50 fl., so lange, bis sie anderweitig gegen Hypothek ausgelegt werden können.

Auffallend ist die explizite Aufführung der Einlegergruppen „Lokal- und Schulfonds“ bzw. „Kultusstiftungen“, die ansonsten selten zu finden ist. Die Sparkasse fungierte bei den Kultusstiftungen als Sammelstelle für kleine Beträge, die dann erst ab einer Größenordnung von 50 fl. zur Anlage in Hypotheken rentierlich ausgegeben wurden.

Das Einlagenminimum betrug 30 kr., der Maximaleinlagebetrag pro Jahr 100 fl. Sobald der Gesamtbetrag aller Einlagen inklusive Zinsen für eine Person 300 fl. überstieg, wurde der Mehrbetrag nicht weiter verzinst.

Der Einlagenzinssatz betrug 3 % pro Jahr. Die Verzinsung begann generell erst im zweiten Monat nach der Einzahlung, z. B. die Einzahlung im Juli, die Verzinsung ab 1. September.

Die Rückzahlung der Spareinlagen war nur bei vorheriger Kündigung möglich. Die Kündigungsfrist belief sich bei Beträgen bis 25 fl. auf sechs Wochen, bei größeren Beträgen auf drei Monate. Verfügte das Institut über die nötige Liquidität, konnte in Ausnahmefällen das angelegte Geld auch früher ausbezahlt werden, allerdings ohne Verzinsung der Rückzahlungssumme für das letzte Vierteljahr.

Das Sparkassenbuch wurde gegen Bezahlung von acht Kreuzern bei der ersten Einzahlung auf den jeweiligen Namen ausgestellt. Nur gegen Vorlage des Buches konnten Ein- und Auszahlungen getätigt werden. Die Sparkassenbücher durften weder verpfändet noch veräußert werden. Bei Erbschaft musste ein neues Buch auf den neuen Sparer ausgestellt werden, allerdings nur, wenn er auch wirklich zum klar definierten Einlegerkreis zählte.

Die Öffnungszeit der Anstalt war immer am ersten Mittwoch eines Monates von 10.00 – 12.00 Uhr. Die eingezahlten Gelder, wie auch die Sparbücher und sonstigen Urkunden, wurden in einer Kasse in der Wohnung einer der beiden Ausschussmitglieder unter Doppelverschluss der beiden aufbewahrt, wo auch die Sparkassengeschäfte anfangs abgewickelt wurden.

Die Haftung für die Sparkassenanstalt und deren Einlagen übernahm der Distriktarmenfonds des Landgerichtes.

5 BayHStA, MInn, Akt 52709, 1.7.1863.
6 Bezirks-Amtsblatt für den Amtsbezirk Wertingen, 13.4.1875.
7 Ebd., 23.10.1885.
8 Ebd., 8.11.1906.
9 Ebd., 4.9.1908 u. 3.9.1909.
10 StadtAW, Sparkasse, Statuten 9.8.1876.

Die Entwicklung der Distriktssparkasse bis 1914

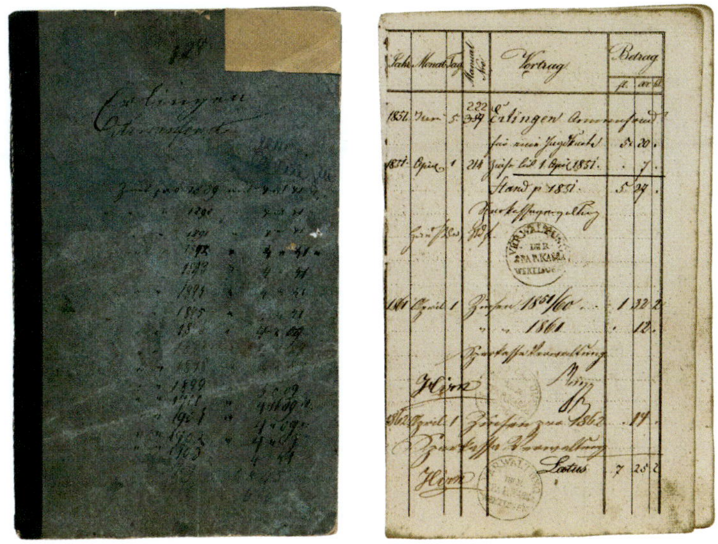

Sparkassenbuch des Armenfonds Erlingen, ausgestellt am 5. Juni 1851.
Historisches Archiv der Sparkasse Wertingen

Da kaum Primärquellen der Wertinger Distriktssparkasse für diesen Zeitraum vorhanden sind, kann die Geschäftsentwicklung des Institutes nur anhand der vorliegenden Statuten und mittels der Jahresabschlusszahlen aus der bayerischen Sparkassenstatistik und den vereinzelt in den Amtsblättern des Bezirkes publizierten Geschäftsberichten aufgezeigt werden.

Diese Geschäftsberichte enthüllen einige für die Sparkasse agierende Personen. Zuvor ist aus dem Jahresbericht über den Stand des Armenwesens für die Jahre 1861/62 der Regierung von Schwaben und Neuburg vom 1. Juli 1863 zu erfahren, dass die Sparkassenverwaltungen auf dem Lande in der Regel sehr mangelhaft waren. Auch die Gefahr der Veruntreuung war groß. So wurde auch in Wertingen ein Betrugsfall aufgedeckt: Der Taxbeamte Rieg, der in Personalunion Sparkassenverwalter der Distriktssparkasse war, unterschlug mehr als 5 800 fl., die der Distriktarmenfonds als Haftungsträger zu ersetzen hatte.[5] Im Jahr 1874 unterzeichnete Sparkassenkassierer Hirn den Jahresabschluss.[6] Zehn Jahre später, 1884, war Kassierer Ertl für den Geschäftsbericht verantwortlich.[7] 1905 unterschrieben Kassierer Fischer und Kontrolleur Fiedler den Jahresabschluss.[8] Bereits im Jahre 1907 kam es zu einer personellen Veränderung – Fiedler übernahm das Amt des Kassierers, Kontrolleur wurde Schöpf, dem bereits 1908 Kirchmeier im Amt folgte.[9]

Mit der revidierten Satzung der Distriktssparkasse vom 9. August des Jahres 1876[10] (22 Paragrafen) ging gemäß § 2 die Gewährträgerhaftung vom Distriktsarmenfonds auf die Distriktsgemeinde Wertingen über. Gleichzeitig wurde auch der Einlegerkreis im § 3, Absatz g, auf „Gewerbe und andere zum gemeinen Besten bestehende Vereine“ erweitert. Im Zusammenhang mit der Währungsreform von 1871 bis 1876, der Ablösung des Guldens durch die neue Reichswährung, die Mark, mussten auch die Einlagengrenzen neu definiert werden. Das Einlagenminimum betrug nunmehr eine Mark, das Einlagenmaximum 700 Mark (§ 8). Um den vermehrten Geschäftsgang zu bewältigen, wurde auch die Öffnungszeit der Sparkasse um eine Stunde ausgeweitet – am ersten Montag jeden Monats von 9 – 12 Uhr, früher 10 – 12 Uhr (§ 7).

Im Vergleich zur Gründungssatzung erhöhte sich der Zinssatz von 3 % auf 3,5 % pro Jahr. Die Möglichkeit einer Erhöhung des Zinssatzes aus geschäftspolitischen Gründen, insbesondere zur notwendigen Ansammlung eines Reservefonds von 10 % der Einlagenkapitalien, ließ der § 22 ausdrücklich zu. Gespeist wurde der Reservefonds, der eigenkapi-

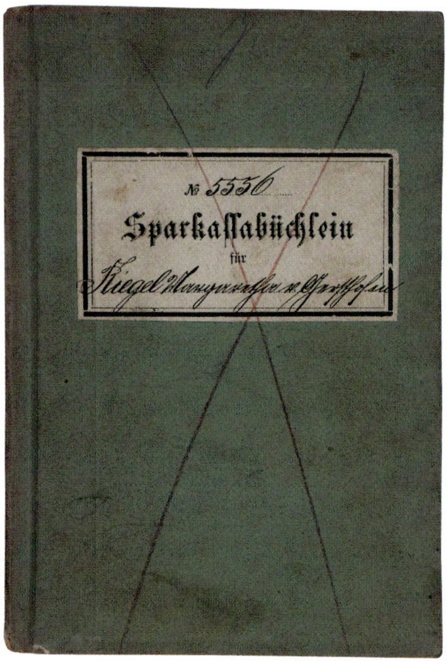

Sparbuch Nr. 5556 der Margaretha Riegel von Gersthofen aus dem Jahre 1876. *Historisches Archiv der Sparkasse Wertingen*

letztendlich dem Rechnungsführer und den beiden Beisitzern übertragen (§ 4).

Die seit 1. Januar 1900 gültigen und überarbeiteten Statuten[11] (22 Paragrafen) der Distriktssparkasse trugen weiter zur Arbeitsvereinfachung bei. Nach § 7 musste seither bei Ein- und Auszahlungen neben dem Kassierer kein Beisitzer mehr anwesend sein. Zur Amtsausübung des Kassierers wurden ihm „Betriebsmittel" bis zur Höhe von 3000 Mark – in dieser Höhe hatte er nun auch eine Kaution zu stellen – als „Handkasse" überlassen. Um verstärkt Einlagen zu gewinnen, erhöhte man das Einlagenmaximum auf 3 000 Mark. Auch die Rückzahlungsmodalitäten erfuhren eine Erleichterung. So war es jetzt möglich, Beträge bis zu 100 Mark gegen monatliche Kündigung zurück zu erhalten (§ 11).

Die Bilanzzahlen der Jahre von 1845 bis 1914 liegen nur lückenhaft vor und auch andere Quellen vermitteln nur Teilaspekte der Entwicklung.

Bis zum Jahre 1868 kann nur das Spareinlagengeschäft analysiert werden. In den ersten drei Monaten der Geschäftstätigkeit des Gründungsjahres 1845, von August bis Oktober, konnten bereits 624 fl. an Spareinlagen hereingenommen werden.[12] Bereits 1848 vertrauten 238 Einleger 17 022 fl. der Distriktssparkasse an. Bis zum Jahre 1859 stiegen die Gesamteinlagen kontinuierlich auf 72 223 fl. an. Die zum Jahre 1858 verminderten Einzahlungen und erhöhten Rück-

talähnlichen Charakter hatte und erstmals 1876 mit 6357 Mark ausgewiesen wurde, aus den Überschüssen der Distriktssparkasse. Er war gedacht zur Deckung von Ausfällen jeglicher Art, insbesondere bei „Crediterschütterungen". Das Rechnungsjahr änderte sich gleichfalls (jetzt das Kalenderjahr, früher 1.4. bis 31.3). Zum ersten Mal würdigte ein neuer § 19 plakativ das Bankgeheimnis: „Die Namen der Einleger und die Summen der Einleger werden geheim gehalten." Im Zuge des ansteigenden Kreditgeschäftes wurde die Genehmigungskompetenz

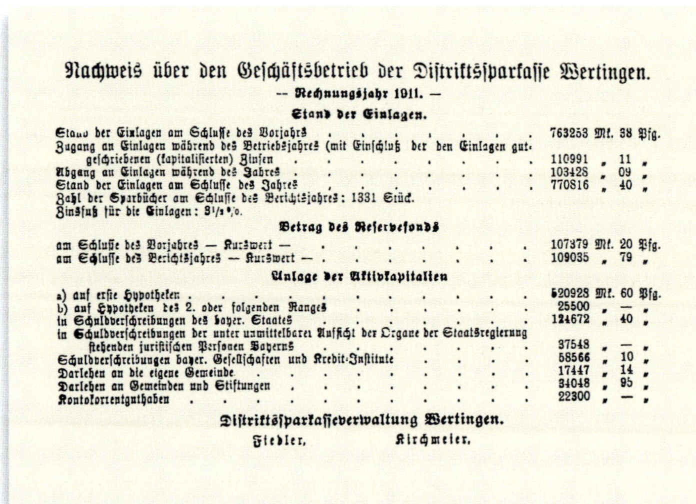

Nachweis über den Geschäftsbetrieb der Distriktssparkasse Wertingen.

— Rechnungsjahr 1911. —

Stand der Einlagen.

Stand der Einlagen am Schlusse des Vorjahrs	763253	Mk.	38	Pfg.
Zugang an Einlagen während des Betriebsjahres (mit Einschluß der den Einlagen gutgeschriebenen (kapitalisierten) Zinsen	110991	„	11	„
Abgang an Einlagen während des Jahres	103428	„	09	„
Stand der Einlagen am Schlusse des Jahres	770816	„	40	„

Zahl der Sparbücher am Schlusse des Berichtsjahres: 1331 Stück.
Zinsfuß für die Einlagen: 3½ %.

Betrag des Reservefonds

am Schluße des Vorjahres — Kurswert —	107379	Mk.	20	Pfg.
am Schlusse des Berichtsjahres — Kurswert —	109035	„	79	„

Anlage der Aktivkapitalien

a) auf erste Hypotheken	520928	Mk.	60	Pfg.
b) auf Hypotheken des 2. oder folgenden Ranges	25500	„	—	„
in Schuldverschreibungen des bayer. Staates	124672	„	40	„
in Schuldverschreibungen der unter unmittelbarer Aufsicht der Organe der Staatsregierung stehenden juristischen Personen Bayerns	37548	„	—	„
Schuldverschreibungen bayer. Gesellschaften und Kredit-Institute	58566	„	10	„
Darlehen an die eigene Gemeinde	17447	„	14	„
Darlehen an Gemeinden und Stiftungen	34048	„	95	„
Kontokorrentguthaben	22300	„	—	„

Distriktssparkasseverwaltung Wertingen.

Fiedler. Kirchmeier.

Geschäftsbericht der Distriktssparkasse Wertingen für das Jahr 1911 (abgedruckt im Amtsblatt für das königliche Bezirksamt Wertingen, 18. September 1912). *Stadtarchiv Wertingen*

11 HA SpkW, Statuten 1.1.1900.
12 Intelligenz-Blatt der königlichen Regierung von Schwaben und Neuburg, 4.8.1846.
13 Bayern stand im so genannten Sardinisch-Französischen-Österreicher Krieg auf der Seite Österreichs, das in Oberitalien blutige Niederlagen erlitt.
14 Das Zahlenmaterial basiert auf teilweise in den Intelligenz-Blättern der königlichen Regierung von Schwaben und Neuburg und in den Amtsblättern für das Bezirksamt Wertingen veröffentlichten Geschäftsberichten/Abschlusszahlen bzw. auf der Statistik für die öffentlichen Sparkassen im Königreich Bayern. Bis zum Jahre 1875 umfasste das Rechnungsjahr den Zeitraum von 1.4. bis 31.3.
15 Betrifft nur die Monate August bis Oktober.

zahlungen der Jahre 1859/60 führten letztendlich zu einem Rückgang der Gesamteinlagen auf 69 781 fl. Ursächlich hierfür waren wahrscheinlich die Vorbereitungen zur Mobilmachung des bayerischen Heeres im Jahre 1859 im Zusammenhang mit dem italienischen Feldzug[13]. Bis zum Jahre 1874 war ein stetig wachsendes Spareinlagenvolumen zu verzeichnen: 158 733 fl. bei 942 Sparern.

Erste Zahlen des Aktivgeschäftes existieren über das Jahr 1869. Von den 92 731 fl. Aktivkapitalien waren 89 041 fl. ausschließlich an Hypotheken ausgeliehen. Dieses rege Hypothekengeschäft, die Versorgung der örtlichen Bevölkerung mit Krediten, bestätigen auch die Jahresabschlusszahlen des Jahres 1874. Von den 153 733 fl. Aktivkapitalien flossen 141 148 fl. in den Bereich Hypothekendarlehen, 10 730 fl. in Darlehen an die Gemeinden und Stiftungen und nur 1 450 fl. in die Anlage in Wertpapiere – unkündbare Pfandbriefe der süddeutschen Bodenkreditbank. Der Reinertrag der Sparkasse, erstmals überliefert, betrug in diesem Jahr 2 707 fl.

Von 1875 an wurden die Jahresabschlüsse der Distriktssparkasse in der neuen Reichswährung, also in Mark, abgefasst. Die Unsicherheit der Anleger in die neue Währung führte zunächst 1876 zu einem Rückgang der Einleger um 37 Sparer und damit verbunden der Einzahlungen in den Jahren bis 1878. Von diesem Jahr an ist bis 1883 ein rückläufiges Spareinlagenvolumen zu registrieren, einhergehend mit Verlusten in den Jahren 1876 bis 1878 und 1882. Bevorzugt wurde weiter die Vergabe von Hypotheken, verbunden mit einer leicht steigenden Kreditvergabe an die Gemeinden und Stiftungen und einer vermehrten Anlage in Wertpapiere, aufgesplittet in Schuldverschreibungen des bayerischen Staates und unkündbare Schuldverschreibungen bayerischer Gesellschaften und Kreditinstitute. Aufgrund dieser negativen Entwicklung konnte natürlich der Reservefonds nicht entsprechend dotiert werden.

Einen positiven Wendepunkt brachte das Geschäftsjahr 1885: Ein über 16-prozentiger Anstieg der Spareinlagen bei 146 neuen Sparern – eine Tendenz, die zehn Jahre anhielt. Selbst eine Zinssatzsenkung von 4 % auf 3,5 % pro Jahr im Jahre 1887 konnte diese Entwicklung nicht eindämmen. Diese Tendenz traf auch für das Aktivgeschäft zu, basierend auf einer weiterhin verstärkten Kreditvergabe. Diese Entwicklung ermöglichte aufgrund entsprechender Gewinne auch eine sukzessive Erhöhung des Reservefonds.

Entwicklung Spareinlagen 1845 – 1874[14]
(Angaben in Gulden)

Jahr	Einzahlungen	Rückzahlungen	Gesamteinlagen	Anzahl Einleger
1845	624		624[15]	
1848			17 022	238
1851			25 089	
1852	15 692	2 450	38 919	
1853			47 711	410
1854			51 732	
1855	9 185	9 294	52 355	
1856	12 796	9 081	56 836	
1857	15 466	8 466	64 670	
1858	13 817	8 403	70 954	525
1859	12 036	11 710	72 223	
1860	11 111	15 417	69 781	
1863			75 872	561
1868			92 811	682
1869	24 351	17 452	101 093	745
1873			152 644	904
1874	23 216	19 039	158 733	942

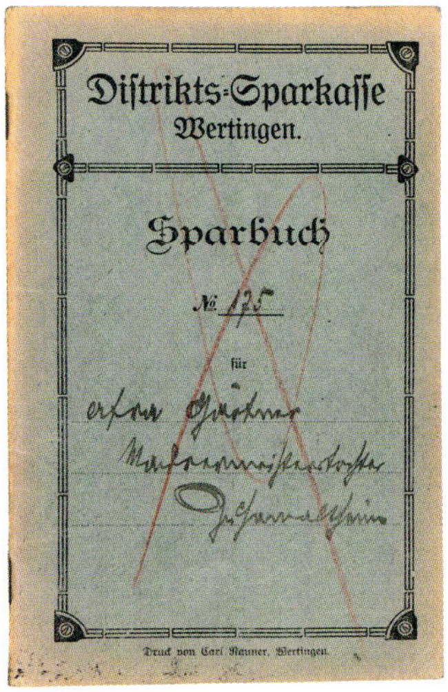

Sparbuch Nr. 175 für Afra Gärtner, Malermeisterstochter, von Zusamaltheim aus dem Jahre 1912. *Historisches Archiv der Sparkasse Wertingen*

Entwicklung Spareinlagen von 1875 – 1914[16]

(Angaben in Mark)

Jahr	Einzahlungen	Rückzahlungen	Gesamteinlagen	Anzahl Einleger
1875			285 019	904
1880			271 813	986
1885	67 844	27 860	305 747	1 282
1890	75 985	60 995	459 645	1 788
1895	104 801	63 089	617 755	2 034
1900	51 480	91 031	521 545	1 662
1905	101 359	65 654	620 482	1 451
1910	103 211	115 357	763 253	1 366
1911	110 991	103 428	770 816	1 331
1912	111 788	117 436	765 168	1 298
1913	202 361	196 662	785 355	1 318
1914			882 355	

Nach dem Jahr 1895 mit 2034 Sparern ist bis 1912, unterbrochen durch das Jahr 1909, ein permanenter Rückgang der Einleger bis auf 1298 zu beobachten. Ein Bericht des Bezirksamtes Wertingen vom 16. November 1895 gibt hierzu eine Erklärung. Die eingelegten Gelder waren zu $^7/_8$ in Hypotheken angelegt. Ein Großteil der Einlagen betraf Mündelgelder, Gelder der Stiftungen und Gemeinden. „Für die eigentlichen Spareinlagen der Dienstboten, Arbeiter und sonstigen kleinen Leute wäre vielfach eine nähere und bequemere Gelegenheit zur Einzahlung wünschenswert. (...) Auch die Einrichtung von Filialen bzw. Einzahlungs- oder Annahmestellen für die Distriktssparkasse wäre mit Schwierigkeiten verbunden. Geeignete Persönlichkeiten, die zugleich das unerlässliche Vertrauen genießen, finden sich in den Landorten nicht leicht. (...) Den Bedürfnissen der ländlichen Bevölkerung wird zum großem Teile genügt durch die 7 Raiffeisenvereine des Bezirks, welche in 7 Pfarreien 14 politische Gemeinden umfassen, Spareinlagen bis 1 bzw. 2 Mk. herab annehmen und so in wirksamer Weise als örtliche Sparkassen fungieren. Mit einigen derselben sind auch sogenannte Pfennigsparkassen verbunden. Die Gründung weiterer Darlehenskassenvereine ist seit einiger Zeit angeregt und wird wohl in diesem Winter vor sich gehen.“[17] Bis die Sparkasse Wertingen allerdings Zweigstellen eröffnete, gingen noch Jahrzehnte ins Land.

Die Entwicklung der Gesamteinlagen war geprägt durch eine sinkende Tendenz in den Jahren 1897 bis 1901 und einer kontinuierlichen Einlagenmehrung von 1904 bis 1914 mit Ausnahme des Jahres 1908. Wegen einer Konjunkturkrise kam es in diesem Jahr zu Rückzahlungen in Höhe von 101 296 fl. Im Aktivbereich ist im Jahr 1904 eine erhöhte Anlage im Wertpapierbereich in Höhe von 152 772 fl. zu verzeichnen, einhergehend mit einem Rückgang der Hypothekenausleihungen. Diese Tendenz setzte sich in den Jahren 1911 und 1912 fort, wobei auch vermehrt Darlehen an die Ge-

16 Das Zahlenmaterial basiert auf teilweise in den Amtsblättern für das Bezirksamt Wertingen veröffentlichten Geschäftsberichten/Abschlusszahlen bzw. auf der Statistik für die öffentlichen Sparkassen im Königreich Bayern.

17 BayHStA, MInn, Akt 52677 a, Nr. 26772.

18 Wie Anm. 16.

meinden und Stiftungen flossen. Über die Hälfte der Wertpapiere wurde 1912 in Schuldverschreibungen des bayerischen Staates angelegt. Zum ersten Mal reichte die Distriktssparkasse auch Darlehen auf Bürgschaft und gegen Verpfändung von Wertpapieren und Sparbüchern in geringem Umfang aus.

Der Reservefonds wuchs in dieser Periode stetig an bis zum Jahre 1901, als er sich wegen extrem starken Kursrückgängen der Wertpapiere um 7 900 fl. reduzierte. Kurssteigerungen und höhere Reinerträge ließen den Reservefonds bis 1909 auf 113 000 fl. ansteigen. Dadurch konnte der Gemeinde 1908 und 1909 jeweils 1 000 Mark zugewiesen werden.

Gebäude der späteren Bezirks-Sparkasse Wertingen (Mitte) mit dem Kriegerdenkmal und dem Schlossbräuhaus. *Stadtarchiv Wertingen*

Aktivvermögen und Anlage der Aktivkapitalien, Reinertrag und Reservefonds 1876 – 1912[18]

(Angaben in Mark)

Jahr	Aktivvermögen	Hypotheken	Gemeinde Stiftungen	Wertpapiere	Reinertrag	Reservefonds
1876	259 456	241 352	13 519	4 585	./. 6 923	6 337
1881		210 945	22 410	30 286	347	
1885	298 738	273 302		15 266	1 019	12 666
1890	465 179	429 359	8 000	23 700	2 913	21 320
1895	629 597	556 378	29 429	37 890	8 259	37 200
1900	578 397	522 544		55 853	5 424	48 100
1905	646 585				6 277	56 300
1909	863 487				6 838	113 000
1910	868 249				7 416	107 379
1911	841 009	546 428	51 495	220 786		109 035
1912	852 561	544 803	73 215		219 718	106 422

SCHWESTERSPARKASSE – 1853 „SPARCASSA-ANSTALT" FÜR DEN MARKT SCHWABMÜNCHEN

Der Wohlstand des Bezirkes verdient im Allgemeinen wohl nur das Praedicat mittelmäßig.
Zwei Hauptgewalten herrschen: der Wille Gottes oder die Macht des Teufels.

Dr. Jakob Lodter, Königlicher Gerichtsarzt,1861

Das Geschäftsgebiet der neu zu gründenden Sparkasse sollte sich nahezu mit dem Landgerichtsbezirk Schwabmünchen, der sich auf 23 Gemeinde- und 26 Pfarrbezirke mit einer Seelenzahl von ca. 15 000 sich erstreckte, decken.[1] Im einzelnen handelte es sich um die Gemeinden:[2]

- Birkach
- Bobingen mit Neuhaus
- Gennach
- Graben
- Großaitingen
- Großkitzighofen
- Kleinaitingen
- Kleinkitzighofen
- Klimmach mit Froschbach
- Guggenberg mit Leuthau
- Kreuzanger mit Tronetshofen und Itzlishofen/Vögele
- Lechfeld
- Langerringen mit Westerringen und Burghöfe
- Mickhausen mit Altishofen
- Mittelstetten
- Münster mit Rielhofen
- Oberottmarshausen
- Reinhartshofen mit Eggerhof, Hardt, Laiber, Rieger und Todtenschläule
- Schwabmühlhausen mit Schwabaich/Aichhöfe
- Schwabmünchen
- Siegertshofen
- Straßberg
- Untermeitingen mit Giesenburg
- Wehringen

Gründung und Eröffnung

Im gemeinschaftlichen Sitzungsprotokoll des Magistrates und der Gemeindebevollmächtigten des Marktes Schwabmünchen vom 10. Februar 1852 steht kurz und bündig: „Es soll eine Sparkasse errichtet werden.“[3] Zur Beratung der notwendigen Statuten wurden bestimmt: Magistratsrat Keck, Marktschreiber Helmer, Vorstand der Gemeindebevollmächtigten Tressel und Gemeindebevollmächtigter Hayd. Herr Tressel erklärte sich schon in der Sitzung bereit zur Bildung eines Grundvermögens drei Jahre lang dem neuen Institut 100 fl. unverzinslich zur Verfügung zu stellen. Bereits einige Wochen vorher wurden deswegen vom Magistrat die Statuten der Sparkassen Landsberg und Füssen angefordert.[4]

Zum Jahresende, am 22. November, verabschiedete der Magistrat die Statuten für eine Sparkasse des Marktes Schwabmünchen(18 §§)[5], verbunden mit einem Personalvorschlag zur Ernennung des Führungsgremiums für die drei Jahre – Apotheker Eduard Hartmann Kassierer, Martin Hayd Kontrolleur, Johann Müller und Albert Dösinger Verwaltungsmitglieder.[6] Nach Zustimmung der Gemeindebevollmächtigten am 27. November wurden am 30. November die Genehmigungsunterlagen dem Landgericht Schwabmünchen übergeben, mit der Bitte, diese schnellstmöglich der königlichen Regierung von Schwaben und Neuburg zur Genehmigung vorzulegen. Das Ziel war, die erforderliche Zustimmung der Oberbehörde noch vor Weihnachten zu erhalten, um den Dienstboten die Möglichkeit zu geben, ihren zu diesem Zeitpunkt ausbezahlten Jahreslohn schon in der neuen Sparkasse anzulegen.[7]

Blick auf Schwabmünchen von Westen, um 1850 (Gemälde des Schwabmünchener Historienmalers Ferdinand Wagner, 1819 – 1881). *Stadtarchiv Schwabmünchen*

1 Pötzl, W., Urgroßeltern, S. 75.
2 Bauer, H., Schwabmünchen, S. 542. Hier werden nur 24 Gemeinden aufgelistet. 1856 wurde Hiltenfingen aus dem Landgerichtsbezirk Türkheim dem Landgerichtsbezirk Schwabmünchen zugeteilt.
3 HASpkSch, Acta des Magistrates Schwabmünchen. Errichtung einer Spar-Kassa 1851/52, Nr. 3; Ṡ 1853–1978, S. 4.
4 HASpkSch, Acta des Magistrates Schwabmünchen. Errichtung einer Spar-Kassa 1851/52, Nr. 1 u. 2.
5 Ebd., Nr. 6.
6 Ebd., Nr. 7.
7 Ebd., Nr. 8 u. 9; StadtASch, Bd. 8311, 22.11.1852.

Bürokratische Hemmnisse verhinderten den Erfolg dieses Vorhabens. Am 9. Dezember äußerte sich die Regierung von Schwaben und Neuburg gegenüber dem Landgericht: Das vorgesehene Einlagenmaximum pro Einleger von 500 fl. ist auf 400 fl. zu reduzieren. Ferner müsse von der Marktgemeinde Schwabmünchen abgeklärt werden, ob nicht der ganze Landgerichtsbezirk „gegen gleichmäßige Haftung in den Sparkassen-Verband" mit aufgenommen werden kann.[8] Nachdem am 19. Januar 1853 der Magistrat diesen beiden Forderungen zustimmte, konnte gleich am nächsten Tag das Landgericht darüber informiert werden.[9] Daraufhin legte das königlich bayerische Landgericht am 22. April einen eigenen Statutenentwurf vor.[10] In den nächsten Monaten fanden nun etliche Beratungen zwischen der Marktgemeinde und dem Landgericht statt – über Modifikationen der Statuten, insbesondere über die Zusammensetzung der Leitung und Verwaltung der Sparkasse und die Übernahme der Haftung. Mit Schreiben vom 10. August der königlichen Regierung von Schwaben und Neuburg wurde dem Landgericht Schwabmünchen die Genehmigung mitgeteilt, dass nunmehr, nachdem die beteiligten Landgemeinden sich weigerten, eine Garantieleistung zu übernehmen, eine Sparkasse als „Lokal-Anstalt des Marktes Schwabmünchen" gegründet werden könne.[11]

Nun oblag es dem Magistrat, die weiteren Weichen zur Eröffnung der Sparkasse zu stellen. Am 21. Oktober lud deshalb Bürgermeister Eder das bereits Ende 1852 vorgeschlagene Führungsgremium zu einer konstituierenden Sitzung ein. Apotheker Eduard lehnte dabei die Stelle eines Kassierers ab, weil er für seine Apotheke keinen ständigen Gehilfen hatte. Auch Martin Hayd verweigerte sich der Stelle eines Kontrolleurs. Nur die beiden als Mitglieder der Sparkassenverwaltung vorgesehenen Herren Johann Müller und Albert Dösinger nahmen ihr Amt an.[12] Nach längerer Personalsuche wählte der Schwabmünchner Magistrat am 10. November Ignatz Zimmermann zum Kassierer und Franz Haid zum Kontrolleur. Doch schon am 16. November erklärten beide Bürgermeister Eder, dass sie die Wahl nicht annähmen.[13] Um den Wunsch des Magistrates, die Eröffnung der Sparkasse noch in diesem Jahr zu erreichen, nachkommen zu können, war nun wirklich mit der Besetzung der Ämter Eile geboten. Deshalb wurden bereits am 21. November vom Magistrat Kaufmann Karl Keck zum Kassierer und Herr Xaver Schuchbauer zum Kontrolleur ausgewählt. Beide nahmen am nächsten Tag ihr Amt, zunächst befristet auf ein Jahr, an.[14]

Mit einem Zirkular vom 15. Dezember gab Bürgermeister Eder die Eröffnung einer „Sparcassa-Anstalt" für den Markt Schwabmünchen am Dienstag, den 27. Dezember 1853, vormittags um 9.00 Uhr im unteren Lokal des Magistratsgebäudes bekannt.[15] Adressaten dieser Bekanntmachung waren unter anderen die Dienstboten, denen nun die Möglichkeit

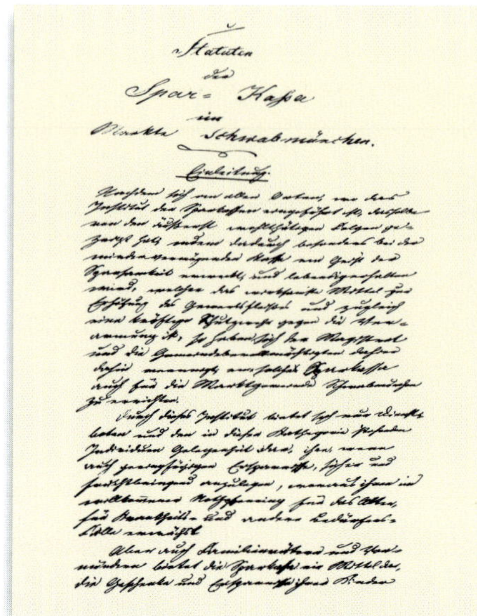

Erster Statutenentwurf der Sparkasse für den Markt Schwabmünchen durch den Magistrat vom 26. November 1852. *Historisches Archiv Sparkasse Schwabmünchen*

geboten wurde, „ihre wenn auch geringfügigen Ersparnisse sicher und fruktizierlich anzulegen, woraus ihnen ein willkommener Notpfennig für das Alter, für den Krankheits- und andere Bedürfnisfälle erwächst". Auch Familienväter und Vormünder waren ausdrücklich angesprochen. Für sie bot das Institut ein Mittel, nicht nur Geschenke und Ersparnisse ihrer Kinder und Mündel in verzinsliche Kapitalien umzuwandeln, sondern auch insbesondere Vormundschaftskapitalien absolut sicher anzulegen vor dem Hintergrund der vollen Haftung der Marktgemeinde Schwabmünchen.

8 HASpkSch, Acta des Magistrates Schwabmünchen. Errichtung einer Spar-Kassa 1851/52, Nr. 10 u. ad 10.
9 Ebd., Nr. 13.
10 Ebd., Nr. ad 18.
11 Ebd., Nr. ad 23; 1853–1978, S. 8.
12 HASpkSch, Acta des Magistrates Schwabmünchen. Errichtung einer Spar-Kassa 1851/52, Nr. 24.
13 Ebd., Nr. 26.
14 Ebd., Nr. 27 u. 28; StadtASch, Bd. 8311, 31.12.1853.
15 HASpkSch, Acta des Magistrates Schwabmünchen. Errichtung einer Spar-Kassa 1851/ 52, Nr. 31; 1853–1978, S. 10.
16 Ebd., Statuten 22.11.1853; Gingele, A., Bank- u. Kreditwesen, S. 251f.
17 Jahn, J., Schwabmünchen, S. 196.

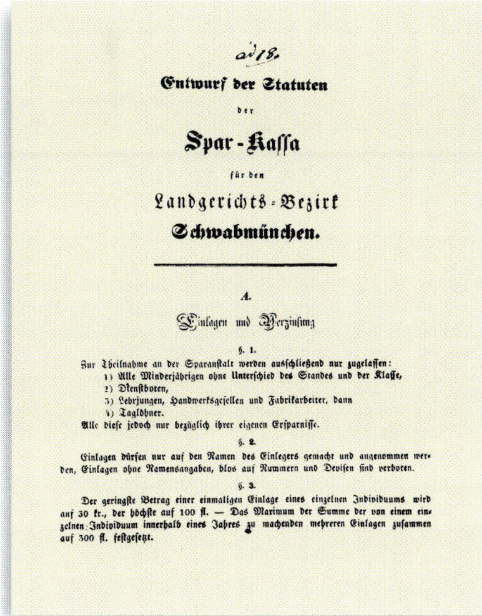

ad 18.

Entwurf der Statuten

der

Spar-Kassa

für den

Landgerichts-Bezirk

Schwabmünchen.

A.

Einlagen und Verzinsung

§. 1.

Zur Theilnahme an der Sparanstalt werden ausschließend nur zugelassen:

1) Alle Minderjährigen ohne Unterschied des Standes und der Klasse,
2) Dienstboten,
3) Lehrjungen, Handwerksgesellen und Fabrikarbeiter, dann
4) Taglöhner.

Alle diese jedoch nur bezüglich ihrer eigenen Ersparnisse.

§. 2.

Einlagen dürfen nur auf den Namen des Einlegers gemacht und angenommen werden, Einlagen ohne Namensangaben, blos auf Nummern und Devisen sind verboten.

§. 3.

Der geringste Betrag einer einmaligen Einlage eines einzelnen Individuums wird auf 30 kr., der höchste auf 100 fl. — Das Maximum der Summe der von einem einzelnen Individuum innerhalb eines Jahres zu machenden mehreren Einlagen zusammen auf 300 fl. festgesetzt.

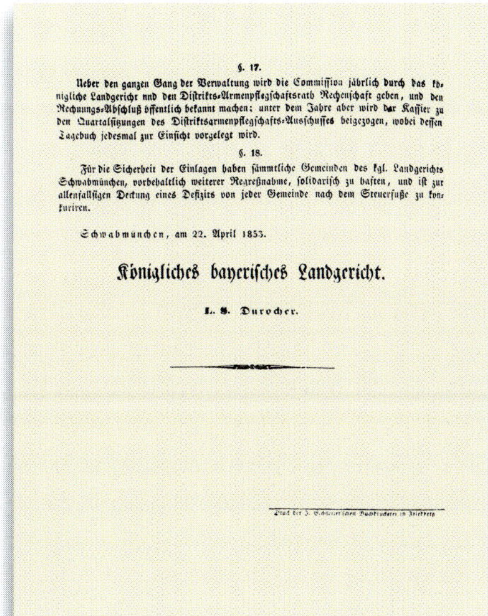

§. 17.

Ueber den ganzen Gang der Verwaltung wird die Commission jährlich durch das königliche Landgericht und den Distrikts-Armenpflegschaftsrath Rechenschaft geben, und den Rechnungs-Abschluß öffentlich bekannt machen; unter dem Jahre aber wird der Kassier zu den Quartalsitzungen des Distriktsarmenpflegschafts-Ausschusses beigezogen, wobei dessen Tagebuch jedesmal zur Einsicht vorgelegt wird.

§. 18.

Für die Sicherheit der Einlagen haben sämmtliche Gemeinden des kgl. Landgerichts Schwabmünchen, vorbehaltlich weiterer Regreßnahme, solidarisch zu haften, und ist zur allenfallsigen Deckung eines Defizits von jeder Gemeinde nach dem Steuerfuße zu konkuriren.

Schwabmünchen, am 22. April 1853.

Königliches bayerisches Landgericht.

L. S. Durocher.

Statutenentwurf des Königlich bayerischen Landgerichts Schwabmünchen für eine Sparkasse für den Landgerichtsbezirk Schwabmünchen vom 22. April 1853. *Historisches Archiv Sparkasse Schwabmünchen*

Die Fundamente der Sparkasse

Geschäftsgrundlage für die neu errichtete Marktsparkasse waren die vom Magistrat am 22. November 1853 erlassenen „Statuten der Sparkassa für den Markt Schwabmünchen".[16]

Die insgesamt 18 Paragrafen geben Aufschluss über den Zweck, die Geschäftsbereiche, die Organisation, das Personal und die Öffnungszeiten des Institutes.

§ 1 der Satzung definierte explizit den Einlegerkreis:

1. alle Minderjährige, ohne Unterschied des Standes und der Klasse,
2. Dienstboten,
3. Lehrjungen, Handwerksgesellen und Fabrikarbeiter,
4. Taglöhner.

Der Einlegerkreis war ebenso beschränkt auf die Bewohner Schwabmünchens und fremde Dienstboten, solange sie hier beschäftigt waren (§ 13).

Wie hoch war nun das Sparerpotential in der Marktgemeinde? Ein Blick auf die damalige Sozialstruktur gibt Aufschluss. Der Markt zählte 2 493 Einwohner. Davon waren 674 unter 14 Jahre alt. Die Anzahl der Taglöhner belief sich auf 626, die der Dienstboten auf ca. 200 Personen.[17] Reichte diese Personenzahl aus zur ertragreichen Führung einer Sparkasse? Die nahe Zukunft sollte Antwort geben.

§ 2 stellte klar, dass Einlagen nur auf den Namen eines Einlegers gemacht werden konnten. Einlagen auf Nummernkonten waren verboten.

Um den Missbrauch durch Kapitaleigner zu verhindern und den Verwaltungsaufwand in Grenzen zu halten, wurden nur Einlagen in einer Höhe von mindestens 30 kr. bis zu 100 fl. pro Einzahlung, innerhalb eines Jahres höchstens 300 fl., angenommen (§ 3). Die Verzinsung begann erst ab einem Gulden (§ 4). Die Zinsen wurden jährlich berechnet, und zwar von 1 bis 24 fl. mit 1 kr. 3 Pf. vom Gulden, von 25 fl. an mit 3 fl. vom Hundert. Die Kapitalisierung und Vergü-

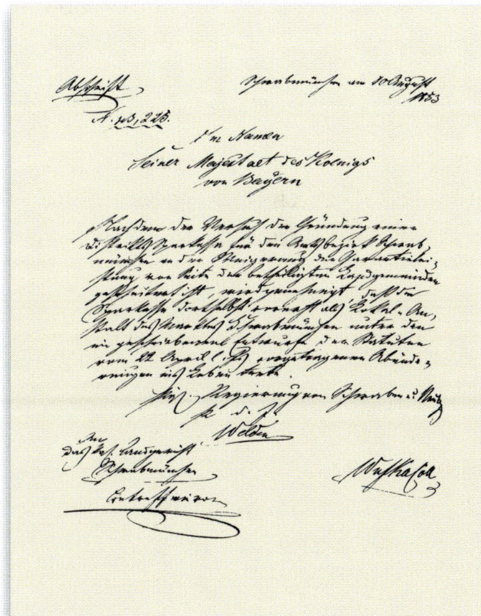

Abschrift

Im Namen Seiner Majestät des Königs von Bayern

Dekret der Königlichen Regierung von Schwaben und Neuburg vom 10. August 1853 zur Errichtung einer Sparkasse als Lokal-Anstalt des Marktes Schwabmünchen. *Historisches Archiv Sparkasse Schwabmünchen*

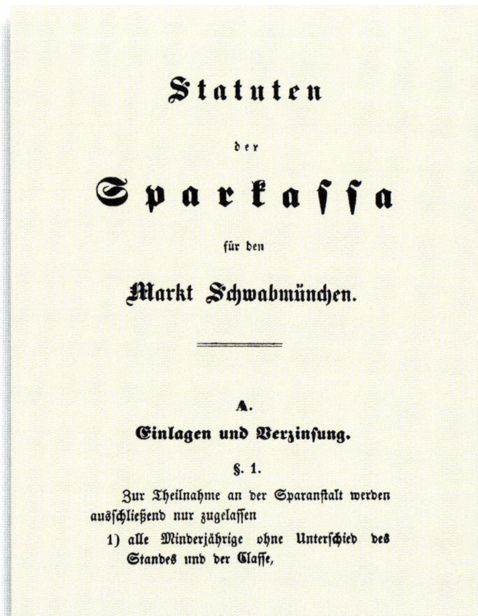
Statuten der Sparkassa für den Markt Schwabmünchen.

A.
Einlagen und Verzinsung.

§. 1.

Zur Theilnahme an der Sparanstalt werden ausschließend nur zugelassen

1) alle Minderjährige ohne Unterschied des Standes und der Classe,

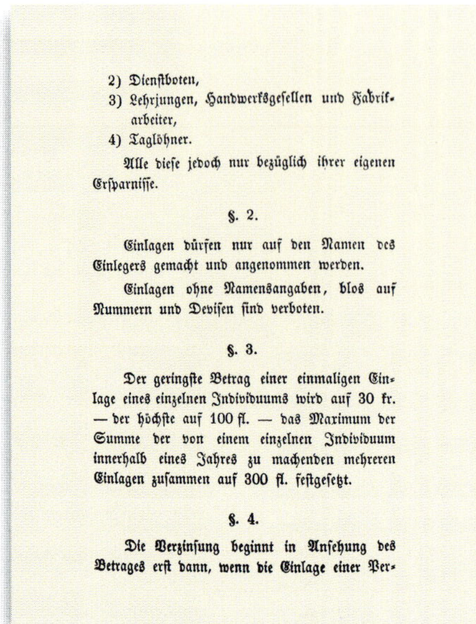
2) Dienstboten,
3) Lehrjungen, Handwerksgesellen und Fabrikarbeiter,
4) Taglöhner.

Alle diese jedoch nur bezüglich ihrer eigenen Ersparnisse.

§. 2.

Einlagen dürfen nur auf den Namen des Einlegers gemacht und angenommen werden.

Einlagen ohne Namensangaben, blos auf Nummern und Devisen sind verboten.

§. 3.

Der geringste Betrag einer einmaligen Einlage eines einzelnen Individuums wird auf 30 kr. — der höchste auf 100 fl. — das Maximum der Summe der von einem einzelnen Individuum innerhalb eines Jahres zu machenden mehreren Einlagen zusammen auf 300 fl. festgesetzt.

§. 4.

Die Verzinsung beginnt in Ansehung des Betrages erst dann, wenn die Einlage einer Ver-

Endgültige Statuten der Sparkasse für den Markt Schwabmünchen vom 22. November 1853.
Historisches Archiv Sparkasse Schwabmünchen

tung von Zinseszinsen war ebenso vorgesehen (§ 7). Ab einem Gesamtguthaben von 400 fl. hörte jegliche Verzinsung der Einlage auf (§ 6). Beträge unter 25 fl. unterlagen einer vierwöchigen Kündigungszeit, höhere einer dreimonatigen (§ 9).

Geöffnet war die Sparanstalt gemäß § 8 immer am letzten Dienstag des Monats, vormittags von 9.00 bis 12.00 Uhr. Zu den Dienstbotenwechselzeiten an Lichtmess, Georgi, Jakobi, Michaeli und Weihnachten gab es zusätzliche Öffnungszeiten, die im Wochenblatt bekannt gemacht wurden .

Für jede Spareinlage wurde für 4 kr. ein „Quittungsbüchel" (Sparbuch) ausgestellt, in das alle zukünftigen Einlagen und Zinsberechnungen eingetragen wurden. Es musste jedes Jahr dem Kassierer zur Eintragung des Zinses vorgelegt werden (§ 10). Nach § 12 musste bei Verlust des Buches die Sparkasse sofort benachrichtigt werden, damit das Sparbuch durch das Gericht „amortisirt" wurde.

Die Spargelder sollten vorzugsweise im Landgerichtsbezirk Schwabmünchen hypothekarisch angelegt werden. Auf eine ausreichende Liquidität sollte ebenso geachtet werden (§ 11).

Die Sparanstalt stand unter der Direktion und Aufsicht des königlichen Landgerichtes (§14). Aus den Verwaltungsbestimmungen (§ 15) der Statuten geht hervor, dass eine eigene Kommission, bestehend aus dem Kassierer, dem Kontrolleur und zwei Bürgern des Marktes Schwabmünchen, gewählt vom Magistrat, auf die Dauer von jeweils drei Jahren, die Leitung und Verwaltung des Institutes übernehmen sollte. Die Kommission hatte dem Magistrat jährlich Rechenschaft durch einen öffentlichen Jahresabschluss zu geben (§ 17). Dieser wurde zur Prüfung an die Regierung von Schwaben und Neuburg weitergeleitet. Diese nahm damit eine Aufgabe wahr, die der heutigen Innen- und Verbandsrevision entspricht. Für die Sicherheit der Spareinlagen und deren richtige Verzinsung haftete die Marktgemeinde Schwabmünchen (§ 18).

Analyse des Geschäftsjahrs 1854

Das am 15. Dezember 1853 von Bürgermeister Eder an den Vorstand der Gemeindebevollmächtigten, Gutsbesitzer Tressel, gesandte Aufforderungsschreiben, die Zusage der unverzinslichen Bereitstellung von 100 fl. Grundvermögen für die Sparkasse leihweise für drei Jahre baldmöglichst einzulösen – „gegen Empfangnahme einer Schuldurkunde" – blieb unbeantwortet.[18]

Zwei Tage nach Eröffnung der Sparkasse, am 29. Dezember, teilte Tressel dem Magistrat mit, dass er seine gemachte Zusage nicht weiter aufrecht

18 StadtASch, Bd. 8311, 15.12.1853.
19 HASpkSch, Acta des Magistrates Schwabmünchen. Errichtung einer Spar-Kassa 1851/52, Nr. 33.
20 Ebd., Nr. 35.
21 Ebd., Nr. 37 u. 39.
22 Ebd., II. Rechnung der Sparkasse Schwabmünchen pro 1855, fol.28.
23 Ebd., Acta des Magistrates Schwabmünchen. Errichtung einer Spar-Kassa 1851/52, Nr. 40.
24 Ebd., Hauptbuch für Sparkassa-Einlagen ab 27.12.1853, fol. 1.
25 Ebd., fol. 2.
26 Ebd., Acta des Magistrates Schwabmünchen. Errichtung einer Spar-Kassa 1851/52, Nr. ad 43.

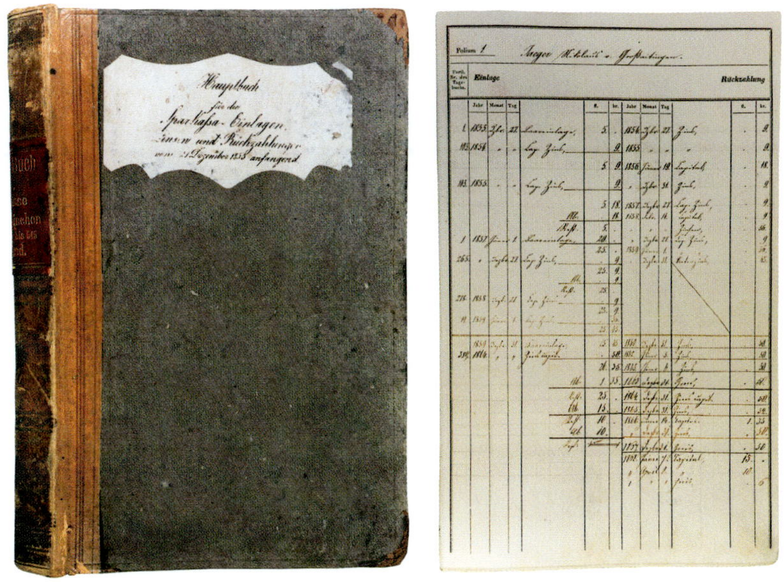

„Hauptbuch für die Sparkassa-Einlagen, Zinsen und Rückzahlungen vom 27. Dezember 1853 anfangend" der Schwabmünchner Sparkasse. *Historisches Archiv Sparkasse Schwabmünchen*

erhalte. Als Grund führte er eine ungerechtfertigte Anklage seitens der Verwaltungsmitglieder der Sparkasse gegen ihn wegen „Aufhebung der Landwehr" an.[19]

Um den Start der gerade gegründeten Sparkasse nicht zu gefährden, beschloss der Magistrat bereits am 4. Januar 1854 die Hingabe eines Darlehens aus dem Kommunalvermögen in Höhe von 50 fl. unverzinslich für ein Jahr zur Deckung der Anfangskosten, insbesondere die Kosten für die angeschafften Sparkassenbücher, Kassen- und Kontrollbücher und der Publikation.[20] Nach Zustimmung der Gemeindebevollmächtigten am 22. Januar erteilte am 3. Februar[21] das Landgericht die aufsichtsrechtliche Genehmigung. Am gleichen Tag erfolgte die Zurückzahlung des vom Kontrolleur Xaver Schuchbauer am 16. Dezember 1853 vielleicht aufgrund schlechten Gewissens durch die Anschuldigung des Herrn Tressel sporadisch interimsweise geleisteten unverzinslichen Vorschusses in Höhe von 140 fl.[22]

Schon nach wenigen Wochen, am 6. Februar, kam der Magistrat zu der Erkenntnis, dass die Beschränkung des Geschäftsgebietes nur auf den Markt Schwabmünchen „die Sparkasse nie zu einem erfreulichen Resultate führen" kann. Eine Änderung des betreffenden § 13 der Statuten zur Ausweitung des Geschäftsgebietes wurde deshalb vorgeschlagenen: „daß Einlagen von den Bewohnern des *Landgerichtsbezirkes* Schwabmünchen angenommen werden". Weiter wurde argumentiert, die Erweiterung könne für die Kommune nur zum Vorteil sein, denn aufgrund einer vermehrten Einlagentätigkeit seien für die Kommune höhere Überschüsse aus den Aktivkapitalien zu erwarten. Gleichzeitig verhinderte man eine mögliche Konkurrenz, nämlich die Bildung einer Distriktssparkasse.[23]

Diese Magistratsvision war jedoch reine Spekulation. Fakt war: Das Sparerpotential der Marktgemeinde war für eine gewinnbringende Geschäftstätigkeit entschieden zu klein und in praxi tätigten bereits seit 27. Dezember 1853 Auswärtige wie z. B. Nikolaus Jäger aus Großaitingen[24], der an diesem Tag 5 fl. einzahlte, Einlagen in dieses neue Institut. Die Ersteinlage der Marktsparkasse kam also nicht aus dem statutenmäßig festgelegten Geschäftsgebiet, erst die zweite Einlage von Thekla Stengle am 28. Januar 1854 in Höhe von 125 fl.[25]

Ganz im Sinne des Magistrats genehmigte bereits am 15. Februar die Regierung von Schwaben und Neuburg die Erweiterung des Geschäftsgebietes mit einem modifizierten § 13: „Einlagen in die Sparkasse werden nur von den Bewohnern des Landgerichtsbezirkes Schwabmünchen angenommen, von auswärtigen Dienstboten aber nur solange, als sie in diesem Bezirke bedienstet sind."[26]

Diese Ausdehnung des Geschäftsgebietes bedeutete für die neu gegründete Sparkasse eine immense Vermehrung des Sparerpotentials, von 2 500 Einwohnern der Marktgemeinde Schwabmünchen auf ca. 15 000 Einwohner des Landgerichtsbezirkes. Zählte die Sparkasse bis zur statutenmäßigen Erweiterung des Geschäftsgebietes nur 16 Einleger, waren es am Jahresende schon 63.

Die Analyse der Herkunft der ersten 63 Sparer ergibt, dass 45 % (28) aus der Marktgemeinde Schwabmünchen kamen, 46 % aus dem Landgerichtsbezirk (29) und sogar 9 % (6) von außerhalb des Geschäftsgebietes. Nachdem im Hauptbuch Berufsangaben nur sporadisch gemacht wurden, kann für die Gruppe der Auswärtigen vermutet werden, dass es sich hierbei um Dienstboteneinlagen, dokumentiert wurde der Herkunftsort, handelte.

Wie sah es aus mit der Sparfähigkeit des in den Statuten festgelegten Einlegerkreises? Am 5. August 1854 tätigte Remigius Schmid aus Oberottmarshausen eine Spareinlage in Höhe von 100 fl.[27] Der Wert dieses Betrages wird durch den Vergleich mit zeitgenössischen Lebensmittelpreisen deutlich: 1 Pfund Kalbfleisch kostete 12 kr., 1 Pfund Schweinefleisch 18 kr., 1 Pfund Butter 25 kr. oder ein Maß Bier 5 kr. 2 Pf. Heute entspräche die Einlagensumme des Remigius Schmid etwa 2 500 Euro. Die Höhe der Einlage verwundert nicht, wenn man sich vergegenwärtigt, dass Dienstboten über ein durchaus ansehnliches Einkommen verfügten. Sie erhielten freie Kost und Logis, darüber hinaus einen Geldlohn und zuweilen Trinkgelder und Geschenke an Feiertagen. Da Bauernhöfe nach dem damals in Bayern geltenden Anerbenrecht nur einem Nachkommen vererbt wurden, gab es zahlreiche Bau-

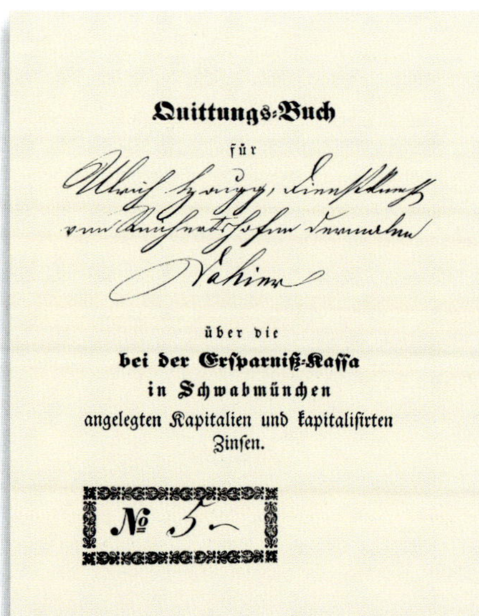
Quittungs-Buch

für

über die

bei der Ersparniß-Kassa

in Schwabmünchen

angelegten Kapitalien und kapitalisirten Zinsen.

№ 5

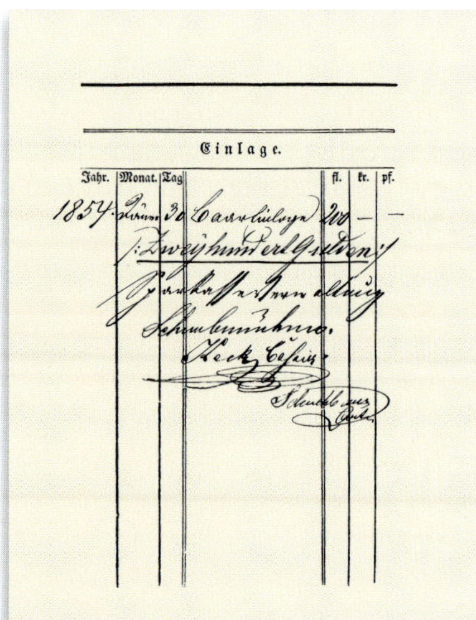
Einlage.

Jahr.	Monat.	Tag		fl.	kr.	pf.
1854		30				

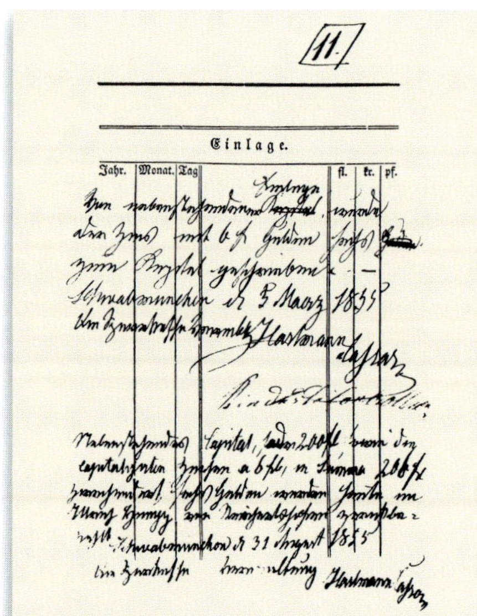
11.

Einlage.

Jahr.	Monat.	Tag		fl.	kr.	pf.

Quittungsbuch des fünften Einlegers der Marktsparkasse Schwabmünchen, des Dienstknechts Ulrich Haugg von Reinhartshofen, der am 30. Januar 1854 eine Ersteinlage in Höhe von 200 fl. tätigte. *Historisches Archiv Sparkasse Schwabmünchen*

27 Ebd., fol. 41.
28 Schwabmünchen-Buchloer Wochenblatt, 7.1.1855.
29 HASpkSch, Acta des Magistrates Schwabmünchen. Errichtung einer Spar-Kassa 1851/52, Nr. 48.
30 Ebd., Hauptbuch für Sparkassa-Einlagen ab 27.12.1853, fol. 1–63.
31 Ebd., II. Rechnung der Sparkasse Schwabmünchen pro 1855, fol. 10f.

ernsöhne, die sich als Dienstboten verdingten und vorher von dem Hoferben ausbezahlt worden waren.

Laut Rechnungsabschluss für das Jahr 1854 betrug die Höhe der Spareinlagen 7 091 fl. 37 kr.[28] Darunter befanden sich Einleger wie der Schwabmünchner Krankenhausverein mit 65 fl., die Bezirkskasse des landwirtschaftlichen Vereins in Lechfeld mit 34 fl., der Lokalarmenfonds von Schwabmünchen mit 100 fl. oder der Gerichtsdienergehilfe Bauer mit 125 fl. Ferner existierten fünf Vormundschaftseinlagen und weitere fünf Vormundschaftseinlagen explizit für Kinder. Die einzelnen Einlagengrößen für das Jahr 1854 zeigt die nachfolgende Übersicht. Die niedrigste Spareinlage betrug 30 kr., die höchste belief sich auf 470 fl., die im Laufe des Jahres komplett zurückbezahlt wurde.

Die Sparkassenverwaltung war im ersten Geschäftsjahr bemüht, den Großteil der Spargelder gegen Hypothekenbestellungen auszuleihen – 5 550 fl. Ein am 20. Juni der Marktgemeinde Schwabmünchen ausgereichtes Darlehen über 400 fl. zu 4,5 % Darlehenszins musste im November gleichen Jahres zurückbezahlt werden, weil die Aufsichtsbehörde die Zustimmung verweigerte.[29] Die weiteren Darlehensnehmer führt die nachfolgende Übersicht auf.

Für sämtliche Darlehen musste ein Zinssatz von 4,5 % bezahlt werden. So vereinnahmte die Sparkasse in 1854 243 fl. 45 kr. an Darlehenszinsen.

Anlagen in Wertpapiere zur Risikostreuung und -minimierung gab es offensichtlich nicht, sie waren statuarisch auch nicht vorgesehen. „Die eingehenden Gelder werden sogleich vorzugsweise

Örtliche Zuordnung der Sparer im Jahre 1854[30]

Ort		Anzahl der Einleger
Schwabmünchen	(M)	28
Füssen	(A)	1
Gennach	(L)	1
Gersthofen	(A)	1
Großaitingen	(L)	4
Inningen	(A)	1
Kleinaitingen	(L)	1
Kleinkitzighofen	(L)	1
Langerringen	(L)	3
Lechfeld	(L)	1
Mittelneufnach	(L)	1
Oberottmarshausen	(L)	8
Reinhartshofen	(L)	3
Röttenbach	(A)	1
Schwabmühlhausen	(L)	1
Straßberg	(L)	1
Untermeitingen	(L)	4
Wehringen	(L)	1
Willmatshofen	(A)	1

M (Marktgemeinde) L (Landgerichtsbezirk) A (Auswärtig)

Einlagen-Spektrum 1854

Einlagen in Gulden	Anzahl
0 – 25	25
26 – 50	10
51 – 75	5
76 – 100	4
101 – 125	5
126 – 150	2
151 – 175	2
176 – 200	–
201 – 225	2
226 – 250	1
251 – 275	1
276 – 300	5
über 300	1

Darlehensnehmer des Geschäftsjahres 1854[31]

Darlehensnehmer	Status	Ort	Betrag in Gulden
Krön Joseph	Zimmermeister	Schwabmünchen	900,00
Schneider Maria	Söldnerin	Schwabmünchen	300,00
Steingruber Georg	Söldner	Schwabmünchen	600,00
Strodl Ludwig	Söldner	Schwabmünchen	600,00
Müller Martin	Seiler	Schwabmünchen	500,00
Müller Alois	Söldner	Schwabmünchen	700,00
Dietmeyer Johann	Häusler	Untermeitingen	200,00
Rohrer Martin	Söldner	Schwabmünchen	350,00
Schmölz Johann	Söldner	Schwabmünchen	400,00
Menner Joseph	Seiler	Langerringen	300,00
Gemeinden			700,00

Summarische Ueberſicht
der Rechnungs-Ergebniſſe der Sparkaſſe
Schwabmunchen pro 1854.

I. Einnahmen:

1) An Einlagen . . 7091 fl. 37 kr.
2) An zurückbezahlten Kapitalien . 300 fl. -- kr.
3) Zinſe aus Aktiv-Kapitalien . 7 fl. 30 kr.
4) Sonſtige Einnahmen . . . 4 fl. 28 kr.
7403 fl. 35 kr.

II. Ausgaben:

1) An ausgelegten Aktiv-Kapitalien 5850 fl. — kr.
2) An zurückbezahlten Einlagen . 1508 fl. — kr.
3) An bezahlten Zinſen . . . 3 fl. 56 kr.
4) An Inſerarionsgebühren . . 5 fl. 53 kr.
5) An Buchdruckerlöhne . . 23 fl. 36 kr.
6) An Buchbinderlöhne . . 7 fl. 3 kr.
7) An Poſtporto und Bothenlöhne — fl. 3 kr.
7398 fl. 31 kr.

Abſchluß:

Einnahme . 7403 fl. 35 kr.
Ausgabe . 7398 fl. 31 kr.
Aktiv-Kaſſabeſtand 5 fl. 4 kr.

Vermögensausweis:

I. Vermögen 5677 fl. 52 kr. 4 hl.
II. Schulden . 5670 fl. 43 kr. 2 hl.
Reiner Vermögensſtand 7 fl. 9 kr. 2 hl.

Schwabmünchen den 31. Dezember 1854.
Sparkaſſeverwaltung des Marktes daſelbſt,
Keck, Kaſſier.
Schuchbauer.

Erster Jahresabschluss der Schwabmünchener Sparkasse per 31. Dezember 1854, veröffentlicht im Schwabmünchen-Buchloer Wochenblatt vom 7. Januar 1855. *Historisches Archiv Sparkasse Schwabmünchen*

im Landgerichtsbezirke Schwabmünchen hypothekarisch und verzinslich angelegt" (§ 11). Die Versorgung der Bevölkerung des Geschäftsgebietes mit Krediten hatte somit höchste Priorität.

Die Entwicklung bis 1860

Bereits im Geschäftsjahr 1855 kam es zu einer personellen Veränderung im Führungsgremium der Sparkasse. Am 19. Dezember erklärten Kassierer Keck und Kontrolleur Schuchbauer gegenüber Bürgermeister Eder ihre Amtsniederlegung zum Jahresende.[32] Schon am 2. Januar 1855 verpflichteten sich Apotheker Eduard Hartmann als Kassierer – 1853 hatte er das Amt noch abgelehnt – und Joseph Kiederle als Kontrolleur zur Annahme ihrer Ämter.[33] Kurze Zeit später am 17. Januar gab Albert Dösinger seinen Austritt aus dem Sparkassenausschuss bekannt. Sein Nachfolger wurde am 22. des Monats Ignatz Zimmermann.[34]

Die Einlagen der Schwabmünchner Sparkasse entwickelten sich in ihrer Gründungsphase positiv.

Vor dem Hintergrund der Haftung der Marktgemeinde Schwabmünchen wurden verstärkt Vormundschaftskonten bei der Sparkasse eröffnet. Waren es im Jahre 1855 bereits 21 Stück bei 59 neuen Sparkonten, dies entspricht 25% der neu angelegten Konten, steigerte sich dies im Jahre 1857 auf 30 Stück (38%) bei 79 neuen Einlegern. Diese Tendenz lässt sich bis zum Jahre 1860 nachzeichnen. Dieser Einlegerkreis war für die Sparkasse äußerst lukrativ, handelte es sich doch größtenteils um recht ansehnliche Einlagensummen, wie z. B. aus dem Jahre 1857 225 fl. 26 kr. „als Kuratel über die blödsinnige Kreszenz Keller von Bobingen" oder 133 fl. des vermissten Soldaten Augustin Bühler aus Königsbrunn.

Soweit es die sporadischen Angaben im Hauptbuch möglich machen, ist eine

Zum neuen Jahr

Vom guten Himmel fliegt es nieder,
Das liebe neue Jahr;
Es bring' euch Segen meine Brüder
Aus Gottes Fülle dar;
Bring' allen Glück, treue Freund'
Und menschliches Erbarmen
Für jeden der im stillen weint,
Und den verlassenen Armen;
Friede, Frohsinn, Harmonie
Dem Vaterland und Fürsten;
Tod und Schande den Bösen, die
Nach Blut und Kriege dürsten.

Verfasser unbekannt
aus: Schwabmünchen-Buchloer Wochenblatt, 7. Januar 1855

Einlagenentwicklung 1855 – 1860[35] (in Gulden)

Jahr	Einzahlungen	Rückzahlungen	Gesamteinlagen	neue Sparer
1855	6 759	2 702	9 658	59
1856	11 001	4 586	16 385	76
1857	11 262	4 547	23 597	79
1858	12 473	6 011	30 758	84
1859	4 700	4 663	30 981	73
1860	16 708	6 329	43 217	109

32 Ebd., Acta des Magistrates Schwabmünchen. Errichtung einer Spar-Kassa 1851/52, Nr. 50.
33 Ebd., Nr. 51.
34 Ebd., Nr. 53 u. 55.
35 Grundlage: Königlich Bayerisches Kreis-Amtsblatt von Schwaben und Neuburg 1856–1861; HASpkSch, Hauptbuch für Sparkassa-Einlagen ab 27.12.1853.

Auswertung der Einleger nach ihren Berufen bzw. Tätigkeiten äußerst aufschlussreich. Im Jahre 1856 legte eine Dienstmagd 150 fl. ein, ein Hafnergeselle 170 fl., ein Gendarm 25 fl., ein Advokat 58 fl. 13 kr., ein Lehrerssohn 96 fl. 41 kr., in 1857 ein Schneider 12 fl., ein Bräuknecht 234 fl., in 1858 eine Kellnerin 75 fl., ein Gärtner 180 fl., eine Lehrerstochter 34 fl., ein Taglöhner 350 fl., im Jahre 1859 der Pfarrer aus Untermeitingen 25 fl., ein Brigadier 50 fl., ein Pharmazeut 300 fl., im Jahre 1860 ein Mahlknecht 70 fl., ein Gärtnergehilfe 20 fl., ein Sattlergeselle 50 fl., ein Bäckergeselle 300 fl., ein Metzgerknecht 150 fl. und ein Schuhmacher 100 fl.

Auch lokale Einrichtungen und Vereine bedienten sich zunehmend der neuen Sparanstalt. Beispiele: Im Jahre 1856 der Krankenverein für hiesige Dienstboten 100 fl., der Schulfonds Schwabmünchen 40 fl., die Pfarrkirchenstiftung Großkitzighofen 1 fl. 36 kr., im Jahre 1857 die Cassa für den Erlös aus den versteigerten Familiengrabstätten in Schwabmünchen 375 fl., im Jahre 1858 der Armenfonds Lechfeld 15 fl., der Verein zu Schaffung von Verbandszeug für die bayerischen Truppen 17 fl. 12 kr., im Jahre 1860 der St. Johannis Verein des Bezirkes Schwabmünchen 40 fl., der Lokalarmenfonds Oberottmarshausen 26 fl. 29 kr., die Distriktsarmenkasse Schwabmünchen 100 fl., die Landwehrkasse Schwabmünchen 30 fl.

Auffallend sind die manchmal nicht statutenkonformen Einleger (Gendarm, Advokat, Pfarrer etc.) und die teilweise dem Statut widersprechenden Einlagenhöhen (z. B. Taglöhner 350 fl.).

Jährlich kamen etwa 25 neue private Sparer hinzu, die größtenteils aus der Marktgemeinde Schwabmünchen selbst stammten. Der Rest verteilte sich auf den Landgerichtsbezirk, wobei als Schwerpunkte die Ortschaften Bobingen, Großaitingen, Hiltenfingen, Langerringen, Mickhausen, Münster, Oberottmarshausen, Untermeitingen und Wehringen festzustellen sind. Auch Sparer außerhalb des Geschäftsgebiets wie z. B. aus Augsburg, Mering, Buchloe, Wörleschwang, Laupheim, Königsbrunn, Türkheim, Ettringen, Graben, Scherstetten, Lamerdingen fanden sich immer wieder bei der Schwabmünchner Sparkasse ein.

Die eingelegten Sparguthaben bewegten sich im Zeitraum 1855 bis 1860 zu 50 % in einem Einlagenspektrum von 0 bis 50 fl., weitere 20 % in einer Bandbreite von 51 bis 100 fl. Der Rest verteilt sich in etwa gleichmäßig auf das Einlagenspektrum 101 bis 300 fl. Das Überschreiten des statutengemäßen Einlagenmaximums von 300 fl. ist immer wieder zu registrieren, so im Jahre 1856 drei Mal, 1857 zwei Mal, 1858 vier Mal.

Bei den meisten Spareinlagen handelte es sich vornehmlich um Einmaleinlagen, bei denen der Jahreszins kapitalisiert wurde. Gelegentlich wurde der Zins auch bei der jährlichen obligatorischen Gutschrift ins Sparbuch abgehoben. Regelmäßiges Sparen in Form von Dauersparen etwa war zu dieser Zeit nicht üb-

Frauen in Schwabmünchner Tracht, um 1820.
Stadtarchiv Schwabmünchen

Männer in Schwabmünchner Tracht, um 1820.
Stadtarchiv Schwabmünchen

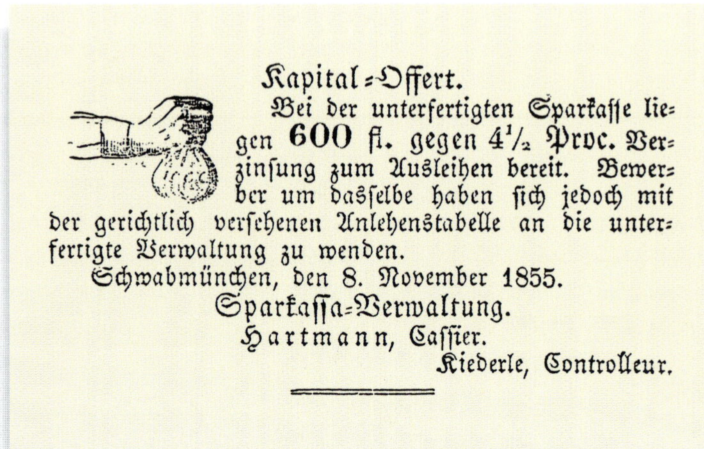
Kapital-Offert.
Bei der unterfertigten Sparkaſſe liegen 600 fl. gegen 4½ Proc. Verzinſung zum Ausleihen bereit. Bewerber um daſſelbe haben ſich jedoch mit der gerichtlich verſehenen Anlehenstabelle an die unterfertigte Verwaltung zu wenden.
Schwabmünchen, den 8. November 1855.
Sparkaſſa-Verwaltung.
Hartmann, Caſſier.
Kiederle, Controlleur.

Werbung für das Hypothekengeschäft im Schwabmünchen-Buchloer Wochenblatt vom 11. November 1855. *Historisches Archiv Sparkasse Schwabmünchen*

lich. Die geringen Öffnungszeiten und die oftmals weite Entfernung zum Sparkassenlokal haben möglicherweise dieses Verhalten gefördert. Von den 63 Sparern des Jahres 1854 waren bis 1860 43 ausschließlich Einmaleinleger. Im Jahre 1855 gab es zwei Sparer, die drei Einzahlungen machten, im Jahre 1857 waren es fünf.

Die positive Entwicklung des Institutes führte die Sparkassenverwaltung auf das immer stärkere Vertrauen in die Sparkasse und auch auf „anderweitig bemerckbare, größere Wohlhabenheit der mittleren und niederen Volksklasse" zurück.[36] Die konstante positive Entwicklung der Spareinlagen wurde allerdings im Jahre 1859 jäh unterbrochen – den 4 663 fl. Rückzahlungen standen nur 4 700 fl. Einzahlungen gegenüber. Auslöser dafür war die Mobilmachung des bayerischen Heeres in diesem Jahr wegen des Krieges zwischen Österreich und Frankreich um Sardinien.[37]

Das Neugeschäft im Aktivbereich erfuhr im Jahre 1855 einen Rückgang. Konnten 1854 noch 5 550 fl. an Hypothekendarlehen ausgegeben werden, waren es 1855 nur noch 3 675 fl. – 100 fl. an die Gemeinde, der Rest von 3 575 fl. ausschließlich an Schwabmünchener Bürger.[38] Zur Forcierung des Hypothekengeschäftes inserierte die Sparkassenverwaltung am 11. November 1855 im Schwabmünchen-Buchloer Wochenblatt: „Kapital-Offert. Bei der unterfertigten Sparkasse liegen 600 fl. gegen 4,5 Proc. Verzinsung zum Ausleihen bereit."[39] Nachdem diese Maßnahme nicht mit Erfolg gekrönt war, genehmigte die Regierung von Schwaben und Neuburg am 27. Juni 1856 eine Darlehenszinsreduktion von 4,5 % auf 4 %.[40] Trotzdem klagte die Sparkassenverwaltung am 7. Dezember, dass 3300 fl. unverzinst in der Kasse lägen und keine geeigneten „Darlehenssucher" zu finden seien, insbesondere vor dem Hintergrund einer werthaltigen Sicherstellung und geeigneten Bonität. Als einen Ausweg aus diesem „Uebelstand" wurde neben der Zinsreduktion auch die Anlage der Spareinlagen in Staatspapiere gesehen, die allerdings statuarisch nicht vorgesehen war.[41] Möglichen Einwendungen, dass die Wertpapiere gewissen Kursschwankungen unterworfen und bei Liquiditätsbedarf durch den Notverkauf der Papiere eventuell Verluste zu realisieren seien, konterte die Sparkassenverwaltung im Hinblick auf diese Tatsachen gegenüber dem Magistrat gekonnt:

„Dagegen ist auf der anderen Seite geltend zu machen, daß selbst die scheinbar günstigsten Hypotheken, wie so manches Zwangsverfahren den Beweis liefert, nicht absolut vor Verlusten schützen. In Zeiten, wie die gegenwärtigen, zeigen sich diese Verluste seltener. Sie treten aber häufiger ein, wenn konstant die Getreidepreise u. mit ihnen die Anwesenswerthe sinken. Dann aber ist der Besitz solider Staatspapiere wünschenswerth, denn mit einem großen Theile der dem Grund u. Boden entzogenen Kapitale werden dieselbe begehret werden, es wird

36 HASpkSch, Acta des Magistrates Schwabmünchen. Errichtung einer Spar-Kassa 1851/52, Nr. 58.
37 Kästner, F., Die öffentlichen Sparkassen 1914–1916, S. 529.
38 HASpkSch, Acta des Magistrates Schwabmünchen, II. Rechnung der Sparkasse Schwabmünchen pro 1855, fol. 22f.
39 Schwabmünchen-Buchloer Wochenblatt, 11.11.1855.
40 HASpkSch, Acta des Magistrates Schwabmünchen. Errichtung einer Spar-Kassa 1851/52, o. Nr. (27.6.1856).
41 Ebd., Nr. 58.
42 Ebd.
43 StadtASch, Bd. 83111, 29.3.1859.
44 HASpkSch, Magistrat der Marktgemeinde Schwabmünchen. Akten Sparkasse Kassierer 1858/59, 20.2.1858.
45 StadtASch, Bd. 83111, 7.10.1860
46 HASpkSch, Acta des Magistrates Schwabmünchen. Errichtung einer Spar-Kassa 1851/52, Nr. 136.

sich also deren Kurs erhöhen. Hieraus geht hervor, dass der allgemeine Vermögensstand irgend einer physischen oder juristischen Person um so gesicherter erscheint, je *allseitiger* die Vermögensbestandtheile angelegt sind."[42] Diese sattelfeste Argumentation konnte den Magistrat der Marktgemeinde allerdings nicht überzeugen. Er verweigerte die Anlage von Sparkassengeldern in Staatspapiere.

Am 29. März 1859 äußerte sich das Landgericht nach Überprüfung der Jahresrechnungen 1857 und 1858 kritisch gegenüber dem Magistrat.[43] Der in § 1 der Statuten vorgeschriebene Einlegerkreis wurde nicht beachtet, ebenso die Maximaleinlagengrenze von 300 fl. Auch das Geschäftsgebiet des Institutes – der Landgerichtsbezirk – wurde ignoriert. Einlagen von Gebietsfremden wurden angenommen. Parallel zur Abschaffung dieser Missstände und dem Bemühen um die Anlagealternative Staatspapiere, befasste sich die Sparkassenverwaltung nunmehr mit einer Revision der Statuten, um auf diesem Wege die angeprangerten Irritationen per Gesetz zu legitimieren.

Vor dem Hintergrund dieser Tätigkeiten forderte Kassierer Hartmann einen angemessenen finanziellen Ausgleich in Form einer Remuneration. Mit Schreiben vom 20. Februar 1859 erbat er sich „4 % Tantieme aus den wirklichen Einnahmen an Aktivkapitalzinsen (...) in Anbetracht der mit vieler Mühe und Zeitaufwand verbundenen Geschäftsführung".[44] Bezogen auf das Jahr 1855 wäre dies ein Betrag von ca. 10 fl. gewesen. Ob diesem Gesuch stattgegeben wurde, darüber schweigen die Quellen.

Nach zähen Verhandlungen erreichte die Sparkassenverwaltung am 7. Oktober 1860 von der Regierung von Schwaben und Neuburg endlich die Genehmigung zum Ankauf von bayerischen Staatspapieren in Höhe von 4 000 fl. Gleichzeitig wurde dem Institut erlaubt, den 500 fl. übersteigenden Kassenbestand bei der Hypotheken- und Wechselbank verzinslich kurzfristig anzulegen. Daneben wurde die Sparkasse aber aufgefordert, wenn möglich, die Spargelder in Hypotheken anzulegen.[45] Nachdem keine Zahlen des Aktivgeschäftes für die Jahre 1856 bis 1860 vorliegen, ist für diese Zeit sicherlich aufgrund dieser Wertpapier-Anlagebemühungen ein vermindertes Hypothekengeschäft zu vermuten.

Gleichzeitig wurde mit Vehemenz die Revision der Statuten betrieben. Diese Modifikationen waren nach Ansicht des Führungsgremiums der Sparkasse notwendig, um einerseits bestehende Missstände zu beseitigen und anderseits auch das Einlagen- und Anlagengeschäft zu forcieren und ertragreicher zu gestalten. Schließlich wurde 1854 bei der Erweiterung des Geschäftsgebietes die Übernahme der Haftung in der Erwartung übernommen, dass zukünftig entsprechende Überschüsse vereinnahmt werden können.

Angestrebte Modifikationen der Statuten:[46]

- Die ersten Sparkassenbücher waren aufgebraucht. Eine neue übersichtlichere Gestaltung wurde notwendig.
- Erhöhung des Spareinlagenzinssatzes von 3 % auf 3 $^{1}/_{3}$ %. Angleichung des Zinssatzes an die Sparkassen Augsburg, Kaufbeuren, Landsberg und Nördlingen.
- Der vierte Teil des Gesamtkapitalienstandes kann durch Ankauf bayerischer Staatsschuldverschreibungen angelegt werden. Den Stiftungen ist diese Art der Anlage schon seit längerer Zeit erlaubt.
- Der klar definierte Einlegerkreis soll erweitert werden.
  a) Einleger, über welche eine gesetzlich oder gerichtlich angeordnete Bevormundung geübt wird.
  Zahlreiche Sparbücher für diesen Kreis sind in den letzten Jahren schon eröffnet worden.
  b) Schul- und Armenstiftungen mit ihren Überschüssen bis zu einem Betrag von 100 fl. Auch für diese Institutionen bestanden schon Einlagen.
- Wegfall des Einmaleinzahlungsmaximums von 100 fl. Die Erfahrung hat gezeigt, dass diese Vorschrift öfters umgangen wird durch mehrere Einzahlungen an den darauf folgenden Öffnungstagen. Der normierte Maximalbetrag für ein Jahr solle bestehen bleiben.
- Spareinlagen, die dem Zweck der Sparkasse widersprechen, können abgewiesen werden und gegen den Willen des Einlegers zurückbezahlt werden.
- Zur Verwaltungsvereinfachung sol-

> len Zinsen jedem „unverdächtigem Vorzeiger des Sparbuches" ausbezahlt werden.

Der Entwurf der Statuten[47], in den sämtliche obige Forderungen eingearbeitet waren, wurde am 12. November 1859 an das Gremium der Gemeindebevollmächtigten zur Beschlussfassung übergeben.[48] Schon am 13. Dezember erfolgte die Genehmigung durch die königliche Regierung von Schwaben und Neuburg.[49] Die gesetzliche Basis – angepasst an die gegebenen Zeitumstände – für die Geschäftstätigkeit der nächsten Jahre war nun gelegt.

Zum Schlusse

Ein patriotisches Lied

1.
Heil Maximilian!
Singe – wer singen kann;
Dem König Heil!
Gott gab Dir Land und Kron'
Hob Dich auf Bayerns Thron,
Gott sei Dein Heil!

2.
Stürmisch die Welt sich regt,
Doch der sie schuf und trägt,
Gott sei mit Dir!
Gebe Dir Licht und Kraft,
Und was Dein Wort uns schafft,
Sei Bayerns Zier!

3.
Freiheit, Gesetz und Recht
Spendest Du ungeschwächt,
Erhab'ner Fürst!
Wittelsbach's edles Blut,
Deutschlands erprobten Muth,
Du wahren wirst.

4.
Heil Dir Maria Heil!
Der Landesmutter Heil!
Die uns beglückt;
Heil Dir auf Bayerns Thron;
Es ist die schönste Kron',
Die dich geschmückt!

5.
Segne mit milder Hand,
Ewiger, unser Land –
Sei unser Hort!
Unheil und Zwietracht flieh',
Friede und Ordnung blüh'
Nach Deinem Wort.

6.
Lenke des Königs Herz,
Führe uns himmelwärts,
Führ' uns zu Dir!
Schütze Thron und Reich,
Mach uns an Tugend reich
Dir leben wir.

Amtsblatt für das königliche Bezirksamt Augsburg und die königlichen Amtsgerichte Augsburg und Schwabmünchen, 9. Dezember 1862

Die Entwicklung bis zum Ersten Weltkrieg

Mit dem 1. Juli 1862 verlor das Landgericht Schwabmünchen seine Kompetenz als Verwaltungsbehörde aufgrund des Gesetzes über die Trennung der Justiz von der Verwaltung, blieb aber Justizbehörde, die dem Bezirksgericht Augsburg unterstellt war. Das Verwaltungswesen wurde dem Bezirksamt Göggingen zugewiesen, das wiederum schon am 1. Oktober 1862 mit dem Bezirksamt Augsburg vereinigt wurde. Die Distriktsgemeinde Schwabmünchen blieb aber trotz der Zuweisung des Verwaltungsgebietes zum Bezirksamt Augsburg als Gebietskörperschaft mit eigenen Vertretungsorganen bestehen.[50]

Das Augsburger Bezirksamt berichtete am 8. Dezember 1863 an den Schwabmünchener Magistrat, dass „Seiner Majestaet des Königs gelegen ist, daß das Institut der Sparkassen im Interesse der minderbemittelten Klasse auf jede gesetzlich zulässige Weise möglichst gefördert werde". Neben der Erhöhung des Zinssatzes sollte auch ein besonderes Augenmerk auf eine kompetente Verwaltung gerichtet werden und deshalb die Verwaltung nur „an solche Persönlichkeiten, welche das unbedingt nothwendige, volle Vertrauen des Publikums genießen", übertragen werden.[51]

Am 23. Juli 1863 kündigte wegen Wegzugs Kassierer und Apotheker Eduard Hartmann.[52] Der allseits bekannte Magistratsrat und Kaufmann Anton de

47 Ebd., Nr. ad 136.
48 StadtASch, Bd. 8311, 12.11.1859.
49 HASpkSch, Acta des Magistrates Schwabmünchen. Errichtung einer Spar-Kassa 1851/52, Nr. ad 1316.
50 Vogel, R., Die Geschichte des Landkreises, S. 79f.
51 HASpkSch, Acta des Magistrates Schwabmünchen. Errichtung einer Spar-Kassa 1851/52, Nr. 324.
52 Ebd., Nr. 1434.
53 Ebd., Nr. 65.
54 BayHStA, MInn, Akt 52710, 25.2.1865 u. 4.3.1865
55 StadtASch, Bd. 8312, 22.1.1870 u. 25.11.1870.
56 BayHStA, MInn, Akt 52676, Nr. 1851.
57 HASpkSch, Acta des Magistrates Schwabmünchen. Errichtung einer Spar-Kassa 1851/52, Nr. 2138.
58 Ebd., ad Nr. 1834.
59 Ebd., Nr. 1295.
60 Ebd., Nr. 6157.

Die Veröffentlichung erfolgte am 14.5.1875 im Schwabmünchner Tages-Anzeiger.

Crignis wurde am 16. Oktober 1863 zu seinem Nachfolger bestimmt.[53] Gleich zu Beginn seiner Amtsperiode im Jahre 1865 erfolgte eine geringfügige Modifikation der Statuten, vornehmlich wegen der Verlagerung der Verwaltung des Landgerichtes seit 1862 ins Bezirksamt Augsburg. So wurden ab sofort die Termine zur Zinsabhebung nicht mehr im Schwabmünchner Wochenblatt, sondern im Bezirksamtsblatt Augsburg (§ 9) veröffentlicht. Paragraf 24 der Statuten lautete nun: „Die Sparkasse steht unter der Verwaltung des Stadtmagistrates Schwabmünchen sowie unter der Aufsicht des Bezirksamtes Augsburg, dann der vorgesetzten Kreisregierung."[54]

Am 22. Januar 1870 fand durch den Magistrat eine offizielle Neuwahl der „Commissions Mitglieder zur Sparkasse" statt mit dem Ergebnis: Kassierer Anton de Crignis, Kontrolleur Anton Kroen, weitere Mitglieder Josef Kiederle und Johann Schöffel. Die Verpflichtung ins Amt erfolgte durch Handgelübde. Eine Kaution verlangte der Kassierer von den Verpflichteten nicht, da dies in den Sparkassenstatuten nicht expressis verbis vorgesehen war.[55]

1875 – Revision der Statuten

Den Anstoß zur Revision der Statuten gab das Bezirksamt Augsburg mit einem Schreiben vom 30. Oktober 1874 mit der Feststellung, dass die derzeitigen Statuten vornehmlich hinsichtlich des festgelegten Einlegerkreises im Widerspruch mit den im Mai des Jahres erlassenen „Grundbestimmungen über die Sparkassen von Gemeinden und Distrikten"[56] stehen.[57] Bereits am 11. November 1874 lag ein Entwurf seitens des Magistrates vor, der nach Zustimmung durch das Kollegium der Gemeindebevollmächtigten am 17. November, unverzüglich am 26. des gleichen Monats dem Bezirksamt Augsburg zur Genehmigung vorgelegt wurde.[58] Diese zügige Aufarbeitung der bezirksamtlich angeordneten Revision der Statuten entpuppte sich als Schnellschuss. Nachträglich monierte das Kollegium der Gemeindebevollmächtigten Modifikationen. Ebenso forderte das Bezirksamt minimalste Abänderungen. Auch andere Sparkassen hatten aufsichtsrechtliche Probleme mit ihren Statutenrevisionen. Deswegen schlug der Magistrat der Stadt Landsberg für den 6. April 1875 ein gemeinsames Treffen der Sparkassen Schwabmünchen, Landsberg, Mindelheim, Kaufbeuren und Kempten vor, insbesondere auch vor dem Hintergrund der anstehenden Einführung der neuen Reichswährung und der Abstimmung der Höhe des Zinssatzes, des Einlegerkreises und der Einlagebedingungen.[59] Diese geplante Versammlung kam aus Termingründen nicht zustande. Doch man blieb vor allem wegen der Abstimmung des Zinssatzes in Kontakt.

Die endgültigen Statuten (22 §§) wurden letztendlich am 10. März 1875 durch das Bezirksamt Augsburg genehmigt.[60] Die bedeutendste Modifikation war in § 2 der völlige Verzicht auf einen definierten Einlegerkreis: „Die Benützung der Sparkasse ist den Bewohnern von Schwabmünchen und Umgebung, sowie den im Bezirke befindlichen Schul- und Armenstiftungen gestattet." Was die zukünftige Anlage der Kapitalien betraf, wurde in § 18 explizit auf Ziffer 9 der Grundbestimmungen verwiesen – ein Anlagespektrum vom Hypothekendarlehen bis zum Privatschuldscheindarlehen mit Bürgschaft. Ein gesetzlich möglicher Verzicht auf ein Einlagenminimum und -maximum wurde nicht aufgenommen. Der kleinste Einlagebetrag belief sich auf 1 Mark, der höchste auf 2 000 Mark (§ 4). Die Gebühr für ein Sparbuch betrug 20 Pfennige. Die „diebs- und feuerfeste Kasse" blieb in der „Behausung" des Kassierers (§ 21). Entgegen den Grundbestimmungen wurde die gesetzlich vorgeschriebene Bildung eines Reservefonds aus den erwirtschafteten Gewinnen in Höhe von mindestens 10 Prozent der Gesamteinlagen nicht statuarisch geregelt.

Stürmische Entwicklung bis zur Währungsumstellung

Die Jahre 1860 bis 1865 zeigen eine permanente Zunahme des Einlagenbestandes der Marktsparkasse Schwabmünchen. Der Krieg 1866 zwischen Preußen und Österreich mit bayerischer Beteiligung an der Seite Österreichs wirkte sich auch auf das Wirtschaftsleben in Schwabmünchen und auf die Geschäfte der Sparkasse aus. Preußen gewann mit dem Sieg bei der Schlacht von Königgrätz nicht nur die politische Vorherrschaft in Deutsch-

„Gruss aus Lager-Lechfeld" – Ansichtskarte aus dem Jahre 1912. *Sammlung R. Merz*

Und im Juli siebzig sind wir abgereist
und dort angekommen, wo mans Lechfeld heißt.
Da begaben wir uns auf den Lagerplatz,
wo gar mancher denkt an seinen Schatz.

Und im Lechfeld sind wir schoan den dritten Tag,
da heißt es immer exerzieren mit Sack und Pack
da hat a jeder g'schoiten: „Es sois da Deifi hoin,
wenns net weiter geht, da bleim ma net."

Auf oamoi kommt Befehl, jetzt muaß ma weiter schnell,
auf die Eisenbahn bei vierzigtausend Mann,
wir fahren Tag und Nacht daß alle Wägn ham kracht,
ja der Rheinpfalz zu, mei liaber Bua.

Bayerische G'stanzl auf die Lechfelder Lagerzeit 1870
aus: Ibach, H., Lechfeld – Schicksalsfeld, Augsburg 1966, S. 36f.

land. Nach dem am 23. August 1866 geschlossenen Frieden von Prag musste Bayern 30 Millionen Gulden Kriegsentschädigung an den Sieger zahlen. In einem Stadtmagistratsbeschluss vom 6. August 1866 hieß es: „Nachdem die Sparkasse z. Zt. Geldmangel hat in dem Einlagen nur sehr wenig gemacht werden, die von aufgekündeten Aktivkapitalien zur festgesetzten Zeit nicht fliessen, nachdem dieselbe aber mehrere Einlage Kapitalien zur Heimzahlung gekündet sind, soll der Sparkasse mit zu 4 % verzinslichen Vorschuß aus den verfügbaren Kassa Ueberschüssen der Familiengrabstättengelder Kasse, welche zur Zeit ohnehin nicht fruktizierlich angelegt werden können, gegeben werden."[61] Zur Überbrückung des Liquiditätsengpasses kündigte das Institut bereits am 22. Mai 1866, nachdem „in Folge der gegenwärtigen schwierigen Zeitverhältnisse bei der hiesigen Sparkasse eine große Anzahl von Sparkassen Einlagen im Gesamtbetrage von 3 500 fl. gekündet wurden, zur Honorierung dieser Forderungen" das Hypothekendarlehen des J. E. von Langerringen über 1 500 fl.[62] Weil der Schuldner nicht binnen drei Monaten die Rückzahlung zu Wege brachte, wurden Zwangsversteigerungsmaßnahmen veranlasst.[63]

Aus den Mitteln der Familiengrabstättengelder-Kasse flossen in den Jahren 1866/67 insgesamt 2 100 fl. in Form von Darlehen mit einer Endfälligkeit in drei Jahren.[64]

Am 17. Oktober 1867 klagte die Sparkassenverwaltung, dass die Einlagen

61 StadtASch, Bd. 83111, 6.8.1866.
62 Ebd., Bd. 831421, 22.5.1866.
63 Ebd., 10.10.1866.
64 Ebd., Bd. 83131, 16.8.1867.
65 HASpkSch, Acta des Magistrates Schwabmünchen. Errichtung einer Spar-Kassa 1851/52, Nr. 35630.
66 Ebd., Nr. 729.
67 Vogel, R., Lager Lechfeld, S. 460.
68 Für das Augsburger Gebiet beispielhaft: Merz, R., 120% für Augsburger Geld!, S. 16–18.
69 Hardach, G., Deutschland in der Weltwirtschaft, S. 35f.
70 Grundlage: Mayr, G., Statistik der bayerischen Sparkassen, 1873; Intelligenz-Blätter der königlichen Regierung von Schwaben u. Neuburg; Amtsblätter für das königliche Bezirksamt Göggingen und die Landgerichte Göggingen und Schwabmünchen; SPES.
71 HASpkSch, Acta des Magistrates Schwabmünchen. Errichtung einer Spar-Kassa 1851/52, Nr. 729.
72 Ebd., ad Nr. 729.
73 Ebd., Nr. 2129.
74 Ebd., Nr. 765 u. Nr. 611.

1867 noch geringer ausfielen wie in 1866. Spargelder in Höhe von 4 000 fl. waren gekündigt.[65] Ein Teil der Einlagen wurde wegen schlechter Verzinsung zurückgezogen. Deshalb wurde eine Zinserhöhung ab 1868 auf 4 % vorgeschlagen und vom Magistrat am 19. Oktober 1867 auch genehmigt.

In einer Nachbetrachtung aus dem Jahre 1875 resümierte der Marktmagistrat, dass im Jahre 1867 ein Hypothekendarlehen in Königsbrunn über 700 fl. „in Verlust ging und die Rechnung von 1868 sogar ein Defizit von 136 fl. zeigt".[66]

Die Jahre 1869 bis 1875 vermitteln eine kontinuierlich positive Geschäftsentwicklung im Einlagenbereich. Selbst der deutsch-französische Krieg 1870/71 konnte diesen Trend nicht stoppen. Bei dessen Ausbruch wurden Teile der bayerischen Armee für einige Wochen zur Verbesserung ihres Ausbildungsstandes auf dem Lechfeld, dem Geschäftsgebiet der Schwabmünchener Marktsparkasse, zusammengezogen.[67] Der wirtschaftliche Aufschwung der so genannten „Gründerjahre" von 1869 bis 1873 hielt weiter an. Durch Börsenspekulationen und Betrügereien mit Schwindelunternehmen[68] mündete diese Periode letztendlich im Oktober 1873 in eine schwere Wirtschaftskrise, in eine bis 1896 andauernde „Große Depression".[69] Im Krisenjahr 1873 sind bei der Schwabmünchener Sparkasse geringere Einzahlungen und vermehrte Rückzahlungen zu registrieren.

Seit 1872 leistete das Institut zudem jährlich einen Zuschuss in Höhe von 300 fl. an die gemeindliche Schuldotationskasse, was sich hemmend auf die Bildung des vorgeschriebenen Reservefonds auswirkte – von 10 Prozent der Gesamteinlagen.[71] Dieser betrug 1874 16 673 fl. und erfüllte in keiner Hinsicht die gesetzliche Norm bei 392 485 fl. Gesamteinlagen.[72]

Im Jahr darauf kritisierte am 7. Mai das Bezirksamt den vergleichsweise hohen Zinssatz von 4 % für Spareinlagen bei der Sparanstalt.[73] Daraufhin erkundigte sich die Sparkassenverwaltung bei den im Umkreis liegenden Sparkassen über deren aktuellen Habenzinssatz.[74] Die Institute Kaufbeuren und Augsburg vergüteten 3,5 %, Landsberg 4 % und Mindelheim bis zu 600 Mark 4 %, darüber 3,5 %. Am 10. Juni 1875 stellte der Schwabmünchener Magistrat fest, dass bei der vormaligen Verzinsung von 3 $^1/_3$ % ein großer Teil der Einleger von Unter- und Obermeitingen, Hurlach und Großaitingen ihre Spargelder in die Landsberger Sparkasse gaben und nach Erhöhung auf 4 % von dort wieder zurückflossen. Das Einlageverhalten der Sparkassenklientel im Zusammenhang mit der Zinsproblematik wurde von den Verantwortlichen sensibel wahrgenommen und kritisch analysiert: „In früheren Jahren haben die Sparkassen viel häufiger Dienstboten benutzt als jetzt, welche am Ende weniger auf hohe Verzinsung gerechnet, obwohl die Dienstboten heutzutage viel höhere Löhne erzielen, nehmen doch die Einlagen seitens der Dienstboten ab, weil der Luxus und die Genußsucht unter dieser Klasse immer noch über Hand nimmt; dagegen legen in viel

Entwicklung der Spareinlagen von 1860 – 1875[70]

(Angaben in Gulden)

Jahr	Einzahlungen	Rückzahlungen	Gesamteinlagen	Einleger
1860	16 708	6 329	43 217	
1863	19 807	14 265	67 333	514
1864	25 054	16 013	77 577	
1865	21 093	17 088	81 582	
1868	33 344	17 694	94 617	808
1869	50 059	15 728	128 784	909
1870	48 819	16 080	161 520	
1871	65 924	23 773	203 671	
1872	103 882	33 847	273 707	
1873	97 374	45 133	325 947	
1874	107 585	41 048	392 485	
1875	123 623	63 434	452 674	

Akivkapitalien der Marktsparkasse Schwabmünchen 1863 – 1875 [75]

(Angaben in Gulden)

Jahr	Aktivkapitalien	Jahr	Aktivkapitalien
1863	72 347	1870	169 337
1864	80 864	1871	213 084
1865	85 524	1872	284 866
1866		1873	339 409
1867		1874	383 864
1868	100 073	1875	473 232
1869	129 379		

größerem Maßstabe die sog. kleinen Söldners- u. Bauersleute ein. Während in früheren Jahren diese Klasse der Bevölkerung viel weniger wohlhabend war, steigert sich der Wohlstand dieser Leute stets, und die Benützung der Sparkasse durch dieselben ist überwiegend. Der spekulative Sinn dieser einfachen Leute hat sich übrigens auch schon soweit ausgebildet, daß sie sich mit einer Verzinsung unter 4 % kaum mehr begnügen werden, u. die Folge davon wird sein, daß sie dort einlegen, wo ihnen 4 % bezahlt werden. Zudem zahlen ausser den nahegelegenen Sparkassen verschiedene Kredit-Institute mit ganz reeller Sicherheit auch 4 %, so daß zur soliden Geldanlage bei 4 % Verzinsung Gelegenheit allenthalben geboten ist.“[76] Vor diesem Hintergrund wurde vom Magistrat eine Zinsreduzierung entschieden abgelehnt. Dieser Ablehnung schloss sich am 23. Oktober einstimmig das Gremium der Gemeindebevollmächtigten an.[77]

Das Aktivgeschäft entwickelte sich entsprechend zum Passivgeschäft.

Bei der Schwabmünchener Sparkasse wurden Aktivkapitalien fast ausschließlich in Hypothekendarlehen angelegt. So waren im Jahre 1863 insgesamt 68 347 fl. auf Hypotheken an 103 Kunden ausgeliehen, darunter 140 fl. an die Gemeinde Reinhartshofen. Einen Betrag von 4 000 fl. legte das Institut in Eisenbahnanlehen an.[78] Im Jahre 1874 wies die Sparkasse bei einem Aktivvermögen von 383 864 fl. Hypotheken in Höhe von 375 667 fl. und Schuldverschreibungen von 8 197 fl. aus.[79]

Bei diesem forcierten Kreditgeschäft waren natürlich auch Ausfälle zu verzeichnen. So kündigte am 14. Mai 1868 die Sparkassenverwaltung ein im Jahre 1864 Herrn Johann M. aus Kelchsried gewährtes Hypothekendarlehen über 100 fl. wegen alljährlichem Zinsrückstand. Erschwerend kam hinzu, dass sich der Kreditnehmer als Fabrikarbeiter einmal in Augsburg, ein andermal in Haunstetten aufhielt und so sein Aufenthalt jedes Mal erst ermittelt werden musste.[80]

Entwicklung der Spareinlagen der Schwabmünchner Sparkasse von 1876 – 1914 [81]

(Angaben in Mark)

Jahr	Einzahlungen	Rückzahlungen	Gesamteinlagen	Einleger
1876	222 396	131 972	866 436	
1880	242 169	159 705	1 079 520	2 111
1885	180 157	206 372	1 110 968	2 246
1890	209 910	162 978	1 215 280	2 472
1895	253 357	194 237	1 458 915	2 796
1900	182 540	276 485	1457 483	2 746
1905	277 210	238 399	1 859 176	2 937
1910	371 578	248 513	2 170 331	3 106
1911	319 703	279 970	2 210 064	2 995
1912	332 459	273 568	2 268 955	2 954
1913	343 204	263 827	2 348 333	2 938
1914			2 359 005	2 668

75 Grundlage: Mayr, G., Statistik der bayerischen Sparkassen, 1873; Amtsblätter für das königliche Bezirksamt Göggingen und die Landgerichte Göggingen und Schwabmünchen; SPES.
76 HASpkSch, Acta des Magistrates Schwabmünchen. Errichtung einer Spar-Kassa
77 Ebd., Nr. 1512.
78 HASpkSch, Rechnung über die Sparkasse des Marktes Schwabmünchen pro 1863.
79 Ebd., Acta des Magistrates Schwabmünchen. Errichtung einer Spar-Kassa 1851/52, ad Nr. 729.
80 StadtASch, Bd. 83111, 14.5.1868.
81 Grundlage: Amtsblätter für das königliche Bezirksamt Göggingen und die Landgerichte Göggingen und Schwabmünchen; STAA, BA Schwabmünchen, Akt 1413; Statistik der bayerischen Sparkassen.
82 Borchardt, K., Währung u. Wirtschaft, S. 9.
83 BayHStA, MInn, Akt 52676, Nr. 2351.
84 HASpkSch, Acta des Magistrates Schwabmünchen. Errichtung einer Spar-Kassa 1851/52, Nr. 1033. Die Gemeinden wurden dem Amtsbezirk neu zugeteilt.
85 Ebd., ad Nr. 1033.
86 StadtASch, Bd. 83161, 17.11.1884.
87 Ebd., 28.11.1884.

Mit dem Jahresabschluss 1876 begann für die Schwabmünchner Sparkasse die Ära der neuen Reichswährung – der Gulden wurde durch die Mark ersetzt. Der Übergang von den verschiedenen deutschen Landeswährungen zur Einheitswährung des Deutschen Reiches, der Mark, erfolgte stufenweise – sowohl im Hinblick auf die Gesetzgebung als auch auf den Zeitpunkt der Einführung in den einzelnen deutschen Staaten. Als letzter deutscher Staat ging Bayern am 1. Januar 1876 zur Reichswährung über.[82]

Goldenes 20-Mark-Stück der neuen Reichsgoldmark, entsprechend dem Münzgesetz vom 9. Juli 1873.
Deutscher Sparkassenverlag

1881 – Versuch der Errichtung von Einzahlungsstellen

Die königliche Regierung von Schwaben und Neuburg berichtete am 10. März 1882 an das königliche Staatsministerium des Innern nach München, dass trotz ungünstiger Erwerbsverhältnisse sämtliche Sparkassen des Regierungsbezirkes in den letzten Jahren einen erheblichen Aufschwung nahmen.[83] So zeigten auch die ersten Jahresabschlüsse in der neuen Reichswährung stetiges Wachstum bis 1881. Im gleichen Sachstandsbericht stellte die Regierung plakativ das Fehlen von Einzahlungsstellen außerhalb des Geschäftssitzes der Sparkassen fest. Gründe dafür sah man im Mangel an geeigneten „Persönlichkeiten“ vor Ort im Bedürfnis der Einleger nach Anonymität.

Im Landgerichtsbezirk Schwabmünchen unternahm der Stadtmagistrat der Marktgemeinde im Herbst des Jahres 1881 den Versuch, Einzahlungsstellen in den Gemeinden Grimoldsried, Konradshofen, Scherstetten, Mittelneufnach, Langenneufnach, Habertsweiler, Walkertshofen, Reichertshofen und Schwabegg einzurichten.[84] Angesprochen wurden die Bürgermeister der jeweiligen Gemeinden bzw. von ihnen bestimmte vertrauenswürdige und zuverlässige Personen. Ihre Tätigkeit sollte sich auf folgende Bereiche erstrecken: Annahme von Spareinlagen bei gleichzeitiger Ausstellung einer „Interimsquittung“, Ablieferung der Gelder bei der Sparkasse in Schwabmünchen, Empfang der Sparbücher und Aushändigung an die Einleger. Die Reaktionen der Gemeinden waren niederschmetternd: Keine Kommune erachtete es als notwendig, eine solche Einzahlungsstelle zu errichten.

Einzig und allein der Gemeindekassierer und Versicherungsagent Martin Müller aus Langenneufnach zeigte Interesse. Übereifrig sandte er am 28. September und 12. Oktober 1881 professionelle Fragenkataloge an den Magistrat:[85] Wie erfolgt die Entschädigung für die Unkosten von Porto und Schreibmaterial? Wer ist für die öffentliche Bekanntmachung im Amtsblatt zuständig? Wie hoch ist die Provision? Seine Vorstellung belief sich auf „2 % der Einlagen“, sei es durch die Sparkasse oder durch den Einleger selbst. Der Marktmagistrat schwieg und so verliefen sich die Bemühungen des Agenten Müller im Sande.

1885 – Innovation Pfennigsparkasse

Zur Förderung der Sparsamkeit und zur „Erleichterung“ des Sparens beschloss der Schwabmünchener Magistrat am 17. November 1884 die Errichtung einer Pfennigsparkasse.[86] Schon am 28. November verabschiedete der Marktmagistrat die Statuten.[87] Und so sollte diese neue Einrichtung funktionieren: Die Marktsparkasse Schwabmünchen gibt Sparmarken zum Nennwert von 10 Pf.

Verkauf Sparmarken 1885 – 1901 [88]

(Angaben in Stück)

Jahr	Sparmarken
1885	3 600
1888	2 000
1891	800
1894	1 000
1897	400
1900	380
1901	40

heraus, die von noch einzurichtenden Verkaufsstellen abgegeben werden.[89] Bei der Übernahme einer Verkaufsstelle handelt es sich um ein gemeindliches Ehrenamt. Mit dem Kauf der ersten Marke erhält der Erwerber unentgeltlich eine Sparkarte. Auf diese Karte, welche 10 bzw. 20 nummerierte Felder enthält, werden die gekauften Sparmarken aufgeklebt. Ist die Sparkarte voll, wird sie gleich Bargeld als Spareinlage bei der Sparkasse angenommen.

Für die Erstanschaffung wurden bei der Thein'schen Druckerei in Würzburg auf Rechnung der Sparkasse 30 800 Sparmarken und 3 000 Sparkarten für 60 Mark gekauft.[90]

Die Pfennigsparkasse mit fünf Verkaufsstellen wurde am 1. Februar 1885 eröffnet:[91]

- Buchbindermeister Carl Hummelberger
- Säcklermeister und Spezialitätenhändler J. Schmölz
- Kaufmann Anselm Maurer
- Kaufmann Karl Keck
- Kaufmann Martin Hayd

In der Praxis zeigte sich, dass Sparer für 1 Mark eine komplette Sparkarte erstanden. Zur Vorbeugung des Missbrauches sah sich der Marktmagistrat am 18. Februar 1885 gezwungen, eine Bekanntmachung zu veröffentlichen. Darin wurde darauf hingewiesen, dass die statutengemäße Minimaleinlage bei der Sparkasse 1 Mark betrage und diese am Kassatag eingezahlt werden könne und daher keine Notwendigkeit bestehe, Sparmarken zu kaufen. „Das eingeführte Sparmarkensystem verfolgt, um das Sparen zu erleichtern, den Zweck, daß schon Beträge von10 Pf. an durch Lösung von Sparmarken angenommen und daß die mit dem Kaufe der ersten Sparmarke nach und nach ausgefüllt werden. Die Sparmarken-Verkaufsstellen werden ersucht hienach zu verfahren und nur Beträge unter 1 M. anzunehmen, größere Beträge aber sofort der Sparkasse zu überweisen."[92]

Die vorliegenden Abrechnungsergebnisse, die die Sparkasse separat vom Jahresabschluss zu erstellen hatte, zeigen zu Beginn der Pfennigsparkasse einen lebhaften Absatz, der bis zum Jahre 1902 völlig erebbte.

Die Sparkasse auf den Wellen der Konjunktur

Bis zum Jahre 1885 gingen die Einlagen zurück; Rückzahlungen überstiegen die Einzahlungen. Diese Entwicklung war Ausfluss einer schwachen Depression der Reichswirtschaft in diesen Jahren. Nicht förderlich für die Einlagenmehrung war sicherlich die Zinsreduktion von 4 % auf 3,6 % ab Januar 1883. Sie wurde als betriebsnotwendig erachtet, um über höhere Gewinne die Möglichkeit einer Steigerung des Reservefonds zu erhalten.[93] Von Herbst 1886 an bis zum Beginn des Jahres 1890 setzt sich endlich der wirtschaftliche Aufschwung durch. Das erste Aufschwungjahr lies bei der Sparkasse die Einzahlungen auf 232 542 Mark hochschnellen und zum ersten Mal übertrafen die Einzahlungen wieder die Rückzahlungen von 190 403 Mark. Dieser Aufwärtstrend entpuppte sich allerdings schnell als Strohfeuer. Eine neuerliche Herabsetzung des Zinssatzes auf nunmehr 3 % wirkte kontraproduktiv und führte zu einer Minderung der Gesamteinlagen bis zum Jahre 1888.[94] Nachdem sich im zweiten Halbjahr 1888 eine Kündigungswelle von 84 000 Mark abzeichnete, veranlasste diese Entwicklung die Sparkassenverwaltung, die Zinssätze bei den benachbarten Sparanstalten zu überprüfen. Ihr Fazit: Der Schwabmünchener Zinssatz von 3 % war nicht marktgerecht – er lag in Augsburg bei 3 $^1/_3$ %, in Kaufbeuren bei 3 $^1/_2$ %, in Landsberg bei 3 $^1/_2$ %. Aus Konkurrenzgründen wurde deshalb ab 1. Januar 1889 eine Zinssatzerhöhung auf 3 $^1/_3$ % beschlossen.[95] Mit dem Hinweis auf die Lage des seinerzeitigen Geldmarktes wurde ab 1. Januar 1896 der Zinssatz mit 3,2 % abermals dem Markt

88 StadtASch, Abrechnungen 1885 u. 1891.
89 Die Sparkasse selbst verkaufte keine Sparmarken.
90 StadtASch, Bd. 83161, 15.12.1884.
91 Schwabmüchener Wochenblatt, 31.1.1885.
92 StadtASch, Bd. 83161, 18.2.1885.
93 HASpkSch, Die Reduction des Zinsfußes der Einlagen- u. Aktivkapitalien bei der Sparkasse, Nr. 573.
94 Ebd., Nr. 1173.
95 Ebd., Nr. 881.
96 Ebd., Nr. 1139.
97 Vogel, R., Die Geschichte des Landkreises, S. 80.
98 HASpkSch, Die Reduction des Zinsfußes der Einlagen- u. Aktivkapitalien bei der Sparkasse, Nr. 1619.
99 Wehler, H.-U., Deutsche Kaiserreich, S. 43.
100 HASpkSch, Die Reduction des Zinsfußes der Einlagen- u. Aktivkapitalien bei der Sparkasse, Nr. 1493 u. Nr. 2974.
101 Grundlage: Statistik der bayerischen Sparkassen; Amtsblätter für das königliche Bezirksamt Göggingen und die Landgerichte Göggingen u. Schwabmünchen bzw. ab 1900 Amtsblätter des königlichen Bezirksamtes Schwabmünchen; STAA, BA Schwabmünchen, Akt 1413.
102 Aktivvermögen hier: „ausgeliehene Kapitalien und sonstige Kapitalien".
103 HASpkSch, Rechnung über die Einnahmen und Ausgaben der Sparcassa Schwabmünchen pro 1876.

angeglichen.[96] Diese Zinspolitik verhalf dem Institut zu einer sukzessiven Steigerung der Gesamteinlagen von 1 111 809 Mark in 1888 auf 1 524 758 Mark in 1898.

In diese Zeit fällt der Antrag des landwirtschaftlichen Bezirksvereins Schwabmünchen bei der Regierung (1898), sie möge in Schwabmünchen ein Bezirksamt errichten. Von den befragten Gemeinden stimmten 14 dafür, 12 dagegen, 5 gaben keine Erklärung ab. Am 12. Juli 1900 wurde dann das Amt errichtet, das Gebiet des Amtsgerichtes Schwabmünchen vom Bezirksamt Augsburg gelöst und im Bereich der Verwaltung dem Bezirksamt unterstellt.[97]

Einem erneuten Einbruch der Spareinlagenentwicklung in den Jahren 1899 und 1900 begegnete die Sparkassenverwaltung wiederum mit einer Erhöhung des Zinssatzes von 3,2 % auf 3,6 % ab 1. Januar 1901. Dabei verwies die Sparkassenverwaltung zum ersten Mal explizit auf die Konkurrenz der Darlehenskassenvereine, die teilweise erhöhte Zinssätze – wie z. B. Untermeitingen mit 3,75 % – boten. Ein großer Teil der zurückbezahlten Spargelder floss zur Raiffeisen-Konkurrenz.[98] Ab 1901 verlief das Spareinlagengeschäft der Schwabmünchener Sparkasse äußerst positiv, parallel zu der weltwirtschaftlich und nationalökonomisch bedingten Hochkonjunktur von 1895 bis 1913.[99] Korrigierend wurde 1914 mit einer Zinsreduzierung auf 3,2 % und 1908 mit einer Zinserhöhung auf 3,6 % eingegriffen.[100]

Aktivvermögen und Anlage der Aktivkapitalien bei der Marktsparkasse Schwabmünchen 1876 – 1913[101]

(Angaben in Mark)

Jahr	Aktivvermögen[102]	Hypotheken	Wertpapiere
1876	909 178	855 242	35 000
1880	1 157 234		
1885	1 187 479	1 064 987	122 492
1890	1 336 752	1 141 693	178 414
1895	1 607 076	1 363 587	242 788
1900	1 592 386	1 341 984	250 402
1905	1 982 041	1 623 604	358 577
1910	2 247 545	1 801 828	445 716
1911	2 278 839	1 817 627	461 210
1912	2 473 339	1 839 649	511 870
1913	2 546 737	1 899 406	502 889

1904 wurde bewusst der Zinssatz als Abwehrkondition eingesetzt, unter anderem wegen der geringen Hypothekennachfrage und der nicht gewinnbringenden Anlage in 3,5 %ige Pfandbriefe.

Welche Geschäftspolitik verfolgte die Marktsparkasse Schwabmünchen im Aktivbereich? Die Jahresabschlusszahlen geben Auskunft.

Das Hypothekenportfolio des Jahres 1876[103] zeigt Hypothekenausleihungen an Stiftungen in Höhe von 954 fl. 45 kr. – Pfarrpfründe Hurlach, Kirchenverwaltung Mittelstetten, Kirchenstiftung Kleinaitingen – , an Gemeinden in Höhe von 27 557 fl. 43 kr. – Schwabmünchen (20 056 fl.), Großaitingen, Mittelstetten, Hurlach – und an 340 private Darlehensnehmer in Höhe von 826 242 fl. Somit wurden 94 % des Aktivvermögens in Hypotheken ausgereicht, satzungsgemäß vornehmlich an Kunden des Geschäftsgebietes und vor allem an den Haftungsträger, die Marktgemeinde Schwabmünchen. Die Absicht der Sparkassenverwaltung, jederzeit kündbare Hypothekenausleihungen zu favorisieren, die bei durchschnittlichen Zinssätzen von 4,5 % bis 5% gewinnbringender und liquiditätsfreundlicher waren als die kursabhängige Anlage in Wertpapiere mit festen Laufzeiten, veranlasste sie, auch Ausleihungen an Private in geringem Umfang außerhalb des Geschäftsgebietes zu tätigen. Dies geschah in Babenhausen, Westerringen, Unterigling, Ettringen, Lamerdingen, Zusmarshausen, Türkheim, Tussenhausen (25 714 fl.) und sogar in Amberg (14 400 fl.).

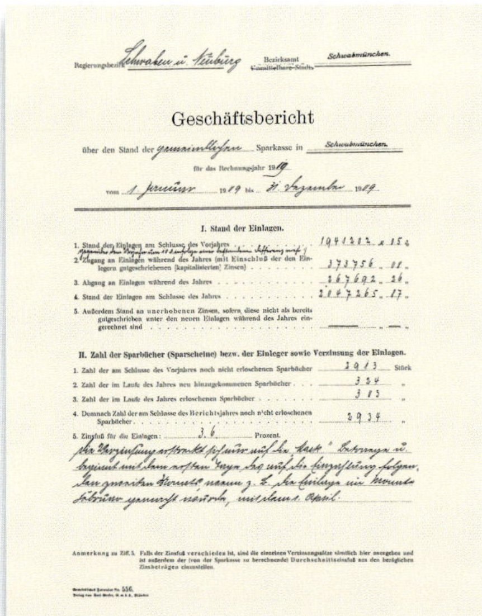
Regierungsbezirk Schwaben u. Neuburg Bezirksamt Schwabmünchen

Geschäftsbericht

über den Stand der gemeindlichen Sparkasse in Schwabmünchen

für das Rechnungsjahr 1909

vom 1. Januar 1909 bis 31. Dezember 1909

I. Stand der Einlagen.

1. Stand der Einlagen am Schlusse des Vorjahres	1941202 . 15
2. Zugang an Einlagen während des Jahres (mit Einschluß der den Einlegern gutgeschriebenen [kapitalisierten] Zinsen)	373756 . 01
3. Abgang an Einlagen während des Jahres	267692 . 26
4. Stand der Einlagen am Schlusse des Jahres	2047265 . 17
5. Außerdem Stand an unerhobenen Zinsen, sofern diese nicht als bereits gutgeschrieben unter den neuen Einlagen während des Jahres eingerechnet sind	— . —

II. Zahl der Sparbücher (Sparscheine) bezw. der Einleger sowie Verzinsung der Einlagen.

1. Zahl der am Schlusse des Vorjahres noch nicht erloschenen Sparbücher	2913 Stück
2. Zahl der im Laufe des Jahres neu hinzugekommenen Sparbücher	334
3. Zahl der im Laufe des Jahres erloschenen Sparbücher	313
4. Demnach Zahl der am Schlusse des Berichtsjahres noch nicht erloschenen Sparbücher	2934
5. Zinsfuß für die Einlagen: 3.6 Prozent.	

Anmerkung zu Ziff. 5. Falls der Zinsfuß verschieden ist, sind die einzelnen Verzinsungssätze sämtlich hier anzugeben und ist außerdem der (von der Sparkasse zu berechnende) Durchschnittszinsfuß aus den bezüglichen Zinsbeträgen einzustellen.

Geschäftsbericht der Schwabmünchner Sparkasse für das Jahr 1909. *Staatsarchiv Augsburg*

Das Wertpapierengagement im Jahre 1876 summierte sich auf 35 000 fl. – 2000 fl. Pfandbriefe der Hypotheken- und Wechselbank und 33 000 fl. Pfandbriefe der Bayerischen Vereinsbank.

Um einen konkreten Fall der nicht statutenkonformen Hypothekenausleihung handelte es sich bei der Darlehensgewährung an die außerhalb des Geschäftsgebietes gelegene Gemeinde Stettenhofen. Die Gemeindeverwaltung monierte am 8. März 1896, „daß der Zinsfuß bei fast allen Kapitalsanlagen gesunken ist und meistens nur mehr 3,5 % bis 4 % für einigermassen gesicherte Anlagen und Darlehen bezahlt werden".[104] Die Gemeinde bat deshalb den Zinssatz für das Darlehen, das jährlich mit 140 Mark getilgt wurde, von 4,5 % auf 4 % mit dem Hinweis auf vorliegende Konkurrenzangebote und bisher pünktlich geleisteten Kapitaldienst herabzusetzen. Der positive Entscheid ließ nicht lange auf sich warten. Bereits am 13. März teilte der Marktmagistrat die Zinssatzreduzierung auf 4 % ab 1. Januar 1876 mit.[105]

Die Ministerialentschließung vom 10. Juni 1905 zur Förderung des Sparkassenwesens[106] legte abermals Wert darauf, „dem Kreditbedürfnis der Landwirte und Gewerbetreibenden namentlich der betreffenden Bezirke möglichst entgegenzukommen"[107]. Dieser Forderung kam das Schwabmünchener Institut schon in der Vergangenheit nach. Im Jahr 1899 waren von den ausgeliehenen Darlehen auf 1. Hypothek in Höhe von 1 340 619 Mark absolut 1 020 820 Mark auf landwirtschaftlichen Anwesen sichergestellt. Dieses Verhältnis lässt sich bis zum Jahre 1911 zahlenmäßig verfolgen: Darlehen 1. Hypothek 1 586 479 Mark in Höhe von 1 119 079 Mark besichert auf landwirtschaftlichen Anwesen.[108]

Der seit 1904 neu ins Amt des Kassierers gewählte Franz Xaver Fäustle[109] bevorzugte offenbar – auch vor dem Hintergrund vermehrter Kreditausfälle – eine vorsichtige Kreditvergabepolitik. Anfragen an den Schwäbischen Sparkassenverband in Augsburg belegen dies. Am 27. Februar 1909 holte er sich Rat wegen der Beleihungsmöglichkeit einer „Kunstmühle".[110] Im Jahre 1910 erfolgte eine Anfrage, ob ein der „königlich privilegierten Schützengesellschaft" unter solidarischer Haftung aller 25 aktiven Mitglieder ausgereichtes Darlehen über 6 000 Mark für den „Neubau eines comfortabel eingerichteten Schützenheimes", rückzahlbar in 15 Jahren, gesetzeskonform sei. Der Verband signalisierte Zustimmung unter der Bedingung der solidarischen Haftung für Verzinsung und Rückzahlung.[111] Am 10. Dezember 1913 ging es um die Möglichkeit einer Darlehensgewährung in Höhe von 2 000 Mark ohne offizielle Wertschätzung gegen eine 1. Hypothek auf einem landwirtschaftlichen Anwesen in der Gemeinde Scherstetten mit einem Grundbesitz von 18 Tagwerk, dessen Wohnhaus und Ökonomiegebäude für 5 500 Mark brandversichert waren.[112]

Grundsätzlich ist bis zum Jahre 1913 ein florierendes, in der Tendenz steigendes, Hypothekengeschäft zu verzeichnen, das sich aber anteilsmäßig am Aktivvermögen von 94 % in 1876 über 81,9 % in 1905 auf 74,5 % reduzierte zugunsten eines höheren Wertpapierengagements – 3,8 % in 1876, 19,7 % in 1913. Ein Grund hierfür war sicherlich das in den zurückliegenden 15 Jahren potenziell höher ausfallgefährdete Kreditgeschäft.

1906 – Die Einrichtung von Schulsparkassen

Zur Förderung des Sparkassenwesens wurde bereits im Jahre 1885 von der Marktgemeinde Schwabmünchen eine Pfennigsparkasse errichtet. Am 8. Oktober 1905 berichtete das Bezirksamt,

104 Ebd., Die Reduction des Zinsfußes der Einlagen- u. Activ-Kapitalien bei der Sparkasse, Nr. 437. Die Darlehenshöhe ist nicht bekannt.
105 Ebd., ad Nr. 437
106 Wysocki, J./Pix, M., Was ging den Landrichter die Sparkasse an?, S. 84–87.
107 BayHStA, MInn, Akt 52679, Nr. 17590.
108 STAA, BA Schwabmünchen, Akt 1413, Jahresabschlüsse 1899 u. 1911.
109 S, 1853 – 1978, S. 22.
110 HAStakaA, Schwäbischer Sparkassenverband, Akt 21, 27.2.1909.
111 Ebd., 28.4.1910 u. 29.4.1910.
112 Ebd., 10.12.1913.
113 Ebd., Nr. 3440.
114 StadtASch, Bd. 83161, 3.3.1906.
115 Wehler, H.-U., Das Deutsche Kaiserreich, S. 44f.
116 HASpkSch, Beitreibung der Zins-Rückstände zur hiesigen Sparkasse, 31.12.1899.
117 Ebd., 31.12.1900.
118 Ebd., ad 31.12.1900.

Gasthof „Post" in Schwabmünchen um 1900. Das stattliche Gebäude wurde später zum Rathaus umgebaut. *Privatsammlung*

„dass hier mit dem System der Sparmarken keine günstigen Erfahrungen gemacht worden seien.

Sie (die Sparkassenverwaltung) führt diese Erscheinung darauf zurück, daß der Sparsinn unter der Jugend im Amtsbezirk noch zu wenig ausgeprägt sei und daß ein Bedürfnis nach Sparmarken wohl auch mit Rücksicht auf die bei der hiesigen Sparkasse statuarisch zugelassene Mindesteinlage von 1 M. nicht bestehe".[113] Deswegen wird einer Neuerrichtung von Verkaufsstellen im Markt oder in den Bezirksgemeinden wenig Chancen eingeräumt. Eine alternative Sparmöglichkeit wurde im Schulsparen gesehen. Mit Ausnahme der Gemeinde Großaitingen, deren Darlehenskassenverein eine „10 M Sparmarkenbetrieb" für die Schulkinder eingerichtet hatte, war nirgendwo für die Jugend eine Sparmöglichkeit gegeben. Es müsste deshalb „mit möglichst geringwertigen Marken" in den einzelnen Schulen des Amtsbezirkes das Sparmarkensystem organisiert werden, denn eine „möglichst frühzeitige intensive Anleitung zu wirtschaftlichem Gebahren hätte großen Segen für die heranwachsende Generation".

Schon am 3. März 1906 wurde dieses Ansinnen bezirksamtlich konkretisiert.[114] Die Errichtung von Schulsparkassen unter Verwendung der Sparmarken und Sparkarten von der Marktsparkasse Schwabmünchen kam zunächst nur für die Schulen in Gennach, Kleinaitingen, Klimmach, Klosterlechfeld, Mittelstetten, Oberottmarshausen, Reichertshofen, Schwabmünchen, Straßberg und Wehringen zustande. In den anderen Schulen des Bezirkes wurde das Schulsparen von den dortigen Darlehenskassenvereinen übernommen. Das Lehrpersonal wurde bereits durch die Lokalschulinspektion unterwiesen, auch Sparmarken und Sparkarten wurden zur Verfügung gestellt. Sparbücher sollten die „jugendlichen Spargäste" erst nach Ersparung der Mindesteinlage von 1 Mark bekommen. Das Schulsparen war nun institutionalisiert. Über den Werdegang schweigen die Quellen.

1899 – 1912 Zinsrückstände und Zwangsversteigerungen

Seit 1876 trat eine strukturelle Agrarkrise zu Tage, die durch einen extremen Preisverfall des Getreides verursacht war und bis 1912 dauerte. Aus dem Weizenexportland Deutschland war ein Weizeneinfuhrland geworden. Starke Einkommensverluste in der Landwirtschaft verbunden mit Existenzkrisen und mangelnder Kapitaldienstfähigkeit waren die Folge.[115]

Für das Jahr 1899 wies die Marktsparkasse Schwabmünchen Zinsrückstände in Höhe von 3802 M. 51 Pf. bei 28 Hypothekengläubigern aus.[116] Im Laufe des folgenden Jahres wurden gegen vier Darlehensnehmer durch den Gerichtsvollzieher Pfändungsmaßnahmen vorgenommen. Ende 1900 zählte das Institut bereits 85 Zinsrestanten.[117] Für die nicht termingerechte Bedienung des Zinsdienstes gab es schlüssige Erklärungen:[118] Der Steinmetz aus Türkheim konnte bis Ostern 1901 wegen des schlechten Wetters keine Grabsteine setzen; ein Bauer aus

Geschäfts-Register-No. [illegible] 1906

URKUNDE des Kgl. b. Notariates Schwabmünchen

Schuld- und Hypothekenurkunde für Die Sparkasse in Schwabmünchen

Hypothekenurkunde des Schwabmünchner Notariats aus dem Jahre 1906. *Historisches Archiv Sparkasse Schwabmünchen*

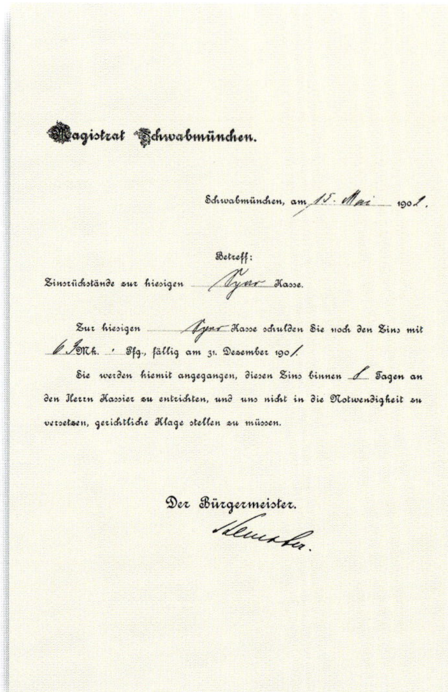

Magistrat Schwabmünchen.

Schwabmünchen, am 15. Mai 1902.

Betreff:

Zinsrückstände zur hiesigen [illegible] Kasse.

Zur hiesigen [illegible] Kasse schulden Sie noch den Zins mit [illegible] Mk. [illegible] Pfg., fällig am 31. Dezember 1901.

Sie werden hiemit angegangen, diesen Zins binnen [illegible] Tagen an den Herrn Kassier zu entrichten, und uns nicht in die Notwendigkeit zu versetzen, gerichtliche Klage stellen zu müssen.

Der Bürgermeister.

Schreiben des Schwabmünchner Magistrats vom 15. Mai 1902 wegen Zinsrückständen. *Historisches Archiv Sparkasse Schwabmünchen*

Pittriching konnte sein Schwein noch nicht verkaufen; dem Agenten aus Großaitingen wurden die Provisionen noch nicht ausbezahlt. Am 1. September 1901 schrieb Landwirt Johann Schiessler aus Scherstetten an den Schwabmünchener Bürgermeister: „Verehrtester Herr! Da mir der Herr Kassierer die Erlaubniss gegeben hat, daß ich noch eine Zeit lang mit dem Rest warten darf, so ersuche ich Sie mit der Bitte nur bis ich meinen Haber getroschen habe zu warten, denn jetzt bekomme ich keine Maschine, weil jetzt alles Grumert macht. Seit daher so gut und wartet mir noch eine Zeit lang. Ich komme dann gleich, wenn ich ihn verkauft habe."[119] Bis zum Jahre 1907 reduzierte sich die Zahl der rückständigen Darlehensnehmer auf 52, bis 1912 auf 41.[120]

Trotz strikter Eintreibungspraxis ließen sich Zwangsversteigerungen zur Vermeidung größerer Forderungsausfälle nicht vermeiden. Die Eheleute Edmund und Bernhardine R. kamen im Jahre 1901 in Zinsrückstand bei ihrem Darlehen über 6500 Mark wegen eines geplatzten Verkaufs einer Immobilie und der „bösartigen Glauenseuche" im Viehstall.[121] Am 18. Juni 1902 wurde die Zwangsversteigerung vom „Beschlagnahmegläubiger" Abraham Neuburger, Kaufmann in Ichenhausen, wegen Schulden in Höhe von 4 000 Mark betrieben.[122]

Gegen Barbara M. aus Siebnach wurde 1903 wegen Darlehensschulden in Höhe von 2 000 M. zum Zinssatz von

119 Ebd., Schreiben vom 1.9.1901.
120 Ebd., 31.12.1907 u. 31.12.1912.
121 Ebd., 6.1.1901.
122 Ebd., Nr. 366.
123 Ebd., 26.5.1903.
124 Ebd., 26.5.1903.
125 Ebd., 11.1.1910.
126 Ebd., 17.8.1910. Die Schulden bei Schmiedemeister Weis und Posthalter Schnell beliefen sich auf 4900 M.
127 Ebd., 27.9.1911.
128 Ebd., Nr. 519.
129 Weber, K., Gesetz- u. Verordnungen-Sammlung, Bd. 39, S. 586–622.
130 Spiethoff, B., Ungewollt zur Größe, S. 110f.
131 STAA, BA Schwabmünchen, Akt 1413, Nr. 30225.
132 Ebd., Akt 1412, 1.1.1912.
133 Ebd., Akt 1413, Nr. 14097.

4,5 %, 4,5 %igen Zessionskapital von 1400 Mark des Handelsmannes Josef M. jun. aus Fischach und 600 Mark (500 M. zu 5 % verzinst) des Handelsmannes Daniel Ö. aus Fischach das Zwangsversteigerungsverfahren eröffnet.[123] Ebenfalls fand im gleichen Jahr ein Zwangsversteigerungsverfahren statt gegen Kaspar und Kreszenz R. aus Leuthau wegen 5 %igen Sparkassendarlehen in Höhe von 6 900 Mark., einer unverzinslichen Kaution von 1000 Mark zu Gunsten des Gastwirtes von Klimmach und einer von den Viehhändlerseheleuten Dachs aus Hiltenfingen geleisteten Bürgschaft.[124]

In einem Zwangsversteigerungsverfahren des Jahres 1910 gegen die Gastwirtseheleute Albert und Maria W. in Leuthau wurde das Pfandobjekt durch Peter Herrle, Brauereibesitzer aus Augsburg, der selbst eine Hypothekenforderung von 5 400 Mark anmeldete, ersteigert.[125]

Im August des Jahres fand auf Veranlassung der Gläubiger, unter anderem des Schmiedemeisters Weis und Posthalter Schnell aus Schwabmünchen, ein weiteres Verfahren gegen die Schwabmünchener Ökonomeneheleute Xaver und Therese R. statt. Erworben wurde das Versteigerungsobjekt durch den Meistbieter, den Pfründner Xaver R. sen., zum Meistgebot von 5 000 M. neben der Übernahme der Sparkassenhypothek von 3 100 Mark.[126] Im darauffolgenden Jahr ersteigerte die Aktienbrauerei Traube & Löwe aus Kaufbeuren am 27. September für 54 000 Mark die Gastwirtschaft von August W. aus Schwabmünchen.[127]

Insgesamt sind in den Akten 17 Zwangsversteigerungsverfahren für die Jahre 1900 bis 1912 dokumentiert neben einer Vielzahl durch die Gerichtsvollzieher vollzogenen Pfändungen. Ein Pfändungsprotokoll des Buchloer Gerichtsvollziehers zur Eintreibung von Zinsrückständen in Höhe von 480 Mark zuzüglich 1 M. 50 Pf. Kosten vom 10. Juni 1901 bei Mühlenbesitzer Anton W. in Jengen gibt Einblick in die damalige Praxis. Gepfändet wurden:[128]

Pfandgegenstände		Schätzwert in Mark
2	Waschkommoden	300,00
12	Säcke neue Bettfedern ca. 100 Pfund	120,00
1	Ofenkasten	20,00
1	Nachtstuhl	10,00
1	runden Tisch	10,00
1	Bettlade mit Betten bestehend aus Ober- und Unterbett, Matratze, Kielpolster und 2 Kissen	50,00
Schätzwert insgesamt		**510,00**

1912 – Neue Satzung für die Sparkasse der Marktgemeinde Schwabmünchen

Die liberalen Züge der neuen Grundbestimmungen vom 11. Juni 1911[129], die am 1. Januar 1912 in Kraft traten, waren ein Verdienst des Vertreters des Innenministeriums, des Regierungsrates Graf von Spreti. Mit Nachdruck trat der gegen weitere Einschränkungen der Sparkassen ein, weil seiner Meinung nach Bayern das rückständigste Sparkassenwesen sämtlicher Bundesstaaten besaß.[130] Am 5. September 1911 forderte deswegen die Regierung von Schwaben und Neuburg dazu auf, die Satzungen der Marktsparkasse den Grundbestimmungen anzupassen.[131] In den zum 1. Januar 1912 in Kraft getretenen „Satzungen für die Sparkasse der Marktgemeinde Schwabmünchen" (29 §§)[132] fanden viele bahnbrechende Neuerungen der Grundbestimmungen jedoch keine Berücksichtigung – zum Beispiel die Erlaubnis des bargeldlosen Zahlungsverkehrs, Ankauf und Verwahrung von Inhaberschuldverschreibungen oder Darlehen auf Schuldschein gegen Verpfändung von Wertpapieren. Neu dagegen wurde in § 25 die Höhe des Reservefonds geregelt. Zur Deckung von Ausfällen musste nun eine Sicherheitsrücklage von 8 % (vorher 10 %) der Einlagenguthaben unterhalten werden. Bei den Kündigungsfristen wurde ergänzend in § 18 Abs. 5 aus Erfahrungen der Vergangenheit zukunftsweisend festgesetzt: „Bei Eintritt einer allgemeinen oder teilweisen Mobilmachung des deutschen Heeres können die Kündigungsfristen vom hiesigen Marktmagistrat verdoppelt werden."

Auf eine Nachfrage der Aufsichtsbehörde vom 22. April 1912, wie sich die Einführung der „doppelten Buchung der Einnahmen" gestaltet habe[133], antwortete die Sparkassenverwaltung, dass dieses System noch nicht eingeführt wurde. Der Grund hierfür war ein „fehlendes Lokal",

Reinertrag und Reservefonds der Marktsparkasse Schwabmünchen 1876 – 1911[134]

(Angaben in Mark)

Jahr	Reinertrag	Zuschüsse	Zuführung Reservefonds	Reservefonds
1876	7 498			
1880	9 535			
1885	12 742	5 000		107 800
1886	13 249	7 000		117 800
1890	14 250	7 915	4 960	145 244
1895	17 111	11 000	6 378	176 200
1900	16 614	31 500	6 736	189 821
1905	17 503	12 000	8 015	226 000
1910	16 896	26 000	10 326	252 326
1911	18 568	22 000	13 396	261 396

sodass die Kassengeschäfte vom Kassierer immer noch in dessen Wohnung getätigt werden mussten.[135] Zur weiteren Normierung der einzelnen Geschäftsvorfälle erließ der Marktmagistrat am 1. Juni 1913 eine 33 Paragrafen umfassende „Geschäftsordnung für die gemeindliche Sparkasse Schwabmünchen"[136], die zum ersten Mal auch die Pflichten und Rechte der Beamten und „Hilfsarbeiter" des Institutes regelte. So war nunmehr jeder für die pflichtmäßige Ausführung der ihm übertragenden Arbeiten persönlich haftbar. Weiter war festgehalten: „Die Kassenbeamten haben sich durch ihr Verhalten in und ausser dem Dienst der Achtung, die ihr Beruf erfordert, würdig zu erweisen; sie haben unter sich ein gutes Einvernehmen zu pflegen, von jeder Verhinderung gegenseitig sich zu verständigen und im Falle der Geschäftsüberlastung gegenseitig sich auszuhelfen. (...) Die Beamten dürfen keine Börsengeschäfte und sonstige Spekulation für eigene oder fremde Rechnung unternehmen."

Seit den „Grundbestimmungen über die Sparkassen von Gemeinden und Distrikten" vom 19. Mai 1874 war die Bildung eines Reservefonds, erwirtschaftet aus den Reinerträgen, von mindestens 10 Prozent der Gesamteinlagen obligatorisch.[137] Bei der Schwabmünchener Sparkasse war diese Gesetzesvorschrift bis zum Jahre 1912 nicht satzungsgemäß festgeschrieben. Im Jahre 1886 wurde diese 10-Prozent-Vorschrift von dem Institut zum ersten Mal erreicht und bis zum Jahre 1911 aufgrund der durchwegs befriedigenden Ertragssituation übererfüllt.

Zuvor war das Anwachsen des Reservefonds wegen der rückläufigen Einlagenentwicklung und der damit verbundenen schlechten Ertragssituation schwierig. Der Einbruch des Reservefonds von 87 993 Mark in 1881 auf 75 500 Mark im Jahre 1882 war bedingt durch die Ausleihung einer größeren Summe aus dem Bestand des Fonds.[138] Seit 1884 gestattete die jeweilige Gewinnsituation und ab 1886 die gesetzeskonforme Höhe des Fonds Auszahlungen von Zuschüssen für kommunale Zwecke. Ab 1888 konnten die Adressaten der Zuschüsse

134 Für die Jahre 1912–1914 liegen keine Zahlen vor. Grundlage: Amtsblätter für das königliche Bezirksamt Göggingen und die Landgerichte Göggingen u. Schwabmünchen bzw. ab 1900 Amtblätter für das königliche Bezirksamt Schwabmünchen; STAA, BA Schwabmünchen, Akt 1413.
135 Ebd., Nr. 2444.
136 Ebd., Nr. 1.6.1913.
137 BayHStA, MInn, Akt 52676, Nr. 1851.
138 Amstblatt für das königliche Bezirksamt Göggingen u.die Landgerichte Göggingen u. Schwabmünchen, 16.7.1883.
139 STAA, BA Schwabmünchen, Akt 1413, Jahresabschluss 31.12.1888.
140 Ebd., Jahresabschluss 31.12.1889.
141 Ebd., Jahresabschluss 31.12.1893.
142 Ebd., Jahresabschluss 31.12.1900.
143 HAStakaA, Schwäbischer Sparkassenverband, Akt 21, 15.9.1913.

genau ermittelt werden. Die Zuschüsse in Höhe von 8 000 Mark gingen in Höhe von 1 000 Mark an die Lokalarmenkasse, 5 000 Mark an die Volksschulkasse, 1 000 Mark dienten als Zuschuss für die Straßenverbesserung und 1 000 Mark der Gemeinde Schwabmünchen zur Schuldentilgung.[139] Im Jahre 1889 flossen zusätzlich 2 000 Mark an die Marktgemeinde zur Umlagenminderung.[140] Für das Jahr 1893 bezuschusste die Sparkasse auch die Kanalisierung mit 1 375 Mark.[141] Von 1895 bis 1905 flossen zusätzlich 2 000 Mark der Gemeinde jeweils über 5 000 Mark zur Schuldentilgung zu. Einen außerordentlichen Zuschuss in Höhe von 20 000 Mark erhielt die Gemeinde 1900 für den Krankenhausneubau.[142] Die Marktgemeinde Schwabmünchen als Haftungsträger des Institutes konnte somit in den Jahren vor dem Ersten Weltkrieg gemeinnützig an den erwirtschafteten ordentlichen Gewinnen der Sparkasse partizipieren.

Doch wie positionierten sich die Sparkassen seinerzeit im Marktgeschehen? Der Deutsche Sparkassenverband ging am 21. Juni 1913 mit folgender Erklärung an die Öffentlichkeit: „Es ist offensichtlich, dass planmäßig gegen die Sparkassen gearbeitet wird und daß der Einfluß der Bankenwelt sich auch in den Kreisen der gesetzgebenden Körperschaften geltend macht. Der Ausschuß des Deutschen Sparkassenverbandes hält es daher für zweckmäßig, daß auch die Sparkassen ihrerseits allen Ereignissen, die als Material für die Abwehr der gegen die Sparkassen gerichteten Angriffe dienen können, die notwendige Aufmerksamkeit schenken. Eine Kritik wird namentlich nach den vielen Verlusten, die die verschiedensten Bevölkerungskreise durch eine nicht einwandfreie Geschäftspraxis von Banken erlitten haben, durchaus am Platze sein.“[143]

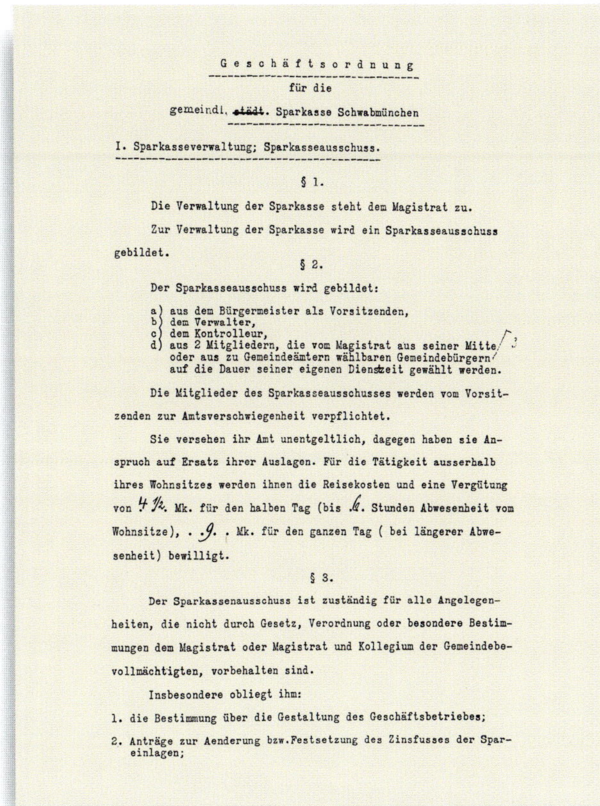

G e s c h ä f t s o r d n u n g

für die

gemeindl. ~~städt.~~ Sparkasse Schwabmünchen

I. Sparkasseverwaltung; Sparkasseausschuss.

§ 1.

Die Verwaltung der Sparkasse steht dem Magistrat zu.

Zur Verwaltung der Sparkasse wird ein Sparkasseausschuss gebildet.

§ 2.

Der Sparkasseausschuss wird gebildet:

a) aus dem Bürgermeister als Vorsitzenden,
b) dem Verwalter,
c) dem Kontrolleur,
d) aus 2 Mitgliedern, die vom Magistrat aus seiner Mitte oder aus zu Gemeindeämtern wählbaren Gemeindebürgern auf die Dauer seiner eigenen Dienstzeit gewählt werden.

Die Mitglieder des Sparkasseausschusses werden vom Vorsitzenden zur Amtsverschwiegenheit verpflichtet.

Sie versehen ihr Amt unentgeltlich, dagegen haben sie Anspruch auf Ersatz ihrer Auslagen. Für die Tätigkeit ausserhalb ihres Wohnsitzes werden ihnen die Reisekosten und eine Vergütung von 4 1/2. Mk. für den halben Tag (bis 6. Stunden Abwesenheit vom Wohnsitze), . 9. . Mk. für den ganzen Tag (bei längerer Abwesenheit) bewilligt.

§ 3.

Der Sparkassenausschuss ist zuständig für alle Angelegenheiten, die nicht durch Gesetz, Verordnung oder besondere Bestimmungen dem Magistrat oder Magistrat und Kollegium der Gemeindebevollmächtigten, vorbehalten sind.

Insbesondere obliegt ihm:

1. die Bestimmung über die Gestaltung des Geschäftsbetriebes;
2. Anträge zur Aenderung bzw.Festsetzung des Zinsfusses der Spareinlagen;

Geschäftsordnung für die gemeindliche Sparkasse Schwabmünchen vom 1. Juni 1913. *Historisches Archiv Sparkasse Schwabmünchen*

MUTTERSPARKASSE – 1855 „SPARCASSA-ANSTALT“ FÜR DEN LANDGERICHTSBEZIRK ZUSMARSHAUSEN

Der königliche Regierungs-Präsident hat bei seiner Inspektionsreise von mehreren Seiten laute Klagen über die Roheit und über den schlechten Geist der Jugend, über Entsittlichkeit der Feiertagsschüler durch Wirtshaus und Tanzbesuche, durch Tagslaufen, sowie über viele Schulversäumnisse vernommen, und sich dadurch veranlaßt gefunden, die sämtlichen Schul- und Polizeibehörden aufzufordern, durch alle gesetzliche zulässige Mittel diesem Unfuge mit unnachsichtlicher Strenge entgegen zu wirken.

Königlicher Landrichter Ernst Friedrich Chr. Sondermann, 1850

Administrativer Aufbau und soziale Struktur des Landgerichts Zusmarshausen

Von der Säkularisation 1802/03 bis zum Frieden von Pressburg und Brünn (1805) und zur Rheinbundakte (1806) vollzog sich die Auflösung der alten Ordnung. Bayern erhielt die Königskrone von Napoleons Gnaden, unsere Heimat wurde als bayerisches Schwaben Teil des bayerischen Königreiches. Ein schwäbischer Pfarrer schrieb ängstlich in seine Chronik: „Wir sind also bayerisch. Gott Gnade uns allen."[1] In Form von Landgerichten wurden die bayerischen Gebiete seit dem 1. März 1804 organisiert. Der Altlandkreis Augsburg wurde dabei in die Landgerichte Göggingen und Zusmarshausen gegliedert. Die provisorische „Territorial-Eintheilung" des Königreiches Bayern vom 21. Juli 1808 wies diese beiden Landgerichte dem Lechkreis mit der Hauptstadt Augsburg zu. Ab 23. September 1810 erfolgte eine Umgruppierung in den neuen Oberdonaukreis, der ab 20. Januar 1817 die Bezeichnung „Schwaben und Neuburg" mit einem Regierungspräsidenten an der Spitze führte und in Augsburg seinen Sitz hatte.[2] An der Spitze des Landgerichtes stand der Landrichter. Er war oberster Verwaltungsbeamter, übte die niedere Gerichtsbarkeit aus und residierte im Zusmarshauser Schloss.

Für die neuzeitliche Gemeinde wirkte konstituierend das Gemeindeedikt vom 24. September 1808. Entsprechend der damaligen Staatsauffassung war der Grundgedanke dieses Gesetzes eine Zentralisierung der staatlichen Verwaltung. Ohne Wissen und Genehmigung der Staatsaufsichtsstellen konnte die Gemeinde nichts beschließen.

Einen Fortschritt für die gemeindliche Selbstverwaltung brachten das Gemeindeedikt vom 17. Mai 1818 und die Gemeindewahlordnung vom 5. August 1818. Hierauf basierend umfasste das Landgericht Zusmarshausen nunmehr 44 Gemeinden. Das überarbeitete Gemeindeedikt vom 1. Juli 1834 trennte die bisher von den Gemeindeorganen besorgte Verwaltung des Kirchenvermögens ab und übertrug sie einer eigenen Kirchenverwaltung.[3]

Die Distriktsgemeinden Zusmarshausen, Göggingen und Schwabmünchen waren noch keine Körperschaften des öffentlichen Rechts und keine Selbstverwaltungskörper im heutigen Sinne. Diese wurden durch das Distriktsratsgesetz von 28. Juni 1852 geschaffen. Der Bezirksamtmann war nach diesem Gesetz der Vorsitzende des Distriktsrates – Vorläuferorganisation des heutigen Kreistages – und des Distriktsausschusses, der vom Distriktsrat bestellt wurde. Beide unterlagen einer weitgehenden Staatsaufsicht durch die Kreisregierung. Im Zusmarshausener Distriktsrat saßen die Vertreter der jetzt 43 Gemeinden, die 5 höchstbesteuerten Grundbesitzer, 11 Vertreter des steuerlich nachgeordneten Grundbesitzes, der königliche Bezirksarzt, 2 selbstständige Pfarrer des Distriktes und der Vertreter des Staatsärars. Zu den Aufgaben des Distriktsrates gehörte neben der Verzinsung und Tilgung der Distriktsgemeindeschulden unter anderem auch die Unterhaltung bestehender oder neu zu gründender Distriktsanstalten, die Anlegung und der Unterhalt der Distriktsstraßen, die Mitfinanzierung der Armenpflegschaft und Unterstützung ka-

Landmann und Bürger (Ausschnitt aus einer Ortsansicht von Dinkelscherben, Gemälde von Christian Glocker, 1865). *Marktgemeinde Dinkelscherben*

Barfüßige Frau hinter einem mit Mist beladenen Schubkarren unterhält sich mit einer Kirchgängerin mit Kind (Ausschnitt aus einer Ortsansicht von Dinkelscherben, Gemälde von Christian Glocker, 1865). *Marktgemeinde Dinkelscherben*

1 Zit. nach: Bosl, K., Bayerische Geschichte, S. 223.
2 Jahn, J., Augsburg Land, S. 588–590.
3 Endrös, H./Krausse, J., Grundriss der Heimatkunde des Landkreises, S. 158–160.

Beschreibung des Landgerichtsbezirkes Zusmarshausen 1853[4]

Gemeinde	Seelenzahl	Gemeinde	Seelenzahl	Gemeinde	Seelenzahl
Adelsried mit	432	Fischach	646	Reutern	388
Kruichen	94	Fleinhausen	323	Ried mit	238
Agawang mit	246	Gabelbach	443	Holzara	68
Obernefsried	54	Gabelbachergreuth	430	Rommelsried	242
Unternefsried	53	Grünenbaindt	497	Schönebach	164
Altenmünster	303	Häder mit	263	Steinekirch	635
Anried mit	338	Scheppach	96	Streitheim	141
Engertshofen	64	Horgau mit	410	Unterschöneberg	352
Aretsried mit	305	Bieselbach	93	Ustersbach mit Mödishofen	424
Heimberg	34	Schäfstoss	28	Uttenhofen	228
Auerbach mit	261	Herpfenried	47	Vallried	146
Lindgraben	21	Horgauergreuth	325	Welden691	
Biburg mit	343	Kutzenhausen mit	241	Willishausen mit	196
Kreppen	48	Katzenloh	32	Hausen	81
Bonstetten	387	Lindach	175	Willmatshofen	252
Breitenbronn	175	Neumünster mit Violau	384	Wörleschwang	378
Buch mit	119	Oberschöneberg mit	264	Wollbach	227
Boschhorn	9	Saulach	79	Wollmetshofen	234
Deubach	242	Stadel	76	Wollishausen	306
Dinkelscherben mit	904	Siefenwang	26	Zusmarshausen	976
Au	97	Reischenau	33		
Eppishofen	241	Reitenbuch mit	144		
Ettelried	449	Maingründel	111	**Gesamteinwohnerzahl**	**16 754**

ritativer und kultureller Vereine. Die Mittel zur Bestreitung der Distriktsbedürfnisse hatte der Distrikt, soweit die Einkünfte nicht ausreichten, durch Erhebung von Distriktsumlagen zu beschaffen. Die Kassengeschäfte hatte ein vom Distriktsrat gewählter Distriktsratskassierer zu besorgen.[5]

Die Größe, Umfang und auch die Einwohnerzahl des Landgerichtsbezirkes Zusmarshausen zur Gründungszeit der Distriktssparkasse erfahren wir aus einer Beschreibung des Jahres 1853 und einer Aufgliederung der Bevölkerungsstruktur aus dem Jahre 1852 (vgl. Tabellen).

Bau der Maximiliansbahn Augsburg – Ulm

Mit der am 7. Dezember 1835 eröffneten „königlich privilegierten Ludwigsbahn“ zwischen Nürnberg und Fürth startete Deutschland ins Eisenbahnzeitalter. Durch dieses Verkehrsmittel wurde die für den Industrialisierungsprozess notwendige Infrastruktur geschaffen, um neue Märkte zu erschließen und Transportkosten zu verringern. 1840 wurde die erste überörtliche Verbindung von München nach Augsburg eröffnet. Bereits im April 1836 scheiterte Ferdinand von Schaezler mit dem Antrag auf Gründung einer Gesellschaft für die Eisenbahn Augsburg–Ulm.[6] Erst am 25. April 1850 wurde mit Württemberg der Staatsvertrag über den Bau einer Eisenbahn zwischen Augsburg und Ulm geschlossen.[7] In den ersten Monaten des Jahres 1851 begann die Eisenbahn-Kommission München mit der Planung für die konkrete Streckenführung. Mit der technischen Oberleitung der Arbeit vor Ort beauftragte man sieben Bausektionen – Augsburg, Dinkelscherben, Jettingen, Burgau, Günzburg, Leipheim und Neu-Ulm. Der Bau selbst wurde mit dem Gesetz vom 4. Mai

4 StAA, BA Zusmarshausen, Akt 2044.
5 Hagel, B., Bezirksamt Zusmarshausen, S. 285–289.
6 Zorn, W., Handels- u. Industriegeschichte Bayerisch-Schwabens, S. 143.
7 Hetzer, G./Tröger, O.-K., Weichenstellungen, S. 37.
8 StAA, BA Zusmarshausen, Akt 1373.

Spezifizierte Bevölkerungsstruktur des Landgerichtsbezirkes Zusmarshausen vom Dezember 1852[8]

Bevölkerung nach Alter und Geschlecht

unter 14 Jahren	Knaben	2 214
	Mädchen	2 355
über 14 Jahren	männlich	6 059
	weiblich	6 119
Summe	männlich	8 273
	weiblich	8 474

Familien

Zahl der beisammen lebenden Ehepaare		2 376
Zahl der getrennt lebenden Ehepaare	männlich	8
	weiblich	7
Zahl der ungetraut beisammen lebenden Ehepaare		83
Zahl der verwitweten	männlich	248
	weiblich	436
	Familien insgesamt	3359
Gesamtzahl der Personen unter 14 Jahren		
eheliche	männlich	2 019
	weiblich	2 126
uneheliche	männlich	195
	weiblich	219

Religion

Katholiken	Familien	3 291
	Seelen	1 690
Protestanten	Familien	8
	Seelen	345
nicht christliche Religionen	Familien	60
	Seelen	312

Landwirtschaftliche Bevölkerung

ausschließlich Land- und Forstwirtschaft betreibende Gutsbesitzer, Pächter, Verwalter	Familien	1 287
	Seelen	5 747
zugleich Gewerbe betreibende Landwirte, Pächter und Verwalter	Familien	35
	Seelen	165
Landbau-Taglöhner mit Grund- oder Hausbesitz	Familien	467
	Seelen	1 742
Landbau-Taglöhner ohne Grund- oder Hausbesitz	Familien	138
	Seelen	385
arbeitendes Gesinde aller dieser Klassen	männlich	693
	weiblich	806

Von Mineral-Gewinnung, Gewerben, Industrie und Handel Lebende

Selbständige mit Haus- und Grundbesitz	Familien	990
	Seelen	4 600
Selbständige ohne Haus- und Grundbesitz	Familien	18
	Seelen	68
Nichtselbständige Gehilfen, Gesellen, Lehrlinge, Dienstboten	männlich	273
	weiblich	188

Von Renten, höheren Diensten, Wissenschaft und Kunst Lebende

In Hof, Staats, Gemeinde, Stiftungs und grundherrlichen Diensten	Familien	60
	Seelen	251
katholische Weltgeistliche	Seelen	39
nicht christliche Religionen	Familien	1
	Seelen	8
Rentner, Pensionäre, Gelehrte, Ärzte, Künstler	Familien	8
	Seelen	40
Dienstboten aller dieser Abteilungen und Militärs	männlich	22
	weiblich	87

Augsburger Tagblatt.

Dienstag №. 120. 2. Mai 1854.

Das Tagblatt kostet in ganz Bayern vierteljährlich 45 kr.

Tagskalender. Kath. Athanasius. Prot. Sigmund. — Sonnen-Aufg. 4 Uhr 39 Minuten. Sonnen-Untergang 7 Uhr 15 Min. — Tagesl. 14 St. 36 M. Nachtl. 9 St. 24 M. — Neumond.

Eisenbahn-Fahrten von Augsburg nach:

München 2) 6¼ U. Ab. 1) 9 U. Ab. 2) 7 U. 10 M. Morg. 2) 2 U. Nchm. 3) 7 U. 20 M. Mrg. 3) 6 U. 35 M. Ab.
Lindau 1) 7 Uhr 10 Min. Morg. 2) 10 Uhr 20 Min. Vormitt. 2) 9 U. 15 Min. Abends. 3) 10 U. 25 M. Morg.
Hof 1) 7 U. 10 M. Morg. 2) 10 U. 20 M. Morg. 2) 9 U. Ab. 3) 8 U. 15 M. Morg. 3) 9 Uhr 20 Min. Abends.
Ulm 1) 7 Uhr 10 Min. Morgens. 2) 10 Uhr 10 Min. Morg. 2) 3 Uhr 40 Min. Nachm. 2) 9 Uhr Nachts.

Ankunft der Eisenbahnzüge in Augsburg von:

München 1) 7 U. Morg. 2) 10 U. Morg. 2) 3½ U. Nachm. 2) 8½ U. Ab. 3) 6 U. 50 M. Morg. 3) 8 U. Ab.
Lindau 2) 6 Uhr Ab. 1) 8 Uhr 25 Min. Ab. 2) 6 Uhr Morg. 3) 5 Uhr 5 Min. Nachm.
Hof 2) 6 U. 10 Min. Ab. 1) 8 U. 40 M. Ab. 2) 6 U. 35 Min. Morg. 3) 6 U. Morg. 3) 5 U. 15 M. Ab.
Ulm 2) 6 Uhr 55 Min. Morg. 2) 1 Uhr 15 Minuten Mitt. 2) 5 Uhr 25 Min. Nachmitt. 1) 8 U. 50 M. Abends.

1) Eilzug (befördert blos Personen in I. u. II. Klasse.) 2) Personenzug. 3) Güterzug ohne Personenbeförderung.

Stellwagen nach Friedberg: Abends ½5 Uhr. Einsteigplatz im Güterwagen, à Person 9 kr.

Augsburger Zugfahrplan, abgedruckt im „Augsburger Tagblatt" vom 2. Mai 1854.

Mit dem Beginne des Wonnemonats ist auch ein neues, frisches Leben in der ganzen Natur wiedergekehrt; und wie sich die Bäume, die Felder und Wiesen mit dem wonnigen Grün immer mehr und mehr schmücken, so strömt auch die Hoffnung in die Herzen der Menschen und verscheucht das erschreckende Gespenst das vom fernen Osten nicht minder als vom gefürchteten Norden dem friedlichen Deutschland entgegengrinst! Doch weg mit der trüben Betrachtung! Gehen wir hinaus aus der beengenden Luft der Gemächer in die herrlich prunkende Natur, wie da alles lebt, grünt und gedeiht! Die Saaten sprossen in vollster Ueppigkeit; die Wiesen verheißen die reichste Erndte, die Bäume stehen theils noch in voller Blüthe, theils beugen sie sich unter der Wucht des Gottessegens und die fröhlichen Luftbewohner flöten dem Schöpfer dieser Wonnen ihren Dank aus tausend melodischen Kehlen, in den der Mensch mit freudiger Bewegung betend einstimmt. Auch die Sorge, welche durch die immer mehr steigenden Preise der unentbehrlichsten Lebensbedürfnisse die Brust so manches Familienvaters, so mancher treuen Gattin und Mutter bedrückt, findet ihre Linderung beim Anblicke der herrlichen Fluren, die unter die Obhut dessen, der unser Aller Vater und Erhalter ist, gestellt, den reichsten Segen verheißen. – Von solchen Gefühlen durchwogt, blicken wir gestern auf die fröhlichen Waller, die von Nachmittags zwei Uhr an unsern Bahnhof zuströmten, um die erste Extrafahrt nach dem romantischen Schmutterthale mitzumachen, welchem allseitig laut gewordenen Wunsch die betreffende königliche Behörde so rasch und bereitwillig entgegenkam! Der Zug bestimmt um 2 ½ Uhr abzugehen, konnte sich des überraschend großen Andrangs wegen erst um 2 ¾ Uhr in Bewegung setzen und flog in einer langen Wagenkette – es waren deren 20 – rasch dem Orte seiner Bestimmung entgegen, woselbst die Ankommenden von den bereits früher Vorausgeeilten freundlich begrüßt und nach allen Richtungen geleitet wurden um sich geistig und körperlich zu erlaben. Vorwiegend war es der lieblich gelegene Kobel, der sich eines imensen Zuspruches zu erfreuen hatte, und Küche und Keller bewahrten den frühern guten Ruf dieses Erholungs-Orts, der wie kein anderer in Augsburgs Umgebung die herrlichsten Aussichten nach allen Richtungen hin bietet, und mit Recht als der Lieblingsaufenthalt ächter Naturfreunde gilt! Abends 7 ¾ Uhr kehrte der Extrazug wieder hieher zurück und wir haben die Ueberzeugung, daß unter den Hunderten, welche diese erste Fahrt zu benützen Gelegenheit fanden, kaum Einer sich befinden dürfte, dem sie nicht eine süße Erinnerung in der Brust zurückgelassen hat.

Pressebericht vom 23. Mai 1854 über die erste Eisenbahnfahrt zum Kobel, einem beliebten Ausflugsziel im Westen Augsburgs.

1851 beschlossen. Die Kosten der Strecke beliefen sich auf 7 944 820 fl. Dafür bewilligte die Staatsregierung einen Kreditrahmen von 8 000 000 fl.[9] Der Erwerb der nötigen Grundflächen gestaltete sich vor allem in den Landgerichtsbezirken Göggingen und Zusmarshausen schwierig. Bis September 1851 lagen die Detailpläne für den größten Teil der Strecke vor. Noch im gleichen Jahr begann man an einigen Abschnitten längs der Donau mit den Arbeiten. Sie wurden auch während des Winters, soweit es die Witterung gestattete, vehement vorangetrieben.[10] Auf bayerischem Gebiet war die Strecke insgesamt 83,57 km lang. Um nicht die vielen kleinen Täler auf der zur Donau abfallenden Ebene zwischen Augsburg und Ulm überschreiten zu müssen, wählte man nicht die gerade Trasse, sondern versuchte so schnell wie möglich das Donautal zu erreichen. Die Eisenbahnbrücke über die Donau wurde von beiden Staaten finanziert.[11] Zu Ehren des damaligen Königs Maximilian II. von Bayern nannte man die Verbindung von Salzburg über München nach Ulm „Maximiliansbahn".[12]

Zu Beginn des Jahres 1852 machten die Bahnarbeiten bereits Fortschritte. Das Augsburger Tagblatt berichtete am 21. März des Jahres: „Aus Ulm berichten öffentliche Blätter, daß mit dem Bau des großen Bahnhofs, worin die bayerisch-württembergischen Eisenbahnen sich begegnen werden, begonnen worden ist. Die diesseitigen Arbeiten für Herstellung der Eisenbahn von Augsburg nach Ulm

9 Jungmann-Stadler, F., Die Finanzierung des Eisenbahnbaus in Bayern bis 1870, S. 294–296.
10 Hetzer, G., Unsere Gemeinden im Königreich Bayern, S. 432.
11 Zeitler, W./Hufschläger, H., Eisenbahn in Schwaben, S. 35.
12 Zeitler, W., Geschichte der Eisenbahn in Schwaben, S. 266.
13 Augsburger Tagblatt, 21.3.1852.
14 Hetzer, G., Unsere Gemeinden im Königreich Bayern, S. 432f.
15 Augsburger Tagblatt, 24.9.1853.
16 Zeitler, W., Geschichte der Eisenbahn im Landkreis, S. 266.
17 Augsburger Tagblatt, 2.5.1854.
18 Ebd., 16.5.1854.
19 Ebd., 9.6.1854.
20 Ebd., 23.5.1854.

Seit 1853 ein gewohntes Bild – die Eisenbahn passiert Dinkelscherben (Ausschnitt aus einer Postkarte um 1900). *Heimatverein Dinkelscherben*

wurden auch in den letzten Monaten, soweit es die Witterung erlaubte, fortgesetzt, und man hofft, daß noch in diesem Jahr eine Strecke von 7 Stunden, von Augsburg bis in die Gegend von Zusmarshausen, vollendet und dem Verkehr übergeben werden könne."[13] Doch erst am 26. September 1853 kam es zur Eröffnung der Teilstrecken von Augsburg nach Dinkelscherben und von Burgau nach Ulm. Das baulich schwierige Zwischenstück musste vorläufig per Eilwagen zurückgelegt werden. Der von einer mit Blumen verzierten Lokomotive gezogene Jubelzug hielt nach der Ausfahrt aus dem mit bayerischen und württembergischen Farben geschmückten Augsburger Bahnhof morgens um 7.00 Uhr an den Stationen Westheim, Gessertshausen, Mödishofen und Dinkelscherben, wo er jeweils festlich empfangen wurde.[14] Das Augsburger Tagblatt schrieb aus diesem Anlass: „Täglich werden drei Züge abgehen, welchen den Weg in fünf Stunden zurücklegen können. Adieu Sandberg! Adieu Stellwagen! Adieu Wirth in Burgau! Der Schnellzug geht, und wie seh' ich euch wieder!"[15] Das Zwischenstück zwischen Dinkelscherben und Burgau bereitete immense Schwierigkeiten. Um die Wasserscheide zwischen Zusam und Mindel zu überwinden, grub man bei Gabelbachergreuth einen 26 m tiefen und 1700 m langen Einschnitt. Am 1. Mai 1854 wurde nun endlich die ganze Maximiliansbahn dem Eisenbahnverkehr übergeben. Zwischen Augsburg und Ulm verkehrten seitdem täglich vier Züge, je ein Eil- und Güterzug und zwei Personenzüge.[16] Die Presse berichtete: „Am 1. Mai wurde die ganze Eisenbahn bis Ulm dem Verkehr übergeben, so daß von München bis Paris, Calais und Havre ununterbrochene Schienengleise führen. Zugleich begannen heute in allen Richtungen der Eisenbahn die Eilzüge, mittelst deren man von Augsburg in 2 Stunden nach Ulm (...) wie man andrerseits in 5,5 Stunden in Stuttgart, in etwa 9 Stunden in Heidelberg seyn wird. Endlich also sind die Lücken, die uns so lange von den beflügelten Communicationen des übrigen Deutschlands sowie Frankreichs und Belgiens getrennt gehalten, ausgefüllt. (...) Augsburg mit seiner seit anderthalb Jahrzehnten beispiellos emporstrebenden Gewerbsamkeit, die einen Industriepalast nach dem anderen aus dem Boden sprießen läßt, wird seinen Theil daran haben."[17]

Die Bevorzugung des Fernverkehrs führte zu einer Vernachlässigung des Personennahverkehrs. Bisher konnte man von Mering um 18.00 Uhr, von Inningen und Bobingen um 17.00 Uhr, von Gersthofen um 17.45 Uhr, von Gessertshausen, Diedorf und Westheim um 17.30 Uhr Augsburg erreichen. Diese Fahrmöglichkeiten wurden eingestellt Die Schnellzüge hielten nicht an diesen Stationen.[18] Um diesem Manko abzuhelfen, wurden „Omnibus-Wagen" für Kurzstrecken wie nach Nordendorf reaktiviert.[19] Auch die Eisenbahn reagierte auf dieses Defizit und setzte am Sonntag Extrafahrten ein wie zum Beispiel nach Westheim für eine Ausflugsfahrt auf den Kobel.[20]

Entwicklung der Einwohnerzahlen[21]

Gemeinde	1840	1853	1855	1861
Dinkelscherben	654	1001	739	807
Fleinhausen	228	402	254	253
Grünenbaindt	333	497	250	256
Steinekirch	397	635	415	376
Gabelbach	234	443	264	275
Gabelbachergreuth	139	430	143	145
Zusmarshausen	872	976	925	951

Für die Dörfer und Menschen an der Strecke war der Eisenbahnbau ein Jahrhundertereignis. Einen Eindruck vom Umfang der Arbeiten vermittelt schon der Aufbau des Bahnkörpers. Er bestand aus dem Unterbau und Oberbau. Der Unterbau war der arbeitintensivste Teil des Bahnbaus. Er umfasste verschiedene Erdarbeiten: Dämme, Einschnitte, Entwässerungen, Böschungsbefestigungen, Stütz- und Futtermauern sowie Kunstbauten wie Brücken, Tunnels, Wegübergänge und -unterführungen. Unter dem Oberbau verstand man die eigentliche Fahrbahn, die sich in Bettung, Schienenunterlagen, Schienenbefestigungsmittel und Schienen gliederte. Hinzu kamen zahlreiche Stationsanlagen und Wärterhäuser, auch der notwendige Bau von Zufahrtsstraßen. Diese Arbeiten erforderten eine große Anzahl von Arbeitskräften. Gute Verdienstmöglichkeiten zog nicht nur Einheimische aus der Umgebung an, sondern veranlasste auch den Zuzug Auswärtiger, die auf die Dauer der Bauarbeiten möglichst nahe an der Arbeitsstelle Unterkunft suchten.[22] Wegen der Großbaustelle „Gabelbachergreuth" waren dadurch insbesondere der Markt Dinkelscherben mit den Nachbargemeinden Anried, Fleinhausen, Grünenbaindt, Steinekirch, Gabelbach, Gabelbachergreuth und auch Zusmarshausen von wachsenden Einwohnerzahlen betroffen. Die Zahlenreihen der Einwohnerzahlen aus den Jahren 1840, 1853, 1855 und 1861 machen dies deutlich. Die Zahlen von 1861 lassen sich – in Relation zu den Zahlen von 1840 – in die allgemeine Bevölkerungsentwicklung einordnen.

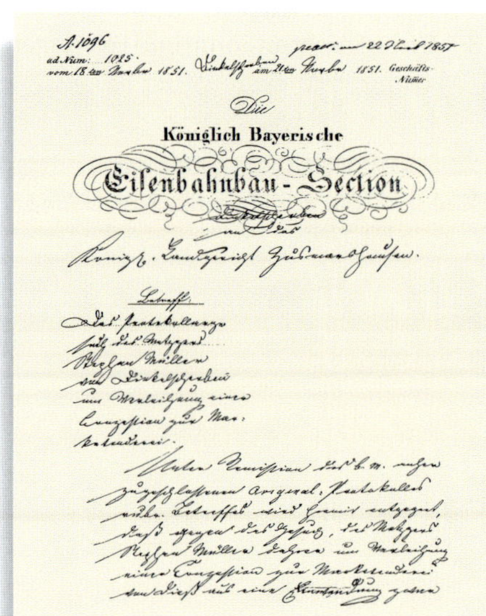

Gesuch des Metzgers Stephan Müller von Dinkelscherben wegen Verleihung einer Lizenz für eine Marketenderei, November 1851. *Staatsarchiv Augsburg*

Dieser enorme Bevölkerungszuwachs brachte sehr viel Unruhe in das bis dahin ruhig verlaufende Landleben in den Dörfern und Märkten. Die Versorgung mit Waren für den täglichen Bedarf warf Probleme auf und erschloss der ortsansässigen Bevölkerung neue Erwerbsquellen. Eine dieser Erwerbsquellen war die Marketenderei an der Bahnstrecke: Sie versorgte die Arbeiter vornehmlich mit „weissen und braunen Bier", Branntwein, Fleisch, Würste, Suppe, Brot, Käse und Tabak.

Bereits am 16. September 1851 bewarb sich der Metzger und Bierbrauer Ulrich Kleuber für die Lizenz zur Betreibung einer Marketenderei an der Bahnstrecke von Fleinhausen bis Gabelbachergreuth. „Wie ich hoffe werden auf der Bahnstrecke zwischen Fleinhausen und Gabelbachergreuth wahrscheinlich mehrere Marketenderhütten erbaut, und ich die Marketenderey auf genannter Strecke gerne übernehmen möchte, indem ich als tüchtiger Metzger und Bierbrauer in den Stand gesetzt bin sämtliche auf dieser Strecke befindliche Arbeiter mit Speisen und Getränken mit der größten Zufrie-

21 Zahlen 1840, 1855 u. 1861 aus: Pötzl, W., Landgericht Zusmarshausen, S. 255f. Zahlen 1853 aus: StAA, BA Zusmarshausen, Akt 2044.
22 Mages, E., Die Eisenbahn als Arbeitgeber, S. 408f.
23 StAA, BA Zusmarshausen, Akt 1245, 16.9.1851.
24 Ebd., 16.11.1851.
25 Ebd., 8.7.1852.
26 Ebd., 21.11.1851.
27 Ebd., 24.12.1851.
28 Ebd., 22.12.1851.
29 Ebd., 19.1.1852.
30 Ebd., 24.6.1852.

Die Eisenbahn

Durch die Eisenbahnen wird der Raum getödtet, und es bleibt uns nur noch die Zeit übrig. Hätten wir nur Geld genug, um auch letztere anständig zu tödten! In vierthalb Stunden reist man jetzt nach Orleans, in ebenso viel Stunden nach Rouen. Was wird das erst geben, wenn die Linien nach Belgien und Deutschland ausgeführt und mit den dortigen Bahnen verbunden seyn werden! Mir ist, als kämen die Berge und Wälder aller Länder auf Paris angerückt. Ich rieche schon den Duft der deutschen Linden; vor meiner Thüre brandet die Nordsee.

HEINRICH HEINE
aus: Höck, Wilhelm u.a. (Hrsg.), Lesebuch für ein langsames Leben, S. 17

denheit zu bewürthen, auch bin ich als Gastgeber im Stande mehrere ordentliche Arbeiter mit Kost und Logies zu versehen."[23] Auch der Wirt von Fleinhausen, Jakob Plabst, bewarb sich am 16. November für die Marketenderei u.a. mit dem Hinweis: „Um so mehr bin ich dieses im Stande, weil ich meine eigene Kinder dazu verwenden werden kann."[24] Erst am 8. Juli des Jahres 1852 wurde ihm dann der „Lizenz-Schein" hierfür mit nachfolgenden Bedingungen ausgestellt:[25]

1. Die Lizenz ist widerruflich und persönlich und kann durch keinen Pächter ausgeübt werden.
2. Die Marketenderbude ist an der Eisenbahnlinie in der Flur Fleinhausen zu errichten.
3. Es darf nicht an Sonn- und Feiertagen, auch nicht während der Arbeitszeit ausgeschenkt werden.
4. Der Marketender kann Viktualien verkaufen (taxierte Lebensmittel) und Getränke ausschenken zu den jeweils bestehenden Taxen.
5. Bier- und Brottaxen sind in der Hütte anzuschreiben.

Der Metzger Stephan Müller von Dinkelscherben erhielt seine Lizenz unter den gleichen oben aufgeführten Bedingungen bereits am 21. November 1851.[26] Schon am 24. Dezember des gleichen Jahres bekam er eine Anzeige, weil er auf unerlaubte Weise Speisen und Getränke an die Eisenbahnarbeiter in seinem Hause verabreichte und somit eine „Wirtschafterei" ausübte. Er besaß nur das Recht, in seiner Bude an der Eisenbahnlinie die Arbeiter zu bewirten.[27] Die Geschäftstüchtigkeit der Inhaber von Marketenderei-Lizenzen wurde zuweilen stark übertrieben. So erwischte am Sonntag, den 21. Dezember 1851, eine Gendarmerie-Patrouille den Bauer Kraus aus Siefenwang, „daß er am genannten Sonntage Nachts 9 Uhr eine Menge Eisenbahnarbeiter und auch darunter andere Personen Getränke und Viktualien verabreichte und selber bewirthet hat, wobei auch gespielt worden sei".[28] Am 19. Januar 1852 bekam das Landgericht eine Anzeige, dass in der Hütte der Marketenderei Seibans bei Gabelbachergreuth aus „ungeaichten Halbkrügeln, die das Maas nicht halten sollen", Bier ausgeschenkt wurde.[29] Wie schwierig die Versorgung der Eisenbahnarbeiter mit Grundnahrungsmitteln wie Brot war, dokumentiert die Bitte des Marketenders Joseph Lösch aus Gabelbachergreuth am 24. Juni 1852 um Genehmigung durch das Landgericht Zusmarshausen für die 500 bis 600 Arbeiter im „Greuther Einschnitte" Brot aus Augsburg beziehen zu dürfen, weil die im Landgericht Zusmarshausen befindlichen Bäcker nicht im Stande waren, den nötigen Bedarf an Schwarzbrot zu liefern.[30] Zuvor, am 19. Juni 1852, sah sich das Landgericht Zusmarshausen wegen schlechter Beschaffenheit des Brotes bereits veranlasst, Maßnahmen zu ergreifen und Strafen deswegen auszusprechen. So musste z. B. der Marketender,

der Roggenbrot ohne das „Zeichen des Bäckers" verkaufte, pro Stück 1 fl. Strafe zahlen. Der Verkauf von „gering gewichteten Brot", Brot aus schlechtem Mehl oder „unausgebackenem Brot" wurde ebenfalls mit Geldstrafen belegt.[31]

Doch wie war nun die ortsansässige Bevölkerung neben der Marketenderei in das Eisenbahnprojekt eingebunden? De facto waren bei dem Eisenbahnbau wandernde Großbaustellen im Einsatz. Ein Teil der einfachen, ungelernten Erdarbeiter rekrutierte sich sicherlich aus den ländlichen Unterschichten der Gegend, die vor Ort von den Schachtmeistern angeworben wurden. Festzustellen bleibt allerdings, dass es sich bei den Eisenbahnarbeitern großenteils um eine neue soziale Gruppe handelte, deren Aufenthalt nur ein vorübergehender war.[32] Die Kardinalfrage lautet daher zuletzt: Welche Auswirkungen hatte das Großprojekt Eisenbahnbau auf die Gründung der Sparkasse im Landgerichtsbezirk Zusmarshausen?

Ansicht von Dinkelscherben (Gemälde von Christian Glocker aus dem Jahr 1865).
Marktgemeinde Dinkelscherben

Die Gründung der Distriktssparkasse Zusmarshausen

Um die Mitte des 19. Jahrhunderts war die Bankenlandschaft noch vom Typ des Privatbankhauses geprägt. Kreditbedürfnisse des flachen Landes wurden nicht bedient.[33] So weit Freunde, Verwandte oder Nachbarn nicht aushelfen konnten oder wollten, war die ländliche Bevölkerung darauf angewiesen, in erster Linie sich im „Freien Handel" die Darlehensmittel zu beschaffen. Als Kapitalgeber kamen insbesondere Kirchenstiftungen, Händler (Vieh-, Getreide-, Güterhändler), Gastwirte und private Geldvermittler (Agenten) in Frage.[34] Der Nationalökonom Professor Brentano charakterisierte die damaligen Verhältnisse mit den bezeichnenden Worten: „Die Bauern wurden bewuchert bei allem, wobei man bewuchern konnte."[35] Wer nicht ordnungsgemäß zurückzahlen konnte, verlor seinen gesamten Besitz und endete nicht selten als Fabrikarbeiter.

Gleichzeitig findet man in den Quellen Klagen über ein allgemeines Zeitphänomen – über die Leichtlebigkeit der Leute, ihre Verschwendungssucht, den Sittenverfall und den Mangel an Sparsinn.[36]

In diese Zeit fällt nun die Absicht des Zusmarshauser Landgerichtes eine Sparkasse für den Landgerichtsbezirk zu errichten. Am 27. Januar 1851 forderte es beim Magistrat der Stadt Augsburg die Statuten der dortigen Sparkasse an und erkundigte sich gleichzeitig, ob nicht auch Bewohner anderer Bezirke sich der Augsburger Sparkasse bedienen könnten.[37] Vice versa wurden die Statuten vom 13. April 1844 zugesandt und mitgeteilt, dass „Auswärtige an dieser Anstalt nur insofern Antheil nehmen können, als sie hier in Diensten oder Arbeit stehen".[38] Bereits am 25. Februar erging ein Schreiben des Landrichters Adolph Henne an die Gemeindeverwaltung und den Armen-

31 MAZus, Circularbuch 1850–1855, 19.6.1852.
32 Jüngling, E., „Handwerker-Renitenz", S. 463.
33 Wagner-Braun, M., Das genossenschaftliche Bank- und Versicherungswesen, S. 121.
34 Merz, R., „Von der Wohltat des Sparens", S. 282.
35 Zit. nach: Bayerischer Raiffeisenverband (Hrsg.), Raiffeisen in Bayern, S. 9.
36 MAZus, Circularbuch 1850–1855, 7.5.1850.
37 StAA, BA Zusmarshausen, Akt 3169, Nr. 1.
38 Ebd., Nr. 2.
39 Ebd., Nr. 3.
40 Ebd., Nr. 4.
41 Ebd., Nr. 5–8.
42 MAZus, Circularbuch 1850–1855, 28.7.1851.
43 StAA, BA Zusmarshausen, Akt 3169, Nr. 9.
44 Ebd., Nr. ad 9.
45 Pötzl, W., Landgericht Zusmarshausen, S. 256; MAZus, Circularbuch 1850–1855, 28.8.1854.
46 MAZus, Circularbuch 1850–1855, 2.11.1854.
47 StAA, BA Zusmarshausen, Akt 3169, Nr. 10; Both, L./Helmschrott, F., Zusmarshausen, S. 164.

pflegschaftsrat von Zusmarshausen folgenden Inhalts: „Das Landgericht ist angewiesen die Eröffnung einer Sparkassen-Anstalt möglichst zu fördern. Solche Anstalten üben, wo sie bestehen, auf die ärmere Klasse der Bevölkerung einen so wohltätigen Einfluß aus, daß die Errichtung einer solchen Anstalt für unseren Bezirk im hohen Grade zu wünschen wäre. Die Gemeindeverwaltung und der Armenpflegshaftsrath werden daher aufgefordert in Erwägung zu ziehen, ob nicht vorläufig eine solche Anstalt für die Gemeinde Zusmarshausen in kleinerem Maßstab errichtet werden könnte, welche allenfalls später nach Umständen zu erweitern wäre."[39] Die Haftung für die Spareinlagen sollte die Marktgemeinde Zusmarshausen schultern. Als Ausgleich dafür sollten ihr die zukünftigen Gewinne des Institutes zustehen. Am 10. Mai 1851 meldete sich der Zusmarshauser Pfarrer Josef Kirschner in seiner Funktion als Vorstand des Armenpflegschaftsrates zu Wort. Er stellte grundsätzlich fest, dass die Errichtung von Sparanstalten „auf dem Lande" mit Schwierigkeiten verbunden sei. Die Übernahme der Haftung durch die Gemeinde Zusmarshausen für die Spareinlagen sei nicht zu erreichen. Große Gewinne seien nicht zu erwarten, weil die anfallenden Verwaltungskosten die eventuellen Erträge absorbieren würden. Auch könne er kein geeignetes Personal zur Führung einer Sparanstalt benennen. Die Einlagen der Dienstboten würden immer gering ausfallen, weil diese ihre Löhne zur Unterhaltung des elterlichen Hauswesens „heimgeben" müssten. Kapitalsucher würden durch die Stiftungen vor Ort befriedigt. Einen „Sparkassen-Ersatz" sah er in der örtlichen Gemeindekasse, „wo ganz kleine Summen von den Dienstboten und Gesellen als Kapital aufgenommen und mit 3 Prozent verzinset werden, worin also selbe ihre jährlichen Ersparungen nutzbringend anlegen können, was auch schon von vielen geschehen sei".[40] Im gemeindlichen Circularbuch ist hierüber vermerkt: „Das kg. Landgericht war bemüht eine Sparkassen-Anstalt für den Landgerichts-Bezirk ins Leben zu rufen. Allein der Gründung einer solchen Anstalt haben sich erhebliche Hindernisse entgegen gestellt. Man wendete sich daher an das kg. Landgericht Wertingen[41], um zu ersuchen, ob nicht die Bewohner des Bezirkes Zusmarshausen an der Sparkassenanstalt von Wertingen Antheil nehmen könnten. Von diesem Gesuche wurde nun erwiedert, daß die Einlage in die Sparkasse zu Wertingen von Leuten aus dem Bezirke Zusmarshausen keinem Anstande unterliegt. Dieß ist durch den Vorsteher in der Gemeinde bekannt zu machen. Sollten weniger bemittelte Personen geneigt sein, ihre kleinen Ersparnisse bey genannter Anstalt anzulegen, so werden der Armenpfleger aufgefordert dabey mit Rath u. That an die Hand zu gehen."[42] Die Statuten der Wertinger Sparkasse mussten deshalb revidiert werden. Paragraf 1 wurde um den Passus „daß die Einlage in die Sparkasse zu Wertingen von Leuten aus dem Bezirk Zusmarshausen keinem Anstande unterliege", erweitert.[43] Die nun geschaffene und rechtlich legitimierte Möglichkeit Spareinlagen in die Wertinger Sparkasse zu tätigen, wurde von Seiten des Landgerichtes sämtlichen Lokalarmenpflegern des Bezirkes schriftlich mitgeteilt.[44] Ob das Angebot von den jeweiligen Bevölkerungsgruppen angenommen wurde, ist nicht manifestiert. Die örtliche Distanz zu Wertingen dürfte sicherlich eine Hemmschwelle gewesen sein.

Die abermalige Beschäftigung des Landgerichtes mit der Errichtung einer eigenen Sparkassenanstalt fiel in eine Zeit, in der im Landgerichtsbezirk die Cholera wütete und die Armenpfleger aufgefordert wurden, Suppenanstalten für die ärmere Bevölkerung zu errichten[45]. Es war eine Zeit, in der das Landgericht öffentlich mitteilte, für mutwillig gemachte Schulden der Eisenbahnarbeiter in Bezug auf Kost und Wohnung[46] nicht zuständig zu sein, sondern das Landgericht des jeweiligen Heimatortes. Aus einem Schreiben vom 13. Dezember 1854 des Zusmarshauser Pfarrers Josef Kirschner an das Landgericht erfahren wir, dass der Distriktsrat ihn zur Leitung einer noch zu errichtenden Sparkasse für den Bezirk vorgeschlagen habe. Wegen der bestehenden Belastung durch diverse Ämter – Pfarrei Zusmarshausen, Distriktsschulinspektor des Landgerichtes, Vorstand des Spitals, Mitglied des Distriktsarmenausschusses – konnte er dieses angetragene Amt nicht mehr annehmen.[47] Gleichzeitig wurde Spitalpfleger Hauck von Dinkelscherben für das Amt des zukünftigen Rechnungsführers vorgesehen.[48] Im Gegensatz zu Pfarrer Kirschner nahm er dieses Amt mit den Worten an: „Die Errichtung einer Sparkasse im Landgerichts-Bezirke kann als eine große Wohltat angesehen werden und es verdient die gute Sache, daß ihr allseitig möglichster Vorschub geleistet werde. (...) Was die allerfällige Remuneration hiefür betrifft, spricht sich der Unterzeichnete dahie aus, daß es ihm mehr an der Förderung des Unternehmens gelegen ist."[49]

Bereits am 3. Januar 1855 fand die für die Sparkassengründung konstituierende Sitzung des Distriktsausschusses statt, bestehend aus dem Posthalter Schmid aus Ustersbach (krank gemeldet), dem Vorsteher von Lindach, Johann Spengler, dem Gastwirt Johann Platzer aus Horgau, dem Müller Gabriel Kraus aus Steinekirch und dem Vorsteher von Zusmarshausen, Anton Hieber, unter dem Vorsitz des Landrichters Adolph Henne und dem Beisein des Spitalpflegers Hauck aus Dinkelscherben.[50] Als erstes wurde Hauck offiziell zum Rechnungsführer der neuen Sparkasse gewählt. Ihm gewährte man eine jährliche Remuneration von 25 fl. Die übrigen Ausschussmitglieder der Sparkasse sollten ihr Amt unentgeltlich ausüben. Die Statuten der Sparkasse wurden beraten und festgestellt. Ferner wurde beschlossen, dass die Gründungs- und Verwaltungskosten vorschussweise aus dem Reservefonds des Distriktes entnommen werden. Wegen der Haftungsübernahme durch den Distrikt wurde die Einberufung einer Distriktratsversammlung anberaumt.

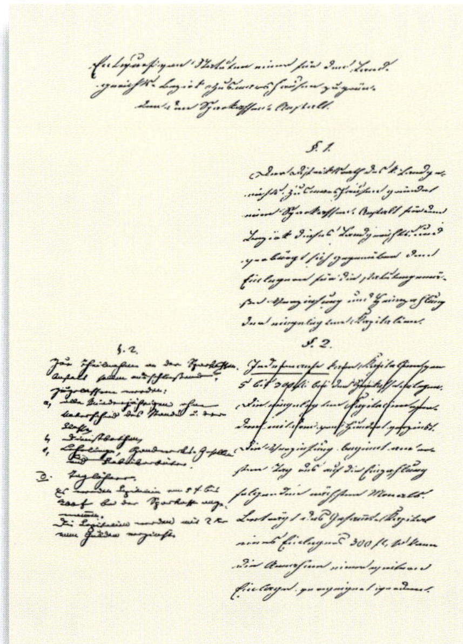

Statutenentwurf der Distriktssparkasse Zusmarshausen vom 3. Januar 1855. *Staatsarchiv Augsburg*

Die Besetzung des Sparkassenausschusses sollte sich wie folgt zusammensetzen:[51]

1. Vorstand der Lokalarmenpflege von Dinkelscherben,
2. Ortsvorsteher von Dinkelscherben,
3. in Dinkelscherben wohnende Mitglieder des Distriktsrates.

Am gleichen Tag berichtete das Landgericht Zusmarshausen an die Regierung von Schwaben und Neuburg über die Absicht eine Sparkasse für den Bezirk zu errichten. Ein Entwurf der Statuten wurde beigelegt und gleichzeitig wegen einer Siegelführung angefragt.[52] Schon am 7. Januar stimmten die Mitglieder des Sparkassenausschusses der Amtsübernahme zu – nämlich von Pfarrer Franz Xaver Egger als Vorstand der Lokalarmenpflege von Dinkelscherben, Ortsvorsteher Finkl von Dinkelscherben und von den zwei Dinkelscherbener Mitgliedern des Distriktsrates Johann Scherer und Johann Vogele.[53] Rechnungsführer Hauck begann umgehend mit den Vorbereitungsarbeiten zur Eröffnung des Sparkasseninstitutes. Ein Kostenvoranschlag für 500 Sparbücher wurde eingeholt: 10 fl.[54] Gleichfalls kümmerte er sich um die Beschaffung einer geeigneten Kasse, die laut Vorgabe des Landgerichtes nicht mehr als 22 fl. kosten durfte.[55] Auch ein Dienstsiegel wurde angeschafft.[56]

Die Siegelführung genehmigte die Regierung von Schwaben und Neuburg bereits am 11. Mai 1855 mit der Inschrift: „Sparkassa-Anstalt des k. Landgerichts-Bezirkes Zusmarshausen." Mit gleichem Schreiben wurde die beabsichtigte Öffnung der neuen Sparkasse für „Jedermann" abgewiesen. Ein spezifizierter Sparkassen konformer Einlegerkreis musste explizit in den Statuten genannt werden. Auch die vorgeschlagene Verzinsung von 3% sollte wegen der einfacheren Berechnung auf „ 2 kr. vom Gulden" umgestellt werden.[57]

Schon am 21. Mai teilte das Landgericht Zusmarshausen der Kuratelbehörde die Genehmigung der überarbeiteten Statuten und die Haftungsübernahme

48 StAA, BA Zusmarshausen, Akt 3169, Nr. 11.
49 Ebd., Nr. 12.
50 Ebd., Nr. 14.
51 Ebd., Nr. 15.
52 Ebd., Nr. 16.
53 Ebd., Nr. 17; S. auch: Aböll, G.J., Franz X. Egger, S. 226.
54 StAA, BA Zusmarshausen, Akt 3169, Nr. 18.
55 Ebd., Nr. 22.
56 Ebd., Nr. 23.
57 Ebd., Nr. 20. Der Teilnehmerkreis war genau in der Entschließung des Ministeriums des Innern vom 30.1.1843, Nr. 2586 geregelt. (Strauß, F. Frh. v., Sammlung der im Gebiete des Königreiches Bayern bestehenden Verordnungen, S. 1193).
58 StAA, BA Zusmarshausen, Akt 3169, Nr. 21.
59 Ebd., Nr. 24.
60 Ebd., Nr. 26.
61 Ebd., Nr. 29.
62 Ebd., Nr. 30; MAZus, Circularbuch 1850–1855, 3.7.1855.
63 StAA, BA Zusmarshausen, Akt 3169, Nr. ad 32. S. auch: Veit, M., Landwirtschaftliche Dienstboten, S. 589.

Franz Xaver Egger, Pfarrer von Dinkelscherben, erster Vorstand der Distriktssparkasse Zusmarshausen. *Kreissparkasse Augsburg*

durch den Distriktsrat mit.[58] Die aufsichtsrechtliche Genehmigung der Statuten seitens der Regierung von Schwaben und Neuburg erfolgte dann am 9. Juni.[59]

Somit waren die rechtlichen Voraussetzungen zur Eröffnung der Sparkasse geschaffen. Deshalb beauftragte das Landgericht Zusmarshausen am 14. Juni offiziell den Vorstand der neuen Sparkasse, Herrn Pfarrer Franz Xaver Egger von Dinkelscherben, die Eröffnung des Institutes vorzubereiten, insbesondere Eröffnungsdatum und den regelmäßigen Geschäftstag zu benennen.[60] Am 2. Juli schlug die Sparkassenverwaltung als Eröffnungstag den 16. Juli vor. Gleichzeitig teilte man mit, dass bis dato noch keine Kasse angeschafft werden konnte, weil der vorgegebene Betrag von 22 fl. zu gering ist.[61] Am nächsten Tag publizierte das Landgericht mittels eines Zirkulars mit Gegenzeichnung an die Gemeindevorsteher des Bezirkes die Eröffnung der Sparkasse am 16. Juli:

„Die für den Landgerichtsbezirk Zusmarshausen begründete Sparkasse, deren Verwaltung in Dinkelscherben ihren Sitz hat, wird am

Montag, den 16 d. M.

eröffnet, und es werden an diesem Tage zum ersten Mahle Kapital-Anlagen bei der Anstalt angenommen werden.

Künftig wird die Annahme von Einlagen u. die Rückzahlung gekündeter Kapitalien am 15. eines jeden Monats, oder falls dieser Tag ein Sonn- oder Feiertag wäre, am darauf folgenden Tage stattfinden. Die Vorsteher haben dies öffentlich bekannt zu machen u. wiederholt zur zahlreichen Betheiligung an der Anstalt einzuladen."[62]

Mit einem Zirkular vom 17. Juli wurden die Vorstände sämtlicher Armenpflegen des Bezirkes über die Eröffnung der Sparkassenanstalt informiert. Ausdrücklich wurde darauf hingewiesen, vornehmlich die Vormünder und die Dienstboten anzuhalten, sich der neuen Sparkasse zu bedienen. „Dabei kann nicht unbemerkt gelassen werden, daß bei vorhablichen Ansäßigmachungen auf solche Bewerber besondere Rücksicht kann genommen werden, welche ihre Ersparnisse in der Sparkasse angelegt haben, indem sie dadurch ihren häuslichen Sinn an den Tag legen und das wirkliche Bestehen ihrer Ersparnisse nachweisen können. Es ist nicht zu zweifeln, daß die Anstalt für den Bezirk von den wohltätigsten Folgen seyn wird, wenn die Vorstände der Armenpflege durch Belehrung und Ermunterung die Bevölkerung zur fleißigen Betheiligung an der Anstalt veranlassen."[63]

Lassen wir das Gründungsgeschehen nochmals Revue passieren, so müssen wir von der landläufig eingebürgerten Meinung Abschied nehmen, dass die Zusmarshausener Sparkassengründung durch den damaligen Eisenbahnbau veranlasst und vom Dinkelscherbener

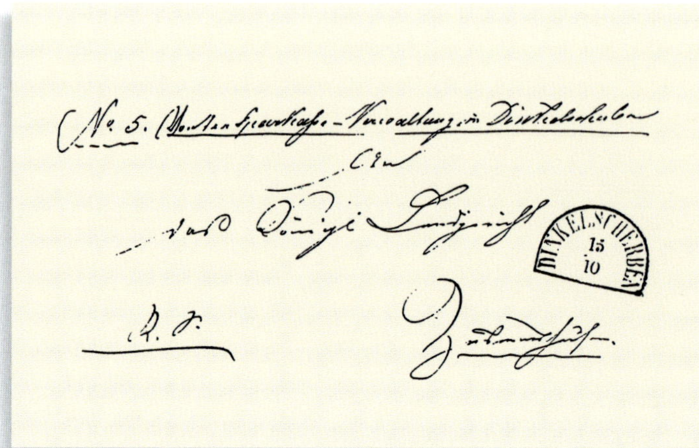

Adressierung eines Schriftstücks von der Sparkassenverwaltung in Dinkelscherben an das Landgericht in Zusmarshausen. *Staatsarchiv Augsburg*

Pfarrer Franz Xaver Egger vehement betrieben wurde.[64] Die Initiative für eine Sparkassengründung ging bereits administrativ am 27. Januar 1851 vom Landgericht Zusmarshausen aus, veranlasst wohl durch den am 4. Juni 1833 geäußerten Wunsch König Ludwig I. möglichst viele Sparkassenanstalten in kleineren Städten und Märkten zu bilden,[65] vor Beginn der Eisenbahnarbeiten Ende des Jahres 1851. Nachdem der Markt Zusmarshausen zusammen mit dem örtlichen Pfarrer Josef Kirschner dem Vorhaben negativ entgegenstanden, bediente man sich vorübergehend der Wertinger Sparkasse. Diese Notlösung hatte aufgrund der örtlichen Distanz zu Wertingen keinen Erfolg. Ende 1854 wird Pfarrer Kirschner – nicht Pfarrer Egger – vom Landgericht als Vorstand neben dem späteren Rechnungsführer Hauck aus Dinkelscherben einer zu gründenden Sparkasse vorgeschlagen. Pfarrer Kirschner, der bereits 1851 mangelndes Personal in Zusmarshausen für eine Sparanstalt feststellte, deswegen der Rechnungsführer vermutlich aus Dinkelscherben kam, lehnte wegen Arbeitsüberlastung das angetragene Amt ab. Nachdem die Funktion des Rechnungsführers schon von einem Dinkelscherbener ausgeübt werden sollte, trug das Landgericht aus Praxis relevanten Überlegungen das Amt des Vorstandes und der übrigen Ausschussmitglieder dem Dinkelscherbener Pfarrer Franz Xaver Egger und weiteren Dinkelscherbener Bürgern an. Ein aktives Handeln ist weder von Pfarrer Kischner noch von Pfarrer Egger, der wegen Grundstücksabtretung selbst in den Eisenbahnbau involviert war,[66] zu erkennen. Ebenso ist in den Primärquellen zur Gründungsgeschichte nirgendwo die Sprache von Auswirkungen des Eisenbahnbaues auf die Genesis der Zusmarshauser Sparkasse. Nutznießer bei dem Bahnprojekt waren die Inhaber der Marketendereien und Hersteller von Nahrungsmitteln – Wirte, Metzger, Bäcker und Brauer –, die allerdings nicht zum definierten Einlegerkreis einer Sparanstalt zählten. Inwieweit der Eisenbahnbau wirklich Arbeit und damit Einkommen für die einheimische Bevölkerung brachte, ist nicht nachvollziehbar. Die „wandernden Eisenbahnarbeiter" hinterließen teils sogar Schulden, ein hoher Einkommenszuwachs ist also unrealistisch.

Somit war Dinkelscherben als erster Sitz der Distriktssparkasse nicht durch den Eisenbahnbau bedingt, sondern durch die Auswahl des Personals entschieden worden. Pfarrer Franz Xaver Egger war nicht Sparkassengründer, sondern erster „Vorstand" der Distriktssparkasse Zusmarshausen.

Die Bestimmungen der Gründungsstatuten

Grundlage für das zukünftige Sparkassengeschäft bildeten die am 3. Januar 1855 vom königlichen Landgericht Zusmarshausen erlassenen und von der Regierung von Schwaben und Neuburg geringfügig modifizierten am 11. Mai genehmigten Statuten, die ausführlich das damalige Geschäftsgebaren einer Sparanstalt demonstrieren.[67]

64 So dargestellt bei: Abröll, G. J., Franz X. Egger, S. 256; Jubiläums-Geschäftsbericht Kreissparkasse Augsburg, S. 11f.
65 RGBl., 1833, Sp. 553.
66 StAA, BA Zusmarshausen, Akt 249.
67 Ebd., Akt 3169, Nr. ad 20. Überschriften wurden ergänzt.
68 Das Einlagenminimum von 5 fl. ist im Vergleich zu anderen Sparkassen – 30 kr. – sehr hoch und nicht charakteristisch für eine Sparanstalt. Staatlicherseits wurde ebenfalls ein Einlagenminimum von 30 kr. propagiert.

Träger und Garant der Distrikts-sparkasse

§ 1

Der Distriktsrath des k. Landgerichts Zusmarshausen gründet eine Sparkassen-Anstalt für den Bezirk dieses Landgerichts und verbürgt sich gegenüber den Einlegern für die statutengemäße Verzinsung und Heimzahlung der eingelegten Kapitalien.

Einlegerkreis, Einlagengrenzen, Verzinsung

§ 2

Zur Theilnahme an der Sparkassenanstalt sollen ausschließend zugelassen werden:

a) alle Minderjährigen ohne Unterschied des Standes und der Klasse,
b) Dienstboten,
c) Lehrlinge, Handwerks-Gesellen und Fabrikarbeiter,
d) Taglöhner.

Es werden Kapitalien von 5 fl.[68] bis 300 fl. bei der Sparkasse angenommen. Die Kapitalien werden mit 2 kr. einem Gulden verzinst. Die Verzinsung beginnt am ersten Tag des auf die Einzahlung folgenden nächsten Monats. Beträgt das Gesamt-Kapital eines Einlegers 300 fl., so kann die Annahme einer weiteren Einlage verweigert werden.

Rückzahlung der Einlagen

§ 3

Die Rückzahlung der Kapitalien erfolgt nach geschehener Kündigung bei Beträgen bis zu 50 fl. binnen eines Monats, bei größeren Beträgen binnen eines Vierteljahres.

Zinszahlung

§ 4

Im April jeden Jahres werden die Zinsen an die Einleger bezahlt, oder, falls solche nicht verlangt werden, zum Kapital geschlagen.

Rechnungsführer, Verwaltungsausschuss, Geschäftsführung

§ 5

Die Buchführung und Rechnungsstellung wird von einem Rechnungsführer besorgt. Der Rechnungsführer wird von dem Distrikts-Ausschusse gewählt. Ihm zur Seite steht ein Verwaltungs-Ausschuss. Dieser Ausschuss wird gebildet aus dem jeweiligen Vorstande der Lokal-Armenpflege, so wie aus dem Vorsteher desjenigen Ortes, in welchem der Rechnungsführer wohnt, sowie aus dem in diesem Orte ansäßigen Distriktsraths-Mitgliedern.

Der Vorstand der Lokal-Armenpflege führt den Vorsitz im Ausschusse. Die Kasse steht unter Doppelsperre. Der Ausschuss bestimmt, wie die Kasse, und bei welchem Ausschuß-Mitgliede die Schlüssel zu verwahren sind.

Den Rechnungsführern wird ein billiges Honorar ausgeworfen.

Jahresabschluss

§ 6

Die Verwaltung steht unter der Curatel des k. Landgerichts, die Rechnung wird jährlich dem Distrikts-Ausschusse zur Prüfung vorgelegt, und dem Distriktsrathe wird über den Fortgang der Anstalt Vortrag erstattet, um seine Wünsche und Anträge darauf zu vernehmen.

Geschäftstag

§ 7

Für Annahme der Einlagen und Rückzahlung der gekündeten Kapitalien wird ein bestimmter Monatstag festgesetzt. Bei diesem Geschäfte haben außer dem Rechnungsführer zwei Ausschuß-Mitglieder anwesend zu sein und die auszustellenden Sparkassen-Bücher mitzuunterzeichnen.

Ausstellung und Führung des Sparkassenbuchs

§ 8

Jedem Einleger wird ein auf seinem Namen lautendes Sparkassa-Buch gegen Bezahlung des Anschaffungspreises bei der ersten Einlage ausgefertigt, wie alle geleisteten und empfangenen Zahlungen nach dem Datum der Einlage oder Zahlung eingetragen werden. Den Sparkassen-Büchern werden die Statuten beigefügt und wird denselben das Siegel der Anstalt beigedruckt.

Verpfändung/Abtretung Sparkassenbuch, Tod des Einlegers

§ 9

Die Verpfändung von Sparkassen-Büchern findet nicht statt. Veräußerungen von solchen Büchern und Abtretungen von Sparkassa-Kapitalien müssen gerichtlich constatirt werden.

Stirbt ein Einleger, so ist durch ein Zeugnis der Verlassenschaftsbehörde nachzuweisen, wer Eigentümer seines Sparkassa-Kapitals geworden.

Verlust des Sparkassenbuches

§ 10

Geht ein Sparkassa-Buch zu Verlust, so ist der Verwaltung sogleich davon Anzeige zu machen. Die Verwaltung hat dann zu ermessen, ob das gerichtliche Amortisations-Verfahren auf Kosten des Einlegers zu veranlassen sei.

Vorlage des Sparkassenbuches

§ 11

Ohne Vorlage des Sparkassa-Buches wird weder Einlage noch Zins bezahlt. Bei Zurückbezahlung der ganzen Einlage wird das Sparkassabuch zurückgenommen.

Auszahlung von Zins und Kapital

§ 12

Die Zinsen werden an jeden unverdächtigen Vorzeiger des Sparkassen-Buches auf Verlangen bezahlt, Kapitalszahlungen aber nur an den Eigenthümer oder dessen gesetzlichen Vertreter oder speziell Bevollmächtigten.

Gerichtliche Verfügungen

§ 13

Nur gerichtlichen Verfügungen wird bezüglich der Vorenthaltung der Einlagen und Zinsen eine Folge gegeben.

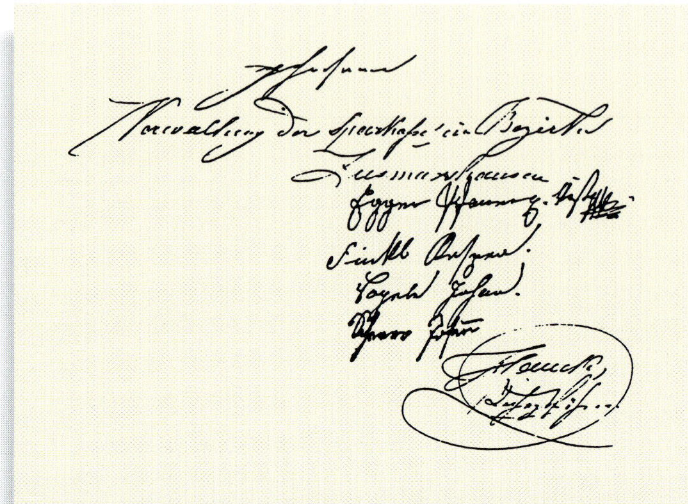

Unterschriften der kompletten ersten Sparkassenverwaltung: Egger, Finkl, Vogele, Scherer. *Staatsarchiv Augsburg*

Die ersten Geschäftsjahre

Zur Deckung der Anlaufkosten (Siegel, Sparkassenbücher, Geschäftsbücher etc.) in Höhe von 42 fl. 24 kr. gewährte das Landgericht am 18. August 1855 einen Vorschuss von 50 fl.[69] Die Anschaffung einer eisernen Kasse für das Institut bei Schlossermeister Lutz in Dinkelscherben wurde erst am 12. November 1857 vom Landgericht genehmigt.[70] Die Bezahlung des Kaufpreises von 75 fl. erfolgte am 28. März 1859.[71] Um die Verwaltungskosten möglichst gering zu halten, wurde für die Sparkasse am 18. Oktober 1858 beim Landgericht „Portofreiheit" beantragt.[72]

Die erste Nachricht über den Geschäftsgang der Distriktssparkasse Zusmarshausen erfahren wir aus einem Statusbericht des Rechnungsführers Hauck vom 28. Oktober 1855. Demnach wurden seit Eröffnung am 16. Juli von zwölf Personen insgesamt 437 fl. eingelegt. Eine nicht zufriedenstellende Entwicklung wie aus der Anmerkung, „daß voraussichtlich bei Beendigung der landwirtschaftlichen Arbeiten die Betheiligung an der Sparkassen-Anstalt eine größere, als bisher, werden dürfte", zu entnehmen ist.[73] Doch auch bis zum 31. Dezember 1855 konnte der erhoffte Einlagenschub nicht registriert werden. Es wurden nur weitere 465 fl. einbezahlt.[74]

Der Bezirke hatte etwa 16 500 Einwohner, die Einlegerzahlen konnten sich durchaus sehen lassen: 570 Dienstboten, Gesellen, Lehrlinge, Gehilfen, 2 127 Taglöhner, 1 499 Gesinde und 4 569 Kinder.[75] Doch wie stand es mit der Sparfähigkeit

69 StAA, BA Zusmarshausen, Akt 3169, Nr. 34.
70 Ebd., Nr. 71.
71 Ebd., Nr. 92.
72 Ebd., Nr. 84.
73 Ebd., Nr. 36.
74 Ebd., Nr. 40.
75 Basis 1852/1853.
76 Wysocki, J., Untersuchungen, S. 55.
77 StAA, BA Zusm, Akt 248, 23.1.1851.
78 Ebd., Akt 3169, Nr. 43
79 Ebd., Nr. ad 44.
80 Ebd., Nr. 45.
81 Ebd., Nr. 47.
82 Ebd., Nr. 52.
83 Das Geschäftsjahr belief sich vom 1.10. bis 30.9. Zahlen: Königlich Bayerisches Kreis-Amtsblatt von Schwaben und Neuburg, 1856–1861.

dieser Personenkreise? Von Pfarrer Josef Kirschner erfuhren wir bereits, dass die Dienstboten als Klientel ausfielen. Der durchschnittliche Jahreslohn einer Dienstmagd betrug 12 bis 36 fl.[76]

Ein Schicksalsbericht des Taglöhners Johann Michael Dauner von Grünenbaindt aus der Feder des Ortspfarrers gibt einen Einblick in die Situation dieses Einlegerkreises: „Johann Michael Dauner, Taglöhner in Grünebaindt (geb., d. 1. Septbr. 1809 dahier) ist 41 Jahre 4 Monate und 3 Wochen alt, hat 8 kleine Kinder, von denen erst 4 schulpflichtig sind. Auf seinem geringen Anwesen lasten viele Schulden, und sein Verdienst ist zu wenig, um sich seiner Schuldenlast erleichtern zu können, und der Erndt-Ertrag von den wenigen durch Vertheilung erhaltenen Gemeindegründen und von ein Paar anderen kleinen Aeckern ist unbedeutend, und besonders in vorigem Jahre so gering gewesen, daß derselbe nun schon aufgezehrt ist und die große Familie in großer Not sich befindet. Ueberdieß hat er auch an seinen Vater einen Wittwer eine jährliche Pfründeabgabe zu leisten. Seine Noth war manchmal schon so groß, daß er sein Weib u. die größeren Kinder zum Almosen sammeln ausschicken mußte. Seine Kinder sind so ärmlich gekleidet, daß sie sich kaum nothdürftig vor Kälte schützen können.“[77]

Nicht einlegerfreundlich war sicherlich auch die überaus hohe Minimaleinlagegrenze von 5 fl. vor dem Hintergrund von Lebensmittelpreisen wie 1 Pfund Weizenbrot 9 kr., 1 Metzen Weizenmehl 2 fl. 55 kr. oder 1 Pfund Schweinefleisch von 17 kr. Trotzdem steigerte sich die Einlegerzahl bis 1858 auf 250 und entwickelten sich die Spareinlagen kontinuierlich.

Die Anlage der Spareinlagen seitens der Distriktssparkasse erfolgte anfangs ausschließlich in bayerische Staatsobligationen und Eisenbahnstaatsobligationen nach vorheriger Genehmigung durch die Regierung von Schwaben und Neuburg. Wegen Hypothekenausleihungen wandte sich die Sparkassenverwaltung am 5. Februar 1856 an das Landgericht mit der Bitte, geeignete Bewerber zur „verzinslichen Ausleihung“ von 1 051 fl. zu nennen.[78] Gleichzeitig erfolgte eine Publikation in den Anzeigenblättern.[79] Zwei Darlehensgesuche standen daraufhin zur Bearbeitung an. Ein Darlehen über 1 000 fl. für den Söldner Mathias Ruf von Jettingen kam aufgrund mangelnder Sicherheiten nicht zustande.[80] Das Darlehensgesuch des Leonhard Schuster von Eppishofen wurde wieder zurückgezogen.[81] Auch eine Herabsetzung des Zinssatzes von 5 % auf 4,5 % konnte das Hypothekengeschäft nicht beleben.[82] Sogar die Regierung von Schwaben und Neuburg forderte die Sparkassenverwaltung am 28. Juni 1856 auf, zukünftig „Ausleihungen auf Hypotheken“ vorzunehmen. „Bei der dermaligen Strömung der Kapi-

Entwicklung der Spareinlagen von 1855 bis 1860[83]

Jahr	Einzahlungen	Rückzahlungen	Gesamteinlagen
1854/55	317	–	317
1855/56	3 981	75	4 223
1856/57	9 042	1 413	12 016
1857/58	13 130	1 164	24 389
1858/59	10 658	3 740	31 887
1859/60	14 681	4 280	42 967

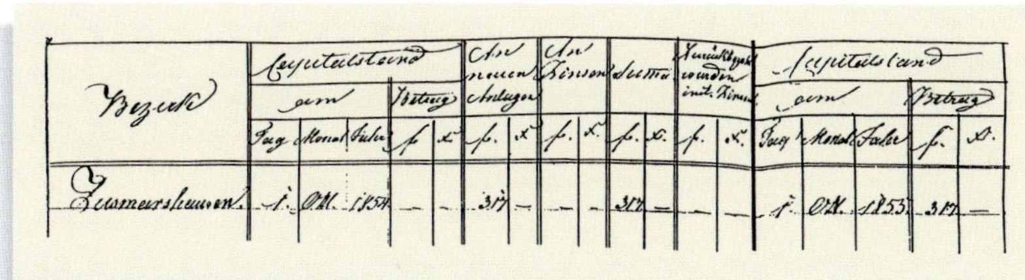

Erster Rechnungsabschluss der Distriktssparkasse am 1. Oktober 1855. *Staatsarchiv Augsburg*

Ansicht von Zusmarshausen um 1830 (Lithographie von Eisenschmitt). *Privatbesitz*

talien zu größeren Staats- und Privatunternehmungen läßt sich ein nachhaltiger Mangel an Darlehensbewerbern auf Hypothek durchaus nicht annehmen."[84] Nochmals am 23. Februar 1857 plädierte die Kuratelbehörde das Hypothekengeschäft zur Unterstützung der Landwirtschaft und des Gewerbes zu forcieren.[85] Doch die Bemühungen der Sparkassenverwaltung blieben weiterhin fruchtlos. Mit einem Schreiben an das Landgericht Zusmarshausen vom 15. Oktober tat sie kund, dass die Darlehensausreichung „gegen vorschriftsmäßige hypothekarische Sicherheit" sehr schwer sei. Deswegen sei weiterhin die Anlage in Staatspapiere die einzige Alternative.[86] Seit Juli 1855 bis Oktober 1857 wurde deswegen bereits ein Betrag von 7 800 fl. in Staatspapiere angelegt.[87] Da für die nächste Zeit keine Hypothekengeschäfte zu verzeichnen waren, verfolgte die Sparkassenverwaltung weiterhin ihre Anlagenpolitik in Wertpapieren.

Sitzverlegung von Dinkelscherben nach Zusmarshausen

Am 16. Februar 1859 bat Rechnungsführer Hauck um Beurlaubung bis zum Ende des laufenden Quartals, weil er krankheitsbedingt einen Kuraufenthalt antreten musste. Gleichzeitig äußerte er die Meinung, dass es zweckmäßig wäre, den Sitz der Sparkassenverwaltung von Dinkelscherben nach Zusmarshausen, dem Sitz des Landgerichtes, zu verlegen.[88] Mit der Sitzverlegung sollte auch die Bestellung eines neuen Rechnungsführers einhergehen. Die Regierung von Schwaben und Neuburg genehmigte die Übertragung dieser Funktion an den Zusmarshausener Taxbeamten Joseph Süß mit Entscheid vom 30. März.[89] Zuvor wurde durch das Landgericht Zusmarshausen noch die Remuneration des Rechnungsführers ab dem Rechnungsjahr 1857/58 auf 40 fl. festgesetzt.[90]

Die offizielle Sitzverlegung erfolgte zu Beginn des neuen Rechnungsjahres am 1. Oktober 1859. Die Veröffentlichung dieses Verwaltungsaktes und der damit, örtlich bezogen, völlig neu zusammengesetzten Sparkassenverwaltung fand bereits am 6. Mai statt.[91]

Rechnungsführer:
Joseph Süß, Taxbeamter von Zusmarshausen
Vorstand:
Josef Kirschner, Pfarrer von Zusmarshausen
Ausschussmitglied:
Alois Mech, Gemeindevorsteher von Zusmarshausen

Die „Extradition" der Verwaltung von Dinkelscherben an die neue Verwaltung in Zusmarshausen ging am 30. September in der Kanzlei der Distriktsspitalpflege in Dinkelscherben über die Bühne.[92] Übergeben wurde die Jahresrechnung für 1858/59, die mit einem Überschuss von 158 fl. 26 kr. schloss. Dieser wurde in bar dem neuen Rechnungsführer Süß

84 StAA, BA Zusmarshausen, Nr. 53.
85 Ebd., Nr. 63.
86 Ebd., Nr. 68. Auch Stiftungen legten wegen mangelnder Darlehensnachfrage ihre Gelder in Staatspapiere an.
87 StAA, BA Zusmarshausen, Akt 3169, Nr. ad 68. Spezifizierte Bestandsliste 10/1857.
88 StAA, BA Zusmarshausen, Akt 3169, Nr. 89.
89 Ebd., Nr. 93.
90 Ebd., Nr. 92. Für die Zeit vom 16.7.1856 bis 30.9.1857 erhielt Rechnungsführer Hauck eine Erhöhung von 25 fl. auf 30 fl.
91 StAA, BA Zusmarshausen, Akt 3169, Nr. ad 96.
92 Ebd., Nr. 104.
93 Ebd., Nr. 105 u. 107.
94 Pötzl, W., Landgericht Zusmarshausen, S. 252f.
95 Königlich bayerisches Kreis-Amtsblatt von Schwaben und Neuburg, 20.8.1861.

übergeben. Ferner erfolgte die Übergabe sämtlicher Wertpapiere, Urkunden, Journale, Geschäftsbücher und 155 Stück noch nicht ausgestellter Sparkassenbücher. Auch das Verwaltungssiegel und die Schlüssel für die Kasse gingen in die Hände der neuen Sparkassenverwaltung über. Den Abschluss der Dinkelscherbener Verwaltungsperiode bildeten Aufwandsentschädigungsverhandlungen für den Rechnungsführer Hauck und das Ausschussmitglied Vogele, der angabegemäß pro Monat einen halben Tag für die Sparkasse beschäftigt war. Ihm wurden vom Landgericht 24 fl. und dem ehemaligen Rechnungsführer 45 fl. Entschädigungssumme zugestanden.[93]

Geschäftsgang 1860 – 1914

Lebten zur Zeit des Eisenbahnbaues im Jahre 1853 im Landgerichtsbezirk noch 16 754 Menschen, reduzierte sich bis zum Jahr 1861 die Bevölkerung auf 15 569 Einwohner.[94] Der damalige Zustand des Landgerichtsbezirkes ist beispielhaft einem Schreiben der Regierung von Schwaben und Neuburg vom 14. Mai 1861 an das Landgericht Zusmarshausen zu entnehmen: „Zum Bezirke des königlichen Landgerichts Zusmarshausen gehört ein Theil der sogenannten Stauden-Gegend, deren Umfang und Begrenzung übrigens noch nicht genau festgestellt ist. Obwohl in dieser Gegend auch wohlhabende Gemeinden und Grundbesitzer zu finden sind, so gilt sie doch im Allgemeinen als ein besonders armer Landstrich mit kaltem Boden, welcher den Eigentümern nur mühsam einigen Ertrag abringt. Die Dürftigkeit der Bewohner dieser Gegend ist bekannt, und mag theils in den Bodenverhältnissen, theils in dem

Übersicht über den Stand der Sparkassen im Regierungsbezirk von Schwaben und Neuburg im Jahre 1860[95]

Sparkasse	Gründungsjahr	Kapitalstand fl.	Zahl der Sparer	Sparkasse	Gründungsjahr	Kapitalstand fl.	Zahl der Sparer
Augsburg	1822	1 311 037	10 172	Lauingen	1854	23 114	171
Babenhausen	1857	14 586	231	Lindau	1825	275 320	2 467
Bächingen	1854	9 487	82	Memmingen	1824	79 807	653
Burgau	1859	5 325	80	Mindelheim-Stadt	1839	51 101	471
Dillingen	1843	110 067	802	Mindelheim-Bezirk	1852	55 248	831
Donauwörth	1823	98 761	688	Monheim	1854	5 050	59
Füssen	1842	51 776	416	Neuburg	1842	201 355	1 269
Göggingen	1860	3 126	36	Nördlingen	1827	176 160	2 481
Grönenbach	1851	49 776	583	Oberdorf	1858	20 520	255
Günzburg	1843	51 053	486	Obergünzburg	1834	49 860	535
Gundelfingen	1855	3 907	55	Ottobeuren	1843	150 042	1 333
Höchstädt	1846	6 942	85	Roggenburg	1860	1 702	55
Illertissen	1852	17 846	285	Schwabmünchen	1853	43 217	590
Immenstadt	1841	63 916	762	Türkheim	1855	35 422	388
Kaufbeuren-Stadt	1825	119 315	1 101	Wallerstein	1848	6 951	85
Kaufbeuren-Bezirk	1859	29 836	310	Wemding	1857	4 741	89
Kempten	1826	274 162	2 011	Wertingen	1845	69 781	511
Krumbach	1855	26 570	285	Zusmarshausen	1855	42 967	379

geringen Grundbesitz überhaupt namentlich aber in dem lähmenden Druck des ganz spärlichen Erwerbes hieraus, wie aus der fast ausschließlich betriebenen Lohnweberei ihren Grund haben.“[96]

Für das Jahr 1862 ist organisatorisch die Trennung von Justiz und Verwaltung zu registrieren. Das Landgericht blieb als reine Justizbehörde bestehen. Die Verwaltungsaufgaben gingen an die neu geschaffenen Bezirksämter über. Durch die Verordnung vom 24. Februar 1862 wurde demzufolge das Bezirksamt Zusmarshausen errichtet. Leiter dieses neuen Amtes war der Bezirksamtmann, der im Schloss, das im Zuge der Säkularisation in Staatsbesitz übergegangen war, seine Dienstwohnung hatte.[97] In Folge der neuen Gerichtsorganisation fand wöchentlich jeden Donnerstag am Landgericht eine Sitzung statt, sodass anstatt des zweiten Donnerstag nunmehr jeder zweite Mittwoch im Monat zum „Sparkassa-Einlag-Tag“ bestimmt wurde.[98] Gleichzeitig wurde die bisher im Kassenzimmer aufbewahrte Kasse, die für die Menge der eingelagerten Wertpapiere viel zu klein war, in das nicht sichere Registraturzimmer des Landgerichts verfrachtet. Die Aufsichtsbehörde genehmigte deshalb am 20. November 1862 die Anschaffung eines feuerfesten Kassenschrankes aus den verfügbaren Mitteln der Sparkasse und verwehrte sich jeglicher Haftungsübernahme wegen der nicht den Sicherheitsbestimmungen genügenden ausgelagerten Kasse.[99] Am 12. März 1863 berichtete das Bezirksamt Zusmarshausen der Regierung, dass nunmehr die frühere eiserne Kasse durch einen feuerfesten Kassenschrank ersetzte wurde, der im Kassenzimmer des Bezirksamtes aufgestellt wurde. Eine weitere Haftung seitens des Bezirksamtes wurde dabei grundsätzlich ausgeschlossen.[100]

1864: Reorganisation – Entwurf neuer Statuten

Am 4. November 1863 erging eine „allerhöchste Entschließung“ zur Förderung der Sparkassen.[101] Nachfolgende Maßnahmen wurden hierfür als geeignet befunden:[102]

1. Die Erhöhung des Zinsfußes der Sparkassen – er sollte nicht unter 3 $^1/_3$ Prozent liegen. Sparkassen mit höherer Verzinsung erzielen erfahrungsgemäß höhere Gewinne.[103]
2. Annahme von Spareinlagen gegen längere Kündigungsfristen ($^1/_2$–1 Jahr) mit höherer Verzinsung.
3. Bereinigung der Missbräuche in der Verwaltung. Übertragung der Verwaltung an Persönlichkeiten, die das Vertrauen der Einleger genießen.

Grundsätzlich erschien es auch unzulässig, dass Institute, welche die öffentliche Fürsorge für die unbemittelten Klassen der Bevölkerung ins Leben gerufen hatten, überwiegend den Charakter „lukrativer Communalanstalten“ erlangten.

Seit dem 10. Juni 1864 erhielten die Sparkassen auch die Erlaubnis der Befreiung von den im Normativ von 1843[104] ausdrücklich genannten Teilnahmeberechtigten und den maximalen Einlagengrenzen.[105]

Diese gesetzlichen Vorgaben zwangen die Sparkassenverwaltung zur Umsetzung. Pfarrer Kirschner als Vorstand der Zusmarshausener Sparkasse nahm am 21. Dezember Stellung zur Entschließung vom 4. November 1863:[106]

1. Die Erhöhung des Zinsfußes sei bedenklich, da bei dem Kurs der Wertpapiere und den politischen Schwankungen vor allem auf die Gründung eines Reservefonds zur Deckung etwaiger Verluste hingewirkt werden müsse.
2. Ebenso bedenklich sei es für die Sparkasse Einlagen mit längerer Kündigungszeit und höherer Verzinsung anzunehmen. Dies erfordere eine „kompliziertere Verwaltung und einen bedeutenden Kassenvorrath, um sich gegen die Schicksale des wandelbaren Staatspapierkurses“ zu sichern.
3. Die Bestimmungen über die Verwaltung bedürfe einer Modifikation. So solle nicht länger dem Lokalarmenpfleger die Sparkassenvorstandschaft aufgebürdet werden.

Zur gesetzeskonformen Revision der bestehenden Statuten machte die Sparkassenverwaltung Minimalvorschläge: Ersetzung des Wortes „Landgericht“ durch „Bezirksamt“, Wegfall der Ausschließlichkeit des bisherigen Einlegerkreises, Zusammensetzung der Sparkassenverwaltung aus dem Vorstand, drei Beisitzern und dem Rechnungsführer.

96 STAA, BA Zusmarshausen, Akt 1229, 14.5.1861.
97 Both, L./Helmschrott, F., Zusmarshausen, S. 89.
98 STAA, BA Zusmarshausen, Akt 3169, Nr. 7732.
99 Ebd., Nr. 961 u. Nr. 1181.
100 Ebd., ad Nr.3831 u. Nr. 4292.
101 Wysocki, J./Pix, M., Von der Sparanstalt zum Kreditunternehmen, S. 194ff.
102 BayHStA, MInn, Akt 52716, ad Nr. 29; STAA, BA Zusmarshausen, Akt 3169, ad Nr. 4789.
103 BayHStA, MInn, Akt 52673, 30.8.1863.
104 Strauß, F. v., Verordnungen, Bd. 8, S. 1193ff.
105 BayHStA, MInn, Akt 52674, 10.06.1864.
106 STAA, BA Zusmarshausen, Akt 3169, Nr. 2648.
107 Ebd., ad Nr. 2648.
108 Ebd., Nr. 3402.
109 Ebd., Nr. 3549.
110 Ebd., Nr. 3154.
111 Ebd., Nr. 7459.
112 Ebd., Nr. 3983.
113 BayHStA, MInn, Akt 52709, Nr. 2805, ad Nr. 2805, Nr. 12411.
114 STAA, BA Zusmarshausen, Akt 3170 1, Nr. 189; BayHStA, MInn, Akt 5270, 14.11.1870.

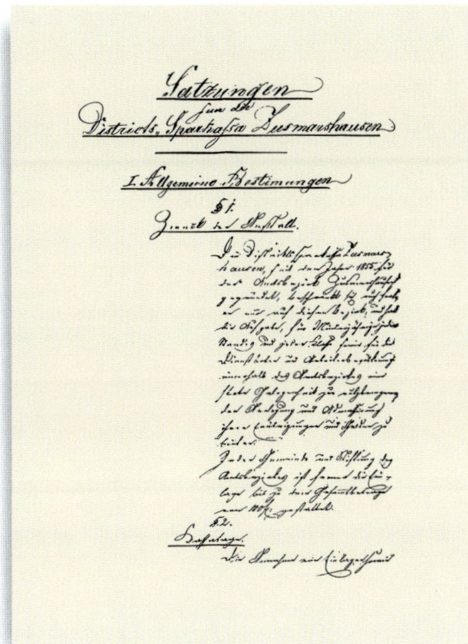
Satzungen der Districts-Sparkassa Zusmarshausen

I. Allgemeine Bestimmungen

§1.

Zweck der Anstalt.

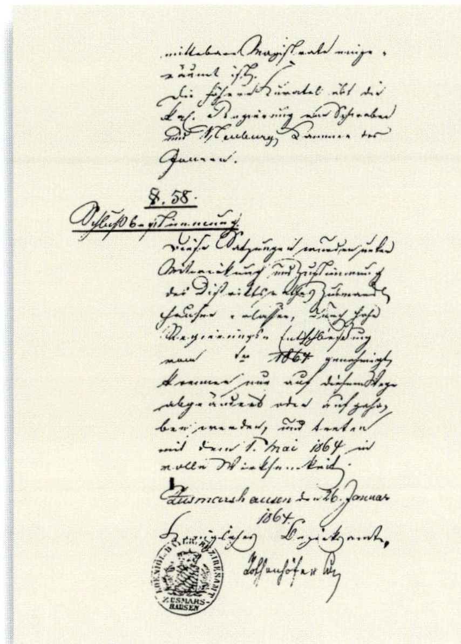
§. 58.

Zusmarshausen den 26. Januar 1864

Satzung der Distriktssparkasse Zusmarshausen vom 26. Januar 1864. *Staatsarchiv Augsburg*

Aber schon am 18. Januar 1864 legte das Bezirksamt ein überdimensionales Statutenwerk mit 58 Paragraphen vor.[107] Pfarrer Kirschner, dem dieser Statutenentwurf am 19. Januar zur Begutachtung unterbreitet wurde, erklärte am 21. des Monats, dass er wegen Alters und Zeitmangels für die Sparkassenvorstandschaft nicht mehr zur Verfügung stehen werde und sprach sich generell gegen eine zukünftige Mitgliedschaft eines Geistlichen in der Sparkassenvorstandschaft aus.[108] Am 26. Januar genehmigte der Distriktsrat den Statutenentwurf unter der Voraussetzung, dass der Rentbeamte des Bezirkes in den Vorstand berufen werde und die Ausübung der distriktiven Kontrolle durch den Bezirksamtsassessor zu erfolgen habe.[109] Mit Schreiben vom 8. Februar 1864 der Regierung von Schwaben und Neuburg wurde das Mammutwerk als zu „weitgehend" abgelehnt.[110] Der Entwurf sei zu umfangreich für die Drucklegung und als Beilage zum Sparbuch. Das überdimensionierte Regelwerk könne eventuell sogar Misstrauen bei den Einlegern hervorrufen. Deswegen wurde ein Musterentwurf zur Überarbeitung bestehend aus 18 Paragrafen übergeben.[111] Diese Arbeitsgrundlage wurde im Distriktsratsausschuss eingehend diskutiert.[112] Auch eine Beschwerde beim königlichen Staatsministerium des Innern in München wegen der „geringschätzigen Abfertigung" des umfangreichen Statutenwerkes durch die Regierung von Schwaben und Neuburg hatte keinen Erfolg.[113] Dadurch entmutigt, war seitdem die Revision der Statuten kein Thema mehr. Erst am 28. März 1870 machte die Regierung von Schwaben und Neuburg das Bezirksamt wieder darauf aufmerksam, dass die Revision der Statuten aus dem Jahre 1855 noch nicht erfolgt sei.[114] Doch bis dahin sollten noch einige Jahre vergehen.

Am 18. März 1864 erklärte Pfarrer Kirschner dem Bezirksamt den unwiderruflichen Entschluss, dass er sein Vorstandsamt zum 30. April niederlegen werde und verband dies mit der Bitte, den Tag zur Übergabe der Geschäfte zu benennen.[115] Gemäß Aufforderung der Aufsichtsbehörde musste bis zur endgültigen Geschäftsübergabe ein provisorischer Vorstand aufgestellt werden.[116] Daher beschloss der Distriktsratsausschuss am 30. März, dass das bisherige Ausschussmitglied Alois Mech nunmehr die Vorstandsgeschäfte übernehmen, Distriktsrat und Schreinermeister Zimmer Beisitzer werden solle. Das Rechnungsamt verblieb weiterhin in den Händen von Joseph Süß.[117] Zum 1. Mai desselben Jahres wurde dieser provisorische Vorstand offiziell in das Amt eingeführt.[118]

1864 – Erste Prüfung der Distriktssparkasse

Vor der Amtsübergabe erbat Pfarrer Kirschner von der Regierung von Schwaben und Neuburg noch eine Prüfung der Sparkassengeschäfte. Am 5. April teilte diese dem Bezirksamt mit, dass Rechnungsrevisor Schröder die „Visitation“ vornehmen werde.[119] Der „Visitationsbescheid“ vom 16. Juni gibt einen konkreten Einblick in den seinerzeitigen Zustand der Sparkasse.[120]

1. Ausdrücklich wurde Herrn Geistlicher Rat Pfarrer Kirschner die Anerkennung für seine Verdienste für das Institut ausgesprochen und sein Rücktritt aufs Tiefste bedauert. Auch die Arbeit des Kassierers Süß fand Zustimmung.
2. Der neu angeschaffte feuerfeste Kassenschrank muss unter doppelten Verschluss gestellt werden.
3. Eine beim „Kassasturz“ vorgefundene unbedeutende Plusdifferenz muss nicht weiter verfolgt werden. Zur eigenen Sicherheit sollten zukünftig „Kassastürze“ vorgenommen und im „Kassatagbuch“ dokumentiert werden.
4. Zukünftige Ausgaben jeder Art sind dem Vorstand der Sparkassenverwaltung anzuzeigen und vom Kassierer ordnungsgemäß zu verbuchen.
5. Zwei Hypothekenbriefe sind umzuschreiben und deren Änderung im Grundbuch zu veranlassen.
6. An den „statutenmäßigen Einlage-Tagen“ müssen sämtliche Mitglieder des Vorstandes anwesend sein. Nimmt der Kassierer außerhalb der Geschäftszeiten Einlagen an, so haftet er persönlich bis zum nächsten Geschäftstag.
7. Die Sparkassenverwaltung hat eine Bestimmung zu erlassen, welchen Betrag der Kassierer als „Handkasse“ zur Bestreitung der Ausgaben, Rückzahlungen und Zinszahlungen zu führen hat.
8. Die Aufbewahrung der Grundbücher, des Kapitalienbuches und des Kassenjournals unter Kassenverschluss ist nicht nötig.
9. Die Kosten der „Visitation“ hat die Sparkasse zu tragen, da diese von ihr angefordert wurde.

Aufgrund dieser Sparkassenprüfung fand nunmehr auf Anordnung des Bezirksamtes eine generelle jährliche Prüfung mit Kassensturz durch den Bezirksamtsassessor Gebhardt statt.[121] Der Betrag für die „Handkasse“ wurde auf 50 bis 70 fl. festgelegt.[122]

Am 21. November 1864 trat die Sparkassenverwaltung mit der Bitte an das Bezirksamt heran, die Mitglieder aufwandskonform zu entschädigen.[123] Da ab dem 1. Mai an jedem Sparkassentag von sämtlichen Vorstandsmitgliedern vollzählige Präsenz eingefordert werde, gehe jedem monatlich ein Tag im Berufsleben verloren. Dafür wurde eine angemessene „Entschädigungsgebühr“ erbeten. Für den Kassierer wurde wegen des großen Arbeitsanfalls, insbesondere wurde auf die Jahresabschlussarbeiten verwiesen, eine Entschädigung von 200 fl. beantragt – eine stattliche Forderung, betrug doch das bisherige Entgelt 100 fl. Nachdem am 25. Februar 1865 die Gehaltsvorstellung nochmals vehement dem Bezirksamt vorgetragen wurde,[124] lehnte am 23. März die Regierung von Schwaben und Neuburg entschieden ab. Allerdings gestand sie den Verwaltungsmitgliedern ein Tagesgeld von 1 fl. 20 kr. zu.[125] Zum Ende des Jahres, am 29. November, unternahm die Sparkassenverwaltung einen erneuten Versuch zur Einforderung einer Remuneration von 200 fl. für den Kassierer, begründet durch das umfangreiche Geschäft und damit verbunden mit einem extremen Arbeitsanfall.[126] Ein Jahr später, am 19. November 1866, ging Kassie-

115 STAA, BA Zusmarshausen, Akt 3170 I, Nr. 1.
116 Ebd., Nr. 3.
117 Ebd., Nr. 4.
118 Ebd., Nr. 6 u. Nr. 13.
119 Ebd., Nr. 5. Die Sparkassenverwaltung wurde angehalten, Prüfer Schröder jegliche Unterstützung zukommen zu lassen.
120 STAA, BA Zusmarshausen,, Akt 3170 I, Nr. 17.
121 Ebd., Nr. 25. Bei Verhinderung des Assessors mußte die Prüfung vom Bezirksamtmann Rothenhöfer selbst vorgenommen werden.
122 STAA, BA Zusmarshausen, Akt 3171 I, Nr. 43.
123 Ebd., Nr. 27.
124 Ebd., Nr. 55.
125 Ebd., Nr. 59.
126 Ebd., Nr. 65.
127 Bis 1867 belief sich das Geschäftsjahr vom 1.10. bis 30.9. Zahlen: STAA, BA Zusmarshausen, Akt 3169 u. Akt 3170 1; SPES; Mayr, G., Statistik der bayerischen Sparkassen, 1873.
128 Ebd., Akt 31711, Nr. 89.
129 Ebd., Nr. 101.
130 Ebd., Nr. 74. Distriktsrat Mayer wurde zum 1. Kontrolleur, Distriktsrat Vogele zum 2. Kontrolleur bestellt.
131 STAA, BA Zusmarshausen, Akt 3170 I, ad Nr. 4143.
132 STAA, BA Zusmarshausen, Akt 3170 I, ad Nr. 1331.
133 Ebd.,Nr.27.
134 Ebd.,Nr.45.
135 Ebd., Nr. 55.
136 BayHStA, MInn, Akt 52709, Nr. 4708.
137 STAA, BA Zusmarshausen, Akt 3171; Merz, R., „Von der Wohltat des Sparens“, S. 289f.

Entwicklung der Spareinlagen von 1860–1875[127] (Angaben in fl.)

Jahr	Gesamteinlagen
1860/61	51 607
1861/62	58 616
1862/63	61 646
1863/64	65 699
1864/65	66 482
1868	43 281
1869	41 438
1870	41 673
1873	43 414
1874	41 755
1875	39 357

rer Süß in einem persönlichen Schreiben das Bezirksamt an, nun endlich einer Erhöhung der Remuneration zuzustimmen, letztendlich werde diese ja nicht aus der Distriktskasse bezahlt, sondern von der Sparkasse selbst.[128] Als Kompromissbetrag schlug er nunmehr 150 fl. vor. Am 17. Dezember genehmigte der Distriktsrat dem Kassierer eine jährliche Remuneration von 150 fl. Auch die ebenfalls eingeforderte Gratifikation von 50 fl. wurde zugestanden.[129]

Unterstützt wurde Kassierer Süß bei seinen Gehaltsforderungen von den seit 16. Januar 1865 ins Amt berufenen Sparkassenkontrolleuren, den Distriktsräten Mayer aus Horgauergreuth und Vogele aus Dinkelscherben.[130] Die Kontrolleure hatten das Recht an den Sparkassentagen anwesend zu sein, von der gesamten Verwaltung und dem Kassenstand Kenntnis zu nehmen, Aufschlüsse zu verlangen und Anregungen zur Beseitigung von Missständen zu geben. Dem Jahresabschluss mussten sie beiwohnen. Außerdem hatten sie die Jahresabrechnung vor der Prüfung im Distriktsratsausschuss zu kontrollieren. Ihre Tagesgelder wurden von der Distriktskasse bezahlt. Am 16. Dezember 1867 wurde Kontrolleur Mayer für weitere drei Jahre ins Amt gewählt. Kontrolleur Vogele schied aus. Sein Nachfolger wurde Distriktsrat Klaiber, Bräuer in Auerbach.[131]

Höhen und Tiefen bis zur Währungsumstellung

Die ersten fünf Jahre (1860–1865) zeigen eine sukzessive Einlagenmehrung. Einen spezifizierten Einblick in den Anlegerkreis vermittelt die Jahresrechnung 1863/64.[132] Die Gesamteinlagen in Höhe von 65 699 fl. entfielen: auf 287 Dienstboten, die die Haupteinlegergruppe bildeten, 35 197 fl., auf 33 Handwerksgesellen und Taglöhner 5 641 fl., auf 130 Kinder 15 478 fl. und auf 83 andere Personen und Stiftungen 9 383 fl. Das bedeutete ein beachtliches Pro-Kopf-Sparaufkommen von 124 fl. Bezirksamtmann Georg Friedrich Rothenhöfer kommentierte diesen Jahresabschluss auszugsweise: „Wer jetzt bei so günstiger Zeit für Anlage gegen 4 % seine Gelder dennoch in der Sparkasse gegen 3 $^1/_3$ % liegen läßt, zeigt bei höheren Kapitalsbeträgen, daß ihm der eigentliche Wirtschaftssinn immer noch abgeht. Ferner kann sich der Unterfertigte der Besorgnis nicht entschlagen, daß die Haftung des Distriktes bei einer Einlagen-Summe von über 50 000 fl. viel zu überspannt ist."[133] Vor dem Hintergrund dieser Aussage und der Angst vor „politisch bewegten Zeiten", die zu Massenabhebungen führen könnten und deshalb eine entsprechend hohe Liquidität notwendig machten, beschloss der Distriktsratsausschuss am 10. Dezember ein Einlagenmaximum pro Person von 150 fl. und ausschließlich die Annahme von Einlegern des statutengemäß definierten Einlegerkreises.[134] Bereits am 25. Februar 1865 teilte die Sparkassenverwaltung den Vollzug der Rückzahlung der das Einlagenmaximum übersteigenden Spargelder mit.[135] Diese fulminante Einlagenentwicklung wird untermauert mit der Feststellung des Stadtmagistrates in seiner Stellungnahme an das Staatsministerium des Handels und der öffentlichen Arbeiten vom 5. November 1864, „dass der Wohlstand auf dem Lande sich seit Jahren, insbesondere seit Ablösung der Grundlasten, so günstig gestaltet habe, daß bei richtiger Erkenntnis die Landbevölkerung sich gar gut in der Lage befindet, Ersparnisse zu machen und in Benutzung von Sparanstalten mit der Bevölkerung in den größeren Städten zu konkurieren".[136]

In die Zeit der florierenden Entwicklung der Zusmarshauser Distriktssparkasse fällt auch das Projekt der Gründung einer „Vorschuss-Kasse" für den Bezirk Zusmarshausen.[137] Bezirksamtmann Georg Friedrich Rothenhöfer erarbeitete einen umfangreichen Satzungsentwurf, den am 26. Januar 1864 der Distriktsrat einstimmig genehmigte. Die Eröffnung sollte zum 1. Oktober des folgenden Jahres „vorläufig und nur zum Versuch" erfolgen. Nach intensiver Prüfung durch die Regierung von Schwaben und Neuburg wurde das Projekt seitens der Aufsichtsbehörde am 20. Juni 1864 negativ entschieden. Auch ein zweiter Versuch hatte keinen Erfolg, insbesondere wegen der Haftung des Distriktes und der erforderlichen Bürgschaftsübernahme durch die einzelnen Gemeinden. War das Projekt „Vorschuss-Kasse", für das Bezirksamtmann Rothenhöfer so vehement eintrat, Anlass für die teils doch negative Einstellung zur Distriktssparkasse?

Der allgemeine seit 1862 in Gang gekommene Wirtschaftsaufschwung erreichte bereits vor Kriegsausbruch wegen Kapitalmangels einen leichten Rückschlag. Der Tod von König Max II. (1864), Kriegsgerede und Mobilmachung für den Krieg im Jahr 1866 in österreichischer Allianz gegen Preußen[138] waren dann die Ursachen für extreme Aufkündigungen der Einlagen und den Rückgang der Spareinlagen.[139] So meldeten die beiden Sparkassenkontrolleure am 11. Juli 1866 dem Bezirksamt, dass am letzten Geschäftstag wieder nahezu 6 000 fl. gekündigt, dagegen aber nur einige hundert Gulden eingelegt wurden. Mehrere Möglichkeiten zur Schaffung von Liquidität wurden angedacht.[140] Die Alternative einer Darlehensaufnahme der Distriktssparkasse bei Privaten oder Stiftungen gegen 7 %ige Verzinsung und Ausstellung von Haftscheinen wurde seitens der Regierung von Schwaben und Neuburg verworfen, gleichzeitig aber wurde die Zustimmung zur Darlehensaufnahme in Höhe von 6 000 fl. bei der Bayerischen Hypotheken- und Wechselbank gegen Hinterlegung von Wertpapieren auf drei Monate unter Vorbehalt der Prolongation gegeben.[141]

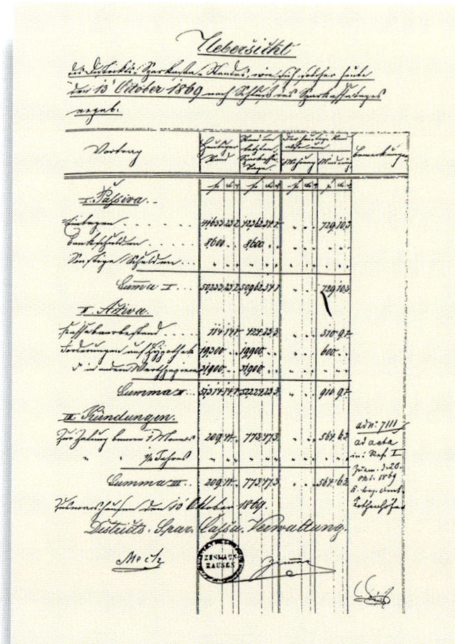

Stand der Zusmarshauser Distriktssparkasse per 13. Oktober 1869. *Staatsarchiv Augsburg*

Aus einem Bericht der Sparkassenverwaltung vom 31. Januar 1869 an das Bezirksamt erfahren wir, dass das Rechnungsjahr 1867/68 mit den gleichen „Schwierigkeiten zu kämpfen" hatte wie das von 1866/67 und dass der Abschluss 1867/68 sich auf 20 Monate bezog , wegen der „nunmehrigen Umstellung" des Rechnungsjahres auf das Kalenderjahr.[142] Ein Situationsbericht des Bezirksamtes Zusmarshausen vom 30. Juni 1869 gibt detailliert Auskunft über den komplizierten Zustand des Institutes: „Seit dem Jahre 1866, als die Glötter Sparkasse zahlungsunfähig wurde und als durch die deutschen Wirren auch noch die Geld-Krisis eintrat, befindet sich die Distriktssparkasse dahier ununterbrochen in großer Geldverlegenheit. Mit hoher Genehmigung hat sie bei der bayer. Hyp.- u.Wechselbank bereits 8 600 fl. Anlehen gegen vierteljährliche Kündigung gemacht u. nach der letzten Kassastandanzeige sind wieder 1 146 fl. Einlagen gekündigt, während die Kasse nur über einen Barfonds von 990 fl. verfügt. Es stehen aber noch weitere und größere Kündigungen bevor und nur durch die Verwendung der einzelnen Gemeindevorsteher und Pfarrer halten viele mit ihren Kündigungen noch zurück. Es ist wohl nicht unwahrscheinlich, daß durch politische Verwicklungen in vielleicht naher Zeit der Geldmarkt wieder vorsichtiger und knapper wird. In diesem Falle würde nach den Vorbehalten der bayer. Hyp. u. Wechselbank möglicherweise diese ihren Vorschuss zu 8 600 fl. zurückziehen und anderseits wie 1866 die Kündigungen der Einleger massenhaft erfolgen. Der Distrikt würde hiedurch in großen Schaden und auch noch in die größte Verlegenheit gerathen".[143]

Zu dieser Zeit versuchte die Distriktssparkasse auch mit dem Landwirtschaftlichen Credit-Verein in Geschäftsverbin-

138 Kraus, A., Geschichte Bayerns, S. 525–532; Liebhart, W., Königtum u. Politik in Bayern, S. 148–152.
139 Vgl. auch: Höpker, H. (Hrsg.), Die deutschen Sparkassen, S. 79.
140 STAA, BA Zusmarshausen, Akt 3170 1, Nr. 79.
141 Ebd., Nr. 77.
142 Ebd., Nr. 115. Dieser Abschluss ist nicht eruierbar.
143 STAA, BA Zusmarshausen, Akt 31701, Nr. 145.
144 Ebd., Nr. 3850, Nr. 123 u. Nr. 141.
145 Ebd., Akt 1230.
146 Ebd., Akt 3170 I, Nr. 141.
147 Ebd.
148 Ebd., Nr. 153.
149 Ebd., Nr. 1474.
150 Ebd., Nr.157.
151 Ebd., Nr. 167. Der Kurs der Wertpapiere belief sich auf 86%!
152 STAA, BA Zusmarshausen, Akt 3170 I, Nr. 181.
153 Rall, H., Die politische Entwicklung, S. 272–282.

dung zu treten, um sich aus der Abhängigkeit der Bayerischen Hypotheken- und Wechselbank zu lösen.[144] Der Distrikt Zusmarshausen war auch in Besitz von vier „Stammantheilscheinen" dieses Institutes.[145] Doch der Distriktsratsausschuss vereitelte am 30. Juni 1869 diese Bemühungen mit dem Hinweis auf „unsicheren Frieden".[146]

Zur Aufrechterhaltung der Liquidität wurde nunmehr am 30. Juni auch der Verkauf von Staatsobligationen beschlossen, trotz der schlechten Kurse, aber mit der Erkenntnis, dass infolge der anstehenden großen neuen Anlehen die Kurse kaum noch steigen werden.[147] Mit diesen gewonnenen Liquiditätsmitteln sollte auch das Darlehen bei der Bayerischen Hypotheken- und Wechselbank zurückbezahlt werden.

Die Aufsichtsbehörde, die Regierung von Schwaben und Neuburg, äußerte sich am 25. August 1869 zu den Turbulenzen der Distriktssparkasse.[148]

Seit 1868 sei bei anderen Sparkassen ein ständiger Aufschwung zu verzeichnen. Grundsätzlich scheine das Vertrauen der Bevölkerung in die Sparkasse abgenommen zu haben. Eine Ursache könne eventuell die am 15. März vollzogene Erhöhung der Darlehenszinsen von 4 % auf 4,5 % gewesen, sein bei gleichzeitiger Aufforderung an die Darlehensnehmer, ihre Schulden bei der Sparanstalt möglichst zurückzuzahlen.[149] Eine außerordentliche Distriktsratsversammlung wurde angemahnt. Bezirksamtmann Rothenhöfer berief diese Versammlung jedoch nicht ein – seine Begründung: Viele der 66 Mitglieder seien Landwirte und wegen des Sommers mit landwirtschaftlichen Arbeiten zu sehr beschäftigt. Gleichzeitig gab er einen Situationsbericht ab:[150] Die formellen Leistungen der Sparkassenverwaltung seien anerkennenswert, in materieller Hinsicht könne allerdings kein günstiges Urteil abgegeben werden. Zur Steigerung der Einlagen wurden Mündel- und andere Gelder mit den Statuten widersprechenden Einlagenhöhen angenommen. Ebenso beließ man Barbestände oft ungenutzt in der Kasse. Die bayerischen Ostbahn-Aktien wurden verkauft und bei der Berechnung des Vermögens die Obligationen, welche „weit unter dem Kurse standen" mit dem Nominalwert angesetzt – eine „nahe an Schwindel gränzende Manipulationsweise". Sobald Gelder verfügbar seien, sollten die normativwidrigen Einlagen, um das Institut wieder auf die rechte Bahn zu bringen, zurückbezahlt werden. Sei die Zahlungsfähigkeit der Anstalt wieder hergestellt, dürfte auch das Vertrauen der Sparer wieder gewonnen werden. Bei einem geschrumpften Einlagenstand von 66 482 fl. in 1865 auf 41 438 fl. in 1869 war dies eine unabdingbare Voraussetzung für ein zukünftiges solides Sparkassengeschäft.

Eine Bestandsaufnahme des Aktivvermögens per 24. November 1869 zeigt ein Portfolio von Staatsobligationen in Höhe von 8 000 fl. und Wertpapiere wie Militär-Anleihen von 1861 oder Eisenbahn-Renten in der Summe von 31 900 fl. An Hypothekendarlehen zu einem Zinssatz von 4,5 % waren 19 300 fl. ausgeliehen, explizit an:[151]

Name	Ort	Darlehenshöhe in fl.
Georg R.	Ustersbach	500
Anton K.	Engertshofen	1 000
Ulrich H.	Eppishofen	300
Josef F.	Ustersbach	200
Johann G.	Zusmarshausen	400
Franz F.	Wollbach	9 000
Anton F.	Zusmarshausen	6 000
Georg V.	Welden	400
Johann F.	Steppach	1 500

Der Vermerk des Jahresabschlusses 1869 „die finanzielle Lage der Distriktssparkasse kann als befriedigend nicht erkannt werden, wenn auch die Rechnung mit einem reinen Vermögen von 1 762 fl. 49 kr. abschließt" gibt die Lage des Institutes treffend wieder.[152]

Das politische Geschehen hatte erheblichen Einfluss auf die wirtschaftliche Faktoren und letztlich auch auf das Gedeihen einer Lokalsparkasse. Der Krieg der deutschen Staaten zusammen mit dem Königreich Bayern gegen Frankreich in den Jahren 1870/71, der schließlich in die Reichsverfassung vom 16. April 1871 mündete[153], war sicherlich nicht förderlich für eine positive Entwicklung der Sparkasse. Gleichzeitig begann auch mit der Unterzeichnung des „Kaiserbriefes" durch König Ludwig II. die „Auslieferung Bayerns an Preußen", der Verlust der Selbstständigkeit. Der Eintritt des Königreiches in das Bismarcksche Reich bedeutete den tiefsten Einschnitt in der bayerischen Verfassungsentwicklung des 19. Jahrhunderts: Bayern war kein souveräner Staat mehr und hatte wesentliche Rechte an den neuen deutschen Gesamtstaat abgegeben. Auf anderen Gebieten konnte Bayern dagegen in der Reichsverfassung so genannte Reservatrechte, wie eigene Diplomatie, Post und Eisenbahn, Bier- und Brandweinsteuer sowie eine beschränkte Wehrhoheit durchsetzen. Gemäß Reichsverfassung vom 16. April 1871 war Bayern von nun an Teil des zweiten Deutschen Reiches.[154] Die Frankreich auferlegten hohen Reparationszahlungen von fünf Milliarden Francs[155] bewirkten einen fieberhaften Aktionismus (Gründerjahre) mit ungesundem Spekulations- und Gewinnstreben in Deutschland.[156] Die überhitzte Konjunkturentwicklung schlug schon 1873 in eine heftige und lang anhaltende Depression um.[157] Die Phase der „großen Depression" von 1873 bis 1896[158], in der die Großhandelspreise, im Gegensatz zum Aufschwung von 1849 bis 1873, zurückgingen und sich die ökonomische Wachstumsdynamik verlangsamte, hinterließ natürlich auch bei der Sparkasse Spuren.

Die politischen und wirtschaftlichen Umstände verhinderten zunächst eine Konsolidierung der Zusmarshauser Sparkasse. In einem Lagebericht der Sparkassenverwaltung vom 20. September 1870 teilte sie mit, dass vom 1. Januar bis dato neue Einlagen in Höhe von 2 600 fl. 26 kr. Rückzahlungen in Höhe von 2 759 fl. 56 kr. gegenüberstanden.[159] Trotz der „enormen Löhne" der Dienstboten sei der Sparsinn durch den „erhöhten Luxus und die großartig überhand nehmende Putzsucht vornehmlich des weiblichen Geschlechts" nicht ausgeprägt. In einer Bemerkung hierzu stellte Bezirksamtmann Rothenhöfer fest, dass er in Erfahrung brachte, dass viele „für ihre ersparten Kreuzer bayrische Obligationen oder Pfandbriefe oder auch Ansbacher Loose kaufen. Die ununterbrochen im Amtsbezirke herumreisenden Juden von Ichenhausen, Hürben preisen die größere Rente an und verkaufen die Wertpapiere und betrügen das Landvolk um die Steuerdifferenz. Ferner hat die Gewerbsfreiheit auch zur Folge, daß namentlich ältere Leute mit ihren Ersparnissen Viktualien-Handel und dergleichen treiben. Diese sehr fühlbaren Konkurrenten sind und bleiben die Hauptursachen, welche die Thätigkeit der Sparkasse immer mehr beengen."[160]

Rothenhöfer bemühte sich vehement um die Konsolidierung der Distriktssparkasse Zusmarshausen. Vom Verkauf der Staatspapiere zur Tilgung des Darlehens in Höhe von 8 600 fl. bei der Bayerischen Hypotheken- und Wechselbank wurde jetzt Abstand genommen. Stattdessen sollte die Hypothekenforderung gegen den Müller Franz F. aus Wollbach an die Spitalstiftung zu Dinkelscherben zediert (abgetreten) werden. Die Hypothekenforderung war erstrangig am Objekt gesichert, das mit 10 900 fl. feuerversichert war. Der Verkehrswert des Anwesens wurde auf mindestens 30 000 fl. geschätzt. „Der jetzige Besitzer hat es in letzter Zeit von seinem Vater um 26 000 fl. Kinds-Aufschlag übernommen, ehelichte eine sehr vermögliche Frau und der Leumund der jungen Eheleute ist dem Vernehmen nach sehr gut."[161] Für die Spitalstiftung Dinkelscherben handelte in alter Verbundenheit der ehemalige Rechnungsführer der Distriktssparkasse, Spitalpfleger Hauck. Diese Zessionslösung wurde von der Aufsichtsbehörde am 3. Juni 1870 genehmigt.[162] Die Modalitäten waren:[163] Zession der Hypothekenforderung an die Spitalstiftung Dinkelscherben. Diese wird die 9 000 fl. Darlehensvaluta bis zum 1. Januar 1872 vollständig zurückführen und die Beträge unmittelbar der Bayerischen Hypotheken- und Wechselbank übermitteln, bis 8 600 fl. zur Tilgung des Darlehens der Distriktssparkasse und 400 fl. als Einlage gegen vierteljährliche Kündigung. Nach Rückzahlung des Darlehens sind die als Sicherheit bei der Bayerischen Hypotheken- und Wechselbank hinterlegten Staatspapiere über 13 000 fl. zurückzugeben. Bis zum 16. Juli wurden durch die Spitalstiftung bereits 5 000 fl. getilgt. Die Wertpapiere sollten wegen „der besseren Sicherheit nach der gestrigen Kriegserklärung Frankreichs an Preußen" weiter bei der Bayerischen Hypotheken- und Wechselbank deponiert bleiben.[164] Die endgültige Rückführung des Darlehens erfolgte im März des Jahres 1871.[165]

Auch personell trat in dieser turbulenten Zeit eine Änderung ein. Nach dem

154 Hartmann, P. C., Bayerns Weg in die Gegenwart, S. 425–428.
155 Schieder, Th., Vom Deutschen Bund zum Deutschen Reich, S. 205.
156 Tilly, R.H., Vom Zollverein zum Industriestaat, S. 90f.
157 Borchardt, K., Währung u. Wirtschaft, S. 29; Born, K. E., Wirtschaftskrisen u. Rechtsformen, S. 23.
158 Kiesewetter, H., Industrielle Revolution, S. 87.
159 STAA, BA Zusmarshausen, Akt 3170 I, Nr. 253.
160 Ebd.
161 Ebd., Nr. 3779.
162 Ebd., Nr. 12034.
163 Ebd., Nr. 237.
164 Ebd., Nr. 243.
165 Ebd., Nr. 273.
166 Ebd., ad Nr. 6492.
167 Hagel, B., Bezirksamt Zusmarshausen, S. 292.
168 STAA, BA Zusmarshausen, Akt 1967. Zu seiner Amtseinführung wurde der Bezirk als „im Allgemeinen mittelmäßig bemittelt" eingestuft.
169 STAA, BA Zusmarshausen, Akt 3170 1, Nr. 656.
170 Ebd., Nr. 774.
171 Ebd., Nr. 975 u. Nr. 1201.
172 Ebd., Nr. 1232, Nr. 2049 u. Nr. 2100.
173 Näheres dazu: Rittmann, H., Deutsche Geldgeschichte 1484–1914, S. 768–774; Weidner, A., Geld u. Währung, S. 173–178.
174 Borchardt, K., Währung u. Wirtschaft, S. 9.
175 Amtsblatt des königlichen Bezirksamtes Zusmarshausen, 2.7.1875 u. 21.12.1875.

Bayerische Protestkarte aus dem Jahr 1871. *Sammlung R. Merz*

Meine Herren! Es gibt Münzen, welche ein hübsches Gepräge, welche sogar einen sehr annehmbaren Klang haben, die aber nichtsdestoweniger die Prüfung nicht bestehen, sondern sich als falsche Münzen darstellen. Und eine solche Münze, die unecht ist, die aber durch die – ich lasse es dahingestellt, mit welchen Mitteln – bearbeitete öffentliche Meinung als eine glänzende Münze dem Publikum vorgeführt worden ist, eine solche Münze finde ich in dem jetzt so oft schon vorgebrachten Worte „Deutschland", „Deutsches Reich", deutscher Aufschwung", „nationale Idee", „deutsche Einigung" – lauter Worte, schöne Worte, welche da im Stande sind, wahrhaft begeisternd einzuwirken, welche aber, so wie sie jetzt vor uns liegen, dennoch nur falsche Münzen sind.

Aus der Rede des Abgeordneten Domherrn Dr. theol. Joseph Neumaier im bayerischen Abgeordnetenhaus am 20. Januar 1871 zur Verteidigung Bayerns in: Bekh, Wolfgang Johannes, Gott mit dir, du Land der Bayern. Bilder aus der Geschichte eines europäischen Staats, München 1976, S. 221.

Wegzug des Vorstandsmitgliedes Mech im September 1870 wurde Distriktsrat Weihmayer in die Sparkassenverwaltung berufen.[166] Im gleichen Jahr verstarb auch Bezirksamtmann Georg Friedrich Rothenhöfer.[167] Sein Nachfolger wurde Franz Lorenz Sabalitschka.[168] Am 19. Februar 1875 erklärte Kassierer Süß wegen der Versetzung ans Landgericht Augsburg seinen Rücktritt.[169] Umgehend wurde Bezirksamtsschreiber Gerstner zum neuen Kassierer bestellt.[170] Allerdings stimmte die Regierung von Schwaben und Neuburg dieser Ernennung wegen der Unvereinbarkeit dieser Funktion mit seiner dienstlichen Stellung nicht zu. Bis zur Erwählung eines neuen Kassierers durfte Gerstner jedoch die Geschäfte unter Haftung des Bezirkes ausüben.[171] Doch bereits im Jahre 1876 verstarb Gerstner überraschend und die Stelle wurde Herrn Gaa übertragen. Der plötzliche Tod Gerstners verursachte in der Rechnungsführung „Unklarheit", was sich in den häufigen schriftlichen Auskunftsersuchen von Einlegern widerspiegelte. Um wieder Ordnung in das Rechnungswesen zu bringen, wurde Rechnungsrevisor Pfaffenberger aus Augsburg beauftragt, für 40 M. eine externe Prüfung durchzuführen.[172]

Das neue deutsche Kaiserreich schuf sich ein einheitlichen Münzsystems, das die Jahrhunderte alten Taler, Dukaten und Gulden ablösen sollte. Die Währungsumstellung erstreckte sich auf einen Zeitraum von 1871 bis 1876.[173] Während andere Landesregierungen die Mark als neue Rechnungseinheit bereits früher einführten, fand in Elsaß-Lothringen und in Bayern die Verwirklichung der neuen Rechnungseinheit erst durch die Verordnung vom 22. September 1875 statt.[174] Bis April 1876 mussten die alten Münzstücke umgetauscht werden. Die Bevölkerung wurde dazu mittels Bekanntmachungen in den Amtsblättern aufgerufen.[175] In Bayern wurde der Gulden im Verhältnis 1:1,71 in die Mark umgerechnet.

In der Zwischenzeit bemühte sich die Sparkassenverwaltung den Konsolidie-

Entwicklung der Spareinlagen von 1877–1914[176] (in Mark)

Jahr	Einzahlungen	Rückzahlungen	Gesamteinlagen	Einleger
1877			65 074	
1880			63 762	442
1885	12 492	13 557	78 410	493
1890	15 987	14 312	107 855	552
1895	20 529	18 711	119 557	564
1900	13 162	23 661	123 304	496
1907	17 398	18 676	141 359	443
1910	20 719	15 568	147 925	429
1911	24 897	20 133	152 689	407
1912			160 979	428
1913	19 602	20 318	164 297	415
1914			185 000	420

rungsprozess des Institutes voranzubringen. Am 25. Juni 1874 äußerte sich die Aufsichtsbehörde über die Lage der Sparanstalt lapidar, „es wurde mit Befriedigung entnommen, daß sich Kassa- und Rechnungswesen der Distriktssparkasse in einem geordneten Zustande befindet und daß die einschlägigen Geschäfte von der Distriktssparkassenverwaltung nach den bestehenden Vorschriften auf pünktliche Weise besorgt werden".[177]

Führen wir uns kurz den Geschäftsbericht des Jahres 1875 vor Augen, so lässt sich feststellen, dass die Einlagen auf ein Minimum von 39 357 fl. gesunken, die Rückzahlungen von Einlagen wiederum die Einzahlungen überstiegen, die Darlehensausleihungen gerade noch 8 100 fl. betrugen und der Wertpapierbestand sich nur noch auf 33 000 fl. belief. Ein mäßiger Reinertrag von 103 fl. 3 kr. wurde erwirtschaftet.[178] Sicherlich führten die wirtschaftlichen Verhältnisse (Börsenkrach, Währungsreform) und die personellen Veränderungen zu Unsicherheiten bei der Bevölkerung und beeinflussten die Entwicklung der Sparkasse negativ.

1876 – neue Statuten

Grundlage der neuen Statuten vom 17. März 1876 für die Distriktssparkasse Zusmarshausen (15 §§) waren die am 19. Mai 1874 von König Ludwig II. auf Schloss Berg genehmigten „Grundbestimmungen über die Sparkassen von Gemeinden und Distrikten".[179] Diese königliche Verordnung war für das bayerische Sparkassenwesen bis fast zum Ausbruch des Ersten Weltkrieges maßgebend. Wie seit langem gefordert, fiel nun die Beschränkung auf einen bestimmten Einlegerkreis und die Festlegung eines Einlagenmaximums. Von besonderem Interesse waren auch Bestimmungen über die Verwendung des Gewinns oder die Anlagetätigkeit der Sparkassen. So wurde nun auch die Ausreichung von Privatschuldscheindarlehen mit Bürgschaft gestattet. Neu war auch die zukünftig erforderliche Ansammlung eines Reservefonds aus den erwirtschafteten Gewinnen in Höhe von mindestens 10 Prozent der Gesamteinlagen. Die Höhe der Einlagenverzinsung konnte von den Gemeinden und Distrikten selbstständig bestimmt werden. Dabei musste sichergestellt sein, dass jeder Kunde des Institutes denselben Zinssatz erhielt.[180]

Die Grundbestimmungen wurden in den „Statuten der Sparkassen-Anstalt für den Distrikt Zusmarshausen" festgelegt, genehmigt durch die Regierungs-Entschließung vom 17. März 1876[181] und sehr restriktiv gehandhabt. Im § 2 wurde weiterhin ein allerdings erweiterter Einlegerkreis definiert, der einer Soll-Bestimmung unterlag.

a) Minderjährige ohne Unterschied des Standes und der Klasse,
b) gering besoldete Bedienstete, deren Bezug den Jahresbetrag von 2 000 Mark[182] nicht übersteigt,
c) Gemeinden und Stiftungen,
d) Dienstboten,
e) Lehrlinge, Handwerksgesellen und Fabrikarbeiter,
f) Taglöhner.

176 Grundlage: Amtsblätter des königlichen Bezirksamtes Zusmarshausen; Statistik der bayerischen Sparkassen; STAA, BA Zusmarshausen, Akt 3170 II; SPES.
177 STAA, BA Zusmarshausen, Akt 3170 I, Nr. 2175.
178 Ebd., Geschäftsbericht 1.1. bis 31.12.1875.
179 BayHStA, MInn, Akt 52676, Nr. 1851.
180 Domes, R., Sparkassenwandlungen, S. 95.
181 Amtsblatt des königlichen Bezirksamtes Zusmarshausen, 3.5.1876.
182 In der Praxis wohl schwer überprüfbar.
183 STAA, BA Zusmarshausen, Akt 1232.
184 Ebd., Akt 3170 II, Nr. 384. Die Jahresabschlüsse 1876–78 sind nicht mehr auffindbar. Somit ist auch die Begleichung des Defizites aus der Erbmasse Gerstners nicht nachvollziehbar.

Auf ein Einlagenminimum und -maximum wurde ebenfalls nicht verzichtet, die Kapitalien wurden von 10 bis zu 600 Mark begrenzt.

Explizit geregelt wurde die Ausleihung von Kapitalien in § 7:

1. an Privatpersonen gegen genügende hypothekarische Sicherheit,
2. an den bayerischen Staat ,
3. an die unter unmittelbarer Aufsicht der Organe der Staatsregierung stehenden juristischen Personen, wenn und soweit dieselben zur Aufnahme eines Anlehens gesetzlich ermächtigt sind,
4. an inländische Gesellschaften und Kreditinstitute, sofern die Anlage von Gemeinde- und Stiftungskapitalien bei denselben durch Ministerialvorschriften für statthaft erklärt ist.

Eine ausreichend hypothekarische Sicherheit war gegeben, wenn die Hypothekenobjekte sich in Bayern befanden und der halbe Wert derselben zur Deckung des Darlehens mit Einschluss einer Zins- und Kostenkaution von 10 Prozent hinreichen würden. Grundsätzlich musste bei jeder Hypothekenausleihung die Genehmigung des Bezirksamtes eingeholt werden.

Neu wurde in § 15 die Einrichtung eines Reservefonds von mindestens 10 Prozent der Gesamteinlagen „durch Admassierung der reinen Überschüsse" geregelt.

Diese modifizierten Statuten waren für Jahrzehnte die gesetzliche Grundlage des Zusmarshausener Sparkassengeschäftes, auf das im Folgenden das Hauptaugenmerk gerichtet sein wird.

Konkurrenz und Innovationen

Nachdem vom Augsburger Rechnungsrevisor Pfaffenberger in mühsamer Kleinarbeit im Jahre 1876 das Rechnungswesen wieder auf Vordermann gebracht worden war[183], verzögerte sich die wiederholte Marktetablierung wegen der niedergehenden Konjunktur bis 1881. Erst in diesem Jahr war erstmals wieder eine „Einlagenmehrung" festzustellen. Für das Jahr 1887 attestierte die Regierung von Schwaben und Neuburg, dass die durch den Kassierer Gerstner hervorgerufenen „Verwirrungen" nunmehr vollkommen behoben sind. „Anlangend das Gerstnerische Defizit, welches in der Rechnung als Einnahmsrückstand fortgeführt ist, so wird der Distriktsraths-Vorstand nicht verfehlen, die Deckung desselben aus der Gerstner'schen Verlassenschaftsmasse – sofern es unterdessen noch nicht geschehen sein sollte – bald thunlichst herbei zu führen, worüber die Rechnung pro 1878 Nachweis zu liefern hat."[184]

Der kurze Wirtschaftsaufschwung 1880 bis 1882, die Wirtschaftskrise 1882 mit einer Stockungsperiode bis 1887 und dem Konjunkturaufschwung von 1888 bis 1890 spiegeln sich auch in der Einlagenentwicklung der Distriktssparkasse

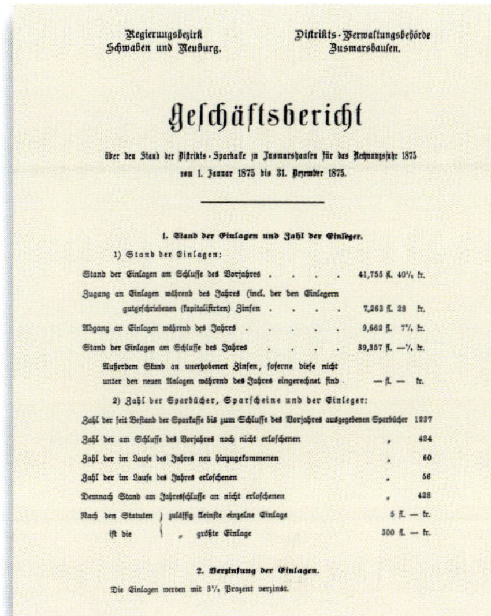

Regierungsbezirk Schwaben und Neuburg.
Distrikts-Verwaltungsbehörde Zusmarshausen.

Geschäftsbericht

über den Stand der Distrikts-Sparkasse zu Zusmarshausen für das Rechnungsjahr 1875 vom 1. Januar 1875 bis 31. Dezember 1875.

1. Stand der Einlagen und Zahl der Einleger.

1) Stand der Einlagen:

Stand der Einlagen am Schlusse des Vorjahres	41,755 fl. 40¹/₂ kr.
Zugang an Einlagen während des Jahres (incl. der den Einlegern gutgeschriebenen (kapitalisirten) Zinsen	7,263 fl. 28 kr.
Abgang an Einlagen während des Jahres	9,662 fl. 7¹/₂ kr.
Stand der Einlagen am Schlusse des Jahres	39,357 fl. —¹/₂ kr.
Außerdem Stand an unerhobenen Zinsen, soferne diese nicht unter den neuen Anlagen während des Jahres eingerechnet sind	— fl. — kr.

2) Zahl der Sparbücher, Sparscheine und der Einleger:

Zahl der seit Bestand der Sparkasse bis zum Schlusse des Vorjahres ausgegebenen Sparbücher	1237
Zahl der am Schlusse des Vorjahres noch nicht erloschenen "	424
Zahl der im Laufe des Jahres neu hinzugekommenen "	60
Zahl der im Laufe des Jahres erloschenen "	56
Demnach Stand am Jahresschlusse an nicht erloschenen "	428
Nach den Statuten ist die zulässig kleinste einzelne Einlage	5 fl. — kr.
Nach den Statuten ist die " größte Einlage	300 fl. — kr.

2. Verzinsung der Einlagen.

Die Einlagen werden mit 3¹/₂ Prozent verzinst.

Geschäftsbericht der Distriktssparkasse Zusmarshausen per 31. Dezember 1875.
Marktarchiv Zusmarshausen

wider. Auffallend sind die hohen Einzahlungen von 17 438 Mark im Jahr 1886 und 21 126 Mark in 1889. Dieser Entwicklung wurde durch eine Zinsreduzierung von $3\,{}^{1}/_{3}$ % auf 3 % entgegengewirkt. Die Agrarkrise zu Beginn der 90er-Jahre, verursacht durch sinkende Getreidepreise bei gleichzeitiger Steigerung der Kosten, bedrohte zahlreiche Klein- und Mittelbauernbetriebe in ihrer Existenz. Damit einhergehend ist ein Abwandern der landwirtschaftlichen Dienstboten in die Industriestädte zu registrieren, die sich einem neuen Lebensrhythmus anpassen und in den Fabriken meist monotone Arbeiten leisten mussten. Die Einlagenentwicklung verlief in diesem Zeitraum sogar rückläufig (1892), die Rückzahlungen überwogen teilweise die Einzahlungen (1891, 1892, 1894). Ein nicht erklärbarer Ausreißer war das Jahr 1893 mit einer exorbitanten Einzahlungssumme von 29 930 Mark.

Der konjunkturelle Aufschwung in den Jahren 1895 bis 1900 vollzog sich vor allem auf dem industriellen Sektor und hinterließ in der Geschäftsentwicklung der ländlich geprägten Distriktssparkasse kaum Spuren. Zur gleichen Zeit erwuchs den Sparkassen eine harte Konkurrenz: Fast flächendeckend wurden Raiffeisenbanken errichtet, so auch in unmittelbarer Nachbarschaft der Distriktssparkasse: 1887 in Fischach, 1888 in Zusmarshausen und in Wollbach, 1891 in Horgau, 1898 in Welden.[185]

Die Entschließung des Staatsministeriums des Innern vom 16. März 1895 betreffend die Förderung des Sparkassenwesens[186] steht möglicherweise im direkten Zusammenhang zu diesen Entwicklungen. Insbesondere folgende Forderungen wurden an die Sparanstalten herangetragen:

1. Gründung von Sparkassen in Distrikten ohne nahe gelegene gemeindliche Sparkasse;
2. Vermehrung der Sparkassenfilialen und Einzahlungsstellen;
3. längere Öffnungszeiten, auch an Sonn- und Feiertagen;
4. Ausgabe von Sparmarken, um auch kleinere und kleinste verfügbare Beträge sparen zu können;
5. die Aktivkapitalien sollten ausschließlich dem lokalen Kreditbedürfnis zugute kommen.

Zu diesen Punkten hatten die einzelnen Sparkassen der Aufsichtsbehörde gegenüber Stellung zu nehmen. Das königliche Bezirksamt äußerte sich am 20. November: „Die Eröffnung einer in Anregung gebrachten Sparkassenfiliale in Dinkelscherben, welche jedoch nur von den Gemeinden Breitenbronn, Ettelried und Ried angestrebt wurde, ist von der Sparkassenkommission und dem Distrikrsrathe Zusmarshausen abgelehnt worden, weil die Durchführung eine complicirte und kostenspielige wäre und kein dringendes Bedürfnis hiefür bestehe. Die Bildung neuer gemeindlichen Sparkassen, dann Vermehrung der anderweitigen Festsetzung der Geschäftsstunden der Distriktssparkasse Zusmarshausen wird von keiner Seite angestrebt, auch seitens des k. Bezirksamtes nicht für notwendig erachtet, da die bisherige Einrichtung genügt, und da bei den Darlehenskassenvereinen in Dinkelscherben, Horgau, Fischach, Willmatshofen, Wollbach, Wollmetshofen und Dinkelscherben Spareinlagen auch von Nichtmitgliedern angenommen werden. Bei diesen Darlehenskassen ist auch die sog. Pfennigsparkasse eingeführt, und werden Sparmarken auch an Nichtmitglieder abgegeben, weshalb die Einführung von Sparmarken bei der Distriktssparkasse nicht veranlasst erscheint und auch von keiner Seite angestrebt wurde."[187]

Bäuerliche Familie auf einer Votivtafel in der Kobelkirche aus dem Jahr 1886 (Ausschnitt). *Wallfahrtskirche Maria Loretto auf dem Kobel, Westheim*

185 S. dazu: Merz, R., „Von der Wohltat des Sparens", S. 290–293.
186 Seidel, M., Das deutsche Sparkassenwesen, S. 76–78; Wysocki, J./Pix, M., Was ging dem Landrichter die Sparkasse an?, S. 83f.
187 BayHStA, MInn, Akt 52677 a, Nr. 26852.
188 Ebd., Nr. 27824.
189 STAA, BA Zusmarshausen, Akt 3170 II, Nr. 25.
190 Ebd., Nr. 28.
191 Ebd., Nr. 30.
192 Ebd., Nr. 37. Als Kaution wurde beim Bezirksamt ein Pfandbrief der Bayerischen Hypotheken- u. Wechselbank über 500 M. mit Talon und Koupons hinterlegt.
193 STAA, BA Zusmarshausen, Akt 3170 II, Nr. 35.
194 Ebd., Nr. 43.

Zum angemahnten Desiderat einer Sparkasse im Distrikt Augsburg wurde von der Regierung von Schwaben und Neuburg am 30. Dezember erklärt: „Im Distrikt Augsburg ist ein Bedürfniß zur Errichtung einer Sparkasse um deswillen nicht als gegeben zu erachten, weil die meisten und hauptsächlich auch die größeren Gemeinden dieses Distrikts wie z. B. Oberhausen, Pfersee, Göggingen, Gersthofen nach Augsburg gravitieren und in der dortigen städtischen Sparkasse an allen Wochentagen Vor- und Nachmittags und an den Sonntagen während einiger vormittägigen Stunden zu Spar-Einlagen Gelegenheit reichlich gegeben ist.“ [188]

Die Distriktssparkasse Zusmarshausen kam weiter in keine ruhigeren Fahrwasser. Am 6. September 1899 kündigte Kassierer Gaa zum 1. Januar 1900 wegen „Verminderung der Arbeitslast“.[189] Bis zur Bestellung des neuen Kassierers, des Bezirksamtsoffizianten Goller, im März des Jahres 1900 führte Gaa die Geschäfte weiter. Die Aufsichtsbehörde genehmigte am 29. März die Stellenbesetzung unter der Bedingung, dass er seine Kassierertätigkeit als Nebenbeschäftigung außerhalb des Büros und der Dienstzeit seines Hauptberufes ausübe.[190] Diesem Ansinnen stellte sich die Sparkassenverwaltung mit Erfolg vehement entgegen. Seit über 25 Jahren sei die Distriktssparkasse in der bezirksamtlichen Kanzlei untergebracht und aufgrund der „wenig frequentirten Kassentage“ erfuhren die dortigen Amtsgeschäfte keine Beeinträchtigung. Öffnungszeiten für das Institut außerhalb der Dienstzeiten des Amtes seien für die Sparkassenkunden nicht zumutbar.[191] Mit der Vereidigung am 9. Mai 1900 übernahm Bezirksamtsoffiziant Johann Goller bei gleichzeitiger Stellung einer Kaution über 500 Mark[192] offiziell sein Amt als Kassierer. Die Eidesformel lautete:

„Ich Johann Goller schwöre bei Gott dem Allmächtigen und Allwissenden, mein Amt als Kassierer der Distriktssparkasse Zusmarshausen pflichtgetreu zu erfüllen, den dienstlichen Aufträgen meiner Vorgesetzten pünktlich nachzukommen, die Geschäfte als Kassierer der Distriktssparkasse nach den bestehenden Vorschriften auf das genaueste zu erledigen, weder Vortheil noch Nutzen von wem immer der Amtsgeschäfte wegen mir zuzuwenden, Niemanden von dem Mittheilung zu machen, was ich dienstlich oder aus amtlichen Verhandlungen erfahren werde, auch Niemanden, der nicht berechtigt ist, von Urkunden oder sonstigen Schriften Einsicht nehmen oder Mittheilungen irgendwelcher Art zukommen zu lassen. Dieses schöre ich, so wahr mir Gott helfe.“ [193]

Bereits ein knappes Jahr später stand die Wiederbesetzung der Kassiererstelle der Distriktssparkasse Zusmarshausen an. Kassierer Goller ging als Revisor zur Regierung von Oberfranken.[194] Zum Nachfolger wurde gegen Stellung einer Kau-

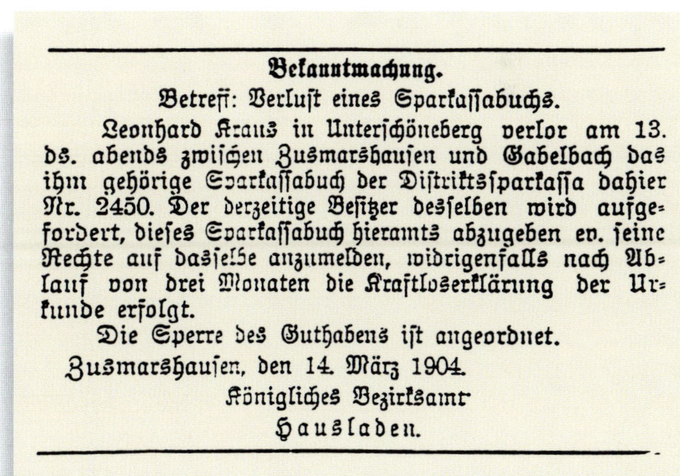

Bekanntmachung.

Betreff: Verlust eines Sparkassabuchs.

Leonhard Kraus in Unterschöneberg verlor am 13. ds. abends zwischen Zusmarshausen und Gabelbach das ihm gehörige Sparkassabuch der Distriktssparkassa dahier Nr. 2450. Der derzeitige Besitzer desselben wird aufgefordert, dieses Sparkassabuch hieramts abzugeben ev. seine Rechte auf dasselbe anzumelden, widrigenfalls nach Ablauf von drei Monaten die Kraftloserklärung der Urkunde erfolgt.

Die Sperre des Guthabens ist angeordnet.

Zusmarshausen, den 14. März 1904.

Königliches Bezirksamt

Hausladen.

Mitteilung über den Verlust des Sparkassenbuchs von Leonhard Kraus aus Unterschöneberg vom 14. März 1904. *Marktarchiv Zusmarshausen*

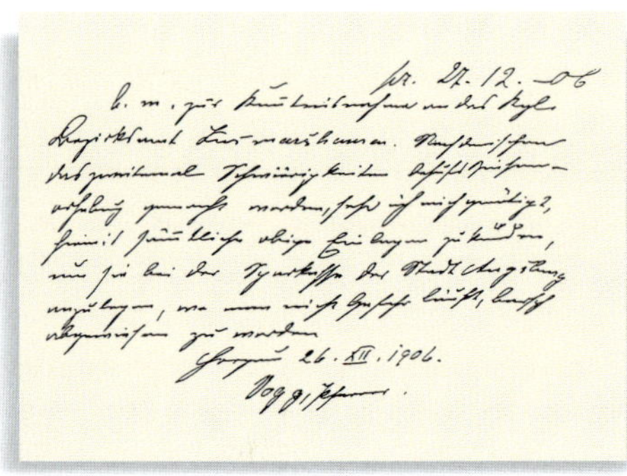

Kündigungsschreiben des Horgauer Pfarrers Vogg vom 26. Dezember 1906. *Staatsarchiv Augsburg*

tion von 500 Mark Bezirksamtsoffiziant Wilhelm Schmidt bestimmt.[195] Die offizielle Bekanntmachung erfolgte am 1. Mai 1901 im Amtsblatt.[196]

1906 – Differenzen mit Pfarrer Vogg von Horgau

Pfarrer Ludwig Vogg von Horgau bevollmächtigte am 10. Dezember 1906 Hilfslehrer Theodor Lampert von Streitheim mit der Erhebung des Jahreszinses für 1906 für die Spareinlagen der Pfarrkirchenstiftung Horgau, der Kapellenstiftung Auerbach, der Eiselschen Familienstiftung Streitheim und der Pfarrpfründe Horgau.[197] Am Nachmittag des 13. Dezember erschien Hilfslehrer Lampert mit der Bitte, die Zinsen erheben zu können. Kassierer Schmidt verwies den Pädagogen auf die vormittäglichen Öffnungszeiten, Lampert argumentierte, da müsse er Schulunterricht halten. Kassierer Schmidt hatte kein Einsehen und lehnte Lamperts Ansinnen ab. Dies veranlasste Pfarrer Vogg zum Kündigungsschreiben vom 26. Dezember: „Nachdem schon das zweitemal Schwierigkeiten behufs Zinsenerhebung gemacht werden, sehe ich mich genöthigt, hiemit sämtliche obige Einlagen zu künden, um sie bei der Sparkasse der Stadt Augsburg anzulegen, wo man nicht in Gefahr läuft, barsch abgewiesen zu werden.“[198]

Mit einer ausführlichen Aktennotiz vom 11. Januar 1907 nahm Kassierer Schmidt hierzu Stellung. Gemäß bezirksamtlichem Ausschreiben sei die Kasse nur vormittags von 9.00 – 12.00 Uhr geöffnet. Da die Kasse unter Doppelverschluss stehe, und die zwei Verwaltungsmitglieder nachmittags nicht anwesend seien, könne keine Zinsauszahlung erfolgen. Bei sämtlichen anderen Kirchenverwaltungseinlegern habe es bis jetzt bei den Zinsauszahlungen noch nie Probleme gegeben. Als Lokalinspektor müsse Pfarrer Vogg bekannt sein, dass Lehrer vormittags ihre Zeit in der Schule verbringen. Abhilfe wäre getan, wenn Pfarrer Vogg eine andere Person zur Zinserhebung ermächtigen würde.[199] Vice versa erfolgte daraufhin die schriftliche definitive Kündigung sämtlicher Einlagen zum 13. Februar des Jahres.[200] In einem Begleitschreibens[201] wurde ausgeführt:

1. Jeder gesunde Menschenverstand muss einsehen, dass es in der Winterzeit sehr schwierig ist von entlegenen Orten an den Sitz der Distriktssparkasse zu kommen.
2. Die Sparkasse hat den Kunden Ein- und Rückzahlungen grundsätzlich zu ermöglichen. Sie ist für die Einleger und nicht um ihrer selbst willen da.
3. Dem Distriktssparkassenkassierer steht kein Urteil zu, wen Pfarrer Vogg zur Abhebung der Zinsen ermächtigt.

Diese Reklamation veranlasste das Institut nicht, die Öffnungszeiten kundenfreundlich auf den Nachmittag zu verlegen. Hinzuweisen ist, dass Pfarrer Vogg, Mitbegründer des Darlehenskassenvereins Horgau im Jahre 1891, aufgrund dieser Funktion und Konkurrenzsicht sicherlich nicht sparkassenfreundlich gesinnt war.[202] Warum er nicht diese Einlagen beim örtlichen Darlehenskassenverein tätigte, ist vielleicht dadurch zu erklären, dass er vor Ort keinen Einblick in die Vermögenssituation der Pfarreien geben wollte.

1907 – Gründung des Sparkassenbezirksverbandes Schwaben

Anstoß zur Gründung von regionalen Sparkassenverbänden in Bayern gab hauptsächlich die Ministerialentschließung vom 10. Juni 1905, die sich ausdrücklich für den Zusammenschluss von Sparkassen in Sparkassenverbänden zur Förderung der gemeinsamen Interessen und Ausdehnung des Wirkungskreises aussprach.[203] Deswegen lud die königliche Regierung von Schwaben und Neuburg am 24. August 1907 die schwäbischen Sparkassen zu einer Gründungsversammlung am 31. Oktober in den Prü-

195 Ebd., Nr. 42.
196 Amts- und Anzeigenblatt für das königliche Bezirksamt, Amtsgericht und Rentamt Zusmarshausen, 1.5.1901.
197 STAA, BA Zusmarshausen, Akt 3170 II, Nr. 77 c.
198 Ebd.,Nr.77b.
199 Ebd.,Nr.4007.
200 Ebd.,Nr.256.
201 Ebd., Nr. 54.
202 Raiffeisenbank Horgau eG, Jubiläumsschrift 100 Jahre, 1991, S. 12.
203 BayHStA, MInn, Akt 52678, Nr. 12679. S. dazu: Merz, R., Zur Gründung des Sparkassenbezirksverbandes, S. 181–194.
204 StadtAA, Bestand 18, Akt 563, Nr. 1.
205 Ebd., Nr. 11.
206 Ebd., Nr. 7636/08.
207 Ebd., ad Nr. 7636.
208 Schwäbischer Sparkassenverband, in: Augsburger Abendzeitung, 29.4.1908.
209 StadtAA, Bestand 18, Akt 563, ad Nr. 7636.
210 BayHStA, MInn, Akt 52678, Nr. 12679; Wysocki, J./Pix, M., Was ging den Landrichter die Sparkasse an?, S. 84–87.
211 S. dazu: Sommer, A., Geistesgeschichte der deutschen Sparkassen, S. 81–85.
212 BayHStA, MInn, Akt 52678, Nr. 12679. S. dazu: Treue, W., Zu den Anfängen des modernen Genossenschaftswesens, S. 36; Lade, K., Die Genossenschaften, S. 98, 108–110.
213 Reusch, H., Zinspolitik der Sparkassen, S. 95f.

fungssaal der Regierung nach Augsburg. Als Aufgaben des Verbandes wurden ins Auge gefasst:

- die Einführung einer fachmännischen Revision der Verbandssparkassen, wobei dem Verbandsrevisor nicht die Stellung eines aufsichtsbehördlichen Organs, sondern eines Beraters zukommen sollte;
- die Schaffung einer Geldvermittlungsstelle;
- der Entwurf von Mustersatzungen;
- die Einführung einheitlicher Formulare;
- eine Stellungnahme zur Anlage der Sparkassenkapitalien und
- endlich die Einführung des Übertragungsverkehrs für Spareinlagen.[204]

Von den 43 öffentlichen Sparkassen des Regierungsbezirkes waren auf der Gründungsversammlung 31 vertreten. Die definitiven Beitrittserklärungen zum Verband sollten innerhalb von vier Wochen bei der königlichen Regierung von Schwaben und Neuburg eingereicht werden. Zur Deckung der Kosten wurden folgende Beiträge erhoben:[205]

a) Eintrittsgeld in Höhe des Jahresbeitrages,
b) Jahresbeitrag: eine Mark von jedem angefangenen Betrag zu hunderttausend Mark des Einlagenkapitals nach dem letzten Jahresabschluss bis zum Höchstbetrag von 30 Mark, jedoch mindestens 5 Mark.

Auf der ersten Verbandsversammlung am 27. April 1908 in Augsburg war die Distriktssparkasse Zusmarshausen durch das Verwaltungsmitglied Bürgermeister Ulrich Mayr von Horgau vertreten. Entschuldigt war die Sparkasse Schwabmünchen und überhaupt nicht vertreten die Distriktssparkasse Wertingen.[206] Dort wurden offiziell die „Satzungen des Sparkassen-Verbandes für den Regierungsbezirk Schwaben und Neuburg" beschlossen.[207] Als Verbandszweck definierte man: Förderung des Sparsinns in den weitesten Kreisen, Wahrnehmung der gemeinsamen Interessen der Sparkassen und Verbesserung der Kasseneinrichtungen.[208] Das vorliegende Verbandsverzeichnis enthält die Sparkassen Zusmarshausen, Schwabmünchen und Wertingen als Mitglieder, während neun Sparkassen aus dem Regierungsbezirk noch nicht beigetreten waren.[209]

Die Distriktssparkasse bis 1914

Die Geschäftsentwicklung am Beginn des 20. Jahrhunderts verlief bescheiden. Ausschlaggebend waren offensichtliche Defizite wie häufige Wechsel der Sparkassenkassierer (1900/01), fast kampfloses Taktieren gegenüber den Darlehenskassenvereinen und kundenunfreundliche Öffnungszeiten. Bis 1904 war eine leichte Einlagenmehrung auf 139 195 Mark zu verzeichnen. Staatlicherseits sollte mit der Entschließung vom 10. Juni 1905[210] die Sparkassenentwicklung in Bayern forciert werden, da hier im Verhältnis zu anderen Staaten[211] eine langsamere Gangart festzustellen war, die ihre Erklärung in der erfolgreichen Errichtung von Darlehenskassenvereinen[212] in Bayern fand. Es wurde insbesondere auf die Vermehrung von Annahmestellen und Filialen, die Errichtung von Schul- und Pfennigsparkassen, verlängerte Öffnungszeiten und eine angemessene Verzinsung der Spareinlagen[213] gedrängt. Der allgemeine Wirtschaftsaufschwung unterstützt durch gute Ernten seit Ende 1903 führte auch bei der örtlichen Sparkasse zu einer positiven Tendenz bei der Einlagenentwicklung bis 1906 mit 142 636 Mark. Der 1906 einsetzende Kurseinbruch an den Börsen und der Kapitalmangel führte ab 1907 zu einer Wirtschaftskrise, die sich in einer Kreditnot äußerte und auch die Spareinlagenentwicklung negativ beeinflusste. Zur Einlagenmotivation wurde deshalb ab dem 1. Januar 1909 der Guthabenzins von 3 % auf 3,5 % erhöht und dieses Vorhaben auch im Amtsblatt angekündigt: „Es werden daher alle diejenigen Personen, welche Kapitalien für längere oder kürzere Zeit verzinslich anzulegen gewillt sind, aufgemuntert, hiefür die Distriktssparkasse Zusmarshausen in weitgehendster Weise zu benützen. Hiedurch erreichen sie nicht blos für ihre Kapitalien die beste Sicherheit, sondern sie unterstützen auch indirekt die Interessen der Distriktsgemeinde, weil einerseits die Reinerträge der Sparkasse künftig zur Deckung außerordentlicher Ausgaben der Distriktsgemeinde (Wohltätigkeitsanstalten) Verwendung finden können und hiedurch

Aktivvermögen und Anlage der Aktivkapitalien bei der Distriktssparkasse Zusmarshausen 1881–1913[214]
(Angaben in Mark)

Jahr	Aktivvermögen[215]	Hypotheken	Wertpapiere
1881	72 307	17 850	54 457
1882	77 014	22 500	54 514
1883	79 414	24 500	54 914
1884	80 014	24 500	55 514
1885	83 529	27 314	56 215
1886	91 728	27 314	64 414
1887	94 414	29 000	65 414
1888	97 414	29 800	67 614
1889	109 714	42 600	67 114
1890	116 000	45 800	70 200
1891	119 000	56 800	62 200
1892	117 500	56 800	60 700
1893	128 700	61 800	66 900
1894	126 300	56 300	70 000
1896	135 300	54 700	80 600
1898	142 772	55 500	87 272
1899	143 672	81 300	62 372
1900	143 572	81 300	62 272
1901	135 472	81 300	54 172
1904	155 800	88 800	67 000
1907	161 250	94 950	66 300
1908	161 150	94 900	66 200
1909	165 050	94 950	70 100
1910	169 050	98 550	70 500
1911	177 150	103 750	73 500
1913	180 290	112 850	67 440

Reinertrag und Reservefonds der Distriktssparkasse Zusmarshausen 1881–1911[217] (Angaben in Mark)

Jahr	Reinertrag	Reservefonds
1881	374	5 381
1882	154	6 500
1883	411	6 900
1884	379	7 500
1885	358	8 200
1886	331	8 900
1887	528	9 600
1888	526	8 000
1889	680	8 700
1890	957	9 700
1891	1 219	10 700
1892	822	10 900
1893	1 017	12 200
1894	1 179	13 200
1896	1 115	16 800
1898	741	18 200
1899	543	18 700
1900	2 019	18 700
1901	402	17 140
1904	795	18 000
1907	1 137	18 900
1908	1 075	18 900
1909	554	20 900
1910	864	21 400
1911	1 883	22 400

sich die sonst notwendig werdende Erhöhung der Distriktsumlagen hintanhalten läßt und weil andererseits auch das Kreditbedürfnis der Anwesensbesitzer des Bezirkes durch Hingabe von Hypothekenkapitalien seitens der Sparkasse in erhöhtem Maße befriedigt werden kann."[216] Die Zinserhöhung, verbunden mit einem allgemeinen Wirtschaftsaufschwung zeigte Wirkung – die Gesamteinlagen stiegen von 142 774 Mark in 1909 bis 1914 auf 185 000 Mark.

Welche Entwicklung nahmen die Aktivkapitalien seit 1876? Konkrete Geschäftsvorfälle hierüber sind kaum bekannt, daher müssen nackte Zahlen, die erst seit 1881 vorliegen, sprechen.

Ein Großteil des Aktivvermögens war in Wertpapieren angelegt – 1881 ca. 75 %. Dabei handelte es sich hauptsächlich um Schuldverschreibungen des bayerischen

214 Grundlage: Amtsblätter des königlichen Bezirksamtes Zusmarshausen; Statistik der bayerischen Sparkassen; STAA, BA Zusmarshausen, Akt 3170 II; SPES.

215 Aktivvermögen hier: „ausgeliehene Kapitalien und sonstige Kapitalien".

216 Amtsblatt für das königliche Bezirksamt Zusmarshausen, 14.4.1909; STAA, BA Zusmarshausen, Akt 3170 II, Nr. 329.

217 Grundlage: Amtsblätter des königlichen Bezirksamtes Zusmarshausen; Statistik der bayerischen Sparkassen; STAA, BA Zusmarshausen, Akt 3170 II; SPES. Für die Jahre 1876–1880 und 1912–1914 sind keine Zahlen eruierbar.

218 BayHStA, MInn, Akt 52676, Nr. 1851.

Ansichtskarte mit dem Augsburger St. Annaplatz aus dem Jahre 1908. Heute befindet sich hier am Martin-Luther-Platz der Sitz der Kreissparkasse Augsburg. *Sammlung R. Merz*

Ansichtskarte aus dem Jahre 1908 mit Blick in die Augsburger Maximilianstraße und auf den Herkulesbrunnen im Vordergrund. *Sammlung R. Merz*

Staates, bayerischer Gesellschaften und Kreditinstitute. 1889 vollzog das stagnierende Hypothekengeschäft einen sprunghaften Anstieg, ebenso hinterließen die Krisenjahren der Landwirtschaft 1890 und 1899 ihre Spuren. Parallel dazu brach das Wertpapiergeschäft deutlich ein. Die detaillierten Geschäftsberichte seit 1907 zeigen im Hypothekengeschäft einen Schwerpunkt von 90 % im landwirtschaftlichen Bereich – eine Auswirkung der damaligen schwierigen Lage der Landwirtschaft.

Abschließend soll die Gewinnsituation der Sparkasse, ausgewiesen durch den Reinertrag, betrachtet werden. Seit den „Grundbestimmungen über die Sparkassen von Gemeinden und Distrikten" vom 19. Mai 1874 war die Bildung eines Reservefonds, gespeist aus den Gewinnen der Institute, in Höhe von mindestens 10 Prozent der Gesamteinlagen geboten.[218] Der jeweilige Stand des Fonds korrelierte permanent mit dem temporären Reingewinn und der Kurssituation der Wertpapiere. 1885 konnte zum ersten Mal die 10-Prozent-Grenze erreicht werden, die bereits 1888 wieder unterschritten und erst 1892 wieder erfüllt wurde. Ursache hierfür war sicherlich die mangelnde Gewinnsituation des Institutes. Bis 1911 ist eine permanente Einhaltung der 10-Prozent-Klausel ersichtlich.

ZWEITER VERSUCH IN GÖGGINGEN

Der Wohlstand hat seine Basis in dem Grundbesitze, welcher der oekonomische Schwerpunkt ist, an den sich nicht allein der Bauernstand, der Söldner und Taglöhner anlehnt, sondern in dem auch der Handwerker eine nothwendige Ergänzung seines Nahrungsstandes findet und aus dem der Dienstbote durch Kraftaufwand und Sparsamkeit eine finanzielle Quelle zur Begründung eines eignen Hausstandes zu gewinnen strebt.

Dr. Karl Immel, Landgerichtsarzt, 1858

Gründung der „Distrikts-Sparkassa-Anstalt"

Das Fehlen einer Ersparniss-Kasse für das Landgericht Göggingen bewog den damaligen Landrichter, Freiherr von Leoprechting, an den Magistrat der königlich bayerischen Kreishauptstadt Augsburg am 29. September 1859 nachfolgendes Schreiben und Bittgesuch zu richten: „Nachdem die hohe Regierung auf Errichtung einer Sparkasse dringt, die Gemeinden auch selbst hiefür eingenommen sind, wir aber bei heutiger Berathung bezweifelten, ob im diesseitigen Bezirke, namentlich am Amtssitze sich passende Verwaltungs-Mitglieder finden werden, die dieses Institut auf kaufmännische Weise schwunghaft zu betreiben im Stande sein werden, und eine solche Anstalt in unserer benachbarten Kreishauptstadt Augsburg sich eines seltenen Rufes zu erfreuen hat, so erlauben wir uns die ergebenste Anfrage, ob und bejahenden Falles unter welchen Bedingungen ein Anschluß an die jenseitige Sparkassen-Anstalt ermöglicht werden könnte."[1]

Die Antwort des Stadtmagistrates erfolgte umgehend am 8. Oktober.[2] Grundsätzlich verwies man auf den § 2 der Statuten der Augsburger Ersparniß-Kasse vom 7. Februar 1852, der nur Einlagen von Personen, Anstalten und Vereinen zuließ, die hier wohnten, ansässig oder heimatberechtigt waren.[3] Einzelne Sparer der Augsburger Anstalt aus dem Landgerichtsbezirk Göggingen stellten nur eine Ausnahme dar. Aufgrund der Tragweite eines Entschlusses über den Anschluss konnte die Anfrage letztendlich noch nicht definitiv entschieden werden.[4]

Die zögernde und aufschiebende Antwort von Seiten Augsburgs veranlasste das Landgericht Göggingen zielgerichtet auf eine Errichtung einer eigenen Sparkasse hinzuarbeiten, zumal die Distriktsarmenkasse nicht im Stande war, die dringende Aufgabe zu übernehmen. Ein zweiter Gründungsversuch einer Sparkasse im Landgerichtsbezirk nahm seinen Anfang. Landrichter von Leoprechting drängte daher den Distriktsrat der Gründung einer Distriktssparkasse und den bereits ausgearbeiteten Statuten zuzustimmen.[5] Bereits am 3. Januar genehmigte die Regierung von Schwaben und Neuburg die Kasse.[6] Zur Auflage machte man die Übernahme der vollen Haftung für die Sicherheit der eingelegten Kapitalien durch den Distriktsrat Göggingen, deren Verzinsung wie Rückzahlung und die Bereitstellung eines Vorschusses von 200 fl. aus Distriktsmitteln für die Anlaufkosten.[7]

Die Statuten der Distrikts-Sparkassa-Anstalt des königlichen Landgerichtsbezirkes Göggingen vom 11. Dezember 1859[8] sahen als Einlegerkreis nachfolgende soziale Gruppen vor:

1. Minderjährige ohne Unterschied des Standes und der Klasse,
2. Dienstboten,
3. Lehrlinge, Handwerksgesellen und Fabrikarbeiter,
4. Taglöhner,
5. Auswärtige, der Kategorien Nr. 1–4.

Ungewöhnlich war die angesichts der Haftungsverhältnisse veranlasste Öffnung der Sparkasse auch für Einleger von außerhalb des Bezirkes. Wahrscheinlich erhoffte man sich dadurch eine regere Geschäftstätigkeit.

Das Einlagenminimum betrug 3 fl., das Maximum 300 fl.; überstieg die Gesamteinlage eines Sparers 300 fl., konnte die Annahme einer weiteren Einlage verweigert werden. Verzinst wurden die Kapitalien mit 3 $^{1}/_{3}$ % pro Jahr. Für Rückzahlungen bei Beträgen bis 25 fl. galt eine einmonatige Kündigungsfrist, bei größeren Beträgen ein dreimonatige.

Ein Bauer und ein Bauernmädchen aus der Gegend zwischen Augsburg und Ulm (kolorierte Lithographie nach einer Zeichnung von Jos. Ignaz Hörmann, ca. 1820).

1 StadtAA, Bestand 11, Akt 1436, Nr. 9.
2 StAA, BA Augsburg, Akt 674, Nr. 1.
3 Merz, R., Stadtsparkasse Augsburg, S. 426.
4 StAA, BA Augsburg, Akt 674, Nr. 1. Vgl. auch: StadtAA, Bestand 11, Akt 1436, Nr. 10.
5 StAA, BA Augsburg, Akt 674, Nr. 2.
6 Ebd., Nr. 11. BayHStA, MInn, Akt 52709, Nr. 17846.
7 StAA, BA Augsburg, Akt 674, Nr. 11.
8 StadtAA, Bestand 2, Akt 999, Nr. ad 1.

Das Personal der Distriktssparkasse[9] bestand aus einem Rechnungsführer, zuständig für die Buchführung und Rechnungsstellung, und einem dreiköpfigen Verwaltungsausschuss, der wiederum aus seiner Mitte einen Vorstand wählte, und für eine schnelle und sichere Anlage der Sparkassenkapitalien zu sorgen hatte. Die Arbeit des Verwaltungsausschusses geschah unentgeltlich, dem Rechnungsführer wurde „ein billiges Honorar ausgeworfen". Die Verwaltung der Kasse stand unter Kuratel des königlichen Landgerichtes Göggingen. Der erste Rechnungsführer der Kasse war Fabrikant Hofmann. Der Verwaltungsausschuss bestand aus den Herren Joseph Zott, Josef Höfle und Josef Schweigen.[10]

Die offizielle Eröffnung der Distrikts-Sparkassa-Anstalt fiel auf den 1. Mai 1860.[11]

Entwicklung der Sparkasse 1860 bis 1863

Zur Zeit der Sparkassengründung maß das Landgericht 4 696 Quadratmeilen und hatte 17 395 Einwohner, davon 8 362 männlichen und 9 033 weiblichen Geschlechts, davon wieder 2 207 Kinder männlichen und 2 415 weiblichen Geschlechts.[12] Die Voraussetzungen für eine Sparkasse waren also günstig, weil es eine ansehnliche Zahl zukünftiger Einleger gab.

Bereits zum 20. November 1860 konnte die neue Distriktssparkasse Einlagen in Höhe von 3 126 fl. 19 kr. verzeichnen.[13] Für das Rechnungsjahr 1860/61 liegt eine Kurzübersicht vor (vgl. Tabelle unten).[14]

Auffallend sind die hohen Werte bei den Kindern – sowohl bei der Anzahl der Einlagen wie deren Höhe. Inwieweit über die Personen der Kinder Gelder der Eltern angelegt wurden, ist nicht nachzuprüfen, aber zu vermuten.[15] Der verhältnismäßig niedrige Anteil in der Kategorie „Handwerksgesellen, Lehrlinge, Fabrikarbeiter, Taglöhner" lag sicher in der sozialen und wirtschaftlichen Struktur Göggingens und der Landgerichtsgemeinden begründet. In der Stadt Augsburg war das Potenzial dieser Kategorie wesentlich größer.

Ein endgültiger Jahresabschluss für das Geschäftsjahr 1861/62 kam wegen der Erkrankung des Kassierers Hermann Hofmann[16] nicht zustande. Während seiner Erkrankung übernahmen dessen Funktion übergangsweise Vorstandsmitglied Joseph Höfle und Privatier Gwinner aus Augsburg. Zum 2. September 1862 betrug der Aktivbestand des Instituts 16 500 fl., ausnahmslos Obligationen des bayerischen Staates. Der Bargeldbestand belief sich auf 762 fl. 16 kr. Das Tagebuch schloss mit 25 568 fl. 12 kr. Einnahmen und 8 304 fl. 46 kr. ab.[17]

Der Einlagenbestand der Distriktssparkasse Göggingen betrug per 1. Juni 1863 18 566 fl. 58 kr.[18] Darunter gab es auch Großeinlagen über dem Einlagenmaximum von 300 fl. wie die von Johann Kuchenbauer, Bauernsohn aus Gablingen, mit 316 fl. 25 kr., Theres Kratzer, Ottmarshausen, mit 314 fl. 25 kr., Johann Geiger, Pfersee, mit 306 fl. 40 kr., Mechtild Ertle, Leitershofen, mit 307 fl. 14 kr.und Maria Glaß, Allmannshofen, mit 310 fl. 4 kr. Dem erstgenannten Einleger aus Gablingen wurde bereits 1862 ein das Maximum übersteigender Betrag zurückbezahlt; ebenso Theres Kratzer aus Ottmarshausen, die 200 fl. erhielt.[19]

Die Einlagen verteilten sich auf verschiedene Landgerichtsgemeinden, auch

Kapitalstand	13 537 fl.	9 kr.
Barbestand	165 fl.	50 kr.
Darlehen an den Staat[20]	13 537 fl	– kr.

Die Spareinlagen wurden erbracht von:[21]

Guthaben	**Gesamt**			**pro Kopf**	
	Stück	fl.	kr.	fl.	kr.
– dienende Klasse	35	3 534	38	100	59
– Handwerksgesellen, Lehrlinge Fabrikarbeiter, Taglöhner	18	928	38	51	34
– Kinder	73	7 641	15	104	41
– andere Personen[22]	21	1 432	38	68	13

9 Die Mitgliedschaft im Distriktsrat war nicht zwingend, aber der Wohnsitz in Göggingen. Der Verwaltungsausschuss wurde vom Distriktsrat gewählt. Ein Mitglied des Ausschusses hatte die Funktion eines „Mitkassasperrers".

10 StAA, BA Augsburg, Akt 674, Nr. 66.

11 Ebd., Nr. 11.

12 Pötzl, W., Urgroßeltern, S. 56.

13 StAA, BA Augsburg, Akt 674, Nr. ad 47.

14 Ebd., Nr. ad 56.

15 Wysocki, J., Untersuchungen, S. 77f. Wysocki ist der Meinung, dass die Kindereinlagen großenteils Kindern wohlhabender Leute gehörten.

16 In einem Schreiben der Regierung von Schwaben und Neuburg, datiert vom 15.1.1863, erfahren wir vom Tod des Kassierers Hofmann (StAA, BA Augsburg, Akt 674, Nr. 77).

17 Ebd., Nr. 66.

18 StadtAA, Bestand 2, Akt 999, Nr. ad 22, Beilage I.

19 StAA, BA Augsburg, Akt 674, Nr. 77.

20 Die Anlage der Sparkapitalien erfolgte ausschließlich bei der Staatsschuldentilgungskasse.

21 StAA, BA Augsburg, Akt 674, Nr. ad 50.

22 Der Stand „andere Personen" ist nirgendwo definiert. Vermutlich handelt es sich um Waisen- und Mündelgelder.

23 StAA, BA Augsburg, Akt 673, 1.4.1827.

24 StadtAA, Bestand 2, Akt 999, Nr. ad 22, Beilage II.

25 BayHStA, MInn, Akt 52709, ad Nr. 357.

26 StadtAA, Bestand 2, Akt 999, Nr. I.

Gemeinde	Anzahl der Einleger	Gemeinde	Anzahl der Einleger
Leitershofen	21	Haunstetten	3
Göggingen	17	Hainhofen	3
Oberhausen	14	Gersthofen	3
Pfersee	13	Anhausen	3
Bergheim	10	Schlipsheim	2
Hirblingen	10	Reinhartshausen	2
Gessertshausen	10	Waldberg	2
Kriegshaber	9	Hammel	2
Steppach	7	Westheim	2
Täfertingen	7	Batzenhofen	1
Inningen	6	Neusäß	1
Gablingen	6	Deuringen	1
Stadtbergen	6	Deubach	1
Diedorf	4	Lauingen	1
Aystetten	4	Lechhausen	1
Margertshausen	4	Augsburg	1
Ottmarshausen	4		
Langweid	4		
Allmannshofen	4		

auswärtige Gemeinden wie Lechhausen, Allmannshofen, Lauingen und Augsburg. Die Gemeinden in der unmittelbaren Umgebung von Göggingen stellten den Hauptanteil der Einleger. Während bei der Ersparniß-Kasse Göggingen im Jahre 1826 nur aus 15 verschiedenen Gemeinden[23] Gelder flossen, sind im Jahre 1863 immerhin 189 Sparer aus 35 Gemeinden bereit, Spareinlagen bei der Gögginger Distriktssparkasse einzulegen. Der Aktivbestand des Institutes belief sich am 1. Juni 1863 auf:[24]

17 000 fl.	Staatsobligationen, insbesondere Eisenbahnanlehen
353 fl. 7,5 kr.	Zinsen daraus
1 200 fl.	Hypothekenbrief
10 fl.	Zinsen daraus

Vereinigung mit der „Ersparniß-Kasse" Augsburg 1863

Im Jahresbericht über den Stand des Armenwesens für die Jahre 1861/62 vom 1. Juli 1863 stellte die Regierung von Schwaben und Neuburg fest: „Es ist nicht zu verkennen und wir sprechen es wiederholt aus, daß die Sparkassen einen bedeutenden Einfluß auf die Hebung und Förderung der materiellen Interessen der minderbemittelten Volksklassen ausüben (...). Damit erhöht sich aber auch alljährlich die Verantwortlichkeit der Verwaltungen und erweitert sich der Umfang der Haftungsverbindlichkeit der Distriktsgemeinden. In den Städten ist das Rechnungswesen der Sparkassen durchaus geordnet, weil sich daselbst Rechnungsverständige befinden, die dasselbe in entsprechender Weise besorgen. Anders ist es auf dem Lande. Dort sind die Verwaltungen in der Regel in den Händen von wohlhabenden Vertrauensmännern oder in den Händen von Rechnungsverständigen, an welche die Gemeinden weniger in Folge besonderen Vertrauens als vielmehr wegen Mangels anderer befähigter Persönlichkeiten verwiesen sind."[25] Auch für die Gögginger Sparkasse, bei der die Kassiererstelle damals aufgrund des Ausfalles von Kassierer Hofmann nur kommissarisch besetzt war, traf dieses Defizit im Rechnungswesen zu.

Am 25. Februar 1863 teilte das königliche Bezirksamt Augsburg dem Magistrat der Kreishauptstadt Augsburg deshalb mit, dass der Distriktsrat beschlossen hat, die Gögginger Distriktssparkasse aufzuheben und beabsichtigt, sie der Augsburger Sparkasse einzuverleiben. Der Magistrat möge sich „gefälligst schleunigst, da die Gögginger Sparkasse immer mehr ins Stocken geräth", dazu äußern. Als Gründe für die Vereinigung der beiden Sparkassen wurden aufgeführt:[26]

1. Bisher mangelnder Erfolg der Distriktssparkasse; auch für die Zukunft

„Ansicht des Fleckens Göggingen bey Augsburg" um 1850.
Medienzentrale Landkreis Augsburg

sei keine positive Entwicklung zu erwarten.

2. Sehr viele Landbewohner, namentlich Fabrikarbeiter und Dienstboten vertrauten ihr Geld lieber dem städtischen Institut an.
3. Die Amtsverlegung im Jahre 1862 von Göggingen nach Augsburg beschleunigte die negative Entwicklung.[27]
4. Nach dem Tode des Kassierers Hofmann der Distriktssparkasse[28] sei kein geeigneter Nachfolger zu finden.

Die Bitte des Bezirksamtes wurde umgehend am 28. Februar positiv beschieden. Nachfolgenden Übernahmemodus schlug der Magistrat vor, vorbehaltlich der Zustimmung des Kollegiums der Gemeindebevollmächtigen und der Kuratelbehörde:[29]

- Die Einlagen der Distriktssparkasse werden wie neue Einlagen in der städtischen Sparkasse behandelt.
- Über das jeweilige Guthaben inklusive der anfallenden Zinsen wird ein neues Quittungsbuch der Augsburger Sparkasse ausgestellt.
- Ab sofort gelten dann die Statuten des Augsburger Instituts.
- Gleichzeitig hat die Übergabe der entsprechenden Wertpapiere, insbesondere der Staatsobligationen, zu erfolgen.[30]

Der der Übernahme im Wege stehende § 2 der Statuten vom 7. Februar 1852[31], der die Annahme von Einlagen Auswärtiger verbot, sollte durch die anstehende Revision der Statuten eliminiert werden. Im Zusammenhang mit der Übernahme der Gögginger Sparkasse versuchte die Stadtsparkasse Augsburg mit dem Hinweis auf den zu erwartenden vermehrten Geschäftsanfall, auch die Begrenzung auf den spezifizierten Einlegerkreis zu kippen – allen Einlegern sollte die Sparkasse zukünftig offen stehen. „Nach unseren (...) Erfahrungen sind subjektive Beschränkungen bei der hiesigen Sparkasse, an welcher die große Distriktsgemeinde Göggingen – Bezirksamt Augsburg, nunmehr teilnimmt, rein illusorisch und zwar aus dem Grunde, weil die Sparkassenverwaltung bei der Menge der Einlagen unmöglich zugemuthet werden kann, jeden einzelnen Einleger über seine Eigenschaft, ob Dienstbote, Fabrikarbeiter, Geselle oder Lehrling, ob die Einlage wirklich Ersparniß sei, förmlich zu inquiriren."[32] Nachdem die Augsburger Sparkasse wegen des Rechnungsabschlusses in den Monaten März und April geschlossen war, konnte die Übernahme frühestens zum 1. Mai stattfinden.

Die zuständigen Gemeindebevollmächtigen stimmten am 28. April 1863 zu.[33] Die Regierung von Schwaben und Neuburg erteilte am 18. Mai 1863 dem Stadtmagistrat Augsburg ihre Zustimmung zur Aufhebung des § 2 der Augsburger Statuten – Verbot der Einlagen für Auswärtige. Der Einlegerkreis blieb allerdings unverändert.[34] Mit Schreiben gleichen Datums an das Bezirksamt Augsburg gab die Regierung die Voraussetzungen der „Sparkassenvereinigung" bekannt:[35]

- Verzinsung der Einlagen ohne Unterbrechung unter dem Vorbehalt, dass die zu übergebenen Aktiv-Obligationen die Einlagen vollkommen decken;
- Ausstellung neuer Quittungsbücher auf Kosten der Distriktskasse, pro Buch 6 kr.

27 Das Landgericht Göggingen wurde dem in Augsburg einverleibt und erhielt die Bezeichnung „Bezirksamt". S. dazu: Jahn, J., Augsburg Land, S. 590f.; Stoll, Siegfried, Die Landgemeinde im Einflußbereich der benachbarten Industriestadt, in: Deininger, H. F., Göggingen, S. 189; Amtsblatt für das königliche Bezirksamt und die königlichen Amtsgerichte Augsburg und Schwabmünchen, 13.9.1862
28 StAA, BA Augsburg, Akt 674, Nr. 77.
29 StadtAA, Bestand 2, Akt 999, Nr. 2.
30 Wegen der Übernahmekurse und der Zinsberechnung wurde eine eigene Vereinbarung angekündigt.
31 Merz, R., Stadtsparkasse Augsburg, S. 426.
32 BayHStA, MInn, Akt 52709, Nr. 4708.
33 StadtAA, Bestand 2, Akt 999, Nr. 10.
34 Ebd., Nr. 15.
35 StAA, BA Augsburg, Akt 674, Nr. 96.
36 StadtAA, Bestand 2, Akt 999, Nr. 14.
37 StAA, BA Augsburg, Akt 674, Nr. ad 101.
38 StadtAA, Bestand 2, Akt 999, Nr. 22.
39 StAA, BA Augsburg, Akt 674, Nr. 105
40 StadtAA, Bestand 2, Akt 999, Nr. 21.
41 Ebd., Nr. 20
42 StAA, BA Augsburg, Akt 674, Nr. 105.

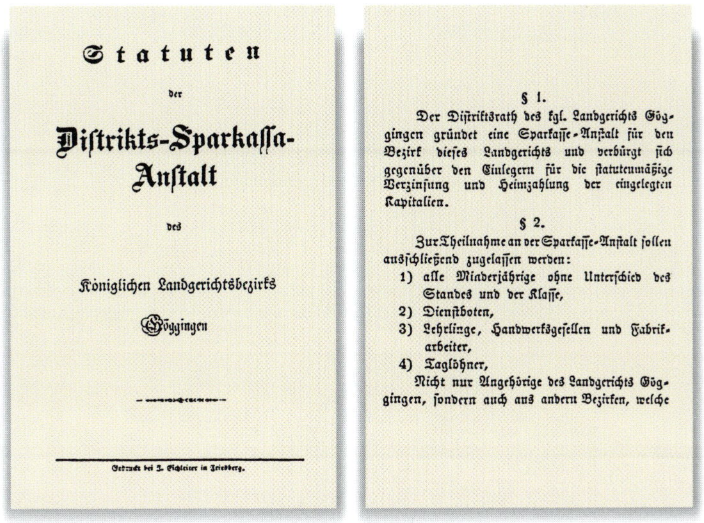
Statuten
der
Distrikts-Sparkassa-Anstalt
des
Königlichen Landgerichtsbezirks
Göggingen

§ 1.
Der Distriktsrath des kgl. Landgerichts Göggingen gründet eine Sparkasse-Anstalt für den Bezirk dieses Landgerichts und verbürgt sich gegenüber den Einlegern für die statutenmäßige Verzinsung und Heimzahlung der eingelegten Kapitalien.

§ 2.
Zur Theilnahme an der Sparkasse-Anstalt sollen ausschließend zugelassen werden:
1) alle Minderjährige ohne Unterschied des Standes und der Klasse,
2) Dienstboten,
3) Lehrlinge, Handwerksgesellen und Fabrikarbeiter,
4) Taglöhner,
Nicht nur Angehörige des Landgerichts Göggingen, sondern auch aus andern Bezirken, welche

Statuten der Distriktssparkasse Göggingen vom 11. Dezember 1859.
Staatsarchiv Augsburg

– Die Augsburger Statuten sind anzuerkennen.

Nachdem die rechtlichen Hürden genommen waren, konnte die „Extradition“ der Gögginger Distrikts-Sparkassa-Anstalt formell vollzogen werden. Mit dem Vollzug der Vereinigung wurde von der Kuratelbehörde der Rechnungsrevisor Schrödel beauftragt.[36]

Am 23. Mai nahm Extraditionskommissär Schrödel im Beisein des rechtskundigen Magistratsrates Türhauer, des Augsburger Sparkassenkassierers Engelberger, des königlichen Bezirksamtsassessors Ludhardt und des Gögginger Interimskassierers Höfle die offizielle Übergabe der Distriktssparkasse vor.[37] Im Beisein der beiden Mitglieder des Verwaltungsausschusses, der Herren Joseph Zott und Josef Schwelger, wurde die Kasse geöffnet und neben den Staatsobligationen in Höhe von 17 000 fl. ein Barbestand von 130 fl. 38,5 kr. vorgefunden. Das Kassatagebuch, welches vom verstorbenen Kassierer seinem Nachfolger Höfle kommissarisch übergeben wurde, zeigte folgende Abschlüsse:

Einnahmen	4 380 fl. 5 kr.
Ausgaben	3 727 fl. 26 kr.

Somit wurde ein Kassenbestand von 662 fl. 41 kr. ausgewiesen.

Der Gesamtbestand der Einlagen betrug zum 1. Juni 1863 18 566 fl. 58 kr. Dem gegenüber standen Deckungsmittel in Höhe von 17 000 fl. Staatsobligationen mit ausstehenden Zinsen in Höhe von 353 fl. 7,5 kr., 1200 fl. als Hypothekenbriefe mit Zinsen in Höhe von 10 fl. und Barmittel mit 3 fl. 50,5kr. Sollten sich noch Mehrforderungen der Einleger ergeben, die nicht in der übergebenen Liste von 191 Sparern verzeichnet sind, müssen diese von der Distriktskasse Göggingen (Bezirksamt Augsburg) übernommen werden.[38] Die reduzierte Kassendifferenz von 17 fl. 2,5 kr. wurde letztendlich akzeptiert mit dem Argument, dass wahrscheinlich ein Ausgabeposten versehentlich nicht gebucht wurde. Eine Veruntreuung durch den ehemaligen Kassierer Hofmann wurde ausdrücklich ausgeschlossen.[39]

Die rechtliche Vereinigung kam somit zum 1. Juni 1863 zustande. Aus diesem Anlass übergab das königliche Bezirksamt zur Einforderung der alten Sparkassenbücher und Ausgaben der neuen eine Liste der 130 ausgestellten Sparbücher der Gögginger Distriktssparkasse.[40] Die ebenfalls an die Augsburger Sparkasse übergegangenen Staatsobligationen wurden über den Geldwechsler Rosenbuch & Heymann mit einem Reinerlös von 17 457 fl. 30 kr. verkauft.[41] Auch das bescheidene Inventar der ehemaligen Distriktssparkasse wechselte seinen Eigentümer: eine eiserne Kasse, zwei Siegel mit „Farbapparat“, einige alte Sparkassenbücher und liniertes Papier für die Bücher.[42] Die Intention des Landrichters Freiherr von Leoprechting aus dem Jahre 1859, für den Bezirk sich der Dienste der Augsburger Sparkasse zu bedienen, wurde 1863 Wirklichkeit.

Darlehnskassenschein
Eine Mark
558·531450
1 Mark
Reichsschuldenverwaltung
Rentenbankschein
Fünf
Rentenmark
Deutsche Rentenbank
0 7356344
5
5 Rentenmark
095392
Gutschein
Zehn Millionen Mark
Deutsches Reich
4
Reichspfennig
G·1155259
Reichsbanknote
Fünfzig
Reichsmark
Reichsbankdirektorium
Bayerische Banknote · Zahlbar mit
20000 M
Zwanzigtausend Mark
München, den 1. März 1923
Bayerische Notenbank
A 184097
Reichsbanknote
Fünfzigtausend Mark
Berlin, den 19. November 1922
Reichsbankdirektorium

DIE SPARKASSEN IN DER REGION VON 1914 BIS 1945 – ZEITEN DER BEWÄHRUNG

Fleiß und Sparsamkeit schaffen
die Mittel zum Wohlstand der Nation und
zu ihrer Freiheit, aber nur dann,
wenn sparsam gewirtschaftet wird.
Ohne Sparsamkeit bringen auch Fleiß und
Arbeitsamkeit nicht den vollen Erfolg.

Reichspräsident Paul von Hindenburg

VOM ERSTEN WELTKRIEG ZUR WELTWIRTSCHAFTSKRISE

Die militärische Jugenderziehung soll bekanntlich die Erziehung im Elternhause und in der Schule ergänzen und fortführen; sie soll dem jungen Mann all die Eigenschaften anerziehen, die nicht nur für den künftigen Soldaten, sondern auch für den heranreifenden Mann in allen Berufen unerläßlich sind: Strenge Zucht und Ordnung, körperliche Gewandtheit und Abhärtung, Entschlußkraft und Beherztheit, geistige Frische, Opfermut und Selbstlosigkeit. All' diese Eigenschaften rechtzeitig bei der Jugend zu wecken und zu fördern, ist Zweck und Ziel der Uebungen in der Jugendwehr.

Bezirksamt Zusmarshausen, 30. 11. 1917

Krieg und Krisen

Kriegsfinanzierung und Kriegsanleihengeschäft

Mitten in Zeiten blühender Wirtschaft und gesättigter Finanzen stieg 1914 das Schreckgespenst eines Weltkrieges bedrohlich herauf. Die Kriegsfurcht, ausgelöst durch den Balkankrieg im Jahr 1912 und das einsetzende Wettrüsten der Großmächte[1], veranlasste die Presse, den Sparern mit Artikeln wie „Sicherheit der Sparkassen-Einlagen im Kriegsfalle" die Angst vor dem drohendem Verlust ihres Notgroschens zu nehmen. Pathetisch wurde erklärt und versichert: „Die Spareinlagen sind Forderungen, die auch im Kriege niemand wegnehmen und aufheben kann, und deren Rückzahlung unter allen Umständen, selbst unter den schwersten Opfern des für die Sparkasse haftenden Garantieverbandes erfolgen muß. (...) Ein siegreicher Feind im Lande – den sich ein mannhafter Deutscher nicht vorstellen sollte – kann die Sparkassen auch nicht ärmer machen. Ein modernes Kulturvolk führt den Krieg gegen den feindlichen Staat, nicht gegen die Einwohner und deren Gesamtheiten und läßt die Gesetze unangetastet. Den Sparkassen kann er nichts wegnehmen, während er Staatseigentum in Beschluß nehmen kann. Die Rückforderungsrechte der Einleger können nicht aufgehoben werden. Sicherer als bei einer öffentlichen Sparkasse ist auch in einem unglücklichen Kriege das Vermögen des einzelnen nicht aufgehoben."[2]

Soldaten fahren vom Augsburger Bahnhof 1914 in den Krieg.
Süddeutscher Verlag

Die Ermordung des österreichischen Thronfolgers Erzherzog Franz Ferdinand am 28. Juni 1914 und die damit ausgelösten überstürzten Mobilmachungen und Ultimaten führten letztlich zur deutschen Kriegserklärung an Russland am 1. August und am 3. August 1914 zur Kriegserklärung an Frankreich.[3]

Schon Ende August wurde der Zusmarshausener Distriktssparkassenkassierer Schmidt zum Kriegsdienst einberufen. Am 16. Oktober übertrug daher der Distriktsausschuss dem Bezirksamtsassessor Gehwald die Kassengeschäfte.[4] Seine Dienstzeit endete bereits am 31. Dezember 1914, ebenfalls durch die Einberufung zum Militärdienst. Ab 1. Januar 1915 übernahmen die Verwaltungsmitglieder Wagnermeister Anton Demharter und der Zusmarshausener Bürgermeister Eduard Spring in Personalunion die Führung des Institutes.[5]

Die Finanzierung des Weltkrieges erfolgte überwiegend mit Hilfe von Kriegsanleihen. Bereits am 15. September 1914 wies das Reichsamt des Innern aus Anlass der ersten Kriegsanleihe die Regierungen der Bundesstaaten darauf hin, wie sehr das Reich bei der Kriegsfinanzie-

Als die Währung noch hart war: letztes silbernes Fünfmarkstück des Deutschen Reichs, geprägt 1915.
Deutscher Sparkassenverlag

1 Born, K. E., Von der Reichsgründung bis zum Ersten Weltkrieg, S. 254–260.
2 Lechhauser Stadt- und Landbote, 15.11.1912.
3 Erdmann, K. D., Der Erste Weltkrieg, S. 75–91.
4 STAA, BA Zusmarshausen, Akt 3170 II, Nr. 4028.
5 Ebd., Nr. 4854.

rung auf die Mithilfe der Sparkassen angewiesen sei: „Für die Unterbringung der Kriegsanleihe ist eine weitgehende Mitwirkung der Sparkassen von größter Bedeutung. Diese Mitwirkung wird zunächst in einer möglichst starken Beteiligung der Sparkassen selbst an der Anleihe liegen müssen, die den Sparkassen eine mündelsichere und hoch verzinsliche Anlage bietet; sie wird aber auch in einer Unterstützung aller deren bestehen müssen, welche, um sich an der Anleihe zu beteiligen, Sparguthaben flüssig machen wollen."[6]

Die Wertinger Sparkasse inserierte daher folgerichtig schon am 7. September 1914 im Amtsblatt: „In Kriegszeiten wie im Frieden gibt es keinen besseren Ort, um Gelder aufzubewahren als eine öffentliche Sparkasse. Die Distriktssparkasse Wertingen gewährt für während des Krieges gemachte Einlagen 3,5%. Kündigung bei Abhebungen nicht erforderlich."[7] Sporadische Angstabhebungen zu Beginn des Krieges ließen sich allerdings nicht vermeiden. Sie dienten vor allem der Anschaffung größerer Lebensmittelvorräte. Mit Höchstbeträgen für die Abhebungen der einzelnen Personen versuchten die Kreditinstitute die Geldabflüsse einzudämmen.[8]

Neben den Sparkassen hatte sich die gesamte Kreditwirtschaft in die Finanzierung als Zeichner und Vermittler der für die Kriegsfinanzierung notwendigen Kriegsanleihen einzubringen. Die Börsen waren seit Kriegsausbruch geschlossen. Es bestand lediglich an gewissen Wochentagen ein Freiverkehr. Eine Anlage in andere Papiere als in Kriegsanleihen war somit so gut wie nicht gegeben.[9] Sämtliche Kreditinstitute, unterstützt durch die amtliche Seite, beteiligten sich daher intensiv an der Unterbringung der Kriegsanleihen. In den Zeitungen und Amtsblättern wurde eifrig die Werbetrommel gerührt. In Oberhausen warb sogar ein Zug Trommler im Marsch durch die Ortschaft lautstark für die neue Kriegsanleihe.[10]

Im Zusmarshauser Amtsblatt wurde bereits am 16. September 1914 die Zeichnung der Kriegsanleihe empfohlen. „Das Interesse des Reichs erfordert es, daß die gegenwärtig zur Zeichnung aufgelegte Kriegsanleihe in möglichst hohen Beträgen gezeichnet werde. Es ist daher angezeigt, daß alle in nächster Zeit zur verzinslichen Anlage bestimmten verfügbaren Mittel der Sparkassen und insbesondere der zahlreichen vermöglichen Stiftungen in dieser 5prozentigen Kriegsanleihe des Reichs angelegt werden."[11]

In diese Zeit fiel auch eine intensive Auseinandersetzung der Sparkassen mit den „massenhaft" errichteten ländlichen Genossenschaften mit beschränkter Haftung, die nicht nur ihren Mitgliedern, sondern auch den sparkassenspezifischen Personen wie Dienstboten und Taglöhnern Gelegenheit zu gut verzinslichen Spareinlagen gaben.[12] Es wurde daher ein Verbot staatlicherseits zum Beitritt politischer Gemeinden als Mitglieder von Kreditgenossenschaften wegen einer möglichen Mithaftung gefordert. Der

Regierungsrat Rudolf Stobäus, 1. Vorsitzender des Landesverbands Bayerischer Sparkassen.
Deutscher Sparkassenverlag

Hauptvorzug der Sparkassen lag in der zuverlässigen kommunalen Sicherheit, der absoluten Haftung der Gemeinde oder des Distriktes. Deswegen konnten selbst Mündelgelder bei den Sparkassen verzinslich angelegt werden, denen selbst in Kriegszeiten oder des wirtschaftlichen Zusammenbruchs kein Verlust drohte. Diese Sicherheit wäre bei einem Zusammenbruch einer Genossenschaft nicht gegeben gewesen. Die Darlehensvereine waren im Gegensatz zu den öffentlichen Kassen Kreditvereinigungen privater Natur, hauptsächlich auf dem Grundsatz der Selbsthilfe beruhend. Bei der Platzierung der Kriegsanleihen zog man allerdings am gleichen Strang.

Bis zum Juli 1915 wurde bei den ersten zwei Kriegsanleihen von den Bezirkssparkassen folgende Beiträge ge-

6 Zit. nach: Spiethoff, B., Vom Feudalbesitz zum Sparguthaben, S. 60.
7 Amtsblatt für das k. Bezirksamt Wertingen, 7.9.1914.
8 BayHStA, MInn, Akt 52682, Die bayerischen Sparkassen im Kriege.
9 Winkler, F. A., Die deutschen Sparkassen und die Kriegsanleihe, in: Höpker, H.(Hrsg.), Die deutschen Sparkassen, S. 105–110.
10 Schuber, M., Oberhauser Chronik, S. 147.
11 Amtsblatt des k. Bezirksamt Zusmarshausen, 16.9.1914.
12 HAStakaA, Schwäbischer Sparkassenverband, Akt 21, Förderung des Sparwesens.
13 Ebd., Akt 25, Erstellungen Kriegs-Sparkassenstatistik 1914/15.
14 Ebd., Akt G.A. 183, Sitzungsprotokoll 3.6.1916.
15 Ebd., Akt 21, Erstattung von Gutachten an die Regierung, 19.7.1916.
16 Zorn, W., Bayerns Geschichte im 20. Jahrhundert, S. 94.
17 Hetzer, G., Weltkrieg und Parlamentarismus, S. 377.
18 Ders., Unsere Gemeinden im Königreich Bayern, S. 452.
19 Amtsblatt für das k. Bezirksamt Zusmarshausen, 5.4.1916.
20 Ebd., 8.9.1915.

zeichnet bzw. vermittelt (vgl. Tabelle), wobei im Bezirk Zusmarshausen die Ergebnisse spärlich ausfielen.[13]

Auf der Versammlung des Schwäbischen Sparkassenverbandes am 3. Juni 1916 im Augsburger Rathaus konnte festgestellt werden: „Eine neue Aufgabe erwuchs den Sparkassen durch den Krieg. Wie die Sparkassen bisher schon die Geldgeber der Landwirtschaft, Gewerbe, für die Industrie und zum großen Teil auch für die Gemeinden waren, so wurden sie jetzt zum 1. Mal in großem Umfange auch Geldgeber des Reiches."[14]

Der Vorsitzende des Landesverbandes der bayerischen Sparkassen, Rudolf Stobäus, unterstrich in seinem Schreiben vom 19. Juli 1916 an die Regierungspräsidien insbesondere den Einsatz und die hervorragende Leistung der Sparkassenbeamten in der Vorbereitung und Durchführung der Kriegsanleihen wie auch die mit jeder weiteren Kriegsanleihe wachsende Bedeutung der Sparkassen als Zeichnungsstellen durch die Ausstellung der Kriegssparbücher für die vielen kleinen zu Sammelzeichnungen vereinigten Beträge, durch die Abrechnungen mit den Zeichnern und den Banken und die Herausgabe oder Hinterlegung der gezeichneten Stücke. Diese Aufgaben konnten nur durch den „grössten Pflichteifer und durch aufopfernde Hintanstellung ihrer eigenen Person" bewältigt werden. Der Vorsitzende bat deshalb das Präsidium bei künftigen Vorschlägen zur Auszeichnung mit dem „König Ludwig Kreuz" für Kriegsverdienste in der Heimat auch die Sparkassenbeamten zu berücksichtigen.[15]

Sparkasse	Zeichnungen von der Sparkasse	Zeichnungen von Sparern bei der Sparkasse	Zeichnungen von Sparern bei anderen Zeichnungsstellen
Zusmarshausen	13 000 M.	–	–
Schwabmünchen	60 000 M.	14 200 M.	101 000 M.
Wertingen	57 000 M.	1 200 M.	–

Nach einer Welle nationaler Begeisterung, die die gesamte Bevölkerung erfasste, weil sie glaubte, zu einem „heiligen Verteidigungskrieg für das Vaterland" gezwungen zu sein, setzte bald eine große Ernüchterung ein, die mit der rasch zunehmenden Verschlechterung der Ernährungslage um sich griff. Nachdem die Kartoffelernte 1916 extrem schlecht ausgefallen war, hungerte die Bevölkerung im Kriegswinter 1916/17.[16] In einer Reihe von Bekanntmachungen wurden seit Januar 1915 auch Beschlagnahmen und Enteignungen von Gegenständen aller Art aus Kupfer, Zinn, Messing und Nickel angeordnet wie z. B. Küchengeschirr, Bierkrugdeckel oder Kupferdächer und -rohre. Seit 1917 unterlagen auch Orgelpfeifen und Kirchenglocken der Bestandserhebung und Ablieferung.[17]

Im Nahrungsmittelbereich wurden im Januar 1915 Brotgetreide und Mehl zugunsten einer in Berlin zentralisierten Kriegsgesellschaft beschlagnahmt, wenige Wochen später gab es auch für Hafer und Gerste eine kontrollierte Marktregelung. Preiserhöhungen bei Fleisch, Milch, Butter und Schmalz waren an der Tagesordnung.[18] Sogar das Bier wurde im April 1916 rationiert.[19]

Die Begründung für die dritte Kriegsanleihe lieferte eine Bekanntmachung des Zusmarshauser Bezirksamtes vom 7. September 1915 an die Pfarrämter, Gemeindebehörden, Stiftungsverwaltungen, Genossenschaften und die Lehrer: „Deutschland hat mit seinen Verbündeten einen in der Geschichte einzig dastehenden Existenzkampf gegen eine Welt von mächtigen Feinden zu bestehen. Der unvergleichlichen Tapferkeit unserer Heere ist es gelungen, glänzende Erfolge auf allen Kriegsschauplätzen zu erringen. Noch ist aber die Macht unserer Feinde nicht endgültig gebrochen. Um dieses Ziel bald zu erreichen, sind weiterhin ungeheure Geldmittel erforderlich, um die ins Riesenhafte gehenden Bedürfnisse für die gesamte Kriegsführung zu bestreiten."[20]

Die Marktgemeinde Schwabmünchen zeichnete für diese dritte Kriegsanleihe auf Rechnung der Krankenhauskasse 5 000 Mark. Der Magistrat wies die Sparkassenverwaltung an, wenn irgendwie möglich, diese Anleihe mit weiteren 40 000 Mark auf ihr Konto zu zeichnen. Das Lombarddarlehen bei der Filialbank Augsburg, gedeckt durch Wertpapiere, war inzwischen von 40 000 über 55 000 auf 75 000 Mark erhöht worden. Vorbehaltlich der staatsaufsichtlichen Genehmigung beschloss der Magistrat am 22. September die Erhöhung auf 130 000 Mark. Anfang Oktober kündigte man die Einlagesumme von 68 000 Mark, die zur Zeichnung der dritten Kriegsanleihe herangezogen werden sollte, allerdings war der Betrag nicht mehr durch irgendwelche Einlagen gedeckt. Der Magistrat genehmigte daher ein erneutes Lombarddarlehen von 60 000 Mark und erhöhte damit den Kredit bei der königlichen Filialbank Augsburg auf 180 000 Mark. Bis Oktober 1915 hatte die Marktgemeinde somit für 143 000 Mark Kriegsanleihen gezeichnet.[21]

Die Zeichnung der vierten Kriegsanleihe begann am 4. März 1916 und wandte sich vor allem auch an die Sparkassen, deren Einlagen den Stand der letzten Friedensjahre überstiegen.[22] Um den Sparkassensparern die Beteiligung an der vierten Kriegsanleihe zu ermöglichen, gab das Zusmarshauser Bezirksamt Kriegssparbücher für Einlagen von 1 bis 100 Mark aus, die bis zum 31. Dezember 1918 mit 5 Prozent verzinst wurden. Die Gemeindepfarrer wurden gebeten, die Einzahlungen unter Angabe des Namens, des Wohnortes und der Hausnummer entgegenzunehmen.[23]

Die Stimmung und die Motivation zur Zeichnung von Kriegsanleihen sank im Frühjahr 1916 bereits merklich, als durchsickerte, dass Soldaten in Feldpostbriefen ihre Angehörigen aufgefordert hatten, nicht zu zeichnen, um den Krieg nicht zu verlängern. In den Stadtrandgemeinden Haunstetten, Göggingen und Gersthofen stellte man unter den Großbauern einen Zeichnungsboykott fest, während die dortige Arbeiterschaft die Anleihe offenbar weiterhin unterstützte. Bei Beginn der Werbung für die fünfte Anleihe war im September 1916 ein fast durchgängiges Desinteresse in den ländlichen Bezirken zu verzeichnen.[24]

Von staatlicher Seite wurde im Juni 1916 deswegen auch versucht, die Jugend mit Kleinbeträgen mittels Schulsparkassen in die Kriegsfinanzierung einzubinden. Dadurch sollten für die im Herbst platzierte fünfte Kriegsanleihe die Schulzeichnungen erleichtert und besser gebündelt werden. Bei der Jugend sollte frühzeitig der Sparsinn gefördert und in besonderer Weise auf die „vaterländische Bedeutung“ hingewiesen werden.[25] Die Schulaufsichtsbehörden und die Lehrerschaft wurden eindringlich aufgefordert, „gerne und freiwillig“ mitzuhelfen. Ein Erfolg sei nur möglich, wenn Schulleitung und Lehrer das Schulsparen „aufrichtig und freudig“ unterstützten.[26] Die Sparkassenverwaltungen bestellten hierfür umgehend Sparkarten: Zusmarshausen 4 500 und Schwabmünchen 4 000 Stück. Zusmarshausen bestellte bereits am 18. Januar 1917 1 500 nach.

Annoncen im Herbst 1916 in den Tageszeitungen und den Amtsblättern sollten die Zeichungslethargie brechen und der fünften Anleihe zum Erfolg verhelfen. Das Bezirksamt Schwabmünchen veröffentlichte hierfür am 9. September 1916 einen Aufruf: „Aber um der Kriegsanleihe einen durchschlagenden Erfolg zu sichern, müssen alle Sparer und Kleinkapitalisten ihre verfügbaren Gelder dem Vaterlande hinleihen. (...) Vielleicht ist die Entscheidung näher als wir ahnen und wehe uns, wenn Mangel an den nötigen Kriegsmitteln uns zwingen würde, unser

Aufruf zur Zeichnung von Kriegsanleihen mit dem Bildnis des Siegers der Schlacht bei Tannenberg, des Generalfeldmarschalls Paul von Hindenburg. *Sammlung R. Merz*

21 Jahn, J., Schwabmünchen, S. 219.
22 Amtsblatt für das k. Bezirksamt Zusmarshausen, 4.3.1916.
23 Ebd., 15.3.1916; Caesar, R., Finanzierung des Ersten Weltkrieges, S. 85.
24 Hetzer, G., Von der Reichsgründung bis zum Ende der Weimarer Republik, S. 577f.
25 HAStakaA, Schwäbischer Sparkassenverband, Akt 22, Schulsparkassen, 10.6.1916.
26 Amtsblatt für das k. Bezirksamt Zusmarshausen, 21.6.1916.
27 Amtsblatt für das k. Bezirksamt Schwabmünchen, 9.9.1916.
28 Amtsblatt für das k. Bezirksamt Zusmarshausen, 8.9.1916.
29 Ebd., 20.9.1916.
30 Ebd., 17.3.1917.
31 Ebd., 5.5.1917.
32 Ebd., 27.3.1918.
33 Amtsblatt für das k. Bezirksamt Schwabmünchen, 13.4.1918.

Um dem örtlichen Geldmangel im Krieg zu begegnen, gaben die Gemeinden eigene Scheine heraus, hier ein Beispiel aus Schwabmünchen. *Stadtarchiv Schwabmünchen*

Schwert vorzeitig sinken zu lassen! Die Vernichtung unserer staatlichen Existenz wäre die sichere Folge. (...) Unsere Feinde gewännen wieder neue Zuversicht uns bald zu erschöpfen und niederzwingen zu können. *Darum auf zur Zeichnung!* Es gilt, uns den endgültigen Sieg über unsere Gegner zu sichern, es gilt, feindlichen Haß, Neid, Lüge und Verrat ausgiebig zu züchtigen! Die Hochwürdige Geistlichkeit, die Herren Lehrer, Bürgermeister und Vertrauensmänner bitte ich ihre Werbetätigkeit aufzunehmen."[27] Das Zusmarshausener Bezirksamt forderte in dieser Angelegenheit die Gemeindepfarrer auf, beim Sonntagsgottesdienst von der Kanzel herab auf die „vaterländische Aufgabe" aufmerksam zu machen.[28] Auch trat es aufklärerisch eventuellen Befürchtungen entgegen, dass nach dem Krieg eine Zinsreduzierung (z. Zt. 5 %) vorgenommen bzw. eine besondere Kuponsteuer eingeführt würde.[29]

Im Frühjahr 1917 rief das Reich zur Teilnahme der neuen, der sechsten Kriegsanleihe auf. 15 Milliarden Mark wurden zur Ausrüstung und Verpflegung der Heere und der Flotte, zur Zahlung der Familienunterstützungen und der Militärpensionen benötigt. „Darum tue jeder was er vermag, der Reiche mit seinen Tausendern, das arme Schulkind mit seinen Nickeln. Große und kleine Bausteine zusammen richten die Mauer auf, die uns gegen die Feinde schützen soll."[30]

Die Kampagne zeigte Erfolg. Das Ergebnis der Zeichnungen auf die sechste Kriegsanleihe betrug im Bezirk Zusmarshausen 1 650 000 Mark – 40 % mehr als bei der fünften Kriegsanleihe. Insbesondere die Darlehenskassenvereine und die kirchlichen und gemeindlichen Stiftungen hatten starken Anteil daran. Den Bürgermeistern, den „Rechnern" der Darlehenskassenvereine und auch der Geistlichkeit und der Lehrerschaft wurde „wärmster Dank" ausgesprochen.[31] Den Lehrern deswegen, weil in den Schulen mit Erfolg „Schülerzeichnungen" vorgenommen wurden. Der Zeichnungserfolg der Darlehenskassenvereine beruhte auf ihrer Präsenz in der Fläche, während die Sparkassen zu dieser Zeit hauptsächlich auf den Hauptort und dessen näherer Umgebung konzentriert waren.

Die Finanzierung des Krieges verschlang immer größere Summen, intensiver wurde der Werbefeldzug. Markante Slogans wie „Das Heimatheer hilft dem Feldheer durch Zeichnung der 8. Kriegsanleihe"[32] forderten zur Zeichnung auf. Pathetische Worte untermauerten dies: „Die weltgeschichtlichen Taten, die unsere Heere in diesen Tagen vollbringen, rufen die Heimat zur äußersten Spannung aller Kräfte und Nerven auf. Das letzte an Kraft muß die Heimat wie das Heer in diesen Tagen aufbieten. Nur einen Willen darf es geben: den zum endlichen und endgültigen Sieg. Nach Milliarden zählen immer noch die Mittel, die noch nicht in den Dienst des Vaterlandes und seines Sieges gestellt sind. Die 8. Kriegsanleihe muß sie herausholen in den Städten, ganz besonders aber auch auf dem Lande."[33] Im Bezirk Schwab-

Mit attraktiven Konditionen und kleiner Stückelung zielte die Anlagepolitik des Reiches auf die kleinen Sparer ab. *Deutscher Sparkassenverlag*

Ludwig III., Bayerns letzter König, auf einer zum Kriegsausbruch 1914 herausgegeben Postkarte, versehen mit der Devise „Viel Feind viel Ehr“. *Süddeutscher Verlag*

An meine Bayern!

Von neuem jährt sich der Tag, an dem das Deutsche Volk zur Verteidigung des Vaterlandes zu den Waffen gerufen wurde. Bayerns tapferes Heer hat in treuer Blutsgemeinschaft mit allen deutschen Stämmen und im engen Verein mit Deutschlands Verbündeten Unvergleichliches geleistet. Mit Gottes Hilfe ist es gelungen, der ungeheueren Uebermacht der Feinde zu trotzen und unser schönes Heimatland vor den Verheerungen des Krieges zu bewahren. An den Grenzen und im Feindeslande schlugen unsere Truppen siegreiche Schlachten. Gerade in diesen Tagen wurde der Feind, dem wir vergeblich Frieden anboten, mit wuchtigen Stößen erneut geworfen.

In treuer Opfer- und Arbeitsgemeinschaft steht die Heimat zur Front. Stadt und Land wetteifern in Pflichttreue und Opfermut, in ernster, schwerer Arbeit und in starker, zäher Ausdauer.

Hart und drückend ist oft die Not am häuslichen Herd, aber alle nehmen Einschränkungen und Entbehrungen willig auf sich.

Was früher starke Manneskraft an Pflug und Erntewagen geleistet, vollbringen Mütter und Frauen, Kinder und Greise. Und der Himmel ist mit ihnen.

Am Feuer der Esse schmieden Männer, Frauen und Mädchen dem Heer Wehr und Waffen.

Das Geld für des Reiches Rüstung haben alle freudig gegeben, auch der kleine Sparer seinen Notpfennig.

Während der Krieger draußen dem Feinde trotzt, schützt die Heimat sein Weib und Kind vor Not.

Lange Nächte wachen sorgende Schwestern am Leidensbett verwundeter und erkrankter Krieger. Für den Arm, den die feindliche Kugel gelähmt, für die Tapferen, die Gesundheit und Kraft geopfert, schaffen hundert Herzen und Hände.

Inmitten rastloser Arbeit des Alltags wecken und stärken führende Männer die seelischen und sittlichen Kräfte.

So geben einmütig alle ihr Bestes und Letztes für das Wohl des Volkes und für die Ehre und Freiheit des Vaterlandes.

Ich empfinde es als Herzensbedürfnis, Meinen lieben Bayern für all die Kriegsarbeit der Heimat heißen Dank, aufrichtige Anerkennung und stolze Bewunderung auszusprechen. In der innigsten Dankbarkeit beugen wir uns alle vor den Müttern, die ihre Stütze und Hoffnung dem Vaterland geweiht, vor den Frauen, die den Gatten, den Vater und Ernährer ihrer Kinder für immer hingegeben haben. Die Opfer sind nicht vergebens gebracht. Drei Jahre hat Bayerns Volk nun schon gekämpft, geblutet, gelitten und gestritten. Aber ungebrochen ist unsere Zuversicht, unzerstörbar unser Gottvertrauen und der Glaube an die Zukunft des Vaterlandes. In bewährter deutscher Treue steht Bayern zu Kaiser und Reich, ungebrochen, unbezwingbar beschützen meine Bayern ihr liebes Heimatland, bis für Kind und Kindeskind der heiß ersehnte glückliche Friede erkämpft ist. Ihn gebe Gott!

München, den 31. Juli 1917
Ludwig.

34 Ebd., 27.5.1918.
35 Winkler, F. A., Sie deutschen Sparkassen und die Kriegsanleihe, S. 106.
36 Amtsblatt für das k. Bezirksamt Zusmarshausen, 25.9.1918.
37 Amtsblatt für das k. Bezirksamt Schwabmünchen, 23.10.1918.
38 Roesler, K., Die Finanzpolitik des Deutschen Reiches während des Ersten Weltkrieges, S. 144.
39 Caesar, R., Der öffentliche Kredit der Sparkassenorganisation von 1914 bis 1945, S. 56.
40 HAStakaA, Schwäbischer Sparkassenverband, Akt 19, Erhebung 1921.
41 Erdmann, K. D., Der Erste Weltkrieg, S. 236 – 240.

Amtsblatt
für das K. Bezirksamt Zusmarshausen.

Druck und Verlag von Gebr. Winkelmeyer in Zusmarshausen. — Tel. Nr. 17.

Nr. 45. Ausgegeben am 25. September. 1918.

Helft dem Heer!

Zeichnet 9. Kriegsanleihe!

Ein neuer Finanzsieg zeigt dem Feind die Unerschütterlichkeit Deutschlands!

Aufruf zur 9. Kriegsanleihe im September 1918.
Marktarchiv Zusmarshausen

münchen wurden daraufhin 1 959 500 Mark gezeichnet, darunter 1 318 000 Mark von Privaten und 100 000 Mark von der Sparkasse Schwabmünchen.[34]

Selbst die Heeresangehörigen wurden aufgefordert, Marken für Kriegssparkonten zu erwerben und zur Mitfinanzierung des Endsieges beizutragen.[35]

Den letzten Akt der Geldmobilisierung bildete die neunte Kriegsanleihe im September des Jahres 1918. „Helft dem Heer! Zeichnet die 9. Kriegsanleihe. Ein neuer Finanzsieg zeigt dem Feind die Unerschütterlichkeit Deutschlands!“, lautete der Aufruf zur Zeichnung.[36] Dieser Aufruf erreichte die kriegsmüde und hungernde Bevölkerung nur zögerlich. Die Platzierung der Anleihe verlief schleppend, sodass die Werbearbeit forciert wurde. Man appellierte an die Pflichttreue des Deutschen und verwies nachdrücklich auf die Sicherheit der Anleihe. „Wie die führenden Männer der neuen Reichsleitung in diesen Tagen erklärten, kann an der Sicherheit der Kriegsanleihe, an der Sicherheit des Zinsdienstes kein Zweifel bestehen. Für die Sicherheit haftet das Versprechen von Regierung und Reichstag, haftet die Arbeits- und Steuerkraft des ganzen Volkes. Wie gleichfalls bereits amtlich erklärt wurde, wird bei allen künftigen Reichssteuern der Besitz an Kriegsanleihen in keinem Fall stärker getroffen werden, als der übrige Besitz, er wird vielmehr in den möglichen Grenzen eine Bevorzugung erfahren.“[37]

Der Finanzbedarf des Deutschen Reiches stieg während des Weltkriegs ins Unermessliche. Die Kriegskosten betrugen insgesamt 164 Milliarden Mark, wovon 97 Milliarden durch neun Kriegsanleihen aufgebracht wurden. Über die Hälfte der emittierten Anleihen brachten die öffentlichen Sparkassen bei der Bevölkerung unter.[38] Gut zehn Prozent der Reichsanleihen zeichneten die Sparkassen auf eigene Rechnung, wobei die Eigenzeichnungen im Kriegsverlauf erheblich zunahmen.[39] Wie schon bei der ersten Erhebung 1915 über den Absatz der Kriegsanleihen waren die Zahlen der Distriktssparkasse Zusmarshausen auch 1918 unterdurchschnittlich. Keine einzige Zeichnung konnte von den neun Kriegsanleihen bei den eigenen Sparern platziert werden. Dagegen konnte die Sparkasse Wertingen ein weit überdurchschnittliches Zeichnungsergebnis ausweisen (vgl. Tabelle unten).[40]

Ende des Jahres 1918 überstürzten sich die Ereignisse: Sowohl auf nationaler wie auf bayerischer Ebene kam es Anfang November zu revolutionären Unruhen und zum Umsturz der politischen Systeme. Nach Bekanntgabe des Thronverzichts Kaiser Wilhelms II. wie des Kronprinzen und der Ausrufung der Republik durch den Sozialdemokraten Philipp Scheidemann am 9. November 1918 in Berlin wurden die Regierungsgeschäfte dem SPD-Vorsitzenden Friedrich Ebert übertragen.[41]

In München stürzte Kurt Eisner nach einer Wahlkundgebung auf der Münchner Theresienwiese am 7. November 1918 in einer spontanen Aktion die Monarchie in Bayern. Am Morgen des 8. November

Sparkasse	Zeichnungen von der Sparkasse	Zeichnungen von Sparern bei der Sparkasse
Zusmarshausen	244 000 M.	–
Schwabmünchen	440 000 M.	450 000 M.
Wertingen	2 600 000 M.	1 962 200 M.

Kurt Eisner, seit dem 8. November 1918 Ministerpräsident und Außenminister der ersten bayerischen Revolutionsregierung, wurde am 21. Februar 1919 Opfer eines Attentats.
Süddeutscher Verlag

konnten die überraschten Münchner Bürger auf Plakaten lesen: „Bayern ist fortan ein Freistaat." Infolge der Ermordung Kurt Eisners am 21. Februar 1919 kam es im Zusammenhang mit der zweiten Revolution zur Ausrufung der Bayerischen Räterepublik am 7. April 1919. Nachdem die Münchner Soldaten am 13. April einen vergeblichen Putschversuch unternommen hatten, rissen in der so genannten vierten Revolution die Kommunisten die Gewalt an sich. In München begann nun am 1. Mai ein Bürgerkrieg, beendet mit der Eroberung Münchens durch die von Ministerpräsident Hoffmann angeforderten preußischen und württembergischen Truppen. Die vom Landtag am 14. August 1919 mit überwältigender Mehrheit angenommene Verfassung ließ in Bayern wieder Ruhe einkehren.[42] Zwischenzeitlich fand der Erste Weltkrieg sein Ende mit der Unterzeichnung des Versailler Vertrages am 28. Juni 1919, verbunden mit umfangreichen Reparationsforderungen der alliierten Siegermächte gegenüber dem Deutschen Reich, unter anderem auch Geldforderungen von über 100 Milliarden Goldmark.[43]

Die Lage auf dem Land und vor allem in den Städten war katastrophal. Die Lebensmittel wurden rationiert; Brot-, Fleisch- und Zuckermarken wurden ausgegeben. Brot wurde mit Kartoffelmehl gestreckt. Gemälzte Gerste diente als Ersatz für Kaffeebohnen, geröstete Runkelrübenschnitten für die Zichorie. Aus den Städten kamen scharenweise Menschen, die „Hamsterer", auf das Land, um bei den Bauern Lebensmittel zu betteln. Die Schulkinder wurden aufgefordert, Brennnesseln zu sammeln, um daraus Kleiderstoffe herzustellen.[44]

Neue Geschäftsbereiche: Bargeldloser Zahlungsverkehr und Depotgeschäft

Der plötzliche Tod des Schwabmünchner Sparkassenkassierers Franz Xaver Fäustle am 4. Oktober 1918 war Anlass, das Geschäftslokal der Sparkasse in die Parterreräume des Magistratsgebäudes zu verlegen. Die Verlegung erfolgte vor allem vor dem Hintergrund der gesetzlich vorgeschriebenen Gegenbuchführung.[45] In den nächsten sechs Jahren standen der Sparanstalt nunmehr in kurzen Zeiträumen vier Kassierer vor: 1918–1919 Max Geiger, 1919–1921 Alois Kießling, 1921–1924 Karl Lehner und 1924 Julius Vorbach.[46]

In diese Umbruchzeit fiel auch die Einführung des Scheck- und Überweisungsverkehrs bei der Schwabmünche-

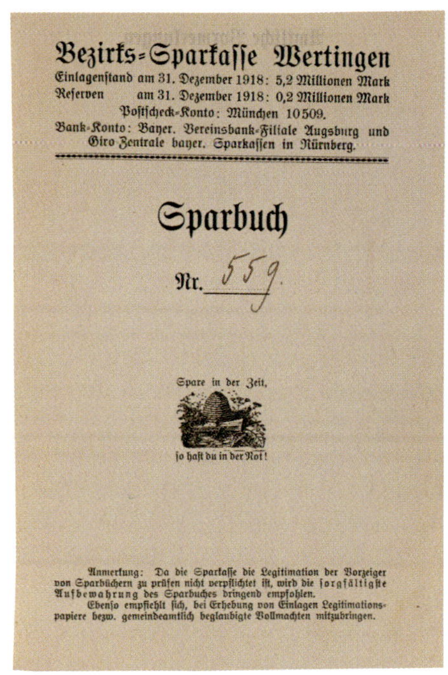

Bezirks-Sparkasse Wertingen
Einlagenstand am 31. Dezember 1918: 5,2 Millionen Mark
Reserven am 31. Dezember 1918: 0,2 Millionen Mark
Postscheck-Konto: München 10509.
Bank-Konto: Bayer. Vereinsbank-Filiale Augsburg und Giro Zentrale bayer. Sparkassen in Nürnberg.

Sparbuch

Nr. 559.

Spare in der Zeit,
so hast du in der Not!

Anmerkung: Da die Sparkasse die Legitimation der Vorzeiger von Sparbüchern zu prüfen nicht verpflichtet ist, wird die sorgfältigste Aufbewahrung des Sparbuches dringend empfohlen.
Ebenso empfiehlt sich, bei Erhebung von Einlagen Legitimationspapiere bezw. gemeindeamtlich beglaubigte Vollmachten mitzubringen.

Rückseite des Sparbuchs Nr. 559 der Bezirks-Sparkasse Wertingen. *Historisches Archiv Sparkasse Wertingen*

42 Hartmann, P. C., Bayerns Weg in die Gegenwart, S. 466–478; Hubensteiner, B., Bayerische Geschichte, S. 358–362.
43 Möller, H., Weimar, S. 133–138.
44 Both, L./ Helmschrott, F., Zusmarshausen, S. 97ff.
45 STAA, BA Schwabmünchen, Akt 1413, Nr. 832. Die Gemeindesparkasse Schwabmünchen war seit 1912 bis zu einem Kassiererwechsel von der Gegenbuchführung befreit.
46 Ṡ 1853–1978, S. 22.
47 Amtsblatt der königlichen Staatsministerien des königlichen Hauses und des Äußern und des Innern, Nr. 21, 1911, S. 336ff.
48 STAA, BA Schwabmünchen, Akt 1413, ad Nr. 4659.
49 Ebd., Nr. 5313.
50 Amtsblatt für das k. Bezirksamt Wertingen, 7.8.1918.
51 STAA, BA Schwabmünchen, Akt 1413, ad Nr. 5314; HASpkW, Satzung der Bezirks-Sparkasse Wertingen, 30.10.1919.
52 BayHStA, MInn, Akt 52682, Nr. 31624.
53 STAA, BA Schwabmünchen, Akt 1413, Nr. 3762.

ner Sparkasse zum 21. Juli 1919. Gesetzliche Grundlage hierfür waren die Grundbestimmungen vom 1. Juni 1911, explizit die Paragrafen 12 und 13[47] und die vom Magistrat erlassenen „Bestimmungen über den Scheck- und Überweisungsverkehr sowie den Verkehr in laufender Rechnung“[48] vom 21. Juli 1919. Gründe für die Einführung waren nach Aussage der Sparkassenverwaltung die häufigen Nachfragen wie auch „das vaterländliche Interesse“. Entsprechend liquide Mittel standen der Sparkasse auf den Kontokorrentkonten bei der bayerischen Staatsbank Augsburg, bei der Girozentrale bayerischer Sparkassen Nürnberg, bei der Filiale der Allgäuer Vereinsbank in Schwabmünchen und auf dem Postscheckkonto in München zur Verfügung.[49] Voraussetzung zur Teilnahme war die Eröffnung eines Kontos mit einer Mindesteinlage von 25 Mark, die mit 2 % verzinst wurde. Die Kontoführung selbst war gebührenfrei. Bei der Wertinger Sparkasse erfolgte die Einführung schon ab August 1918.[50] In diesem Zusammenhang mussten auch die Bedingungen für den Scheck- und Überweisungsverkehr in die Satzungen eingearbeitet werden.[51]

Ausfluss des Kriegsanleihengeschäftes war der Einstieg in das Depotgeschäft. Schon am 27. Februar 1915 schlug der Landesverband der bayerischen Sparkassen zur Forcierung des Kriegsanleihenverkaufs und der besseren und schnelleren Bearbeitung vor, in Ergänzung des Paragrafen 23 der Grundbestimmungen die Sparkassen zu ermächtigen, auch andere Wertpapiere an- und verkaufen zu können und in Verwahrung und Verwaltung nehmen zu dürfen. Mit einer Regierungs-Entschließung vom 14. Mai 1915 fand der geforderte An- und Verkauf und die Verwaltung von Wertpapieren für Rechnung der Einleger die staatsaufsichtliche Genehmigung.[52] Die Gemeindesparkasse Schwabmünchen ergänzte deshalb am 25. November 1919 ihre Satzung durch einen neuen Paragrafen 23a, um auch in dieser neuen Geschäftssparte tätig werden zu können.[53] Der Nennwert der Wertpapiere durfte für einen Einleger den Betrag von 50 000 Mark nicht überschreiten. Übernommen wurde die Überwachung der Kündigung und Auslosung der Wertpapiere, sowie die Erneuerung und Einlösung der Zinsscheine. Bei Fälligkeiten von ausgelosten Wertpapieren besorgte die Sparkasse die Einlösung und Gutschrift. Über die dem Institut zur Aufbewahrung übergebenen Wertpapiere wurde allen Einlegern ein Hinterlegungsbuch ausgehändigt.

Börsencafé

Das Café braust von Stimmen,
Es summt und saust und schwirrt,
Zigarren rötlich glimmen,
Geschirr uns Silber klirrt.

Weißlichter durch den Schleier
Der Tabakwolken sprühn –
Fortunas heiße Freier
Vor wilder Wollust glühn.

Plötzlich die Atmosphäre
Zerschneidet scharf und fahl
Langsam die gelbe Mähre
Des Börsenfürsten Baal.

Vom Bluthund Not begleitet,
Umkrallt vom Vampyr Qual,
Gott Mammon golden reitet
Gigantisch durch den Saal.

Des starren Blicks Gewalten,
Sie heischen stummen Zoll,
Der Knechte Hände falten
Sich betend andachtsvoll.

KARL HENCKELL, 1921

Praxis des Bankgeschäfts: Die Bezirkssparkasse Zusmarshausen 1921

Am 13. April 1921 kritisierte der Landesverband bayerischer Sparkasse äußerst scharf die kundenfeindlichen Öffnungszeiten der Bezirkssparkasse Zusmarshausen und den „nicht neuzeitlichen Geschäftsbetrieb“. Das Institut öffnete immer noch nur jeden zweiten Mittwoch im Monat von 9 bis 12 Uhr – sicherlich ein Grund für die negative Entwicklung der Sparanstalt. Nach Auffassung des Landesverbandes wäre eine tägliche Schalterzeit während der Vormittagstunden dringend geboten gewesen. Vermisst wurden auch die Praxis der Gegenbuchführung und die bei den beiden Schwestersparkassen bereits eingeführten

Finanzamt und Krankenhaus in Zusmarshausen um 1925 (Postkarte).
Medienzentrale Landkreis Augsburg

Geschäftssparten Scheck- und Überweisungsverkehr, Verwahrung und Verwaltung, An- und Verkauf von Wertpapieren sowie die Gewährung von Darlehen auf Schuldschein gegen Bürgschaft.[54]

Die Stellungnahme des Kassierers Schmidt vom 7. Juni gibt einen trefflichen Einblick in den damaligen Sparkassenbetrieb und die Stellung der Bezirkssparkasse im Markt.[55] Für eine Verlängerung der Öffnungszeiten bestand nach Ansicht des Kassierers wegen der geringen Kundenfrequenz keine Veranlassung. Seit Januar 1921 wurden 120 Einlagen und 50 Rückzahlungen getätigt, was „einen Tagebucheintrag“ pro Tag bedeutete. Obwohl die Darlehenskassenvereine seit 1. Januar 1921 die Einlagen nur noch mit 3,5 % verzinsten, konnte die Bezirkssparkasse bei einem 4 %igen Zinssatz keine Zuwächse verzeichnen. Der Grund hierfür lag nach Einschätzung des Kassierers nicht im „System der Einrichtung“ des Institutes, sondern an den „eigenartig gelagerten Verhältnissen“ des Bezirkes. Der rein landwirtschaftlich geprägte Bezirk bestand aus 43 Gemeinden, in denen 31 Darlehenskassenvereine[56] tätig waren. Die Gemeindeeinwohner, die mit Ausnahme einiger „Sonderlinge“, sämtlich Mitglieder der Vereine waren, machten ihre Bankgeschäfte vor Ort. Die Bindung an die Darlehenskassenvereine war sehr eng, denn sie gewährten ihren Mitgliedern nicht nur den nötigen Kredit, sondern vermittelten auch den An- und Verkauf der landwirtschaftlichen Produkte, Kunstdünger etc. Diese Verhältnisse machten es für das Institut schwer, auch wenn es einen hauptberuflichen Kassierer einstellen würde, Marktanteile zu gewinnen. „Die ständigen Kunden der Bezirkssparkasse sind und bleiben die Mündel; wenn auf diese keine Rücksicht genommen werden müsste, dann könnte die Bezirkssparkasse ganz aufgelöst werden.“ Die Erhöhung der Spareinlagen seit 1914 war nur darauf zurückzuführen, dass die Landwirte große Einlagen und Ersparnisse bei verschiedenen Kreditinstituten einlegten, damit ihre wahren Vermögensverhältnisse nicht aufgedeckt wurden.

Ähnlich argumentierte der Zusmarshausener Bezirksausschuss am 14. Juni des gleichen Jahres:[57] „Die Bezirkssparkasse, welche im Jahr 1855 nicht auf Wunsch der Bevölkerung, sondern der

54 HAStakaA, Schwäbischer Sparkassenverband, Akt 10b, Nr. 668.
55 Ebd., ad Nr. 668.
56 S. dazu: Merz, R., „Von der Wohltat des Sparens“, S. 292.
57 HAStakaA, Schwäbischer Sparkassenverband, Akt 10b, ad Nr. 668
58 Ebd.

vorgesetzten Kreisregierung errichtet wurde, könnte nach Lage der Verhältnisse nur auf Kosten der sämtlichen Gemeinden des Bezirks umfassenden örtlichen Darlehenskassenvereine, auf deren Entstehung und Gedeihen seit Jahren mit allen Mitteln hingearbeitet wird, die vom Landesverband bayerischer Sparkassen angedeutete Bedeutung und Ausdehnung erlangen. Der Bezirksausschuss hält aber eine weitere Entwicklung der Darlehenskassenvereine für weitaus wichtiger als eine Hebung der Bezirkssparkasse.“ Begründet wurde diese Meinung damit, dass Zusmarshausen wegen der Lage abseits der Bahn keine Mittelpunktsfunktion im Bezirk habe und dass der Amtsbezirk Zusmarshausen bei einer Verwaltungsreform aufgelöst werde. Der Einführung des Scheck- und Überweisungsverkehrs stimmte der Bezirksausschuss nolens volens zu, ansonsten sollte die Bezirkssparkasse weiterhin in ihrem Status belassen werden, wenn nicht, würde der Ausschuss nicht zögern sie aufzulösen.

Der Landesverband bayerischer Sparkassen hielt daraufhin am 1. Juli 1921 die Geschäftsordnung der Bezirkssparkasse Zusmarshausen für nicht genehmigungsfähig und urteilte: „Wir haben vielmehr mit Befremden davon Kenntnis genommen, dass der Bezirksausschuss eine weitere Entwicklung des Darlehenskassenvereine für weitaus wichtiger hält als eine Hebung der Bezirkssparkasse. Nach den gemachten Wahrnehmungen haben in den letzten Jahren die Sparkassen in den entlegensten Gegenden mit ärmlicher Bevölkerung und mit wesentlich ungünstigeren Verhältnissen wie in Zusmarshausen einen recht erfreulichen Aufschwung zu verzeichnen, obwohl zahlreiche Darlehenskassenvereine vorhanden sind. (...) Die Hauptursache, dass die Bezirkssparkasse in der Entwicklung seither zurückgeblieben ist, dürfte wohl darin zu suchen sein, dass der Bezirksausschuss anscheinend bisher sich jeder neuzeitlichen Ausgestaltung der Sparkasse verschlossen hat. Der Bezirksausschuss verkennt die Tatsache, dass aus der Geschäftsführung der Sparkasse alljährlich ansehnliche Gewinne erzielt und dass aus diesen Überschüssen dem Bezirk alljährlich namhafte Beträge zur Bestreitung allgemeiner Bedürfnisse zugeführt werden können.“[58]

Sonntagsgedanken.

* Da ist eine Stelle in einem goldenen Buche, die so recht in unsere Zeit paßt und die wir heute zum Sonntage aufschlagen wollen. „Es ist ein anderer, der sät, und ein anderer , der erntet. Ich habe euch ausgesandt, zu ernten, was ihr nicht gearbeitet habt. Andere haben gearbeitet, und ihr seit in ihre Ernte eingetreten.“

Auch wir sind Vorarbeiter, Menschen der Saat. Eine ungeheure Arbeit ist zu leisten. Kein Geschlecht bis hinein in die graue Vorzeit hatte je eine so schwere Aussaat zu bewältigen als wir in dieser traurigen Gegenwart. Wir müssen unsere Kinder, das kommende Volk wieder erneuern und das Vaterland wieder zu dem Erntefeld herrichten, wie es einst unsere Väter für uns bestellt hatten. Eltern und Lehrer, Seelsorger und Führer des Volkes müssen in die Furchen des Ackerlandes der jungen Seelen eine heilige Saat streuen, die unter Sonnenschein und Regen langsam heranreifen muß. Jedes Wort muß eine Saat sein, gestreut in das Ackerland lebendiger Menschenherzen. Wir hören täglich vom Aufbau des Vaterlandes, das unsere Arbeit ist. Dies Werk muß wie ein wachsender Baum sein, in dessen Schatten die Kommenden wohnen und nach dessen Früchten sie freudig greifen. Nur soviel wird unser Leben wert sein, als es eine Arbeit zur Ernte war, die unsere Nachkommen in ihre Scheunen bringen werden.

Ungewöhnlich große und hohe Arbeit hat dies deutsche Volk von heute zu leisten. Wir sollen Pfadfinder und Wegweiser sein, damit andere in eine bessere Zukunft folgen.

Wollen wir unverdrossen weiterarbeiten zur kommenden Ernte für Kind und Volk der Zukunft.

Schwäbischer Landbote, 28. Oktober 1922

Entwicklung der Spareinlagen von 1914–1922[59]
(Angaben in Mark)

Jahr	Zusmarshausen	Schwabmünchen	Wertingen
1914	185 000		882 355
1915	201 000		1 169 382
1916	253 000		2 142 413
1917	315 384	2 827 900	3 206 953
1918	368 984	3 168 652	5 072 975
1919	472 358	4 406 661	4 565 125
1920	742 597		4 243 379
1921	1 048 112	5 200 000	5 309 343
1922	1 760 851		12 000 000

Eine eindeutige Bevorzugung der Darlehenskassenvereine vonseiten des Bezirks, ein kampfloses Überlassen des Geschäftsgebietes der Konkurrenz, ja sogar die Bereitschaft die Sparanstalt aufzulösen, führte die Bezirkssparkasse Zusmarshausen im Jahre 1921 an einen Scheideweg, der ihre weitere Daseinsberechtigung in Frage stellte.

Die Einlagenentwicklung der Bezirkssparkassen 1914–1922

Die Spareinlagenentwicklung verlief während des Krieges bei den Bezirkssparkassen äußerst positiv. Die eindringlichen staatlichen Appelle bei Ausbruch des Krieges hinsichtlich der Sicherheit und Werthaltigkeit der Spareinlagen im Kriege zeigten Früchte. Angstabhebungen größeren Umfanges fanden offenbar nicht statt. Das bayerische Ministerium des Innern stellte dazu fest: „Dank der großartigen bis ins Einzelne gehenden Einrichtung und Umbildung unseres Wirtschaftslebens, traten wirtschaftliche Schädigungen nur bei wenigen Einlegern ein; daher konnte bald nach Kriegsbeginn erfreulicherweise die unerwartete Tatsache in Erscheinung treten, daß bei fast allen Sparkassen die Rückzahlungen durch die Neueinlagen bei weitem überwogen wurden.“[60]

Die achte Verbandsversammlung des Schwäbischen Sparkassenverbandes am 3. Juni 1916 äußerte sich ebenfalls zur Lage bei Kriegsausbruch: „Zur Ehre unseres Einlegerpublikums kann bemerkt werden, daß der Schalterverkehr auch in den ersten aufregungsvollen Tagen des Kriegszustandes in völliger Ruhe abgewickelt werden konnte; gar manche Einleger, die zuerst angstvoll nach ihrem Gelde verlangten, ließen sich belehren, holten nur das Notwendige oder wollten überhaupt nichts mehr abheben.“[61]

Bei den Sparkassen Zusmarshausen und Schwabmünchen stiegen auch nach Kriegsbeginn die Spareinlagen kontinuierlich. Der Deutsche Sparkassenverband beurteilte die Lage in einem Rundschreiben vom 1. Januar 1919 und rief zu weiterer Spartätigkeit auf: „Auf der einen Seite die übermässig hohen und immer noch steigenden Löhne, auf der anderen Seite die wachsende Gewöhnung an unnütze Ausgaben und Geldverschwendung als Folge der Unmöglichkeit, das Geld für notwendige Dinge auszugeben, da diese rationiert oder unerschwinglich sind. Die Sparkassen haben niemals eine Zeit gehabt, in der sie so nützlich und so erfolgreich hätten sein können. Freilich scheinen unsere bisherigen Einrichtun-

Gebäude der Bezirks- und Gemeindesparkasse Schwabmünchen 1925.
Aus: Landkreisbuch Schwabmünchen, S. 250

59 Grundlage: Amtsblätter für die königlichen Bezirksämter Zusmarshausen, Schwabmünchen und Wertingen; Statistik der bayerischen Sparkassen; HAStakaA, Schwäbischer Sparkassenverband, Akt 13; Künzer, F., Die Aufgaben der Sparkassen, S. 48ff. Zahlen zum Aktivgeschäft für diesen Betrachtungszeitraum liegen nur spärlich vor und sind nicht aussagekräftig.
60 BayHStA, MInn, Die bayerischen Sparkassen im Kriege.
61 HAStakaA, Schwäbischer Sparkassenverband, Akt G.A. 183, Sitzungsprotokoll 3.6.1916.
62 Ebd., Verkehr mit dem Deutschen Sparkassenverband 1915–1925, 1.1.1919.
63 Neue Augsburger Zeitung, 19.10.1920.
64 HASpkSch, Akt Zinsreduktion, 10.11.1920.
65 Abröll, G. J., Geldgeschichte Landkreis Augsburg, S. 74.
66 Amtsblatt für das k. Bezirksamt Zusmarshausen, 4.1.1917
67 Abröll, G. J., Geldgeschichte Landkreis Augsburg, S. 76–94.
68 Amtsblatt für das k. Bezirksamt Zusmarshausen, 31.5.1919.

gen hierzu nicht auszureichen. Es muss eine Aufklärungs- und Werbetätigkeit einsetzen, wie wir sie durch die Kriegsanleihe gelernt haben."[62]

Konträr hierzu sorgten zum Ende des Jahres 1920 Artikel in der Presse, die sich mit einem nahen Staatsbankrott auseinander setzten, für Unruhe bei den Einlegern. Der Wirtschaftsexperte der Neuen Augsburger Zeitung nahm dazu am 9. Oktober des Jahres Stellung und kam zum Fazit: Grundsätzlich sei für flüssige Mittel eine Geldanlage das Vernünftigste; zu achten sei dabei hauptsächlich auf eine „Anlage bei Deckung". Diese Möglichkeit ist mit verhältnismäßig größter Sicherheit bei Spareinlagen gegeben, weil für diese der jeweilige Gewährträger mit seinem gesamten Vermögen haftet.[63]

Ein weiterer Faktor der absolut steigenden Einlagenzahlen war sicherlich auch die zunehmende Inflation. So konnte die Schwabmünchener Sparkasse wegen des reichlich zur Anlage drängenden Geldes sogar ab 1. Januar 1921 den Sparzins von 4 % auf 3,5 % senken.[64] Doch infolge der rapiden Entwertung des Geldes sank der Wert der bei den Sparkassen angelegten Spareinlagen enorm.

Hyperinflation 1923

Die Geldproblematik begann bereits während des Ersten Weltkrieges mit der Knappheit des Kleingeldes. Verschiedene Gründe waren hierfür die Ursache: Ein Teil der Kleinmünzen gelangte mit den Soldaten an die Front im Osten und Westen. Auch das gehamsterte Silber- und Metallgeld (Kupfer/Nickel) musste ersetzt werden. Die Metalle dienten als Rohstoffe für die Kriegsproduktion. Außerdem drohte durch den Verfall der Mark der Marktwert der Münzen den aufgeprägten Nennwert langsam zu übersteigen.[65] Eine Mitteilung im bezirksamtlichen Amtsblatt Zusmarshausen vom 4. November 1917 beschrieb dieses Dilemma: „In neuerer Zeit herrscht trotz erhöhter Ausprägungen ein empfindlicher Mangel an Metallgeld, vor allem an Silbermünzen, aber auch an Nickel- und Eisenmünzen. Dieser Mangel beruht auf Hemmungen im Münzumlauf, die wohl hauptsächlich darauf zurückzuführen sind, daß viele Leute das vereinnahmte Metallgeld nicht wieder in den Verkehr geben, sondern ansammeln und dem Umlauf entziehen, in dem Glauben, das Metallgeld habe höheren Wert als das Papiergeld. Dieses Verhalten ist nicht nur dumm, sondern leider auch sehr gemeinschädlich. Denn solche Hamsterei von Barmitteln kann das gesamte Wirtschaftsgetriebe des Landes in Unordnung bringen oder gar über den Haufen werfen, Folgen, die sich die gedankenlosen und eigensüchtigen Hamsterer nicht vergegenwärtigen."[66]

Um dem Mangel abzuhelfen, griffen die Kommunen und Unternehmen – später offiziell unterstützt durch die Reichsbank – zur Selbsthilfe, indem sie Notgeldmünzen und -scheine in den Umlauf gaben.[67] Für den Bezirk Zusmarshausen waren in dieser Zeit Gutscheine der Kreisgemeinde Schwaben und Neuburg im Umlauf.[68] Die Marktgemeinde Schwabmünchen gab eigene Gutscheine aus.

Einen weiteren Grund erläuterte der Historiker Golo Mann: „Längst, schon

Inflationsgeld der Gemeinde Schwabmünchen.
Aus: Landkreisbuch Schwabmünchen, S. 451

Inflationsmünzen 1923.
Deutscher Sparkassenverlag

während des Krieges, hatte das Reich sich daran gewöhnt, seine Ausgaben durch die Notenpresse anstatt durch Steuern zu begleichen; diese Kunst wurde nun zum toller und toller betriebenen Laster. (...) Der völlige Ruin der deutschen Währung sollte den Reparationszahlungen ein Ende machen. Aber auch wohl aus weniger edlen Motiven, Geld ist bedrucktes Papier; dadurch, daß Geld seinen Wert verliert, gehen keine wirklichen Werte verloren. Sie wechseln nur die Hände."[69]

Die wirtschaftlichen Probleme und die zusätzlichen Belastungen durch die Reparationsforderungen aus dem Friedensvertrag forcierten das Anwachsen des Banknotenumlaufs: Waren Ende 1919 etwa 35 Milliarden Mark im Umlauf, so waren es Ende 1920 bereits 69 Milliarden und Ende 1922 gar 1,3 Billionen Mark. Die Entwicklung beschleunigte sich anschließend in bis dahin unbekannte Dimensionen, der Banknotenumlauf stieg bis Herbst 1923 auf schätzungsweise 400 Trillionen (= 400 000 000 000 000 000 000) Mark an. Gedeckt wurden diese Summen durch Schatzanweisungen des Reiches, die immer weniger bei den Kreditinstituten untergebracht werden konnten und daher überwiegend bei der Reichsbank lagen. Hinter diesen Summen standen natürlich immer weniger reale Gegenwerte, und so fiel der Kurswert der Mark gegenüber anderen Währungen rapide. Ende 1919 mussten bereits 50 Mark für einen Dollar bezahlt werden, Ende 1921 waren es schon 247 Mark, ein Jahr später 7 260 Mark, und am Höhepunkt der Inflation im November 1923 sollte der Dollar einen Gegenwert von 4,2 Billionen Mark haben.[70]

Gezahlt wurde zu dieser Zeit mit Inflationsgeldscheinen, ausgestellt auf horrende Millionen und Billionensummen.[71] In dieser Schlussphase der „Apokalypse in Papier" waren insgesamt 133 Betriebe mit der Produktion von Millionen-, Milliarden- und Billionenscheinen beschäftigt. Über 30 Papierfabriken waren nahezu ausschließlich für den Nachschub von 1783 Gelddruckmaschinen im Einsatz. Zum Ende der Hyperinflation wurden über 80 000 verschiedene Notgeldscheine unters Volk gebracht.[72] Der Schwabmünchener Magistrat beschloss am 9. November 1923 die Ausgabe von Notgeld in einem Gesamtbetrag von 113 384 900 000 000 Mark in Scheinen zu 50, 100, 500 Millionen, 20 und 50 Milliarden, nachdem sich die mit Beschluss vom 30. Oktober des Jahres vorgenommene Notgeldausgabe von 300 Milliarden Mark in Anbetracht der beim Wasserwerksneubau erforderlichen Lohnzahlungen als völlig unzureichend erwiesen hatte.[73] Diese Scheineflut war lebensnotwendig, denn entsprechend grotesk war der Preisanstieg: ein Liter Milch kostete Anfang Oktober 1923 5,4 Millionen Mark, einen Monat später 360 Millionen Mark.[74] Den Höchststand erreichten die Preise am 21. November 1923: 1 Pfund Brot kostete 250 Milliarden Mark.[75]

Auf der Straße machten sich damals die Kinder ihren Abzählreim auf diese Geldscheininflation:[76]

Eins, zwei, drei, vier, fünf Millionen,
meine Mutter, die kauft Bohnen,
zehn Milliarden kostet das Pfund,
und ohne Speck!
Du bist weg!

Den Irrsinn dieser rapiden Geldverschlechterung von Tag zu Tag kennzeichnet ein Beschluss des Gemeinderates von Fischach vom 29. September 1923: „Von einer Einhebung von Gemeindeumlagen wird Abstand genommen, da die Anfertigung der Listen Papier etc. mehr Kosten verursacht, als an Umlage vereinnahmt würde."[77]

Die Wertlosigkeit der Währung zeigte sich nicht zuletzt auch daran, dass die Schwabmünchener Sparkasse ihrer Kundschaft seit Oktober 1922 den Handel mit Devisen ermöglichte, weil die Verzinsung der auf Reichsmark lautenden Einlagen der tatsächlichen Entwicklung Hohn sprach: Spareinlagen mit täglicher

69 Mann, G., Deutsche Geschichte, S. 697.
70 Ambrosius, G., Von Kriegswirtschaft zur Kriegswirtschaft, S. 299–309.
71 Abröll, G. J., Geldgeschichte Landkreis Augsburg, S. 98–107.
72 Eglau, H. O., Mehr Schein als Sein, S. 93.
73 HASpkSch, Abschrift Sitzungsprotokoll des Gemeinderates Nr. 242 vom 7.11.1923.
74 Schulze, H., Weimar, S. 38.
75 Both, L./Helmschrott, F., Zusmarshausen, S. 101.
76 Eglau, H. O., Mehr Schein als Sein, S. 93.
77 Piller, M., Fischach, S. 414.
78 Jahn, J., Schwabmünchen, S. 225.
79 Merz, R., Stadtsparkasse Augsburg, S. 266ff.
80 Amtsblatt für das Bezirksamt Zusmarshausen, 21.9.1923.
81 HASpkSch, Sitzungsprotokolle Sparkassenausschuss, 28.5.1923.
82 Jahn, J., Schwabmünchen, S. 230f.
83 Ashauer, G., Von der Ersparungscasse zur Sparkassen-Finanzgruppe, S. 230f.

Die Inflation marschiert: Reichsbanknoten aus dem Jahr 1923.
Deutscher Sparkassenverlag

Kündigungsfrist wurden mit 3 % verzinst, der Höchstsatz betrug 7 % bei jährlicher Kündigung.[78]

Zur endgültigen Stabilisierung der Währung war ein ganzes Maßnahmebündel nötig, unter anderem die Ausgabe wertbeständiger Anleihen seit August 1922, die Einführung des wertbeständigen Sparverkehrs insbesondere in Form von Goldmarksparkonten seit Februar 1923[79] und der Ausgabe von Rentenmarkscheinen ab 15. November 1923.

Im Bezirksamtsblatt Zusmarshausen vom 21. September 1923 machte die Sparkasse auf die Anlagemöglichkeiten der wertbeständigen Anleihen des Deutschen Reiches und die Goldmarkspareinlagen aufmerksam. „Diese Anleihe ersetzt vollständig den Ankauf von Sachwerten. Sie ist den Sachwerten vorzuziehen, weil die Anleihe bis 6 % verzinst wird. Die kleinen Stücke bis 5 Dollar tragen keine Zinsscheine, werden dafür aber am 2. September 1935 mit einem Aufgeld zum Nennwert von 70 % eingelöst. Die grösseren Anleihestücke tragen Zinsscheine, der Zinssatz ist 6 %. Die Zinsscheine werden jährlich am 1. September in Mark zum jeweiligen Dollarstande eingelöst."[80]

Zwischenzeitlich kletterten die Zinssätze für Spareinlagen ebenfalls in die Höhe. Zum 1. Juni 1923 zahlte die Gemeindesparkasse Schwabmünchen[81] für

1–3	Monate Kündigung	9 %
6	Monate Kündigung	11 %
9	Monate Kündigung	12 %
12	Monate Kündigung	15 %.

Die täglichen Leiden unter dieser Hyperinflation wurden in Schwabmünchen anschaulich überliefert.[82] Für das Krankenhaus musste man bei den Bauern Naturalien sammeln lassen, ebenso wurden für die Kindergärten Lebensmittelsammlungen durchgeführt. Die Bäcker buken nicht mehr gegen Geld, sondern verlangten für die Herstellung von einem Pfund Brot die Ablieferung von einem Pfund Mehl. Mancher Schwabmünchener, darunter die „ehrenwertesten" Bürger, musste seine Möbel verkaufen, um über die Runden zu kommen. Am 10. Dezember 1923 nahm eine Suppenküche ihren Betrieb auf. Im Januar 1924 war Schwabmünchen von bettelnden Kindern, hamsternden Erwachsenen und „streunenden" Handwerksburschen regelrecht überlaufen. Fahrrad-, Kartoffel- und Getreidediebstähle aus Not gehörten zum Alltag.

Wie schon erwähnt, begann das Ende der Hyperinflation mit der Heraufsetzung und Stabilisierung des Dollarkurses auf 1 Dollar = 4,2 Billionen Mark am 20. November 1923. Ab dem gleichen Tag war die Reichsbank bereit, auf Basis dieses amtlichen Dollarkurses Reichsmark im Verhältnis 1 Billion : 1 in Rentenmark umzutauschen. Die Währungsstabilisierung wurde mit vier Gesetzen vom 30. August 1924 beendet, durch die unter anderem die neue Währung „Reichsmark" geschaffen wurde. Diese löste am 11. Oktober 1924 die Rentenmark ab.[83]

Ende November 1923, als die Stabilisierung der Währung gelungen war, ent-

Mit Einführung der Rentenmark konnte die Inflation gestoppt werden. *Deutscher Sparkassenverlag*

Erste Ausgabe eines 50-Reichsmark-Scheins, geschmückt mit dem Gemälde „Der junge Mann" von Holbein. *Deutscher Sparkassenverlag*

sprachen die gesamten Kriegsschulden in Höhe von 154 Milliarden Mark gerade 15,4 Rentenpfennig! Die rechtliche Schuldenregelung schuf das so genannte Aufwertungsgesetz vom 16. Juli 1925. Es sah u. a. folgende Aufwertungssätze für Schuldverhältnisse aus der Zeit vor dem 1. Januar 1918 vor (später entstandene Forderungen erhielten einen entsprechend dem Fortschreiten der Inflation niedrigeren Aufwertungssatz): 25 Prozent für Hypotheken- und andere Grundpfandrechte und wenigstens 12,5 Prozent für Sparguthaben. Keine Aufwertung gab es für Kontokorrenteinlagen und andere Bankguthaben. Die Aufwertung von Staatsanleihen regelte ein besonderes Anleiheablösungsgesetz, ebenfalls vom 16. Juli 1925. Danach sollten Staatsanleihen bei denen es sich insbesondere um die Kriegsanleihen handelte, gegen eine Anleiheablösungsschuld im Verhältnis 40 zu 1 eingetauscht werden. Altbesitzer, die Staatsanleihen vor dem 1. Juli 1920 erworben hatten, erhielten im Rahmen eines auf 30 Jahre vorgesehenen Tilgungsauslosungsverfahrens eine Aufwertung von 12,5 Prozent. Kleinanleger, die Staatsanleihen im Betrag von unter 500 Mark gezeichnet hatten, gingen leer aus – mit Ausnahme von einkommensschwachen Personen, die Barabfindungen zwischen 8 und 15 Prozent zuerkannt bekamen.[84]

Die Inflation hatte so zu einer erheblichen Vernichtung und Umverteilung von Vermögen geführt. Gewinner waren die Besitzer von Sachwerten, die großen Verlierer die Sparer. Für den Spargedanken bedeutete dies eine Katastrophe. In kurzer Zeit war das Sparguthaben nicht mehr das Papier des Sparbuchs wert.

Die „Goldenen Zwanziger" – Jahre des Aufschwungs

Die Annahme des nach dem amerikanischen Finanzfachmann Charles Gates Dawes benannten Plans im Juli/August 1924 koppelte schließlich die deutschen Reparationen an die Leistungsfähigkeit der Wirtschaft. Sie sollten aus den Zinserträgen von Industrieobligationen und Eisenbahn-Schuldverschreibungen aufgebracht werden, wobei bestimmte Zoll- und Steuereinnahmen des Reiches als Sicherheit dienten. Der Weg für auslän-

84 Sprenger, R., Hyperinflation, S. 619.
85 HAStakaA, Schwäbischer Sparkassenverband, Akt 10, Verbandsversammlung 1924.
86 Henze, W./Schmidt, H., Grundriss der Sparkassenarbeit, S. 76; Idee des Weltspartages, DSpkZ, 31.10.1927.
87 Weltspartag-Symbol für einen neuen Aufbruch, in: Sparkasse 10 (1993), S. 447.
88 München-Augsburger Zeitung, 31.10.1925.

disches Kapital nach Deutschland war damit wieder frei. Der internationale Reparationsausschuss gewährte Deutschland eine Anleihe in Höhe von 800 Millionen Mark. Die Jahre 1924 bis 1928 zeichneten sich dann auch durch eine relative Währungs- und Wirtschaftsstabilität aus. Die „Goldenen Zwanziger" nahmen ihren Anfang.

Die Verbandsversammlung des Schwäbischen Sparkassenverbandes 1924 erließ, um der Bevölkerung wieder das Vertrauen ins Sparen zurückzugeben, eine Resolution zur „Förderung des Sparsinnes", unter anderem folgenden Inhalts: „Die öffentlichen Sparkassen haben keine Schuld an der Entwertung der Spareinlagen. Die Entwertung ist die Folge der Währungsverschlechterung, die zu verhindern ausserhalb der Macht der Sparkassen war. Es war den Sparkassen auch nicht möglich durch eine zweckentsprechende Anlagepolitik sich vor den Folgen der Währungsverschlechterung zu schützen, da ihnen die Art der Anlage der Gelder durch die staatlichen Bestimmungen von jeher genau vorgeschrieben war. (...) Die öffentlichen Sparkassen haben sich in der nächsten Zeit besonders auch dem Wiederaufbau der Spartätigkeit zu widmen. Das ist eines der wichtigsten Mittel zur Gesundung der deutschen Wirtschaft."[85] Ein „Sparerstreik", nach den Erfahrungen der Inflation nicht auszuschließen, hätte die Mehrzahl der Sparkassen zu lokal oder regional begrenzten Einrichtungen ohne größere Bedeutung für die Gesamtwirtschaft gemacht.

Proklamation des Weltspartages

Aus Anlass ihres hundertjährigen Bestehens lud die Sparkasse von Mailand 1924 zum 1. Internationalen Sparkassenkongress ein, der am 31. Oktober 1924 die Durchführung eines jährlichen Weltspartages beschloss[86] – ein Symbol für einen neuen Aufbruch[87].

In Deutschland wurde der Weltspartag am 31. Oktober 1925 zum ersten Mal begangen. Die örtliche Presse veröffentlichte einen vom Deutschen Sparkassen- und Giroverband zur Verfügung gestellten Artikel unter dem Titel „Die Mahnung des Weltspartages": „Nur ein Land, das arbeitet und spart, erzielt auf wirtschaftlichem und kulturellem Gebiet Fortschritte und behauptet seinen Platz im Rate der Völker. Nur eine intensive und ausreichende Spartätigkeit sichert die notwendige finanzielle Unabhängigkeit vom Auslande und bietet die feste Stütze für die Währung. Nur ein Volk bei dem Sparsamkeit zur nationalen Tugend geworden ist, gewinnt auch die Achtung und das Vertrauen der Welt. Die Geschichte der Völker lehrt, dass reichgesegnete Länder, deren Bewohner verschwenderisch lebten, in kurzer Zeit zur Bedeutungslosigkeit herabsanken, während eine arbeitsame und unermüdlich sparsame Nation ihren Staat, auch wenn er nicht von der Natur begünstigt ist, zur Höhe und Bedeutung führt. Sparsamkeit ist die Grundlage jeder stetigen und friedlichen Entwicklung. Auch rationelle Wirtschaftsführung ist sparen und ist in gleicher Notwendigkeit für die Hausfrau wie für die Industrie und den Staat. (...) Wer spart, handelt deutsch!"[88]

Lesezeichen wurden in den Zwanzigerjahren von den Sparkassen als Werbegeschenk gestreut.
Sammlung R. Merz

Reichskanzler Dr. Luther gab dem 1. Weltspartag die Geleitworte: „Die Not unserer Zeit erfordert gebieterisch sparsamstes Haushalten von jedem einzelnen. Kein Pfennig darf unnütz ausgegeben werden! Zur Sparsamkeit und Einfachheit muss insbesondere die heutige Jugend erzogen werden. Hier mitzuarbeiten ist wichtigste Pflicht der Eltern, der Schule und Kirche! Alle Kräfte gilt es zusammenzufassen, um durch Arbeitsamkeit und Sparsamkeit dem deutschen Volke eine bessere Zukunft zu sichern. Wer spart, hilft der Allgemeinheit."[89]

Stundenpläne: Ein beliebtes Werbegeschenk für Schüler. *Sammlung R. Merz*

Veränderungen in Wertingen und Zusmarshausen

Voraussetzung für eine positive Geschäftsentwicklung sind geeignete Lokalitäten, qualifiziertes Personal und natürlich auch die notwendigen gesetzlichen Grundlagen. Bei der Bezirkssparkasse Wertingen befanden sich die Kassenräume von 1923 bis 1938 in dem 1923 erbauten Haus in der Josef-Frank-Straße. 1937 wurde dann das ehemalige Distrikts-Gebäude an der Schulstraße abgebrochen und eine neue, dem damaligen Geschäftsumfang entsprechende Geschäftsstelle errichtet.[90] Während 1922 die Anstalt noch von Sparkassenleiter Eberhart geleitet wurde, hatte im Jahre 1929 die Leitung V. Weber inne.

Die Bezirkssparkasse Zusmarshausen wurde ab dem 1. Oktober 1925 durch den Bankbeamten Egon Pfreudtner verwaltet. Er war der erste hauptberufliche Sparkassenleiter des Zusmarshausener Institutes. Im Amtsblatt wurde deswegen bekannt gegeben: „Das Geschäftslokal befindet sich im Bezirksamtsgebäude hier Parterre. Bezirkssparkasse ist vorerst *täglich* von 8 – 12 Uhr vormittags geöffnet. Die Sparkasse ist bankmässig ausgebaut; sie verwaltet Spareinlagen, vermittelt den Verkehr in laufender Rechnung mit Überweisungs- und Scheckverkehr, gewährt Kredit in laufender Rechnung und auf Hypothek, übernimmt die Wechseleinlösung. (…) Die Bezirksbewohner werden ersucht, sich der Bezirkssparkasse zu bedienen, insbesondere wollen sich die Geschäftsleute Konten in laufender Rechnung errichten lassen und so beitragen, dass die Bezirkssparkasse wie in anderen Nachbarbezirken zum Nutzen des Bezirks und seiner Bewohner eine lebensfähige Existenz erhält."[91] Somit bekam die Zusmarshausener Sparkasse zum erstenmal die notwendige offizielle Anerkennung und Unterstützung behördlicherseits. Im Jahr 1929 bekleidete ein Herr Dürr das Amt des Sparkassenleiters.[92]

Die Übernahme der Filiale der Bayerischen Vereinsbank in Schwabmünchen

In der Absicht der Bayerischen Vereinsbank, ihre Filiale in Schwabmünchen aufzulösen, erkannte der Marktgemeinderat Schwabmünchen eine Möglichkeit zur Expansion für die Sparkasse. Am 26. Juli 1924 beschloss er die Übernahme zum 1. August des Jahres. Nach Durchsicht der vorgelegten Unterlagen „kam man zur Überzeugung, daß sich eine Erweiterung oder ein Ausbau der Sparkasse hier vornehmen lässt. Es wird deshalb die Filiale der Bayer. Vereinsbank hier mit samt aller bestehenden Creditoren und Debitoren, der gesamten Einrichtung übernommen und in den derzeit beste-

89 Emmerich, N., Sparkassenwerbung, S. 102.
90 Wertinger Zeitung, 9.7.1955.
91 Amtsblatt für das Bezirksamt Zusmarshausen, 1.10.1925.
92 Jahrbuch des Deutschen Sparkassen- und Giroverbandes für das Jahr 1930, S. 283.
93 StadtASch, Sparkassenverwaltung 1924 – 1947, Niederschrift vom 26.7.1924.
94 Ebd., Vereinbarung vom 31. Juli 1924. Bilanzzahlen für die Filiale konnten nicht ermittelt werden.
95 StadtASch, Sparkassenverwaltung 1924 – 1947, Niederschrift vom 31.7.1924.
96 Gingele, A., Bank- und Kreditwesen, S. 252.
97 Ṡ, 1853 – 1978, S. 22.
98 HAStakaA, Schwäbischer Sparkassenverband, Schulsparkassen 1915 – 1933, 27.2.1925.
99 Amtsblatt für das Bezirksamt Zusmarshausen, 3.12.1925.

henden, allenfalls abzuändernden Mietvertrag eingetreten. Zugleich soll der bei der Bank tätige Beamte Herr Barth mit übernommen bzw. angestellt werden."[93] Die Einrichtungsgegenstände wurden zum Preis von 1 500 Reichsmark abgelöst. Bis zum 1. Oktober 1924 hatte die Vereinsbank noch die Möglichkeit der „Einlobung von Entlastungs-Anerkenntnissen" der bisherigen Kunden der Bank und der „Ausfolgung der Depots" solcher Kunden, welche diese nicht auf die Sparkasse übertragen wollten.[94] In der Sitzung des Marktgemeinderates vom 31. Juli 1924 wurde die technische und räumliche Trennung der Sparkasse von der Gemeindekämmerei beschlossen.[95] Deswegen bezog das Institut im gleichen Jahr neue Geschäftsräume im Hause Stengle an der Luitpoldstraße.[96] Gleichfalls wurde Joachim Barth als Nachfolger von Julius Vorbach mit der Leitung der Sparkasse beauftragt.[97]

Förderung von Schulsparkassen

Der Landesverband bayerischer Sparkassen wandte sich am 27. Februar 1925 an die staatliche Aufsichtsbehörde, die Regierung von Schwaben und Neuburg, mit der Bitte behördlicherseits Einfluss auf die Lehrer und Schüler zur „Förderung des Sparsinns" durch „Schulsparen" zu nehmen.

„Durch Krieg und Inflation ist in weiten Kreisen unseres Volkes, ganz besonders aber bei der heranwachsenden Jugend, der früher so rege Sparsinn fast gänzlich abhanden gekommen. (...) Nur dann aber kann unser Wirtschaftsleben wieder gesunden, wenn es gelingt, Sparsinn und wirtschaftliche Vorsorge in allen Volksschichten zu beleben und zu fördern. Ganz besonders wichtig erscheint es uns, den Anfang wieder bei unserer Jugend zu machen und diese im Schulunterricht planmäßig immer wieder auf die Bedeutung des Sparens hinzuweisen und dadurch auch mittelbar auf das Elternhaus in einem dem Sparen günstigen Sinn einzuwirken. Eine umfassende Werbung für den Spargedanken in diesem Sinne ist aber ohne tatkräftige Mitwirkung der Lehrerschaft nicht möglich."[98]

Daraufhin wurden mit Erfolg durch Rundschreiben die Schulen zur Wiedererrichtung von Schulsparkassen angewiesen. Allen Schulsparkassen im Bezirk Zusmarshausen, die sich der Bezirkssparkasse angeschlossen hatten, wurde die erforderliche schulaufsichtliche Genehmigung sofort erteilt. Soweit jedoch Schulsparkassen sich an landwirtschaftliche Genossenschaften (Darlehenskassenvereine) anschließen wollten, bedurfte es einer schulaufsichtlichen Genehmigung durch die Regierung von Schwaben und Neuburg. Aus dem Antrag, der über das Bezirksamt gestellt werden musste, musste eindeutig ersichtlich sein, warum die Schulsparkasse sich nicht der Bezirkssparkasse, sondern dem Darlehenskassenverein anschließen wollte. Aus Sorge um die Sicherheit der Schulspareinlagen, musste die „Kreditwürdigkeit" des Darlehenskassenvereins nachgewiesen werden.[99]

Das Geschäftsfeld „Schulsparkasse" war sicherlich eine Domäne der Sparkasse, aber immer in harter Konkurrenz zu den örtlichen Darlehenskassenvereinen. So konstatierte die Verbandsversammlung des Kreisverbandes Schwaben des Bayerischen Sparkassen- und Giroverbandes auf ihrer Jahresversammlung am 16. November 1930, dass im Jahre 1929 die Einlagen der schwäbischen Schulsparkassen die absolut geringsten von sämtlichen bayerischen Regierungsbezirken waren, was letztendlich auf die starke Verbreitung der Darlehenskassenvereine in Schwaben zurückgeführt wurde. Es

Geschenksparbuch der Gemeinde-Sparkasse Schwabmünchen aus den 1920er-Jahren. Das Signet, der „Hermeskopf", enthielt als Gesichtsmarkierung die Buchstaben DSGV und sollte die Geschlossenheit der Sparkassen symbolisieren. *Historisches Archiv Kreis- und Stadtsparkasse Schwabmünchen*

wurde bemerkt, dass vor allem die Lehrer häufig unter einem „mehr oder wenig starken Einfluss" der Sparkassen stehen. Man betonte: „Wir wollen keinen Kampf gegen die Darlehenskassen. Wir erkennen an, dass auch diese Kassen gegründet sind auf dem Gedanken der Öffentlichkeit, der Selbsthilfe und Selbstverwaltung. Es muss aber betont werden, dass die Sparkassen zuerst gebildet wurden und als erste öffentliche Geldinstitute sich unter grossen Mühen durchsetzten. Die Sparkassen haben weiter einen sicheren Rückhalt an ihren Gewährträgern. Die Sparkassen sind mündelsicher."[100] So beschloss die Ortsschulbehörde Langenneufnach am 18. Mai 1934 die „Beziehungen der Schulsparkasse Langenneufnach zur Gemeindesparkasse Schwabmünchen wieder abzubrechen und getreu dem Mahnwort: ‚Das Geld des Dorfes dem Dorfe', an den örtlichen Darlehenskassenverein weitersparen zu lassen. Die Eltern der schulpflichtigen Kinder unterhielten bisher mit der Gemeindesparkasse fast keine Beziehungen, sind aber nach wie vor auf die Zusammenarbeit mit der örtlichen Darlehenskasse angewiesen, so dass auch die Spargroschen der Kinder dort angelegt werden müssen. Dies diene zur gefälligsten Kenntnisnahme."[101]

Dennoch war die Schwabmünchener Sparkasse in dieser Geschäftssparte im Bezirk gut vertreten. Im Jahre 1935 beliefen sich die Schulsparkonten auf 15 681 Stück mit einem Einlagenbestand von 36 483 Reichsmark.[102] Allerdings zeigt dieser Vorfall deutlich das damalige Dilemma der Bezirkssparkassen – die mangelnde Präsenz vor Ort.

Neue Zweigstelle in Bobingen

Der Revisionsbericht vom 4. Juni 1928 stellte lapidar fest: „Im Interesse einer besonderen Fortentwicklung der Sparkasse ist die Errichtung einer Zweigstelle in dem benachbarten Bobingen (ca. 2 000 Einwohner) dringend zu empfehlen."[103] Der Sparkassenausschuss beschloss daher am 25. Januar 1929 die Errichtung einer Zweigstelle in Bobingen[104], dem der Gemeinderat Schwabmünchen unmittelbar am 29. Januar zustimmte[105]. Mit Schreiben vom 31. des Monats wurde die notwendige Zustimmung des Gemeinderates Bobingen eingeholt. „Um den Kunden von Bobingen eine leichte sowie rasche und auch angenehme Geschäftsentwicklung zu ermöglichen und nicht zuletzt die guten nachbarlichen Beziehungen noch zu vertiefen", sollte die Eröffnung einer Zweigstelle in Bobingen dienen.[106] Die offizielle Zustimmung zur Errichtung einer Sparkasse erfolgte am 23. Februar unter der Bedingung der Finanzierung des Wasserwerkes in Bobingen durch die Gemeindesparkasse Schwabmünchen.[107] Ein ausgefeiltes Vertragswerk regelte die Zusammenarbeit.[108] Die wichtigsten Punkte waren:

- Die Marktgemeinde Schwabmünchen verpflichtete sich vom Jahre 1932 an vom jährlichen Reingewinn der Sparkasse Schwabmünchen zwei Drittel des auf Bobingen entfallenen Reingewinns an die Gemeindekasse Bobingen abzuführen.
- Die Marktgemeinde Schwabmünchen musste jeden bei der Zweigstelle Bobingen entstehenden Verlust vollständig übernehmen.
- Die Gemeinde Bobingen verzichtete bis zum Jahre 1950 auf das Recht der Eröffnung einer eigenen Sparkasse.
- Zur Finanzierung des Wasserwerkes in Bobingen stellte die Gemeindesparkasse Schwabmünchen der Gemeinde Bobingen ein Darlehen von mindestens 120 000 Reichsmark zur Verfügung. Im Darlehensvertrag wurden folgende Konditionen vereinbart:[109] Zinssatz 8 % (variabel), Tilgungssatz 1 % zuzüglich durch die Tilgung ersparter Zinsen, Auszahlungskurs 98,5 %.

Die aufsichtsrechtliche Zustimmung erfolgte durch das Bezirksamt Schwabmünchen am 6. April 1929.[110]

Aufhebung des Bezirksamtes Zusmarshausen – Übernahme der Sparkasse durch den Bezirk Augsburg

Eine umfassende Neuregelung des Rechts der Gemeinden, Bezirke und Kreise in Bayern trat nach den am 17. Oktober 1927 erlassenen Gesetzen mit dem 1. April 1928 in Kraft. Dies bedeutete für das Bezirksamt Zusmarshausen die Aufhebung zum 1. Oktober 1929. Von den 43 Gemeinden wurden 36 dem Bezirksamt Augsburg zugewiesen; die übrigen sieben im

100 HAStakaA, Schwäbischer Sparkassenverband, Privatakt Seufert, Sitzungsprotokoll 16.11.1930.
101 STAA, BA Schwabmünchen, Akt 1413, 18.5.1934.
102 HASpkSch, Geschäftsbericht 1935, S. 5.
103 STAA, BA Schwabmünchen, Akt 1413, 4.6.1928.
104 HASpkSch, Errichtung einer Zweigstelle der Gemeindesparkasse Schwabmünchen in Bobingen, Protokoll 25.1.1929.
105 Ebd., Protokoll 29.1.1929.
106 Ebd., Brief 31.1.1929.
107 Ebd., Protokoll-Abschrift 23.2.1929.
108 Ebd., Vertrag zwischen Marktgemeinde Schwabmünchen und Gemeinde Bobingen.
109 Ebd., Darlehensbedingungen 21.2.1929.
110 Ebd., Brief 6.4.1929.
111 Endrös, H./Krausse, J., Grundriss der Heimatkunde des Landkreises, S. 164f.
112 Amtsblatt für den Bezirk Zusmarshausen, 22.11.1929
113 München-Augsburger Abendzeitung, 6.10.1929.
114 Amtsblatt für den Bezirk Augsburg-Land, 21.11.1929.
115 Schwabe, K., Der Weg der Republik bis 1930, S. 119 – 127.

Die Bezirkssparkasse in Zusmarshausen
Postscheck 8755 München; Fernruf 48
nimmt Spareinlagen bei bester Verzinsung
und gibt Darlehen und Hypotheken
zu günstigsten Bedingungen.

Zeitungsanzeige vom 6. Dezember 1929. *Marktarchiv Zusmarshausen*

Nordwesten gelegenen Gemeinden – Altenmünster, Baiershofen, Eppishofen, Hennhofen, Neumünster, Unterschöneberg und Wörleschwang – kamen zum Bezirksamt Wertingen.[111] Durch den damit einhergehenden Ämterabbau sollten Millionen eingespart werden.

Der letzte Amtsvorstand, Dr. Rudolf Hermann, verabschiedete sich mit einem Schreiben an die Bevölkerung: „Ich trenne mich ausserordentlich schwer von der mir lieb gewordenen Landschaft und ihren Bewohnern, mit denen ich während der langen Zeitspanne von fast 15 Jahren Freude und Leid redlich geteilt habe und mit deren Großteil ich mich persönlich verbunden fühle. Grosse und schwere Zeiten – Krieg, Inflation, Revolution – habe ich in und mit dem Bezirk erlebt, ich habe alle meine Kräfte dafür eingesetzt, Ruhe, Sicherheit und Wohlfahrt im Bezirk zu wahren und zu fördern. (...) Es war nicht immer leicht, durch die hochgehenden Wogen einer wirtschaftskritischen Zeit das schwache Schifflein, des richtiger Hilfsquellen entbehrenden Bezirks hindurch zu lenken. Aber Dank dem Grundsatz strengster Sparsamkeit – freilich ein Grundsatz, der keine Ruhmestaten ermöglicht – und mit Hilfe einer einsichtvollen Bezirksvertretung konnte das Schiff flottgehalten werden."[112]

In der Lokalzeitung klagten die Zusmarshauser: „Das einzige was uns vom Bezirksamt noch übrigbleibt, ist die Bezirkssparkasse. Sie wird in den gleichen Räumen unverändert weitergeführt."[113]

Am 21. November 1929 publizierte das Bezirksorgan eine Mitteilung an die Bürgermeister: „Mit der Eingliederung von 37 Gemeinden des Bezirks Zusmarshausen hat der Bezirk Augsburg auch die Bezirkssparkasse in Zusmarshausen übernommen. Der Bezirk Augsburg ist damit Gewährträger dieser Kasse geworden, d. h. er haftet für die Geschäfte und Verbindlichkeiten der Kasse. Die Bezirkssparkasse in Zusmarshausen wird in gleicher Weise wie bisher weiter betrieben werden. Die rege Benützung der Kasse als einer gemeinnützigen Bezirkseinrichtung, wolle der Bevölkerung empfohlen werden."[114]

Diese Eingliederung in den bisher „sparkassenlosen" Bezirk Augsburg bedeutete für die Bezirkssparkasse eine große Chance für ihre zukünftige Entwicklung.

Die Weltwirtschaftskrise und das Ende von Weimar

Der Erholungsphase, die der deutschen Wirtschaft nach der Inflation vergönnt war, ist zu Recht der Schein der Stabilität attestiert worden. Niedrige Investitionen, eine nur geringfügig steigende Industrieproduktion, eine anhaltende Landwirtschaftskrise, hohe Dauerarbeitslosigkeit und die Abhängigkeit der deutschen Wirtschaft von ausländischem Kapital prägten das Wirtschaftsleben. Die Wachstumsziffern sanken schon 1929 erheblich, und nach dem harten Winter 1928/29 befand sich die deutsche Wirtschaft bereits in einer Rezession.[115] Diese Rezession erfuhr durch den New Yorker Börsenkrach, den „Schwarzen Freitag" am 25. Oktober 1929, und die dadurch ausgelöste Weltwirtschaftskrise eine deutliche Verschärfung. Der daraufhin schlagartig einsetzende Abzug kurzfristiger amerikanischer Kredite, auf denen im wesentlichen der Aufschwung beruht hatte, führte besonders in Deutschland zu einer Katastrophe, gekennzeichnet unter anderem durch eine extrem hohe Arbeitslosigkeit. Auch die innenpoliti-

Bankenkrise: Kunden vor der geschlossenen „Berliner Bank für Handel und Grundbesitz".
Deutscher Sparkassenverlag

sche Situation der Weimarer Republik war instabil, und der hohe Wahlerfolg der Nationalsozialisten bei den Reichtagswahlen im Sommer 1930 führte zu einer weiteren Verunsicherung im Ausland.[116] Die Situation vieler im harten Wettbewerb unter Erfolgszwang stehender Kreditinstitute war durch ihre schwache Eigenkapitalsituation, ungünstige Liquiditätsrelationen, hohe Auslandsverschuldung, riskante Geschäfts- und Kreditpolitik unter Missachtung der goldenen Bankregel gekennzeichnet.

Mit dem Schalterschluss und der Zahlungsunfähigkeit der Darmstädter und Nationalbank (Danatbank) am Morgen des 13. Juli 1931 begann der panikartige Run auf Banken und Sparkassen, psychologisch forciert durch eine Notverordnung des Reichspräsidenten, die den 14. und 15. Juli zu Bankfeiertagen erklärte, was eine zweitägige Auszahlungssperre bedeutete.[117]

Eröffnung weiterer Zweigstellen

Um der gesamten Bevölkerung des Bezirkes Geschäftsbeziehungen zur heimischen Sparkasse zu ermöglichen und auch den zahlreichen Darlehenskassenvereinen Paroli zu bieten, mussten an den zentralen Orten Filialen eröffnet werden. Als erstes wurde 1930 in Fischach eine Zweigstelle eröffnet.[118] 1932 stellte der Kreisverband Schwaben des bayerischen Sparkassen- und Giroverbandes fest, dass die Ausdehnung der Sparwerbung der öffentlichen Sparkassen in ihren Bezirken durch Schaffung von Annahmestellen, Zweigstellen und Zahlstellen unabdingbar ist. „Die örtliche Ausdehnung ist eine brennende Frage der nächsten Zeit."[119] Der nordwestliche Teil des Geschäftsgebietes erhielt im Jahre 1932 eine Geschäftsstelle in der Marktgemeinde Welden.[120] 1934 bekam die aufstrebende Gemeinde Gersthofen im nordöstlichen Landkreis eine Zweigstelle.[121] Auf der Beamtenversammlung des Kreisverbandes Schwaben Gruppe Nord am 15. November 1933 konnte der Vertreter des Bezirksamtes Augsburg-Land deshalb stolz verkünden, dass „nunmehr die Hemmungen wegen der Eröffnung von neuen Zweigstellen gefallen seien".[122]

Übernahme der Zweigstelle Göggingen von der Stadtsparkasse Augsburg

Mit der Übernahme der bisher von der Stadtsparkasse Augsburg in Göggingen, jetzt Geschäftsgebiet der Bezirkssparkasse, betriebenen Zweigstelle IV (errichtet 1921) ab 1. April 1931 konnte die Bezirkssparkasse einen beträchtlichen Zuwachs verbuchen.[123] Der Sparkassenausschuss der Stadt Augsburg stimmte der Überga-

Tatsächlich wurden durch die Bezirkssparkasse übernommen:[124]

Spareinlagen	täglich	251 658,05 RM
	monatlich	98 795,76 RM
	vierteljährlich	256 488,01 RM
Scheckeinlagen		53 138,52 RM
Kontokorrenteinlagen		133,64 RM
insgesamt		**660 213,98 RM**

116 Erdmann, K. D., Weimarer Republik, S. 230–242; Stucken, R., Schaffung der Reichsmark, S. 260–271.
117 Irmler, H., Bankenkrise und Vollbeschäftigung, S. 283–292.
118 Piller, M., Fischach, S. 417.
119 HAStakaA, Schwäbischer Sparkassenverband, Akt G. A. 183, Niederschrift 20.11.1932.
120 Jubiläums-Geschäftsbericht Kreissparkasse Augsburg, S. 15.
121 Krausse, J., Stadt Gersthofen, S. 349.
122 HAStakaA, Schwäbischer Sparkassenverband, Akt 18, 15.11.1933.
123 Amtsblatt für den Bezirk Augsburg-Land, 2.4.1931; Merz, R., Stadtsparkasse Augsburg, S. 250.
124 HAStakaA, Verwaltungsrat, Akt 110/09, 20.7.1931.
125 Grundlage: Statistik der bayerischen Sparkassen; Jahrbücher des Deutschen Sparkassen- und Giroverbandes; HASpkSch, Jahresabschlüsse; HAStaA, Schwäbischer Sparkassenverband, Akt 13.
126 HAStakaA, Verwaltungsrat, Akt 110/09, 20. 7 1931.
127 Ashauer, G., Von der Ersparungscasse zur Sparkassen-Finanzgruppe, S. 231.
128 Mura, J., Entwicklungslinien, S. 82.
129 HAStakaA, Schwäbischer Sparkassenverband, Akt 12, Niederschrift 24.1.1925.

Entwicklung der Spareinlagen von 1924–1932[125]

(Angaben in Reichsmark)

Jahr	Zusmarshausen	Schwabmünchen	Wertingen
1924	622	110 016	106 027
1925	8 477	467 406	312 418
1926	29 948	848 515	590 000
1927	75 555	1 212 589	1 002 000
1928	184 165	1 731 529	1 247 583
1929	298 075	2 472 253	1 709 956
1930	588 000	2 907 932	2 061 076
1931	1 491 813	3 275 138	2 498 882
1932	1 427 693	3 139 534	2 173 577

Die Bezirkssparkasse Wertingen
an alle Sparer!

Allen Sparern des Bezirkes sei hiemit höchste Anerkennung gezollt für ihre vorbildliche Haltung während der vergangenen Wochen und insbesondere während der letzten Tage!

Die Abhebungen waren nicht höher als in normalen Zeiten, sodaß die Einlagen sogar eine Steigerung aufweisen.

Ein Vorbild für ängstliche Gemüter!

Zur Aufklärung und Beruhigung!

Die deutschen Sparkassen **allein**, ohne Banken und Genossenschaften, verfügen über **elf Milliarden Spareinlagen**, während der gesamte deutsche Notenumlauf nicht einmal **vier Milliarden** beträgt.

Die Auszahlung der Spareinlagen ist daher einfach unmöglich und **ein unsinniges Verlangen!**

Was wir heute erleben, ist das **Gegenteil einer Inflation**, nämlich ein drückender Mangel an Zahlungsmitteln. Wer heute aus Furcht vor Inflation **Geld im Schrank** liegen läßt, ist **nicht viel besser als der Lump, der es ins Ausland schafft!** Wer in diesen schweren Tagen die Auszahlung seines Guthabens verlangt, macht sich **mitschuldig am Ruin** ungezählter Existenzen.

Merkt Euch, Bauern, solange Ihr Eure Produkte für einen Bettel verkaufen müßt, **droht keine Inflation!**

Erst wenn Ihr für einen Ochsen einige Tausender bekommt, mögt Ihr an der Güte der Geldscheine zweifeln!

Ungefähr **80** % aller Spareinlagen der Bezirkssparkasse sind im Bezirk Wertingen als **wertbeständige, langfristige Hypotheken** und Kredite angelegt.

Wer daher die Auszahlung seines Guthabens verlangt oder sein Guthaben kündigt, zwingt die Sparkasse zur Kündigung der Hypotheken.

Die Folge wäre eine Katastrophe für den Bezirk!

Bewahrt wie bisher Eure Ruhe und vertraut Eurer Sparkasse! Dort ist Euer Geld sicher angelegt und wird zum Besten des ganzen Bezirkes verwaltet.

Druckerei der Wertinger Zeitung

Aufruf der Bezirkssparkasse Wertingen in der örtlichen Zeitung, 16. Juli 1931. *Stadtarchiv Wertingen*

be der Zweigstelle unter folgenden Bedingungen zu:

- Der Bezirk erklärt sich bereit, zwei Beamte oder Angestellte nach eigener Wahl von der Stadtsparkasse zu übernehmen.
- Die bestehenden Spar-, Scheck-, Kredit- und Darlehenskunden werden, falls die betreffenden Kunden es wünschen, von der Bezirkssparkasse übernommen. Falls bezüglich einzelner Kredite Bedenken bei der Bezirkssparkasse bestehen, werden diese von der Stadtsparkasse weitergeführt.

Des weiteren wurde in zwei Hypothekendarlehensverträge von Kunden aus Göggingen über insgesamt 10 844,43 RM eingetreten. Für das Inventar der Filiale zahlte die Bezirkssparkasse 1 000,00 RM. Abgewiesen wurden Darlehen in Höhe von 83 191,48 RM, Kontokorrentkredite von 8 125,10 RM und eine Scheckkonto-Überziehung von 150,06 RM.

Führt man sich den Einlagenbestand der Bezirkssparkasse vom Jahre 1930 in Höhe von 588 000,00 RM vor Augen im Vergleich zum Übergabebestand in Höhe von 606 941,82 RM so lässt sich feststellen, dass durch die Übernahme der Gögginger Zweigstelle sich der Einlagenbestand der Bezirkssparkasse mehr als verdoppelte. Der Jahresabschluss der Stadtsparkasse Augsburg des Jahres 1931 berichtete darüber: „Der Einlagenbestand hat sich gegenüber dem Vorjahr um 19,86 % auf 24 952 033,00 RM verringert, (...) davon treffen allein ca. 600 000,00 RM auf die Überlassung der Zweigstelle IV in Göggingen an die Bezirkssparkasse.“[126]

Die Bezirkssparkassen – Entwicklung bis 1932

Die schlechteste Ausgangsbasis in die „Goldenen Zwanziger“, in die Zeit des „Sparwunders“[127], hatte sicherlich die Bezirkssparkasse Zusmarshausen mit einem Einlagenbestand in 1924 von 622 Reichsmark, verteilt auf nur fünf Sparkunden. Grundsätzlich brachte das Jahr 1924 nunmehr für die Sparkassen die allmähliche Rückkehr zur geschäftlichen Normalsituation. Unterstützt durch eine massive Sparwerbung[128], begann die Sparkapitalbildung durch die Wiedergewinnung des Vertrauens der Bevölkerung in die Reichsmark erstaunlich schnell. Zur Erhaltung und Gewinnung von Sparern diente auch eine vernünftige Zinspolitik. Von Verbandsseite wurden generell höhere Zinssätze vorgeschlagen.[129]

Die Bezirkssparkasse Zusmarshausen zahlte deshalb ab 1. Oktober 1925 für Spareinlagen mit täglicher Kündigung 8 %, mit monatlicher 9 % und mit vierteljährlicher 10 % Zinsen.[130]

Auch die Bezirkssparkasse Wertingen warb im September 1929 in der Ortszeitung mit dem Slogan: „Höchste Verzinsung von Spareinlagen".[131] In 1931 inserierte sie in der Zeitung eine Anzeige für die Spareinlagenmehrung: „Die sicherste Anlage für den kleinen Sparer ist das Sparbuch einer mündelsicheren öffentlichen Sparkasse. Wer 100,00 RM auf ein Sparbuch einzahlt, erhält nach 8 Jahren mindestens 122,50 RM, also fast ¼ des Kapitals als Zinsgewinn! Die Spareinlagen fließen in Form von kleinen und kleinsten Darlehen an den um seine Existenz schwer ringenden Bauern- und Mittelstand des Bezirkes. Unterstützt die heimische Wirtschaft durch Eure Einlagen bei der Bezirks-Sparkasse Wertingen. Unbedingt verschwiegene Behandlung aller Geschäfte durch eidgebundene Angestellte."[132]

Bei allen Bezirkssparkassen war nunmehr bis zum Jahre 1931 ein kontinuierlicher Anstieg des Spareinlagenbestandes zu verzeichnen. Die Bezirkssparkasse Zusmarshausen zählte im Jahre 1928 noch 378 Sparer bei 184 165 Reichsmark Spareinlagen und konnte in 1931 über 2 294 Sparer bei 1 491 813 Reichsmark aufweisen. Diese Steigerung war zum einem auf die Eröffnung der Zweigstelle Fischach (1930) und zum anderen hauptsächlich durch die Übernahme der Zweigstelle in Göggingen von der Stadtsparkasse Augsburg zurückzuführen. Ein jähes Ende dieser Entwicklung brachte der Schalterschluss und die Zahlungsunfähigkeit der Danatbank am 13. Juli 1931. Es begann ein panikartiger Run auf Banken und Sparkassen. In solchen Situationen setzen viele Menschen mehr Vertrauen in Bargeld als in Bankeinlagen. Auf der Verbandsversammlung des Schwäbischen Sparkassenverbandes im November 1931 wurde festgestellt, dass „Mehrabhebungen" bei den Sparkassen schon vor dem 13. Juli wegen Pressemeldungen von einer neuen Inflation eingesetzt hatten.[134] Die Bezirkssparkasse Wertingen zollte am 16. Juli 1931 in einem fast halbseitigen Inserat[135] ihren Sparern höchstes Lob für ihr vorbildliches Verhalten, weil sich die Zahl der Abhebungen während der Bankenkrise das normale Maß nicht überstieg und sogar eine Einlagenzunahme zu verzeichnen war.[136]

Dem Gespenst einer neuen Inflation wurde entgegnet: „Was wir heute erleben, ist das Gegenteil einer Inflation, nämlich ein drückender Mangel an Zahlungsmitteln. Wer heute aus Furcht vor Inflation Geld im Schrank liegen läßt, ist nicht viel besser als der Lump, der es ins Ausland schafft! Wer in diesen schweren Tagen die Auszahlung seines Guthabens verlangt, macht sich mitschuldig am Ruin ungezählter Existenzen. Merkt Euch, Bauern, solange Ihr Eure Produkte für einen Bettel verkaufen müßt, droht keine Inflation!"[137]

Am 8. Dezember 1931 verordnete die Reichsregierung (IV. Notverordnung) eine Zinssenkung, womit Einheitlichkeit in die vielgestalteten Zinssätze einzog. Diese waren somit nicht mehr der Entschei-

Aktivvermögen und Anlage der Aktivkapitalien bei der Gemeindesparkasse Schwabmünchen 1924 – 1932[133] (Angaben in Reichsmark)

Jahr	Aktivkapitalien	Hypotheken	Kontokorrentkredite	Wertpapiere
1924	155 427	32 053	123 374	
1925	639 500	221 009	381 638	
1926	1 105 559	366 366	420 933	109 111
1927	1 585 147	580 462	648 828	57 262
1928	2 528 108	1 142 138	698 962	132 233
1929	3 316 915	1 436 679	838 453	159 856
1930	3 800 096	1 371 417	1 067 792	316 018
1931	3 735 567	1 532 340	1 174 737	301 000
1932	4 037 129			

130 Amtsblatt für das Bezirksamt Zusmarshausen, 1.10.1925.
131 Wertinger Zeitung, 28.9.1929.
132 Ebd., 23.1.1931.
133 Grundlage: HASpkSch, Jahresabschlüsse. Für die Bezirkssparkassen Zusmarshausen und Wertingen liegt für das Aktivgeschäft kein Zahlenmaterial vor.
134 HAStakaA, Schwäbischer Sparkassenverband, Akt G.A. 183, Niederschrift 22.11.1931.
135 Wertinger Zeitung, 16.7.1931.
136 Eberhart, H., Wertingen, S. 105.
137 Wertinger Zeitung, 16.7.1931.
138 RGBl, 1931, Nr. 79, S. 702.
139 STAA, BA Schwabmünchen, Akt 1413, Nr. 2136.
140 Ebd., Nr. 2575.
141 BayHStA, MInn, Akt 52685, Nr. 52785.
142 Amtsblatt für das Bezirksamt Zusmarshausen, 6.5.1926.
143 Ebd.
144 Buchner, R., Deutsche Geschichte, S. 426.
145 Feldenkirchen, W., Weiden, S. 88.
146 HAStakaA, Schwäbischer Sparkassenverband, Akt 10, 5.3.1925.
147 Amtsblatt für das Bezirksamt Zusmarshausen, 18.7.1928.
148 Ebd., 2.4.1925.
149 HAStakaA, Schwäbischer Sparkassenverband, Akt 185, Bericht 14.1.1928.
150 Ebd., Niederschrift 22.11.1931.
151 RGBl, 1931, Nr. 67, S. 558.

dung der Sparkasse überlassen, sondern wurden von dem Reichskommissar für das Bankgewerbe in Verbindung mit den Spitzenverbänden der Kreditinstitute offiziell vorgegeben.[138]

Bei der Gemeindesparkasse Schwabmünchen führten die Mehrabhebungen zu Liquiditätsschwierigkeiten, die nur durch die Aufnahme eines „Bereitschaftskredites" bei der Bayerischen Gemeindebank in Höhe von 150 000 Reichsmark überwunden werden konnten.[139] Ursache hierfür war unter anderem auch die schwierige Lage der Landwirtschaft. Durch die Missernte mussten die Landwirte ihre Ersparnisse zur Anschaffung von Saatgetreide und Düngemitteln sowie zur Bezahlung von Dienstbotenlöhnen in Anspruch nehmen.[140]

In den Inflationsjahren kam das Hypothekengeschäft fast zum Erliegen, obwohl von Seiten des Innenministeriums hinsichtlich der Beleihungsgrundlagen wegen der ständig zunehmenden Geldentwertung Zugeständnisse gemacht wurden.[141] Der bestehende Wohnungsmangel konnte nur bedingt durch Ausreichung von Hypothekenkrediten eingedämmt werden.[142] In der Landwirtschaft waren bereits seit Kriegsende wegen verstärkter internationaler Konkurrenz die Erzeugerpreise zunehmend verfallen. 1927 erhielt ein Landwirt für einen Liter Milch 20 Pf., 1931 13 Pf., für einen Zentner Weizen 15 RM, 1931 12 RM, für ein Ferkel 45 RM, 1931 noch 14 RM.[143] Die durch die Inflation verringerte Verschuldung der Betriebe erhöhte sich jetzt wieder auf Grund eines Rückgangs von Nachfrage, Preisen und Einkommen, was letztendlich zu zahlreichen Zwangsversteigerungen führte.[144] Im Bezirk Wertingen waren 1931 bis Juli in den 46 Gemeinden bereits 13 landwirtschaftliche Anwesen zur Zwangsversteigerung ausgeschrieben.

In der Landwirtschaft vollzog sich dadurch ein starker Konzentrationsprozess. Den 564 864 bäuerlichen Betrieben in Bayern im Jahr 1925 standen 1939 nur noch 488 951 Höfe gegenüber.[145] Deswegen pochte schon im Jahre 1925 das Landwirtschaftsministerium gegenüber den Sparkassen auf großzügige Kreditgewährung an die Landwirte zu günstigen Zinssätzen.[146] Im Jahre 1928 griff der Staat mittels „Umschuldungskrediten" den Landwirten unter die Arme. Sie dienten dazu, die „dringenden, drückenden, schwebenden Schulden" (Warenschulden, kurzfristige Darlehensschulden, Schulden bei Handwerkern), welche nicht durch Inanspruchnahme von erstrangigen Hypothekenkrediten abgedeckt werden konnten, in langfristige, zinsgünstige Kredite umzuwandeln.[147] Bereits 1925 unterstützte der Staat notleidende Handwerksbetriebe mit „Handwerkernotstandskrediten".[148]

Betrachtet man die stetige Ausweitung des Kreditgeschäftes der Gemeindesparkasse Schwabmünchen, so ist festzustellen, dass sie ihrer örtlichen Verpflichtung, Stützung der Landwirtschaft und des Mittelstandes, nachkam. Insbesondere die kurzfristigen Kontokorrentkredite dienten diesem Zweck. Bei der Schwabmünchner Sparkasse ging dies sogar zu Lasten der notwendigen Liquidität. Selbst der Eigenbestand an Wertpapieren, der kurzfristig flüssig gemacht werden konnte, war minimal.

Auf der Beamtenversammlung am 14. Januar 1928 wurde eine allzu nachlässige Kreditvergabe angemahnt. „Die Sparkassen dürfen nicht als Wohlfahrtsinstitute betrachtet werden, um die Wirtschaft ihres Bezirkes zu heben, oft mit Mitteln, die sie selbst nicht besitzen."[149] Diese Kreditproblematik wurde auf der Verbandsversammlung des Schwäbischen Sparkassenverbandes nochmals diskutiert: „In einer Zeit wirtschaftlichen Tiefstandes, in einer Zeit wachsenden Kapitalmangels, in einer Zeit zunehmender Inanspruchnahme von Krediten sind die Sparkassen mehr denn je berufen, helfend, leitend und führend auf dem Gebiet des Geldwesens sich zu betätigen. (...) Es sind nicht eigene, sondern fremde, anvertraute Gelder, die die Sparkassen zu verwalten haben. Es stellt sich immer wieder heraus, dass die Kredit- und Zahlungsfähigkeit der Schuldner zu optimistisch eingeschätzt wird."[150] Einer ausufernden Kreditvergabe setzte allerdings die dritte Verordnung des Reichspräsidenten zur Sicherung von Wirtschaft und Finanzen vom 6. Oktober 1931, die die Hypothekenvergabe der einzelnen Sparkasse auf 40 Prozent der Spareinlagen beschränkte, den Riegel vor.[151] Doch hier hatte die Schwabmünchener Sparkasse ihre Grenzen schon erreicht.

DIE BEZIRKSSPARKASSEN IM NATIONALSOZIALISMUS (1933–1945)

Warnung an Jugendliche!
Aus Anlaß der Ferien sei an alle Jugendlichen nochmals eine ernste Mahnung gerichtet: Den Bezugscheinausgabestellen für Fahrradreifen stehen nur sehr klein bemessene Kontingente zur Verfügung. Darum wird an alle Jugendlichen der dringende Appell gerichtet, das kostbare Reifenmaterial zu schonen, von allen unwichtigen Fahrten Abstand zu nehmen und vor allem die sinnlose Reifenverschleuderung durch unnötige „Radfahrkunststücke“ und gefährliches Rasen zu unterlassen. Die Jugendlichen sollen während der Ferien Wanderungen zu Fuß machen, es müssen nicht immer Spazier- und Ausflugsfahrten sein.

Amtsblatt für den Landkreis Augsburg, 16.8.1940

Mit der Ernennung des NSDAP-Führers Adolf Hitler zum Reichskanzler durch Reichspräsident Hindenburg am 30. Januar 1933 begann die leidvolle Ära des Nationalsozialismus. Die eigentliche Machtergreifung vollzog sich rasch und vergleichsweise geräuschlos auf dem Gesetzeswege. Am 4. Februar erging die Verordnung „zum Schutz des deutschen Volkes", mit deren Hilfe missliebige politische Gegner durch Zeitungs- und Veranstaltungsverbote der Regierung mundtot gemacht werden konnten.[1] Unmittelbar auf den Reichstagsbrand folgte am 28. Februar die Verordnung „zum Schutz von Volk und Staat", wichtige Grundrechte waren damit außer Kraft gesetzt, der verfassungsmäßig vorgesehene Rechtsstaat existierte praktisch nicht mehr.[2] Das „Gesetz zur Behebung der Not von Volk und Reich" vom 23. März 1933 gab der Regierung schließlich die Handhabe, Gesetze ohne Hinzuziehung des Reichstags zu erlassen.[3] Die parlamentarisch-demokratische Republik existierte ab diesem Zeitpunkt nicht mehr. Ende März schließlich wurden die Länder mit dem Reich „gleichgeschaltet"[4], und Anfang April begannen die Nazis ihre wiederholt erklärten Absichten zu verwirklichen. Mittels immer perfekter organisierter Drangsalierung der jüdischen Bürger wurden diese allmählich aus allen Lebensbereichen verdrängt.

Die Worte des Tagungsleiters der außerordentlichen Verbandsversammlung des Kreisverbandes Schwaben Mayr illustrieren den damaligen Zeitgeist: „Seit der letzten Tagung des Kreisverbandes schwäbischer Sparkassen im November v. J. hat sich das politische Angesicht Deutschlands gewaltig verändert. Aus der Vielheit der Parteien, der Köpfe, Sinne und Meinungen hat ein kraftvoller, zielklarer Wille – der Wille unseres Reichskanzlers Adolf Hitler – ein Neu-Deutschland geschaffen, das sich in mächtig flutender Bewegung zu einer nationalen Einheit zusammenschliesst. Es ist klar, dass der neue Geist auch neuer Formen bedarf, in neuen Rechtsgestaltungen zum Ausdruck kommen muss, dass die gesinnungsmässige Einheit des deutschen Volkes, die innere Einheitlichkeit des Staatswesens, auch in Neubildungen der öffentlich-rechtlichen Körperschaften in Erscheinung treten muss, dass sie auch auf dem Gebiet der Wirtschaft sich auswirkt."[5] Auch Oberregierungsrat Dr. Schwab von der Regierung von Schwaben und Neuburg kommentierte diesen Zeitumstand überaus theatralisch und pathetisch: „Als die schwäbischen Sparkassen im November vorigen Jahres sich zur alljährlichen Versammlung zusammenfanden, da habe ich den Wunsch gehabt, dass bald wieder ein einiges deutsches Vaterland entstehen möge und was man kaum zu glauben wagte, ist inzwischen greifbare Wirklichkeit geworden. Als in der Natur der Winter vom Frühling verdrängt wurde, da hat auch die deutsche Eiche wieder zu sprossen und zu grünen begonnen und wenige Wochen später rauschte in den Blättern ein neues Lied von Deutschlands Aufstieg. Im neuen Deutschland, das uns Hitler's überragende Führungspersönlichkeit geschaffen hat, sind den öffentlichen Sparkassen Aufgaben von grösster Wichtigkeit und Tragweite gestellt, Aufgaben, die zwar im allgemeinen nicht neu sind, deren restlose Erfüllung aber gerade jetzt von ganz besonderer Bedeutung ist. Es gilt, in er-

Die erste unter der Herrschaft der Nationalsozialisten gedruckte Reichsbanknote.
Deutscher Sparkassenverlag

1 Erdmann, K. D., Nationalsozialismus, S. 79ff.
2 RGBl, 1933, S. 83.
3 Ebd., S. 141.
4 Ebd., S. 173.
5 HAStakaA, Schwäbischer Sparkassenverband, Akt 111 – 10, Niederschrift 9.6.1933.

ster Linie die trotz erfolgreicher Massnahmen immer noch grosse Arbeitsnot nachhaltig zu vermindern. Es gilt aber auch, die heimische Kapitalbildung zu fördern."[6]

Schon 1932 schilderte der Meitinger Ortschronist Burghart reale Ängste und Ahnungen: „Es dreht sich zwar die Welt 24 Stunden, und der dunklen Nacht entschwebt ein schöner, heller Tag, aber das Leben eines Volkes ist eben nicht dem Katzenbalg vergleichbar, den man wenden kann. Eine ganz eigenartige Bewegung kam in die breitesten Volksmassen. Man kann sie heißen ‚Hitleritis'. Diese hat ihre Ursachen in der mißgestimmten Zeit, in der Sucht nach Verbesserungen, in der Abkehr vom Bestehenden und in der Gründung eines neuen, des sog. Dritten Reiches. Ihren Namen führt sie von dem Parteiführer Adolf Hitler, der wohl noch viel von sich hören lassen wird."[7]

1933: Errichtung der Zweigstelle Meitingen

Im Herbst 1933 wurde von Verbandsseite eine Offensive zur Eröffnung von neuen Zweigstellen auf dem Lande gestartet. Zuvor versuchte die Spitzenorganisation der Genossenschaften vergeblich ein Verbot der Zweigstellenerrichtung durch die Sparkassen in den Orten zu erreichen, in denen bereits ein Darlehenskassenverein bestand.[8] In einem Schreiben vom 26. Oktober gleichen Jahres an den Bayerischen Landesverband der landwirtschaftlichen Genossenschaften nahm der Sparkassenverband wegen der Neueröffnung von Zweigstellen explizit Stellung: „Für die Eröffnung von Sparkassenzweigstellen entsteht insbesondere auf dem flachen Lande da und dort ein Bedürfnis, wo die ortsansässige Bevölkerung bis zur nächsten Sparkassenstelle oft einen Weg von mehreren Stunden zurückzulegen hat. Selbstverständlich wird von den Sparkassen hierbei stets die Bedürfnisfrage eingehend geprüft. Der Umstand aber, dass in einem entlegenen Dorf bereits eine Darlehenskasse besteht, kann für die Bezirks- oder Gemeindeverwaltungsbehörde und die örtlich zuständige, öffentliche Sparkasse nicht ohne weiteres ein Grund sein, von vorneherein ein für allemal das Vorliegen eines Bedürfnisses für die Neuerrichtung einer Sparkassenzweigstelle zu verneinen, da eine Darlehenskasse eine öffentliche Sparkasse nie voll zu ersetzen vermag und häufig die Beobachtung gemacht wird, dass es auch an solchen Orten, wo eine Darlehenskasse ihren Sitz hat, eine Reihe von Leuten gibt, die ihr Geld nur bei einer öffentlichen, mündelsicheren Sparkasse anlegen wollen und denen daher Gelegenheit gegeben werden muss, dies in bequemer Weise am Ort selbst zu tun. Dazu kommt, dass die Darlehenskassen in der Regel nur das kurzfristige Kreditgeschäft mit ihren Genossen betreiben, während die öffentlichen Sparkassen neben dem kurzfristigen Kreditgeschäft vor allem auch ihre Gelder in langfristige Hypothekendarlehen innerhalb ihres Kassen- und Geschäftsbezirks anlegen. (...) Die Sparkassen sowie die ländlichen Spar- und Darlehenskassenvereine haben ihre selbständige Daseinsberechtigung und grösstenteils auch ihren selbständigen Kundenkreis, sodass von einem Konkurrenzkampf schlechterdings nicht gesprochen werden sollte. Ein friedliches Nebeneinanderarbeiten der beiden, gleicherweise auf gemeinnütziger Grundlage arbeitenden Arten von Geldanstalten entspricht auch den Wünschen der Sparkassen. (...) Hervorgehoben sei auch, dass es sich die öffentlichen Sparkassen immer zur Pflicht gemacht haben, neben der Kreditversorgung der kleineren und mittleren Gewerbetreibenden, der freien Berufe und der Festbesoldeten auch die unter der Kreditnot schwer leidende Landwirtschaft nach Kräften zu unterstützen, da sie als bo-

Quelle: Historisches Archiv Sparkasse Wertingen

6 Ebd., Privatakt Seufert, Niederschrift 6.11.1933.
7 HASpkW, Akt Zweigstelle Meitingen, Übersicht 50 Jahre Sparkasse Meitingen (2 Manuskriptseiten).
8 Ebd., Verbandsrundschreiben 26.10.1933.
9 Ebd., Beilage zum Verbandsrundschreiben 26.10.1933.
10 Ebd., Abschrift Sparkassenausschussbeschluss 31.10.1933.
11 Ebd., Schreiben Kreisbauernschaft Augsburg 20.11.1933.
12 Ebd., Schreiben Bezirkssparkasse Wertingen 25.11.1933.
13 Ebd., Schreiben Bezirksamt 22.12.1933.
14 Neue Nationalzeitung Augsburg, 11.1.1934.
15 HASpkW, Akt Zweigstelle Meitingen, Geschäftsanweisung.
16 Jubiläumsgeschäftsbericht Kreissparkasse Augsburg, S. 15.
17 Both, L./Helmschrott, F., Zusmarshausen, S. 90.
18 Kerschbaum, A., Oral History, S. 2.
19 Settele, W. (Hrsg.), Haunstetten, S. 126.

denständige Geld- und Kreditinstitute in einer wirksamen Förderung der Landwirtschaft durch billige Kredithilfe eine ihrer Hauptaufgaben im Dienste der heimischen Wirtschaft erblicken. Gerade auch angesichts der von den Sparkassen geleisteten Kredithilfe kann von diesen nicht verlangt werden, dass sie ihre Einlagenwerbung auf dem flachen Lande weitgehend einschränken, worauf letzten Endes die Bestrebungen der Darlehenskassen hinauslaufen."[9]

Vor diesem Hintergrund beschloss der Sparkassenausschuss der Wertinger Bezirkssparkasse am 31. Oktober 1933 die Errichtung einer Zweigstelle in Meitingen „zur Förderung der Spartätigkeit und zur Erleichterung des Kundenverkehrs mit der Hauptstelle".[10] Die Reaktion von Seiten der Genossen ließ nicht lange auf sich warten. Nachdem die Kreisbauernschaft Augsburg von der Planung einer Zweigstelle in Meitingen erfuhr, verlangte sie eine förmliche Stellungnahme zu diesem Vorhaben, weil die Sorge vorherrschte, „dass im Laufe der Jahre alle Geldangelegenheiten auf dem Lande durch die Bezirkssparkassen geregelt würden, so dass die Raiffeisen'schen Darlehenskassenvereine überflüssig werden".[11] Im Antwortschreiben der Bezirkssparkasse Wertingen vom 25. November wurde betont, dass die Zweigstelle nicht als „Kampfeinrichtung" gegen den dortigen Darlehenskassenverein zu verstehen sei. Die Aufgabe war, der Meitinger Sparkassenkundschaft den weiten Weg nach Wertingen zu ersparen und dadurch der Abwanderung von Sparkapital vorzubeugen. Über das damalige Ansehen der Genossenschaften erfahren wir: „Wenn heute ein großer Teil der Sparer nicht mehr das frühere Vertrauen zu den Genossenschaften des Bezirks aufbringen kann, so ist daran die Sparkasse nur insoweit schuld, als sie sich leistungsfähiger und krisenfester gezeigt wie die Mehrzahl der Genossenschaften des Bezirks. Es ist eine Tatsache, daß eine ganze Anzahl von Vereinen seit Sommer 31 nicht mehr in der Lage ist, tägliche oder ordnungsmäßig gekündigte Einlagen auszuzahlen – mitunter kaum die Zinsen –, während die Sparkasse auch in der schwierigsten Zeit jede verlangte Auszahlung geleistet hat, ohne auf der anderen Seite gegebene Kredite zu kürzen oder fremde Kredithilfe in Anspruch nehmen zu müssen. (...) Sehr viel wurde in den vergangenen Jahren darüber Klage geführt, daß für die Vereine bei Kredithingabe nicht immer in erster Linie die persönliche Kreditwürdigkeit oder die Sicherheit maßgebend war, sondern in vielen Fällen die Zugehörigkeit zu den alten Parteien oder sonstige persönliche Rücksichten. Noch häufiger waren Klagen über mangelnde Verschwiegenheit bei dem einen oder anderen Verein."[12]

Die Regierung von Schwaben und Neuburg erteilte die staatsaufsichtliche Genehmigung der Zweigstelle schließlich am 19. Dezember.[13] Die Zweigstelle wurde am 8. Januar 1934 eröffnet.[14] Ihren Sitz hatte sie in der Hauptstraße 1. Eine umfangreiche „Geschäftsanweisung für die Zweigstelle Meitingen" regelte den Geschäftsverkehr.[15]

Die Eröffnung weiterer Geschäftsstellen

Im Jahre 1936 eröffnete die „Bezirkssparkasse Augsburg-Land", seit 1935 firmierte die ehemalige Zusmarshauser Sparkasse unter dieser Bezeichnung, eine Zweigstelle in der Marktgemeinde Dinkelscherben, dem Ort des ersten Sparkassensitzes.[16] Im gleichen Jahr wechselte die Hauptstelle von Zusmarshausen nach Göggingen. In Zusmarshausen verblieb im Gebäude des ehemaligen Bezirksamtes eine Zweigstelle.[17] In Göggingen unterhielt die Bezirkssparkasse zeitweise zwei Zweigstellen – eine in der Butzstraße und eine am Burgfrieden direkt an der Stadtgrenze, die auf Drängen der Stadtsparkasse wieder aufgelöst werden musste, nachdem die Bezirkssparkasse das Gebäude am Martin-Luther-Platz 6, in dem die Bank für Haus- und Grundbesitz war, erworben hatte. Noch im selben Jahr wurde nun der Hauptsitz von Göggingen nach Augsburg verlegt.[18] Im nächsten Jahr konnte im Süden von Augsburg, in Haunstetten, das sich durch die industrielle Entwicklung stark ausdehnte, eine Zweigstelle in der Bürgermeister-Widmeier-Straße 70 eröffnet werden.[19] Aus einer am 5. Januar 1937 erstellten Zweigstellenübersicht der schwäbischen Sparkassen des Kreisverbandes Schwaben sind für die Bezirkssparkasse Augsburg-Land zwei nebenamtlich geführte Zweigstellen in Stadtbergen und Westheim

In Zusmarshausen logierte die Zweigstelle der Bezirkssparkasse Augsburg-Land im Gebäude des ehemaligen Bezirksamts. *Medienzentrale Landkreis Augsburg*

verzeichnet.[20] Durch eine Ministerial-Entschließung vom 16. März 1939 wurde die Bezeichnung der Sparkasse abgeändert in „Kreissparkasse Augsburg".[21]

Diese Zweigstellenexpansion geschah vor dem Hintergrund der im Herbst 1934 vom Reichswirtschaftsminister erlassenen Verordnung betr. Verbot der Errichtung von neuen Kreditinstituten, Zweig- und Annahmestellen.[22]

Die Schwabmünchener Sparkasse unternahm im Frühjahr 1935 einen vergeblichen Versuch der Errichtung einer Zweigstelle in Klosterlechfeld.[23] Erst im Sommer 1938 unternahm die Bezirks- und Gemeindesparkasse einen abermaligen Anlauf zu einer Eröffnung einer Zweigstelle, diesmal in Langenneufnach mit Geschäftstagen auch in Mittelneufnach. Die Regierung von Schwaben und Neuburg kündigte wegen des bestehenden Verbots der Zweigstellenerrichtung eine eingehende Prüfung an.[24] Deshalb musste von den Bürgermeistern auch die genaue Geschäftsentwicklung des örtlichen Darlehenskassenvereins aufgezeigt werden.[25] Der Bürgermeister von Mittelneufnach berichtete: „Der hiesige Darlehenskassenverein umfasst ca. 70 Mitglieder von 100 landwirtschaftlichen u. gewerblichen Betrieben. Der Verein wäre wohl in der Lage mit der gesamten ortsansässigen Bevölkerung zu Geschäften (finanziell), geniesst jedoch infolge etwas veralteter Führungsgrundsätze nicht das restlose Vertrauen. (...) Wettbewerbsschwierigkeiten oder Geschäftsschädigungen dürften meiner Ansicht nach nicht zu befürchten sein."[26] Die Stellungnahme des Langenneufnacher Bürgermeisters ging in die gleiche Richtung: „Hinsichtlich seines Betriebes kann er selbstverständlich wie derartige Institutionen in den anderen Gemeinden auch einer neuzeitlich eingerichteten Bank- oder Sparkassenzweigstelle nicht gleichgeachtet werden, wenn darunter die äussere Ausstattung der Geschäftsräume und deren innere Einrichtung verstanden sein soll, da ja eigentliche Geschäftsräume nicht vorhanden sind und der Kundenverkehr sich in der Privatwohnung des Rechners abspielt und auch irgendwelche Büroeinrichtungen (Schreibmaschinen usw.) nicht vorhanden sind. (...) Des weiteren bringt es der Charakter einer derartigen Institution mit sich, dass in erster Linie die Angehörigen der landwirtschaftlichen Berufsgruppe betreut werden."[27] Weil es keine Zweigstelle gab, die den Mindesterfordernissen eines Bankbetriebes entsprach und das Kreditbedürfnis der Gemeinden nicht erfüllt wurde, erhielt die Schwabmünchener Sparkasse am 6. Mai die Genehmigung zur Errichtung einer Hauptzweigstelle in Langenneufnach und die Einrichtung von Geschäftstagen in Mittelneufnach.[28]

Weltspartag wird zum „Nationalen Spartag"

Im Jahr der Machtergreifung Hitlers vereinnahmte die nationalsozialistische Propaganda sofort die Idee des Weltspartages und schuf zum 30. Oktober 1933 den „1. Nationalen Spartag". Dabei galt die Parole: „Spargeld schafft Arbeit und Brot – Geldhamstern ist Sabotage am nationalen Aufbau". Pathos und völkische Töne

20 HAStakaA, Schwäbischer Sparkassenverband, Akt 111 – 10, Zweigstellenübersicht 5.1.1937. Über die Funktionsfähigkeit dieser Nebenstellen ist nichts Konkretes bekannt.
21 Jubiläumsgeschäftsbericht Kreissparkasse Augsburg, S. 16.
22 Wysocki, J./Pix, M., Aufstieg über Hindernisse, S. 125.
23 StAA, BA Schwabmünchen, Akt 1412, 15.4. 1935.
24 Ebd., 13.7.1938.
25 Ebd., 27.7.1938.
26 Ebd., 16.8.1938.
27 Ebd., 11.8.1938.
28 Ebd., 6.5.1939.
29 Emmerich, N., Sparkasenwerbung, S. 114f.
30 Sparkassen-Werbedienst, 1935, S. 99.
31 Ebd., 1936, S. 67.
32 Augsburger National-Zeitung, 30.10.1941.
33 Sparkassen-Werbedienst, 1941, Titelseite.
34 DSpkZ, 30.10.1943.
35 Jahn, J., Schwabmünchen, S. 333.

Die Nationalsozialisten nutzen die Weltspartagsidee für ihre Ziele und propagierten den „Nationalen Spartag". Dieses Motiv wurde in der Kinowerbung eingesetzt. *Deutscher Sparkassenverlag*

spiegelten die politischen Einflussfaktoren wider.[29] Zum Nationalen Spartag des Jahres 1935 erstellte der Deutsche Sparkassenverlag ein Flugblatt mit der Überschrift „Aufwärts durch Sparen".[30] Stichpunktartig die Argumente: „Wenn wir in Deutschland am 30. Oktober wieder einmal den Nationalen Spartag begehen, dann können wir rückschauend auf den Aufbruch der Nation, die nationalsozialistische Erhebung, diese Schicksalswende des deutschen Volkes, feststellen:

- Die Sparer stehen in Treue zu ihren Sparkassen, tragen ihre Spargroschen in kleinen und kleinsten Beträgen zu ihnen und helfen den Sparkassen dadurch, im Dienst an der Volksgesamtheit wichtige Aufgaben zu erfüllen.
- Der Sparfleiß von Millionen deutscher Sparer gab Millionen deutscher Volksgenossen Arbeit und Brot. Der Kampf um Deutschlands Wiederaufstieg geht weiter.
- Die deutschen Spareinlagen steigen ständig! Gerade jetzt, wo Deutschland seine Freiheit als Staat wiedererrungen hat, ist Sparen eine ganz besonders wichtige Angelegenheit. Durch Sparen die innerdeutsche Kapitaldecke stärken heißt: Deutschlands finanzielle Unabhängigkeit vom Ausland auch für die Zukunft sicherstellen.
- Legt Euer Geld nicht in den Strumpf, sondern auf die Sparkasse! Wer sein Geld auf die Sparkasse trägt, hat es sicher verwahrt und nutzbringend angelegt. Der Sparer kommt vorwärts und bringt es zu etwas.
- Sparen hilft Wünsche erfüllen! Deutsche Männer und deutsche Frauen! Sparen ist eine Angelegenheit, die die ganze Nation angeht! Erzieht Eure Kinder im Geiste der Sparsamkeit zu tüchtigen Menschen und lebt ihnen selbst ein nachahmenswertes Beispiel vor. Ihr nützt ihnen und Euch und dient unserem geliebten deutschen Vaterland![31]

1936, im Jahr der Olympischen Spiele, stand das Thema des Nationalen Spartages natürlich unter olympischem Vorzeichen: „Der Nationale Spartag ist das Olympia des Sparens!"

Das Jahr 1938 brachte abermals eine Umbenennung des Weltspartages – nunmehr „Deutscher Spartag" genannt. Zum Deutschen Spartag des Jahres 1941 inserierte die Kreissparkasse Augsburg zusammen mit der Stadtsparkasse in der Ortszeitung. „Alle erfolgreichen Menschen sind Sparer. Man halte in seiner Nachbarschaft einmal Umschau! Sparen sichert die Zukunft, sparen hilft aufbauen. Der 30. Oktober vereint alle Sparer zu neuen und größeren Einzahlungen. Am 30. Oktober muß auch der Letzte sein Sparkassenbuch besitzen. Auch Du!"[32] Die kriegsbedingten Propagandaparolen anlässlich des Spartages wurden immer intensiver und demagogischer. Bereits 1941 hieß es am Spartag: „Spare für den Sieg!"[33] Ab 1942 wurde der Deutsche Spartag auf eine Woche ausgedehnt. 1943 erklärte der Reichswirtschaftsminister und Präsident der Deutschen Reichsbank zur Sparwoche: „Sparen ist Kriegspflicht!"[34] Schon 1944 wurde kriegsbedingt die Deutsche Sparwoche nicht mehr begangen. Das Kapitulationsjahr 1945 ließ keine Gedanken hinsichtlich einer Sparwoche mehr aufkommen.

Schwabmünchner Sparkassenskandal – Personal in der NS-Zeit

Das Wolf'sche Telegrafenbüro in München verbreitete Anfang Mai 1933 die Meldung, dass bei der Schwabmünchner Sparkasse Millionen unterschlagen wurden.[35] Was lag dieser Meldung zugrunde? Bereits seit 1932 waren in Schwabmünchen immer wieder Gerüchte über Missstände bei der Sparkasse im Umlauf, die vom Gemeinderat allerdings entschieden dementiert wurden. Bei einer überraschenden Revision im Auftrag des Prüfungsverbandes öffentlicher Kassen München, beginnend am 18. April 1933, wurde festgestellt, dass sich Direktor Joachim Barth Unregelmäßigkeiten zu Schulden kommen ließ. Dabei handelte es sich vornehmlich um Urkundenfälschungen in der Kreditabteilung. Auf Veranlassung des Revisionsbeamten wurde der Leiter der Sparkasse am 3. Mai 1933 seines Dienstes enthoben und bis auf Weiteres beurlaubt. Mit folgender Presseerklärung ging man an die Öffentlichkeit: „Der bisherige Leiter der Gemeindesparkasse Schwabmünchen ist wegen strafrechtlicher Verfehlungen im Amt (nicht aus politischen Gründen) in Untersuchungshaft genommen worden. Nach dem bisherigen Stand der Untersuchungen scheint er jedoch sich selbst und seiner Familie keine Vermögensvorteile verschafft zu haben. Es wurden Urkundenfälschungen festgestellt. Die Höhe der der Sparkasse entstehenden Ausfälle aus Kreditgeschäften steht noch nicht fest. Zur Deckung dieser Ausfälle werden möglicherweise die Reserven ausreichen, die die Sparkasse seit dem Jahre 1924 aus den jährlichen Reingewinnen angesammelt hat. Im übrigen haftet die Gemeinde Schwabmünchen mit ihrem gesamten Vermögen für die bei der Sparkasse angelegten Gelder."[36] Gleichzeitig wurde der Revisionsbeamte Dr. Korn zur Führung der Geschäfte der Gemeindesparkasse Schwabmünchen eingesetzt und beauftragt.

Einen Monat später, am 8. Juni, wurde der Sparkassenangestellte Hans Forstner, Leiter der Zweigstelle in Bobingen, wegen grober Pflichtverletzung im Dienst aus dem Angestelltenverhältnis entlassen. Auch er kam in Untersuchungshaft. Am gleichen Tag löste die Marktgemeinde Schwabmünchen wegen „Unregelmäßigkeiten" auch das Dienstverhältnis des Sparkassenbeamten Hubert Würzner, Stellvertreter des Sparkassendirektors Barth. Würzner hatte für sich Kredit im eigenen Institut in Anspruch genommen, ohne hierfür Zinsen zu berechnen und zu bezahlen.[37] Neuer Leiter der Bobinger Zweigstelle wurde ab 1. Juli 1933 Max Barth, zuvor Assistent bei der Städtischen Sparkasse in Wassertrüdingen. Ebenfalls zum 1. Juli trat auch der neue stellvertretende Sparkassendirektor Otto Mang seine Stelle an. Er war zuvor bei der Städtischen Sparkasse in Aschaffenburg tätig.[38]

Die Nationalsozialisten nutzten den Sparkassenskandal sofort, um die mitverantwortlichen bürgerlichen Führungskräfte zu diskreditieren, und nahmen die Mitglieder des Sparkassenausschusses wegen angeblicher Verdunklungsgefahr für zehn Tage in Schutzhaft. Dadurch stellten sie den ersten Bürgermeister und langjährigen Vorsitzenden der Bayerischen Volkspartei, den Rechtsanwalt Hans Sigl, den Kaufmann Max Weis, aber auch den ehemaligen sozialdemokratischen Gemeinderat Johann Högg ins Abseits.[39]

Anzeige im Schwabmünchner Tagblatt vom 27. Mai 1933. *Stadtarchiv Wertingen*

Im Juni 1934 verurteilte das Augsburger Schwurgericht Joachim Barth zu 18 Monate Zuchthaus und einer Geldstrafe von 100 Mark.[40] Angeklagt war er wegen: Schädigung der Sparkasse um über 1 000 Mark, weil die Gehälter nicht vorschriftsgemäß gekürzt wurden; Gewährung von Krediten ohne vorgeschriebene Genehmigung und ohne geordnete Sicherstellung, was zu Kreditausfällen in Höhe von 210 000 Mark führte; Fälschung von 363

36 StadtASch, Akt 024332, 3.5.1933.
37 Ebd., 8.6.1933.
38 Ebd., 20.6.1933.
39 Schwabmünchner Tagblatt, 4.5.1933.
40 Sämtliche folgende Fakten entnommen dem Artikel „Der Schwabmünchner Sparkassenskandal vor dem Augsburger Schwurgericht", Schwabmünchner Tagblatt, 28.6.1934.
41 HASpkSch, Akt Dienst-, Personal- und Besoldungsverhältnisse ab 1924, 28.8.1934.
42 StadtASch, Akt 83114, 9.5.1934.
43 HASpkSch, Geschäftsbericht 1935, S. 5.
44 StAA, BA Schwabmünchen, Akt 1412, 18.3.1936.
45 Kerschbaum, A., Oral History, S. 4ff. Sämtliche folgende Informationen hinsichtlich Personal hieraus.

Unterschriften bei 104 Konten auf 213 Urkunden. Zweigstellenleiter Forstner erhielt eine Zuchthausstrafe von zwei Jahren. Außerdem wurden ihm in Anbetracht seiner festgestellten Gewinnsucht auf drei Jahre die bürgerlichen Ehrenrechte aberkannt. Durch fingierte Konten erlangte er insgesamt 6 307,67 Mark. Dieses Geld benötigte er für seinen übermäßigen Lebenstil, unter anderem für die Anschaffung eines Motorrades für 1 100 Mark.

Aufgrund des Reichsgesetzes vom 20. August 1934 hatten die Beamten der Marktsparkasse am 28. des selben Monats ihren Eid auf Adolf Hitler unter Aufheben der rechten Hand durch Nachsprechen dieser Eidesformel zu leisten: „Ich schöre: Ich werde dem Führer des Deutschen Reiches und Volkes, Adolf Hitler, treu und gehorsam sein, die Gesetze beachten und meine Amtspflichten gewissenhaft erfüllen so wahr mir Gott helfe."[41]

Wie schnell und vehement die nationalsozialistische Ideologie in der Schwabmünchener Sparkasse Fuß fasste, ist dokumentiert im Sitzungsbericht der Gemeinderatssitzung vom 9. Mai 1934. Dort wurde eine „persönliche Angelegenheit" des Sparkassendirektors Dr. Korn besprochen. „Es musste auffallen, dass Korn das Hoheitsabzeichen der Partei, welches er seinerzeit bei der erfolgten Anstellung stets trug nun nicht mehr getragen wird. Korn erklärte dem 2. Bürgermeister Riess im Mai vorigen Jahres auf befragen, dass er Mitglied der NSDAP sei. Auf wiederholtes Ersuchen konnte aber die Mitgliedskarte nicht bei gebracht werden. Ja es wurde auf ein gestelltes Anschreiben durch die Ortsgruppe der NSDAP hier festgestellt, dass ein Dr. Korn in den Mitgliedslisten in München nicht zu finden sei. Dieses wurde dem Direktor Korn vorgehalten. Korn erklärt, dass er die rote Mitgliedskarte noch nicht besitze und erst später durch das Tragen des Abzeichens für jene Mitglieder, welche nur die weisse, also nicht die rote Karte besitzen, verboten wurde. Daraufhin habe er das Abzeichen nicht mehr getragen. Als Nachweis seiner Mitgliedschaft legte Dr. Korn den Mitgliedsausweis vor und wurde vom Ortsgruppenleiter Ulmerich – Gemeinderatsmitglied, der an der Sitzung teilnahm, Einsicht genommen. Diese Angelegenheit ist damit geklärt."[42]

Zum Ende des Jahres 1935 setzte sich die „Sparkassengefolgschaft" der Schwabmünchner Sparkasse aus fünf Beamten, acht Angestellten und vier Lehrlingen zusammen.[43] Im März des Jahres 1936 musste im Zusammenhang mit der Änderung des Sparkassengesetzes vom 30. März 1935 der Regierung von Schwaben und Neuburg die fachliche Eignung der Sparkassenbeamten Otto Mang und Max Barth von Seiten des Schwabmünchner Bezirksamtes nachgewiesen werden. Vom Verwaltungsrat der Sparkasse wurde dabei neben der fachlichen Eignung auch ausdrücklich darauf aufmerksam gemacht: „Charakter und Leumund der beiden Beamten sind vollkommen einwandfrei und geben zu keinen Bedenken Anlass. Ebenso sind beide Parteigenossen, Mang ist ausserdem Amtswalter der Partei."[44]

Bei der Augsburger Bezirkssparkasse wurde der damalige Leiter Dürr 1933 von Direktor Schütze abgelöst. Seit 1935 musste der Aufsichtbehörte von Schwaben und Neuburg halbjährlich die Anzahl der Leute in der Sparkasse, welche in der Partei, in der SS, der SA oder in anderen Gliederungen waren, mitgeteilt werden. Auf Empfehlung des damaligen Verwaltungsratsvorsitzenden Oberregierungsrat Brauneiser trat die Augsburger Sparkasse damals im Zuge einer Blockmitgliedschaft in die Deutsche Arbeitsfront ein, sodass die zukünftige Rückäußerung über Einzelmitgliedschaften hinfällig wurde.[45] Neben Sparkassenleiter Schütze waren nur noch vier Sparkassenmitarbeiter offizielle Parteimitglieder. Der Personalstand belief sich in 1935 auf 38 Mitarbeiter, alle männlich, darunter 18 Lehrlinge. 1936 wurde die erste weiblichen Mitarbeiterin eingestellt. Der Lehrling wurde seinerzeit für drei Monate ohne Bezahlung auf Probe verpflichtet. Im ersten Lehrjahr wurden monatlich 5 RM bezahlt. Der Hauptkassierer verdiente damals 165 RM.

In der damaligen Situation mit sieben Millionen Arbeitslosen war man grundsätzlich froh, überhaupt eine Lehrstelle zu bekommen. „Wobei es damals keine Berufsschule gab und keine Ausbildung. Sie (die Lehrlinge) mußten selber sehen, ob sie sich was aneignen konnten. Die Herren Kollegen waren ja so veranlagt,

Die Belegschaft der Bezirkssparkasse Augsburg bei der Weihnachtsfeier 1935 mit Direktor Schütze (sitzend in der Mitte) und seinem Stellvertreter Dürr (vorne rechts).
Historisches Archiv Kreissparkasse Augsburg

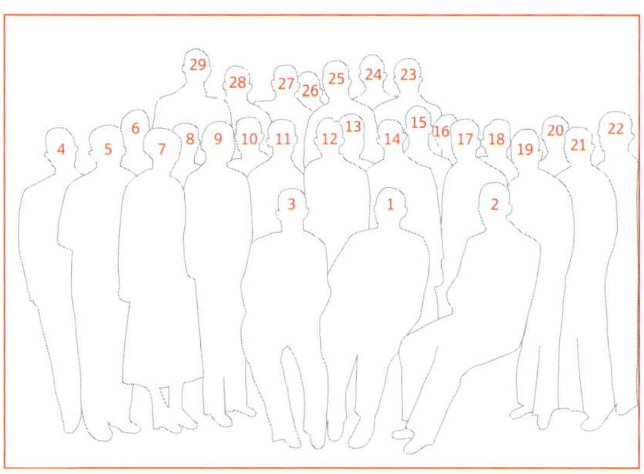

1 Dir. Schütze
2 Stellv. Dürr
3 Frey
4 Müller
5 Angerer
6 Burkhart
7 Sailer
8 Lupprian
9 Böhm
10 Schricker
11 Schwarzbart
12 Gleich
13 Wöhr
14 Fürner
15 Lipp
16 Kerschbaum
17 Schorer
18 Dumberger
19 Sandner
20 Augerer
21 Koppold
22 Haggenmüller
23 Kallart
24 Scherer
25 Breumair
26 Hipple
27 Hartmann
28 Stöckle
29 Langmantel

dass sie nichts getan haben. Sie hatten Angst, die könnten ihnen vielleicht mal den Sessel streitig machen. Was blieb uns anders übrig, als wenn der mal auf die Toilette ging, schnell die Schublade bei ihm aufzumachen und schauen, was drinliegt. Oder wenn er in den Urlaub ging, hat man versucht an seinen Schreibtisch zu kommen und aus der Schublade sich die Information zu holen, die man einfach braucht, um beruflich weiterzukommen. Später gab es dann die Verwaltungsschule. Die musste man drei Jahre besuchen und dann kam die Prüfung für den so genannten gehobenen Dienst."[46]

Zum Kriegsende waren bis auf den Hauptkassierer und einen weiteren männlichen Angestellten alle zur Wehrmacht eingezogen. Den Dienst in der Sparkasse taten nun ausschließlich Mädchen und Frauen, die teilweise dienstverpflichtet waren.

Die Personalsituation bei der Schwabmünchner Sparkasse war ähnlich prekär: „Die Personalverhältnisse sind an und für sich z. Zt. schon derart, dass bei der Größe der Kasse insbesondere bei dem umfangreichen Giroverkehr kaum noch den Mindestanforderungen genügen. Die Einberufung des Beamten Jäger und des Angestellten Scherle (...) bringt für die Kasse aber derartige Schwierigkeiten mit sich, dass bei Abgabe weiteren Personals für andere Zwecke die Grundlage eines geordneten Kassenbetriebes gefährdet, d. h. die Durchführung der täglichen Buchungsarbeiten unmöglich gemacht wäre."[47]

46 Ebd., S. 6f.
47 HAStakaA, Schwäbischer Sparkassenverband, Akt Direktor Bühler, 8.3.1943.
48 BayHStA, MJu, Akt 16577, Nr. 31471; Burger, F./Weidinger, H. (Hrsg.), Das bayerische Sparkassenrecht, S. 13–63.
49 BayHStA, MJu, Akt 16577, ad Nr. 31471; Burger, F./Weidinger, H. (Hrsg.), Das bayerische Sparkassenrecht, S. 66–150.
50 Spiethoff, B., Ungewollt zur Größe, S. 217.
51 Burger, F./Weidinger, H.(Hrsg.), Das bayerische Sparkassenrecht, S. 91–147.
52 StAA, BA Schwabmünchen, Akt 1413, 10.1.1934.
53 HASpkSch, Sparkassengesetz 1933, 23.1.1934.
54 StAA, BA Schwabmünchen, Akt 1413, 27.2.1934.
55 Ebd., Akt 1412, Sitzungsprotokoll 13.3.1934.
56 Ebd., Satzung 23.7.1935.

Sparkassenbuch aus den 1930er-Jahren.
Historisches Archiv Kreissparkasse Augsburg

Neuer Zweckverband „Bezirks- und Gemeindesparkasse Schwabmünchen"

In das Jahr der Machtübernahme durch die Nationalsozialistische Deutsche Arbeiterpartei fiel ein für die bayerischen Sparkassen bedeutendes Ereignis: das bayerische Sparkassengesetz[48] und die bayerische Sparkassenordnung[49] vom 21. Dezember 1933. Die wesentlichen Neuerungen durch das Sparkassengesetz waren aufgrund der rechtlichen Verselbstständigung der Sparkassen gegenüber ihren Gewährträgern die Neuregelung der Verwaltung und Vertretung der Sparkassen. Des Weiteren regelte das Sparkassengesetz die Gewährträgerhaftung, die Zusammensetzung des Verwaltungsrates, die Funktionen des Sparkassenleiters, der Beamten und Angestellten und die Möglichkeit des Zusammenschlusses von Sparkassen.[50] In der Sparkassenordnung wurden u. a. die Prüfung des Geschäftsbetriebes, der Rechnung und Bilanz, die Geschäftszweige wie Sparverkehr, Depositen-, Giro-, Scheck- und Kontokorrentverkehr, die Anlegung der Sparkassenbestände, die Zahlungsbereitschaft und die Verwendung der Überschüsse geregelt.[51]

Das am 21. Dezember 1933 in Kraft getretene bayerische Sparkassengesetz machte die unverzügliche Umsetzung in einer neuen Satzung der jeweiligen Sparkassen zur Auflage.[52] Der Marktgemeinderat Schwabmünchen beschloss daher schon am 23. Januar 1934 die neue Satzung, basierend auf der Mustersatzung des Verbandes.[53] Mitglieder des ersten Verwaltungsrates waren neben dem 1. Bürgermeister Stuhler und Sparkassenleiter Dr. Korn die aus dem Gemeinderat berufenen Mitglieder Hans Riess, 2. Bürgermeister, und Gemeinderat Seyrer sowie der von der Staatsaufsichtsbehörde zum Amt berufene Bauer Xaver Zerle.[54]

Schon am 24. Februar 1934 forderte der Bayerische Sparkassen- und Giroverband mit der Aktion „Verbesserung der Sparkassenorganisation durch Errichtung von Zweckverbandssparkassen" die Umwandlung der Gemeindesparkasse Schwabmünchen in eine Zweckverbandssparkasse. „Die Umwandlung sei aus sparkassen-werbepsychologischen Gründen zweckmässig. Es soll damit erreicht werden, die sparkassenrechtliche Ausdehnung der Gemeindesparkasse Schwabmünchen auf den ganzen Bezirk Schwabmünchen zu ermöglichen."[55]

Das Bezirksamt und der Marktgemeinderat Schwabmünchen verhandelten nun über eine Satzung, bei der die zukünftige Gewinnverteilung und Haftungsverhältnisse strittig waren. Diese Problemfelder konnten letztlich erst im Juli 1935 geregelt werden.[56] Der Reingewinn des Zweckverbandes wurde zwischen dem Markt Schwabmünchen und dem Bezirk in der Weise aufgeteilt, dass der Markt Schwabmünchen zunächst den Betrag vorweg erhielt, der sich aus dem Verhältnis der Gesamteinlagen (Spar- und Giroeinlagen) der bisherigen Gemeindesparkasse „im Anschlage von 3,4 Millionen Reichsmark zu der Summe der Gesamteinlagen der Zweckverbandssparkasse an dem jeweiligen Bilanzstichtag" ergab. Von dem verbleibenden Restgewinn erhielt der Markt Schwabmünchen 67 % und der Bezirk Schwabmünchen 33 %. Der Markt Schwabmünchen haftete gegenüber der Zweckverbandssparkasse unbeschränkt für alle Verluste an Kapital und Zinsen aus den eingebrachten Aktiven seit dem Betrieb der Sparkasse. Die interne Haftung des Bezirks erstreckte sich nicht auf die

Schwabmünchen um 1930. *Medienzentrale Landkreis Augsburg*

von der ehemaligen Gemeindesparkasse Schwabmünchen eingebrachten Aktiven.

Seit dem 1. Januar 1935 firmierte die neue Zweckverbandssparkasse unter der Bezeichnung „Bezirks- und Gemeindesparkasse Schwabmünchen". Der Vorstand des Verbandes bestand aus sechs Personen – vier Vertreter bestellte der Markt Schwabmünchen, zwei der Bezirk Schwabmünchen.

Am 22. März wurden auch die neuen Diensträume der Bezirks- und Gemeindesparkasse im neuen Rathaus eröffnet. „In den Parterreräumen der Alten Post wurden schöne und moderne Geschäftsräume geschaffen, die eine reibungslose Abwicklung des Schalterverkehrs zulassen und gleichzeitig den heutigen Begriffen von ‚Schönheit der Arbeit' Rechnung tragen. Eine moderne Tresoranlage ist ebenfalls im Zuge der Umgestaltung der Räume erstellt worden. Zur Ermöglichung schnellerer und sicherer Bedienung der Kundschaft wurde die Kontokorrentbuchhaltung auf das Momofix-Durchschreibeverfahren umgestellt. Ebenso erhielt die Darlehensabteilung eine praktische Kontenkartei-Einrichtung ‚Lindner'."[57] Sparkassendirektor Dr. Korn schloss seine Rede auf der Einweihungsfeier mit den Worten: „Es ist daher als die rechtliche Untermauerung eines tatsächlich bereits gegebenen Zustandes zu bezeichnen, wenn die Sparkasse durch die in diesem Jahr erfolgte Beteiligung des Bezirkes im Wege der Umwandlung in den Zweckverband ‚Bezirks- und Gemeindesparkasse Schwabmünchen' auch rechtlich die Eigenschaft einer Bezirkssparkasse erlangt hat, deren Funktionen sie schon längst erfüllt hat. (...) Wir alle dürfen hoffen, daß sich die Sparkasse in ihren neuen Geschäftsräumen gedeihlich weiterentwickeln wird, entsprechend der gemeinnützigen Zweckbestimmung der Sparkasse zum Segen der Bevölkerung, der Gemeinde und des ganzen Bezirkes. Zum Schlusse möchte ich noch des Mannes gedenken, der die Voraussetzungen dafür geschaffen hat, daß wir in einem freien Deutschland wieder hoffnungsvoll in die Zukunft blicken dürfen und dessen Programm sich auch unsere Arbeit und unser Streben einordnet. Ich bitte Sie deshalb mit mir einzustimmen in den Ruf: Auf unseren geliebten Führer ein dreifaches Sieg Heil!"[58]

Sparkassenbuch aus dem Jahr 1937. *Historisches Archiv Sparkasse Schwabmünchen*

57 HASpkSch, Geschäftsbericht 1935, S. 4f.
58 Schwabmünchner Nationalzeitung, 23.3.1935.
59 Lang, J., Die öffentlichen Sparkassen in Bayern im Jahre 1933, S. 56.
60 DSpkZ, 30.12.1933.
61 HAStakaA, Schwäbischer Sparkassenverband, Niederschrift 9.6.1933.
62 BayHStA, MWi, Akt 276, Nr. 812.
63 HASpkSch, Geschäftsbericht 1935, S. 5.

Sparen in der NS-Zeit

Über das Jahr der Machtergreifung Hitlers berichtete die öffentliche bayerische Sparkassenstatistik: „Durch die Machtübernahme der Nationalsozialistischen Bewegung im Jahre 1933 wurde dem drohenden Verfall Einhalt geboten. Die tatkräftige Bereinigung und Festigung der politischen Verhältnisse wirkte sich außerordentlich günstig auch für die Entwicklung der Sparkassen aus. So brachte schon das erste Jahr der Nationalsozialistischen Regierung wieder eine ganz bedeutende Steigerung des Einlagenbestandes unserer Sparkassen."[59] Auch die Deutsche Sparkassenzeitung schloss sich dieser Einschätzung an, wenn sie vom Jahr 1933 als „Jahr der Wende" sprach.[60] Auf der Verbandsversammlung des Schwäbischen Sparkassenverbandes am 9. Juni 1933 wies Oberregierungsrat Dr. Schwab von der Regierung von Schwaben und Neuburg ausdrücklich auf die Funktion und Aufgaben der Sparkassen hin: „Wie schon der Name ‚Sparkasse' ausdrückt, soll ja die Einrichtung dieser Geldinstitute das Volk zum Sparen anregen und damit im gewissen Sinne auch erzieherisch wirken. (...) Zur Belebung aller für eine erspriessliche Volkswirtschaft notwendiger, verloren gegangener Grundsätze und Anschauungen durch Werbung und besondere Vergünstigungen seitens der Sparkasse sich einzusetzen, betrachte ich als ein Stück jener grossen Aufgabe, die die neue Regierung mit dem Programm der sittlichen Erneuerung des Volkes kennzeichnet. Hiezu sind unsere Sparkassen letzten Endes berufener als die übrigen Banken. Kommt doch bei ihnen sichtbar die Verbindung mit den Behörden und den gemeindlichen Einrichtungen zum Ausdruck."[61] Mit der Förderung des Kleinsparens und Einführung von Sondersparformen wurden die Sparkassen diesem Auftrag gerecht.

Deutsches Bauernsparbuch

Mit dem „Deutschen Bauernsparbuch"[62] sollten ab 1934 traditionell genossenschaftlich orientierte Marktsegmente angesprochen werden. Das „Deutsche Bauernsparbuch" imitierte das „Erbhofsparbuch" der landwirtschaftlichen Kreditgenossenschaften. Das private Bankgewerbe bot ebenfalls eine besondere Sparform für die Bauern an, nämlich das „Sparbuch der deutschen Scholle". Das „Deutsche Bauernsparbuch" sah zwei Einlagenarten vor:

- Auf den Namen eines Bauern oder seiner Frau mit einer Kündigungsfrist von einem Jahr.
- Auf den Namen des Kindes eines Bauern als Festanlage bis zum vollendeten 21. Lebensjahr bzw. früher bei besonderen Fällen mit einer Kündigungsfrist von drei Monaten bei vorzeitiger Abhebung.

Der vergütete Zinssatz lag grundsätzlich 0,5 % über dem Zinssatz für normale Spareinlagen. Grundintention dieser Sparform war die Sicherung der Zukunft für den Hoferben.

Erstes Werbeplakat für das „Deutsche Bauernsparbuch", 1934. Hinter dem Sparbuch und dem Reichspfennig versammeln sich Bäuerinnen und Bauern aus verschiedenen Regionen Deutschlands.
Deutscher Sparkassenverlag

Sparabholverkehr

Im Geschäftsjahr 1935 beschloss der Verwaltungsrat der Schwabmünchner Sparkasse die Einführung des Abholverkehrs – „von der volkswirtschaftlichen Bedeutung des Spargeldabholverfahrens überzeugt und um den Spargedanken in alle Volksschichten zu tragen".[63] Für diese Aufgabe wurde ein „Außenbeamter" eingestellt, der gleichzeitig mit einer Hilfskraft die Schulspardosen entleerte. Nachfolgende Argumente und Vorteile sollten das Sparabholverfahren schmackhaft machen:[64]

- Die Hausfrau hat immer Sorgen. Durch regelmäßige Rücklagen ermöglicht sie es aber doch, eigene und fremde Wünsche ohne Belastung ihrer Wirtschaftskasse erfüllen zu können.
- Die heranwachsende Jugend kann sich durch regelmäßige Abgaben all ihre Wünsche wie Uniform, Sport, Wanderungen usw. erfüllen und erzieht sich dadurch selbst zur Sparsamkeit.
- Nur was der Sparmann bekommt, wächst zu dem gewünschten Betrage an und wird zum Erfolg.
- Kein Risiko, denn kein Sparer geht irgendeine Verpflichtung ein; sein Geld ist in jeder Beziehung sicher angelegt und jederzeit verfügbar.

Im Geschäftsbericht 1938 der Schwabmünchner Sparkasse wurden die Erfolge dieser Neueinrichtung gewürdigt.[65] In diesem Jahr hatten sich 80 neue Kunden dem Sparabholverfahren angeschlossen. Insgesamt wurden 34 544,04 RM in 1 034 Posten aus den Heimsparbüchsen in den Haushaltungen des Kreises Schwabmünchen abgeholt. Das Gesamtergebnis erhöhte sich dadurch von 66 226,00 RM Ende 1937 auf 100 770,04 RM Ende 1938.

Völlig irritiert war die Sparkassenverwaltung, dass sich der Leiter der Zweigstelle Bobingen, Otto Jäger, am 7. August 1938 ohne Rücksprache mit der Sparkassenleitung eigenwillig an den Reichswirtschaftsminister wandte und anregte, die zu Zwecken des Sparabholverfahrens verwendeten Arbeitskräfte der deutschen Volkswirtschaft zum Einsatz für Zwecke des Vierjahresplanes freizugeben, da sie dadurch „eine volkswirtschaftlich viel wertvollere Tätigkeit zu entfalten in der Lage wären". Die Regierung von Schwaben und Neuburg kritisierte ebenfalls: „Mit der Eingabe hat Jäger den Zweck und die Bedeutung des Spareinlagenabholverkehrs völlig verkannt, wiewohl er schon aus den beachtlichen Erfolgen der Sparkasse Schwabmünchen, die als eine der ersten bayerischen Sparkassen die Pflege des Abholverfahrens aufgenommen hat, ohne weiteres die große erzieherische und wirtschaftliche Bedeutung für die heimische Kapitalbildung und die Notwendigkeit der Pflege dieses Mittels zur Förderung der Spartätigkeit hätte entnehmen können."[66]

Schulsparen

Mit gleicher Vehemenz wurde das bereits bestehende Schulsparen weiter ausgebaut. Von Verbandsseite hieß es dazu im Frühjahr 1933: „Sie sind Volkserzieher, Erzieher zu höheren ethischen Werten der Sparsamkeit und Arbeitsamkeit. Die Sparkassen haben mit grossem Werbeaufwand wie keine anderen Arten von Geldinstituten seit Jahren für diese Ziele gearbeitet, haben sich gerade um die Erziehung der Jugend in diesem Sinne durch die Schulsparkassen besonders angenommen."[67] Die Bezirks- und Gemeindesparkasse Schwabmünchen konnte im Jahr 1935 in dieser Einlagensparte eine Mehrung von 58 % verzeichnen – von 15 681 RM auf 36 483 RM.[68] Im Berichtsjahr 1938 erfasste das Schulsparen im Kreis Schwabmünchen 19 Schulen mit 1676 Schulsparern; bei einer Gesamtzahl von 1899 Schülern errechnet sich eine Beteiligung von 88,25 %. Im Laufe des Jahres wurden drei Entleerungen vorgenommen mit einem Gesamtergeb-

Begleitend zum Schulsparen wurden schon in den Dreißigerjahren didaktisch gestaltete Plakate entwickelt, deren Themen sich an den Lehrplänen orientierten. Das Plakat „Der Seidenbau" entstand während des Zweiten Weltkrieges und erläuterte die Seidenraupenzucht zur Gewinnung des wichtigen Rohstoffs Seide „für unsere Wirtschaft". Das Motto „Viele Wenig geben ein Viel!" zitiert den Slogan einiger Kriegsanleiheplakate aus dem Ersten Weltkrieg.
Deutscher Sparkassenverlag

64 HAStakaA, Geschäftsbericht 1935, S. 18.
65 HASpkSch, Geschäftsbericht 1938, S. 17.
66 StAA, BA Schwabmünchen, Akt 1412, 26.11.1938.
67 HAStakaA, Schwäbischer Sparkassenverband, Akt 10, 25.4.1933.
68 HASpkSch, Geschäftsbericht 1935, S. 5.
69 Ebd., Geschäftsbericht 1938, S. 16.
70 HAKSKA, Jahresbilanz 1943, S. 2.
71 Sparkassen-Werbedienst, 1937, S. 12.
72 Ashauer, G., Von der Ersparungscasse zur Sparkassen-Finanzgruppe, S. 253.
73 DSpkZ, 30.7.1935.
74 Ebd., 18.11.1935.
75 „Sparen tut not", in: Sparkassen-Werbedienst, 1935, S. 22.

nis von 16 740,75 RM. Das Gesamtsparguthaben aller Schulsparer betrug zum 31. Dezember 1938 insgesamt 54 801,98 RM.[69] 1943 hatten bei der Kreissparkasse Augsburg 3 393 Schulkinder 464 000 RM gespart.[70] Die „Goldenen Worte zum Thema Schulsparen" wurden beherzigt:

- „Wir müssen zu unserer Schuljugend sprechen und ihr immer wieder klarmachen, daß die Kunst einer echten Lebensführung die schwerste Kunst ist, die es überhaupt gibt.
- Wir müssen der Jugend sagen, daß mit der rechten Lebensführung zur rechten Zeit, also in der Jugend, bereits begonnen werden muß.
- Wir müssen die Jugend unterrichten, daß nicht immer das Glück im Leben eine Rolle spielt, um vorwärts zu kommen, daß vielmehr die Fähigkeiten eines Menschen, sein Fleiß, seine Ausdauer und auch der Mut ausschlaggebend sind. Und dabei spielt das Sparen und Wirtschaften mit dem Verfügbaren eine wichtige Rolle. Wer fleißig und sparsam ist, bringt's auch zu etwas."[71]

Reisesparen „Kraft durch Freude"

Im Zusammenhang mit der nationalsozialistischen Sparpropaganda begann 1934 auch die Einführung und Propagierung des „Reisesparens" (Abkommen des DSGV mit der NS-Gemeinschaft „Kraft durch Freude").[72] Die Prämisse lautete dabei: „Wer verreisen will, der soll dafür ein Opfer bringen, d. h. er soll sparen, bis er das Geld zusammen hat. Erst dann weiß er den Wert einer Reise zu schätzen."[73] In Fällen, in denen es einem Arbeitskameraden bei größter Sparsamkeit nicht möglich war, das Geld für seine „Kraft durch Freude"-Reise aufzubringen, konnten die nationalsozialistischen Betriebsführer einen Reisezuschuss gewähren. Dies sollte den Arbeiter erkennen lassen, dass „der Urlaub der Schaffenden eine nationalsozialistische Notwendigkeit" ist. Das angestrebte Ziel war: „Jeder Schaffende soll jedes Jahr eine Reise machen." Zu diesem Zweck wurde eine einheitliche Reisesparkarte mit 80 Feldern geschaffen, in die die gekauften Reisesparmarken eingeklebt werden konnten. Bereits 1935 zeigte sich , dass das Reisesparen es insbesondere Kleinsparern ermöglichte, eine Urlaubsreise zu machen.[74]

Der Sparkassen-Werbedienst würdigte 1935 das Reisesparen als Instrument zur Förderung des allgemeinen Sparens: „In die Betriebe kehren bald die ‚Kraft-durch-Freude'-Fahrer zurück und berichten ihren Arbeitskameraden von der Schönheit der Fahrt und von der Wichtigkeit der Erholung. (...) Es ist zu erwarten, daß diejenigen Volksgenossen, die sich ein ursprünglich schwer erscheinendes Sparziel gesteckt und erreicht haben, für immer für den Spargedanken gewonnen sind."[75]

HJ-Sparen

Neben dem „Wehrmachtssparen" und „Betriebs- und Gefolgschaftssparen" stand bei der Förderung des Sparens auch die Hitler-Jugend im Zentrum der Aufmerk-

Unter dem Motto „Reisen ohne Bargeld" wurde bis in die Kriegszeit für das Reisesparen und die Nutzung des Reisekreditbriefs geworben.
Deutscher Sparkassenverlag

samkeit. Als Sparmethode diente ebenfalls das Sparmarkensystem. Der Wert der HJ-Sparmarke betrug 10 Rpf. Der Vertrieb erfolgte unmittelbar durch ein Kreditinstitut oder durch beauftragte Personen. In der Praxis besorgten einzelne HJ-Angehörige nach vorheriger Einsammlung des Gegenwerts die Marken für ihre Kameraden bei der Bank oder ein jüngeres Gefolgschaftsmitglied in der Bank, das sich in der Hitlerjugend befand, wurde mit dem Vertrieb der Sparmarken auf den Zusammenkünften beauftragt. Die Verzinsung der HJ-Einlagen lag aufgrund des erheblichen Arbeitsaufwandes in der Regel $^{1}/_{2}$ Prozent unter den gemäß Habenzinsabkommen jeweils zulässigen Höchstzinssätzen.[76] Während die Kreissparkasse Augsburg im Jahr 1942 im HJ-Sparen nur für 1 019 RM Sparmarken verkaufte, konnte sie in 1943 für 35 842 RM Sparmarken absetzen.[77]

Geschenkspargutscheine/ Geschenksparkassenbücher

In der Schwabmünchner Sparkasse war es Brauch, für Neugeborene Geschenkspargutscheine zu 2 RM auszugeben. Der Hintergedanke für die Ausreichung von Gutscheinen war sicherlich die erhoffte Eröffnung eines Sparbuches für Neugeborene, auch damit Paten und Verwandte Geldgeschenke einzahlen konnten. Im Jahr 1938 belief sich die Zahl der ausgereichten Gutscheine auf 424 Stück.[78]

Ebenso wurde im Rahmen der Ehrenpatenschaft des Führers für das neunte eheliche Kind bzw. für den siebten Sohn ein Geschenksparkassenbuch mit einer Einlage von 20 RM, welches auf die Dauer von 10 Jahre gesperrt blieb, ausgegeben. Im Jahre 1943 überreichte die Kreissparkasse zwei Geschenksparkassenbücher.[79]

Eisernes Sparen

Am 29. Oktober, dem Vorabend des Deutschen Spartages 1941, erläuterte der Staatssekretär im Reichsfinanzministerium, Fritz Reinhardt, die neue als „Eisernes Sparen" titulierte Sparform: „Jeder Lohn- und Gehaltsempfänger kann ein Eisernes Sparkonto errichten und auf diesem täglich 0,50 RM oder 1,00 RM, wöchentlich 3,00 RM oder 6,00 RM, monatlich 13,00 RM oder 26,00 RM eisern sparen. Dessen Nutzen besteht darin, daß die auf dem Eisernen Sparkonto gutgeschriebenen Beträge sowie ihre Zinsen (3,25 %) von allen Steuern befreit werden. Der Inhaber des Eisernen Sparkontos kann dieses sofort nach Beendigung des Krieges mit 12monatiger Frist kündigen."[80] Um jegliche Zweifel zu zerstreuen, wurde von staatlicher Seite versichert, dass das Reich bei Schäden bürge. Die Kreis- und Gemeindesparkasse Schwabmünchen versuchte mit allem Nachdruck, dieses Produkt am Markt unterzubringen. Mit Schreiben an die Marktverwaltung oder die Allgemeine Ortskrankenkasse sollten die Mitarbeiter für diese Sparform gewonnen werden.[81] Vor der Auszahlung der Weihnachtsgratifikation für die Angestellten und Arbeiter der

In der Kinowerbung eingesetztes Motiv.
Deutscher Sparkassenverlag

Die Belohnung des „Eisernen Sparers"

A. Familienstand: ledig — B. Familienstand: verheiratet mit 2 Kindern

	Wöchentliche Spar-Rate RM 6.—*) Wochenlohn	Ermäßigung an Steuern und Sozialabgaben wöchentlich:	jährlich:	Erfolg des „Eisernen Sparers" im Verlauf eines Sparjahres Eigene Sparleistung:	Gesamtguthaben:
A.	30.— RM	1.37 RM	71.24 RM	240.76 RM	312.— RM
	45.— RM	1.71 RM	88.92 RM	223.08 RM	312.— RM
	60.— RM	2.76 RM	143.52 RM	168.48 RM	312.— RM
	80.— RM	2.40 RM	124.80 RM	187.20 RM	312.— RM
B.	30.— RM	0.57 RM	29.64 RM	282.36 RM	312.— RM
	45.— RM	1.01 RM	52.52 RM	259.48 RM	312.— RM
	60.— RM	1.01 RM	52.52 RM	259.48 RM	312.— RM
	80.— RM	0.80 RM	41.60 RM	270.40 RM	312.— RM

*) Auf Grund vorstehender Zahlen kann jeder, auch der Gehaltsempfänger, die Ergebnisse für die ferner zulässigen Spar-Raten (sog. Festbeträge) ungefähr errechnen.

Tabelle mit Beispielen zum „Eisernen Sparen", aus einem „Eisernen Sparkassenbuch" der Kreis- und Gemeinde-Sparkasse Schwabmünchen.
Historisches Archiv Sparkasse Schwabmünchen

76 Ebd., 1938, S. 72f. u. S. 122f.
77 HAKSKA, Jahresbilanz 1943, S. 2.
78 HASpkSch, Geschäftsbericht 1938, S.18.
79 HAKSKA, Jahresbilanz 1943, S.17.
80 Zit. nach: Spiethoff, B., Ungewollt zur Größe, S. 303.
81 StadtASch, Bd. 83162, 12.2.1942.
82 Ebd., 16.12.1942.
83 Ebd.
84 HAKSKA, Jahresbilanz 1943, S.2.
85 Irmler, H., Bankenkrise u. Vollbeschäftigung, S. 319–327.
86 Grundlage: Statistik der bayerischen Sparkassen; HASpkSch, Jahresabschlüsse; HAKSKA, Jahresbilanz 1943; StAA, BA Schwabmünchen, Akt 1412; HAStakaA, Schwäbischer Sparkassenverband, Akt 111/10.

Marktgemeinde wies die Gemeindesparkasse ausdrücklich darauf hin, dass Weihnachtszuwendungen, soweit sie „eisern" gespart würden, von der Lohnsteuer befreit seien.[82] Über die Bürgermeister des Landkreises sprach man die Gefolgschaftsmitglieder an. „Wir nehmen an, daß Ihre Gefolgschaftsmitglieder diese günstige Gelegenheit gerne benützen werden, um sich eine sichere und gut verzinsliche Rücklage für später notwendig werdende Anschaffungen zu bilden."[83] Die Kreissparkasse Augsburg konnte im Jahre 1942 bereits 410 Sparer mit einem Einlagenvolumen von 66 783 RM verbuchen. Im darauffolgenden Jahr verringerte sich die Zahl der Sparer auf 344, allerdings erhöhte sich das Volumen auf 174 210 RM.[84]

Führungsposition übernahm. Gründe dafür waren: Vergrößerung des Geschäftsgebietes (Bezirk Augsburg), Errichtung von Zweigstellen und die Verlagerung des Firmensitzes in das Stadtgebiet.

Die massive Propaganda, geprägt mit nationalsozialistischem Gedankengut, förderte die weiterhin positive Spareinlagenentwicklung. Der Spargedanke wurde als „Kraftquelle der Nation" ideologisiert. Selbst die verwirrenden Verhältnisse im August 1939 vor Kriegsausbruch konnten die allgemein steigende Spareinlagenentwicklung nicht stoppen. Öffentlich wurde auf die grundsätzliche Zwecklosigkeit von Angstabhebungen hingewiesen. Durchhalteparolen und Sparappelle sollten die Bürger zum Sparen bis zum letzten Pfennig animieren. Die durch die

Dieses Sparkassenbuch war bis 1942 gültig.
Historisches Archiv Sparkasse Wertingen

Geschäftsentwicklung 1933 – 1945

Die bis 1936 permanent steigenden Spareinlagen waren Ausfluss der seit 1933 betriebenen Vollbeschäftigungspolitik. Die wiedererlangte Sparfähigkeit der in den Arbeitsprozess neuerdings eingegliederten Arbeitslosen und die Einbringung der in der Krise gehorteten Spargroschen war hierfür die Ursache.[85] Auch das durch Werbung unterstützte Kleinsparwesen trug seinen Anteil dazu bei. Ein Vergleich der Gesamteinlagen bei den drei Sparkassen im Jahr 1936 ergibt, dass ab diesem Zeitpunkt die Kreissparkasse die

Entwicklung der Spareinlagen von 1933 – 1945[86]

(Angaben in Tausend-Reichsmark)

Jahr	Zusmarshausen	Schwabmünchen	Wertingen
1933	1 821	3 190	2 390
1934	2 372	3 594	2 568
1935	3 317	3 938	2 948
1936	4 189	4 149	3 173
1937	5 106	4 350	3 452
1938	6 487	4 986	3 874
1939	9 105	5 738	
1940	11 550		
1941	15 130		
1942	20 355		9 368
1943	26 944		
1944		23 143	

Blick in die Zweigstelle Zusmarshausen 1937: Stellenleiter Müller mit den Mitarbeitern Hartmann, Walter Lupprian und dem damaligen Lehrling Sandner (v. l. n. r.).
Auf der Tür prangt ein Plakat der damaligen Werbelinie „Auch für Dein Jüngstes ein Sparkassenbuch".
Historisches Archiv Kreissparkasse Augsburg/Deutscher Sparkassenverlag

Zwangswirtschaft herbeigeführte Konsumbeschränkung führte zum Zwangssparen. Wieder einmal wurde das Bezugsschein-System eingeführt. Bereits durch Verordnung vom 30. August 1939 war der Kauf von Fleisch, Milch, Milcherzeugnissen, Zucker, Marmelade, Grieß, Kaffee, Tee, Seife, Waschmittel, Kohle, Schuhwaren usw. beschränkt worden. Im Laufe des Krieges wurde die Bezugsscheinpflicht fast auf jedes Produkt ausgedehnt und die den Einzelpersonen zustehenden Mengen waren laufend Kürzungen ausgesetzt.[87] Der Mangel an Genussmitteln ließ erfinderisch werden. Die Raucher drehten ihren Tabak in Pferdemist oder Weinblätter ein. Pfefferminzlikör wurde zubereitet, in dem man Pfefferminztee mit Alkohol vermischte.[88] Die Einkommensteile, die dem Konsum nicht zugeführt werden konnten, sammelten sich daher auf den Sparkonten.

Während des Zweiten Weltkrieges ist somit ein „hypotrophes Anwachsen der Spareinlagen", teilweise begründet durch staatliche Zwangsmaßnahmen, festzustellen.[89] Anlässlich der Deutschen Sparwoche 1942 propagierte deshalb Staatssekretär Friedrich Reinhardt: „Sparen ist der entscheidende Beitrag zum Sieg. Während ringsrum in der Welt die Preise von Monat zu Monat steigen und das Geld sich dadurch immer mehr entwertet, ist in Deutschland jeder Preisauftrieb durch eine scharfe und wirksame Überwachung aller Preise planmäßig gestoppt und so eine weitgehende Stabilität der Preise erreicht worden."[90]

Das Jahr 1933 brachte für das Hypothekengeschäft der Bezirkssparkassen durch die Ministerial-Entschließung vom 15. April 1933[91] günstigere Rahmenbedingungen – vor allem in der Form, dass die Höchstgrenze für Hypothekenausleihungen von 40 Prozent des Spareinlagenbestandes auf 50 Prozent erhöht wurde. Dabei sollten die vermehrt zur Verfügung stehenden Darlehensbeträge vor allem verwendet werden, um die von der Reichsregierung eingeleiteten Arbeitsbeschaffungsmaßnahmen – wie der Finanzierung von Instandsetzungs- und Umbauarbeiten von Gebäuden, des Baus von Eigenheimen und vorstädtischen Kleinsiedlungen – umzusetzen. Die Belebung der mittelständischen Wirtschaft und die Minderung der Arbeitslosigkeit hatten erste Priorität. Empfohlen wurde vom Staatsministerium, die Darlehen aus Gründen der Liquidität vorerst nur kurzfristig auszureichen. Der hohe Kontokorrentkreditstand im Jahre 1933 von 1 199 000 RM bei der Schwabmünchener Sparkasse ist auf diese Anweisung zurückzuführen.

Zu Beginn des Jahres 1933 wurden auf Veranlassung der Regierung auch alle Zwangsvollstreckungen gegen Landwirte vorbehaltlich bestimmter Ausnahmen bis zum 31. Oktober 1933 ausgesetzt. Erfolgte bis zu diesem Zeitpunkt eine angemessene Teilzahlung, wurde weiterer Vollstreckungsschutz gewährt. Diese Maßnahme bewirkte erhebliche Stimmengewinne für die NSDAP auf den Dörfern.[92] Ein Augenmerk wurde auch auf das Geschäft mit den Erbhofbauern gelegt. Der Staat forderte die Sparkassen

87 Willi, G., Neusäß während der nationalsozialistischen Diktatur, S. 500.
88 Müller, M., Erlebnisse u. Ansichten von Zeitzeugen, S. 403.
89 Kaufhold, K. H., Geldwirtschaft und Sparkassen-Finanzgruppe, S. 30.
90 Augsburger Nationalzeitung, 22.10.1942.
91 StadtASch, Sparkassenverwaltung 1924–1947, Nr. 812.
92 Eberhart, H., Wertingen, S. 123.
93 StAA, BA Schwabmünchen, Akt 1412, 19.1.1934.
94 HASpkSch, Geschäftsbericht 1935, S. 14ff.
95 HASpkA, Schwäbischer Sparkassenverband, Akt 111/10, Statistik 31.5.1935.
96 Grundlage: Statistik der bayerischen Sparkassen; HASpkSch, Jahresabschlüsse; STAA, BA Schwabmünchen, Akt 1412. Für die Wertinger Sparkasse liegen keine Zahlen vor.
97 Grundlage: Statistik der bayerischen Sparkassen; HAStakaA, Schwäbischer Sparkassenverband, Akt 111/10; HAKSKA, Jahresbilanz 1943. Weitere Zahlen für das Aktivgeschäft liegen für die Kreissparkasse Augsburg nicht vor.

auf, sich nicht von diesen Finanzierungen zurückzuziehen. Da ein Erbhof grundsätzlich nicht belastbar war, konnte die Finanzierung immer nur auf der Basis eines Personalkredites erfolgen. Die Eintragung einer Hypothek hatte so lediglich den Zweck einer „Zusatzsicherheit". Diese dingliche Belastung gewährte dem Gläubiger keine Möglichkeit zur Zwangsvollstreckung. Die Bayerische Gemeindebank reichte in diesem Sinne der Schwabmünchener Sparkasse ein mittel- und langfristiges Darlehen über 40 000 RM aus, unter der Bedingung, dass diese Mittel zur Finanzierung der Landwirtschaft verwendet werden.[93]

Das weitere Kreditgeschäft erläuterte der Geschäftsbericht der Schwabmünchener Sparkasse des Jahres 1935: „Die Wirtschaftslage unseres Bezirkes wurde mit zum großen Teil von den Maßnahmen und Planungen, die zum Wiederaufbau der deutschen Wehrmacht notwendig sind, wesentlich beeinflußt, wobei insbesondere das Baugewerbe nicht unbedeutende Aufträge für sich verbuchen konnte. Neben den sonstigen Bau-Hypotheken, die restlos befriedigt werden konnten, finanzierte die Sparkasse die Siedlungen in Schwabmünchen, Königsbrunn und Graben. (...) Aufgrund der noch bestehenden Verordnung vom 5. August 1931, betreffend Sperre des Kommunalkredites, durften Neuausleihungen nicht vorgenommen werden. Der Stand der Ausleihungen beträgt per 31.12.1935 RM 262 114,60."[94] Die Bezirkssparkasse Augsburg-Land reichte vom 1. Januar bis zum 31. Mai allein für Neubauten 259 Hypotheken mit 592 200 RM aus. Im kurzfristigen Personalkreditgeschäft wurden in diesem Zeitraum 23 Posten mit 50 506 RM zur Bekämpfung der Arbeitslosigkeit ausgegeben. Bei der Bezirkssparkasse Wertingen wurden im gleichen Zeitraum 46 Hypotheken mit 110 000 RM für Neubauten zur Verfügung gestellt. Im Personalkreditbereich gingen 138 Posten mit 145 000 RM unmittelbar in die Bekämpfung der Arbeitslosigkeit.[95]

Von der Regierung besonders gefördert wurden die Siedlungs- und Wohnbauten, die mit dem Wehrprogramm zusammenhingen oder im Rahmen der Kleinsiedlungs- und Wohnungsbaumaßnahmen der Reichsregierung lagen. Um den Sparkassen eine weitgehende Kreditgewährung für diese Zwecke zu er-

Aktivvermögen und Anlage der Aktivkapitalien bei der Gemeinde Sparkasse Schwabmünchen 1933 – 1944[96]

(Angaben in Tausend-Reichsmark)

Jahr	Aktivkapitalien	Hypotheken	Kontokorrentkredite	Wertpapiere
1933	4 065	1 238	1 199	305
1934	4 273			
1935	4 621	1 762	585	344
1936	4 872	2 955	585	574
1937	5 062	2 958	575	1 154
1938	5 796	1 899	1 038	1 146
1939	6 934			
1944	26 834	1 052		13 903

Darlehensausreichungen der Kreissparkasse Augsburg 1939 – 1943[97]

(Angaben in Tausend-Reichsmark)

Jahr	langfristige Hypotheken	kurzfristiger Personalkredit
1939	3 430	1 155
1940	3 296	1 132
1941	3 172	974
1942	2 925	1 037
1943	2 294	951

Gruppenbild mit Dame – die Belegschaft der Zweigstelle Göggingen am 1. Mai 1938.
Historisches Archiv Kreissparkasse Augsburg

Sparkassenbuch in zeitgenössischem Design.
Historisches Archiv Kreissparkasse Augsburg

möglichen, wurde eine hypothekarische Beleihung des Grundbesitzes privatrechtlicher Wohnungs- und Siedlungsunternehmen mit Sparkassenmitteln genehmigt, auch wenn diese Gesellschaften unter dem beherrschenden Einfluss der öffentlichen Hand standen. Auch die Darlehenshingabe an den einzelnen Siedler als persönliche Schuldner war möglich, obwohl dessen Sicherstellung auf einem kommunalen Siedlungsgrundstück erfolgte. Für diese Förderungsmaßnahme sollte pro Sparkasse ein Kontingent von höchstens 2 % des Hypothekenbestandes zur Verfügung gestellt werden bei einem Höchstzinssatz von 5 %.[98] Für die Bezirkssparkassen wurden die Höchstkontingente per 30. April 1936 wie folgt festgesetzt: Bezirkssparkasse Augsburg-Land 20 000 RM, Bezirkssparkasse Wertingen 22 000 RM, Bezirks- und Gemeindesparkasse Schwabmünchen 30 000 RM.[99]

Der private Hausbau kam ab 1936 ins Stocken. Die Finanzierung war nur noch mit entsprechenden Auflagen und speziellen Genehmigungen möglich.[100] Die Schwabmünchener Sparkasse konnte laut Geschäftsbericht 1937 die Kreditgesuche aufgrund von Einlagenneuzuflüssen und zurückgeführten Darlehen noch voll befriedigen. Nicht erfüllen konnte sie die gesetzlich vorgeschriebene Liquiditätsreserve von 1 526 TRM. Sie wies nur 1 331 TRM an flüssigen Mitteln aus.[101]

Der „Hypothekensperrerlass" vom 18. August 1938, eine der staatlichen Maßnahmen zur Lenkung der Kapitalströme, bedeutete dann auch für den Hypothekarkredit der Sparkassen eine entscheidende Zäsur. Den Sparkassen wurde generell die Vergabe von Hypothekendarlehen für Neu- und Altbauten untersagt.[102] Ab Kriegsbeginn 1939 traten alle nicht kriegswirtschaftlichen Kreditzwecke in den Hintergrund. Die öffentliche Auftragserteilung löste bei zahlreichen kleineren und mittleren gewerblichen Betrieben eine teilweise sehr weitgehende Verflüssigung aus und ermöglichte damit sogar die Rückzahlung früher aufgenommener Kredite.[103]

Ein neuer Hypothekensperrerlass im Jahre 1942, der das Hypothekengeschäft

98 StAA, BA Schwabmünchen, Akt 1412, Nr. 811.
99 Ebd., Übersicht Regierungsbezirk Schwaben und Neuburg 30.4.1936.
100 Kerschbaum, A., Oral History, S. 12.
101 HASpkSch, Geschäftsbericht 1937, S. 4f.
102 Spiethoff, B., Ungewollt zur Größe, S. 270.
103 Mura, J., Das gewerbliche Kreditgeschäft, S. 52f.
104 HAStakaA, Schwäbischer Sparkassenverband, Akt 111/10, 18./19.9.1942.
105 HAKSKA, Jahresbilanz 1944, S. 9.
106 Henning, F.-W., Das industrialisierte Deutschland, S. 180f.; Hentschel, V., Sparkassenorganisation und gesamtwirtschaftliche Entwicklung, S. 51.

Anzeige der Kreissparkasse Augsburg zum Deutschen Spartag 1941.
Historisches Archiv Kreissparkasse Augsburg

weiter zurückschraubte, sorgte in der Sparkassenorganisation für blankes Entsetzen. Sparkassendirektor Bühler brachte auf der Fachtagung am 18./19. September dieses Jahres seine Einstellung darüber zum Ausdruck: „Die Auswirkungen dieses Erlasses sind derart, dass man ohne zu übertreiben behaupten darf: Er gefährdet nicht nur die Weiterentwicklung sondern auch den Bestand der öffentlichen Sparkassen. (...) Der Hypothekensperrerlass ist in seinen Auswirkungen in Wirklichkeit der Anfang der Rationalisierung, nicht des Kreditgewerbes, sondern der Rationalisierung der Sparkassen, allerdings einer kalten Rationalisierung von Kundenseite her. Durch derartige einschränkende Bestimmungen werden die Kunden zwangsweise von den Sparkassen weggetrieben. Hieraus ergibt sich dann von selbst neben der Minderung der Kundenzahl eine Verringerung des Geschäftsumfanges und des Geschäftsumsatzes, was wiederum die Rentabilität beeinträchtigen und zur Schliessung von Zweigstellen und vielleicht von kleineren Sparkassen selbst führen muß.“[104]

Die staatlich eingeschränkte Kreditvergabe nötigte die Sparkassen mangels alternativer Anlagemöglichkeiten zur Eigen-Wertpapieranlage. 1937 verdoppelte sich der Wertpapierbestand der Schwabmünchener Sparkasse. So kumulierte in den nächsten Jahren der Wertpapierbestand, bestehend aus Reichsanleihen und Reichsschatzanweisungen, bei dem Schwabmünchener Institut bis zum Jahre 1944 auf 13 903 TRM. Die Kreissparkasse kaufte im gleichen Jahr für 10 000 TRM Reichs- und Kommunalanleihen.[105] Die Kriegsfinanzierung des Reiches vollzog sich somit über eine „geräuschlose“ Neuverschuldung mittels Erwerb von Reichswerten durch die Kapitalsammelstellen, insbesondere durch die Sparkassen.[106]

Das Vermögen der Juden in Fischach

Die Bekämpfung des Judentums, ein wesentlicher Bestandteil der nationalsozialistischen Ideologie, begann mit dem allgemeinen Aufruf zum Boykott jüdischer Geschäfte in Deutschland am 1. April 1933. In diesem Sinne stimmte am

Das Zweigstellengebäude der Bezirkssparkasse Augsburg-Land in Fischach.
Medienzentrale Landkreis Augsburg

An die Herren Bürgermeister.
Betreff: Einsatz im totalen Krieg.

Der totale Krieg verlangt von allen Volksgenossen, daß sie auch in ihrem öffentlichen Auftreten der Schwere der Zeit Rechnung tragen und alles unterlassen, was von der schaffenden Front der Heimat nicht verstanden und abgelehnt wird. Dazu gehört vor allem auch, daß die deutsche Frau in ihrer Kleidung die zeitbedingte Zurückhaltung zeigt und auffallende Modetorheiten zurückstellt. So erregt es allgemein Anstoß, wenn Mädchen und Frauen, ohne beruflich dazu gezwungen zu sein, öffentlich in Herrenhosen (Skibekleidung im Winter ausgenommen) oder im Reitkostüm auftreten. Da anzunehmen ist, daß sich diese Auswüchse beseitigen lassen, wenn die in Frage kommenden Volksgenossen in entsprechender Form aufgeklärt werden, haben die Bürgermeister im Vollzug einer Weisung des Regierungspräsidenten bei Mißständen dieser Art die betreffenden Mädchen und Frauen vorzuladen, sie auf das Unzulässige ihrer Kleidung gerade in der jetzigen ernsten Zeit in freundlicher Weise hinzuweisen und sie gegen Unterschrift folgendes erklären zu lassen: „Ich habe davon Kenntnis genommen, daß es in der Gemeinde allgemein unangenehm vermerkt wird, wenn man sich in der jetzigen Zeit auffallend kleidet."

Amtsblatt für den Landkreis Augsburg, 21. Mai 1943

22. Juli 1933 der Gemeinderat von Fischach dem Antrag eines Parteigenossen zu, wonach Bedarfsartikel nur mehr in „deutschen", möglichst ortsansässigen Geschäften einzukaufen seien.[107] Die diskriminierenden Rassengesetze vom 15. September 1935 hatten zum Ziel, die Juden aus dem bürgerlichen, wirtschaftlichen und kulturellem Leben zu verdrängen, ihnen alle Lebensmöglichkeiten zu rauben und sie zur Auswanderung zu drängen. 1937 begann die „Arisierung der Wirtschaft", indem die jüdischen Inhaber gezwungen wurden, ihre Unternehmen weit unter Wert zu verkaufen.[108] 1938 griff der Staat dann direkt auf das Vermögen der Juden zu. Gemäß der Sicherungsanordnung nach § 37a Devisengesetz mit Nachtrag vom 12. November 1938[109] durfte über sämtliche Guthaben (Sparkonten, Festgeldkonten, Depots) von Juden nur mit Genehmigung verfügt werden. Für die Zeit vom 1. Januar bis 31. Dezember 1938 war ein Betrag von 500 RM zur Auszahlung an den Abhebungsberechtigten von den Verfügungsbeschränkungen ausgenommen. Ausgenommen von der Verfügungsberechtigung waren unter anderem die Bezahlung von Steuern und Gebühren, Bezahlung von Rechnungen für ärztliche Behandlung, Krankenhauskosten und Bestattungskosten, zur Beschaffung von Sachen zum Zweck der Auswanderung und sämtliche Kosten der Auswanderung. Aufgrund der Verordnung über den Einsatz des jüdischen Vermögens vom 3. Dezember 1938[110] hatten Juden deutscher Staatsangehörigkeit bis zum 12. Dezember ihre gesamten Wertpapiere in ein Depot einzulegen. Das Depot wurde mit einem Sperrvermerk versehen und als „jüdisch" gekennzeichnet. Jede Verfügung über die Wertpapierdepots war genehmigungspflichtig. Mittels einer Einzahlungsquittung lieferten die Fischacher Juden über die dortige Zweigstelle der Sparkasse ihre effektiven Wertpapierstücke in die Depotabteilung der Hauptstelle ab.[111] Die Beträge schwankten zwischen 600 RM und 6770 RM. Vor dem Vermögenszugriff zählte die Fischacher Sparkasse am 1. Januar 1937 insgesamt 66 Sparkonten jüdischer Bürger mit einem Einlagenvolumen von 41442 RM.[112]

Aufgrund dieser Gesetzeslage wurde von der Devisenstelle der Oberfinanzdirektion München für jeden jüdischen Mitbürger im Rahmen einer Sicherungsanordnung ein individueller Freibetrag pro Kalendermonat festgesetzt. Die Beträge bewegten sich zwischen 100 bis 300 RM. Wurden den Freibetrag übersteigende Guthaben angefordert wie z. B. für die Auswanderung, mussten sämtliche Zahlungsquittungen für Passage und Speditionskosten wie auch die Erfüllung

107 Piller, M., Fischach, S. 451.
108 Erdmann, K. D., Deutschland unter der Herrschaft des Nationalsozialismus, S. 151–157.
109 HAKSKA, Judenakte, 30.11.1938.
110 RGBl, 1938, S. 1709.
111 HAKSKA, Judenakte, Einzahlungsquittungen Wertpapiere.
112 Ebd., Aufstellung Judenkonten 1.1.1937.
113 Ebd., Gesuch 3.1.1938.
114 Piller, M., Fischach, S. 454.
115 HAKSKA, Judenakte, Aufstellung Judenkonten 17.1.1939.
116 Ebd., Aufstellung Judenkonten 25.5.1945.
117 Piller, M., Fischach, S. 457.
118 HAKSKA, Judenakte, 22.1.1958.
119 Ebd., 22.2.1939, 20.6.1939.

der gesetzlichen Vorbedingungen für die Auswanderung (Reichsfluchtsteuer, Unbedenklichkeitsbescheinigung, Einreiseerlaubnis) vorgelegt werden.[113] Vom Mai 1938 bis Februar 1939 gab es in Fischach eine anhaltende Auswanderungswelle: 56 Personen stellten Anträge auf einen Reisepass.[114] Die bei der Fischacher Zweigstelle eingelegten Kontokorrent- und Sparguthaben betrugen am 17. Januar 1939 immerhin 55 372,43 RM.[115] Auffallend ist das Ansteigen der jüdischen Spar- und Kontokorrentguthaben zum Ende des Krieges (25. Mai 1945) auf 106 979 RM bzw. 33 172,93 RM.[116] Ein Grund hierfür lag sicherlich in dem zwangsweisen Verkauf von jüdischen Häusern und Grundstücken. Von 1933 bis 1942 hatten jüdische Eigentümer in Fischach 23 Häuser verkauft. In den Jahren 1938/39 veräußerten 14 Juden Grundbesitz an verschiedene landwirtschaftstreibende Einwohner Fischachs.[117] So wurde nach dem Krieg im Entschädigungsfall „Mendle" der zwangsweise Verkauf von Äckern und Grundstücken an zehn verschiedene Bürger aus Fischach geltend gemacht.[118] Die niedrigen Verkaufserlöse standen den jüdischen Verkäufern zu, mussten aber auf ein Sperrkonto einbezahlt werden. Die Zollfahndungsstelle München kontrollierte die Einzahlung des jeweiligen Verkaufspreises auf das Sperrkonto des jüdischen Verkäufers. Die Fischacher Zweigstelle hatte die Eingänge zu bestätigen.[119]

Diese Bearbeitung der jüdischen Konten brachte für das Personal der Fischacher Zweigstelle einen enormen Ar-

Die bombardierte und ausgebrannte Hauptstelle Martin-Luther-Platz 6 in Augsburg.
Historisches Archiv Kreissparkasse Augsburg

Das nach den Bombenangriffen 1944 ausgebrannte Rathaus.
Fotolabor Stadt Augsburg

Gang durch die Vaterstadt

Ich gehe wieder durch die Straßen der alten lieben Vaterstadt, darin
ein Zauber ohne Maßen mich immer tief beseligt hat.
Nun aber hat des Krieges Schrecken auch diese alte Stadt bedacht,
und jetzt ist wenig zu entdecken von ihrer schönen alten Pracht.
Kunstvolle Giebel sind geborsten, das stolze Rathaus brannte aus,
der Efeu rankt sich um das Haus, am alten Tor die Krähen horsten.
Das Sterben ging durch alle Gassen, es starb die liebe alte Stadt, und
nichts hat sie zurückgelassen als Trümmerberge, morsch und matt.
Ich gehe wie vom Krieg erschlagen durch alle Winkel, tot und stumm,
gequält von einem wehen Fragen: Liebe Vaterstadt – warum?
w. l.

Schwäbische Landeszeitung, Februar 1946

beitsaufwand, der sich nach dem Krieg mit schwierigen Entschädigungsverfahren fortsetzte.

Ende mit Schrecken

Zum Ende des Krieges verstärkten sich die Bombenangriffe. Die Einquartierung der Ausgebombten war eines der größten Probleme, mit denen die Dörfer des Landkreises zu kämpfen hatten. Nach dem Bombenangriff am 25./26. Februar 1944 flohen 80 000 Augsburger aus der Stadt. Der Bombenkrieg forderte 1499 Menschenleben, die Hälfte davon in jener Februarnacht.[120]

Auch die Hauptstelle der Kreissparkasse Augsburg am Martin-Luther-Platz 6 wurde in dieser Bombennacht in Mitleidenschaft gezogen. Der Geschäftsbericht gibt darüber ein bildhaftes Zeugnis:

„Schon bei der 1. Angriffswelle kurz nach 22 Uhr wurde das Anwesen, sowie das Nachbaranwesen Annastr. 29 (Höslin) von einer Reihe von Brandbomben getroffen. Noch vor Ende dieses 1. Angriffes, welcher ca. 40 Minuten dauerte, begann der Sparkassenleiter mit seiner 17jährigen Tochter Gundhilde die Löscharbeiten. 2 Brandbomben waren vom Dachboden durch die Zimmerdecke des 3. Stockes hindurchgebrannt und schwelten am Fußboden. Die Tochter des Sparkassenleiters beförderte die 1. Brandbombe mittels einer Kohlenschaufel auf die Straße, der Sparkassenleiter desgleichen die zweite. Als um ca. 1 Uhr der 2. Angriff begann, war der Brand soweit

120 Friedrich, J., Der Brand, S. 327ff.
121 HAKSKA, Jahresbilanz 1944, S. 13.
122 Haecker, Th., Tag- und Nachtbücher, S. 305.

eingedämmt, daß eine unmittelbare Gefahr nicht mehr bestand. Gegen Ende des 2. Angriffes (ca. 2 Uhr) stand das Nachbarhaus Höslin in vollen Flammen. Im eigenen Anwesen war der Brand im Dachboden zu neuer Heftigkeit entfacht. Durch den herrschenden Sturmwind schlug in allen Stockwerken das Feuer des Nachbarhauses bis zum 2. Fenster herein. Gleichzeitig entstanden an der Brandmauer im Stiegenhaus, in der Waschküche, im Kinderzimmer des Sparkassenleiters und im Dachgebälke des Rückanwesens neue Brandherde. Die Tragbalken des Rückgebäudes gehen durch die Brandmauern hindurch.

In dieser Not erschien zuerst der Zweigstellenleiter Schmidhuber (Welden) mit Tornister und Gewehr vom Urlauberzug aus Frankreich und half sofort tatkräftig mit. Kurze Zeit darauf beteiligte sich der Besitzer des Nachbaranwesens Nr. 4 Xaver Kapfer, mit größtem Eifer an den Löscharbeiten. Es mußte an 3 bis 4 Brandstellen gleichzeitig bzw. abwechslungsweise gearbeitet werden. Als nach Stunden das Nachbaranwesen Höslin brennend zusammenstürzte, wurde es etwas leichter. Durch diesen Einsturz entstand anscheinend ein Bruch in der Brandmauer. Im Zimmer des Innenrevisors entstand ein so starkes Feuer, daß die Flammen zu den zertrümmerten Fenstern herausschlugen. Wie sich später herausstellte waren die Kohlenvorräte des Nachbaranwesens mit mindestens 50–60 Ztr. an dieser Stelle in Brand geraten. Mit den Kübelspritzen konnte dieses Feuer zwar eingedämmt, aber nicht gelöscht werden. Gegen 10 Uhr am nächsten Morgen rief der Sparkassenleiter einen Löschzug der Münchner Feuerwehr zu Hilfe, da auch die eigenen erheblichen Wasservorräte zu Ende gingen. Nach teilweise heftigen Verhandlungen wurde eine Schlauchleitung und 3 Mann gestellt. In 2stündiger Tätigkeit konnte der Brandherd zwar nicht abgelöscht, aber doch so eingedämmt werden, daß eine Gefahr für die nächsten Stunden nicht mehr bestand. Durch nachbarliche Hilfe wurde vom Anwesen Köhler Wasser herbeigeschafft, sodaß der am nächsten Morgen aufflackernde Brand nunmehr gelöscht werden konnte."[121]

Ende April 1945 war endlich das Ende einer zwölfjährigen NS-Herrschaft und eines sechsjährigen Krieges gekommen. Die Truppen der Alliierten übernahmen nun die volle Regierungsgewalt in Deutschland. Für die Sparkassen bedeutete dies, dass sie zum zweiten Mal als Instrumente der staatlichen Kriegsfinanzierung missbraucht worden waren. Denn mit dem Zusammenbruch des NS-Regimes war auch der größte Kunde der deutschen Sparkassen, das Deutsche Reich, bankrott. Der katholische Religionsphilosoph Theodor Haecker, der in den letzten zwei Monaten des Weltkrieges in Ustersbach im Landkreis Augsburg lebte, schrieb in seinen „Tag- und Nachtbüchern 1939–1945" am 2. Januar 1945 treffend: „Die Geschichte lehrt: Niemand fühlt sich des Krieges so unappetitlich sicher und unbelehrbar von jeglicher Vernunft gewiß wie der Nurfanatiker, und niemand ist der endgültigen Niederlage so sicher."[122]

Fünfzig
50
Fünfzig
AJ 7568707
BANKNOTE
HUNDERT
MARK
100
100
1
MARK
1
DEUTSCHE
MARK
BUNDESREPUBLIK DEUTSCHLAND
DEUTSCHE MARK
5
1968
GA6666666D0
DEUTSCHE BUNDESBANK
100
HUNDERT DEUTSCHE MARK
ZEHN DEUTSCHE MARK
500
500 EURO
200
200 EURO
50
50 EURO
10
10 EURO
1 EURO
10 EURO CENT
50 EURO CENT
2 EURO

DIE SPARKASSEN IN DER REGION VON 1945 BIS HEUTE – AUSBAU UND INNOVATION

Nach dem Zweiten Weltkrieg haben die Sparkassen das Programm „Wohlstand für alle“ mit in die Praxis umgesetzt, breiten Bevölkerungskreisen den Kontozugang ermöglicht und bei der Realisierung von Eigenheimwünschen geholfen. Ohne die Sparkassen wäre die deutsch-deutsche Währungsunion in der Praxis nicht möglich gewesen. Und ohne die Sparkassen hätte auch der Euro nicht so erfolgreich in Deutschland eingeführt werden und das Vertrauen der Bürger gewinnen können. Zeiten gesellschaftlicher Umbrüche sind Zeiten der Sparkassen!

Dr. Dietrich H. Hoppenstedt, 2004

Wieder schicken wir uns an das Weihnachtsfest zu begehen. Ist es auch keine Kriegsweihnacht mehr, so ist es doch kein wahres Friedensweihnachtsfest; denn obwohl fast schon 2 ¾ Jahre die Waffen schweigen, werden immer noch Millionen deutscher Kriegsgefangener der Heimat und ihren Familien vorenthalten. (...) Das Flüchtlingsproblem ist in ein neues Stadium getreten. Nicht mit der Einschleusung größerer Menschenmassen ist mehr zu rechnen, als vielmehr damit, dass sowohl im Interesse der alteingesessenen Bevölkerung als auch der Neubürger der Wohnungsbau tatkräftigst gefördert wird und dass in gewissem Umfang auch eine planvolle Umsiedlung der Neubürger durchgeführt wird. (...) Durch die anormalen Witterungsverhältnisse hatten wir auf dem Gebiet der Ernährung eine ausgesprochene Missernte. Durch gerechteren Ausgleich unter den deutschen Ländern allein kann aber dem derzeitigen Notstand nicht abgeholfen werden: Hier sind wir auf Nahrungszuschuss aus dem Ausland angewiesen. Eng damit verknüpft ist die Währungsregelung. Sie ist Voraussetzung für Ankurbelung und Aufschwung der Wirtschaft und für die Besserung der wirtschaftlichen Verhältnisse.

Landrat Josef Michael Hamberger, 30.12.1947

Sparbuch aus dem Jahre 1947. *Historisches Archiv Kreissparkasse Augsburg*

Die Kreissparkasse Augsburg nach Ende des Weltkriegs. *Historisches Archiv Kreissparkasse Augsburg*

Mit der bedingungslosen Kapitulation des Dritten Reiches am 8. Mai 1945 war der Zweite Weltkrieg zu Ende. Europa trat in eine neue Phase seiner Geschichte.

Der in Aystetten in der Nachkriegszeit lebende Schriftsteller Hans Erich Nossack schilderte in einem Brief an Hermann Kasack vom 30. November 1945 die Nachkriegssituation mit wenigen Worten treffend: „Man hat Hunger, leidet unter dem Wohnungsproblem und friert."[1] Mit einem „brennenden" Appell vom 20. Juni 1945 wandte sich der von der Militärregierung für den Landkreis Augsburg berufene Landrat Josef Michael Hamberger an die Bevölkerung und führte den desolaten Zustand des Landkreises vor Augen: „Mit brennenden Herzen für Volk und Heimat habe ich die Arbeit angetreten. Die tiefe Not, in der wir uns befinden, kann nur gemeistert werden, wenn jeder, gleich auf welchen Posten er sich in Zukunft gestellt sieht, am Aufbau mitarbeitet und bis zum äußersten seine Pflicht tut. (...) Wir sind finanziell bankrott. Daher ist äußerste Sparsamkeit und Sauberkeit in der Verwaltung und in der Verwaltung der uns anvertrauten Gelder eine Selbstverständlichkeit. (...) Für die nächsten Monate sind die dringendsten Aufgaben: Sicherung der Ernährung bis zum Anschluß an die neue Ernte, gerechte, soziale Wohnraumlenkung und Schaffung neuen Wohnraums und endlich Bereitstellung des nötigen Holz- und Kohlenbedarfs für den Winter. All unser bestes Wollen wird daher aber Stückwerk bleiben, wenn uns der Segen von oben fehlt. Deshalb bitten wir Gott, unsere Arbeit zu segnen und uns zur wahren Volksgemeinschaft zusammen zu führen."[2]

Am 17. Juli 1947 appellierte der Deutsche Städtetag an die Weltöffentlichkeit, das deutsche Volk nicht verhungern zu lassen.[3] Zu dieser Zeit war die deutsche Währung völlig zerrüttet. Behördliche Preisfestsetzungen verdeckten die Hyperinflation. Amerikanische Zigaretten dienten als Tauschmittel und Wertemesser. Kompensationsgeschäfte (ein Teppich gegen einen Sack Kartoffel) waren an der Tagesordnung. Aufgrund der zerstörten Produktionsanlagen konnte nicht mehr allzu viel hergestellt werden, was man mit Geld hätte kaufen können. Diese stark dezimierte Produktionskapazität kontrastierte mit einem enorm gestiegenem

1 Zit. Nach: Kleßmann, Ch./Wagner, G., Das gespaltene Land, S. 71.

2 Amtsblatt für den Landkreis Augsburg, 7.7.1945.

3 Pünder, F., Das bizonale Interregnum, S. 93f.

Geldvolumen. Nachdem die Versorgung der Bevölkerung nicht ausreichend gewährleistet werden konnte, wanderte ein großer Teil der Ersparnisse auf den Schwarzmarkt. Viele Sparkunden lösten wegen der bevorstehenden Währungsreform größere Sparkonten auf und verteilten die Sparbeträge auf mehrere kleine Sparkonten in der Annahme, kleinere Konten würden bei einer Geldentwertung besser abschneiden.[4]

DIE NEUE ZEITUNG

EINE AMERIKANISCHE ZEITUNG FÜR DIE DEUTSCHE BEVÖLKERUNG

SONDERNUMMER — SAMSTAG, DEN 19. JUNI 1948 — PREIS 15 PFENNIG

Währungsreform

Frankfurt (NZ). — Die Militärregierungen der Vereinigten Staaten, Großbritanniens und Frankreichs haben am Abend des 18. Juni die ersten gesetzlichen Maßnahmen zur Durchführung der Währungsreform in den drei westlichen Besatzungszonen erlassen, die „Die Neue Zeitung", zusammen mit einem Merkblatt zur Ausfüllung eines bei der Anmeldung von Bankguthaben auszufüllenden Vordrucks, in der vorliegenden Sondernummer veröffentlicht. Zu den neuen Maßnahmen hielt Jack Bennett, der Finanzberater General Lucius D. Clays, eine Rundfunkrede, die wir nachstehend im Wortlaut veröffentlichen:

„Heute abend haben die Militärregierungen der drei westlichen Besatzungszonen die ersten Mitteilungen über die Neuordnung der deutschen Währung bekanntgegeben. Mit dem kommenden Sonntag werden diese drei Zonen, also der größte Teil Deutschlands, eine neue Währung haben. Die neue Währung heißt die Deutsche Mark. Die dringende Notwendigkeit dieser Maßnahme brauche ich Ihnen ganz gewiß nicht zu erklären. Eine

erreichen war, begannen alliierte und deutsche Fachleute die Pläne und Gesetze für eine gerechte und wirksame Währungsreform für die drei westlichen Besatzungszonen auszuarbeiten. Wie es unter Fachleuten überall in der Welt ist, war es auch hier oft schwierig, Übereinstimmung unter diesen verschiedenen Finanzsachverständigen zu erzielen. Nicht alle deutschen Vorschläge konnten berücksichtigt werden. Die Militärregierungen mußten die letzten Entscheidungen treffen, denn sie hatten die letzte Verantwortung. Die Neuordnung der Währung erfolgt ja einheitlich für drei Zonen, und es ist noch kein deutsches Organ vorhanden, das Gesetze für alle drei Zonen erlassen könnte. Ich glaube aber, daß das Endergebnis die besten Bemühungen aller Beteiligten verkörpert.

Unmittelbar anschließend werden Sie, meine Hörer, die Einzelheiten über die Ausgabe des neuen Geldes hören. Zunächst einmal ist das Wichtigste, daß Sie diesen Sonntag sechzig Mark alten Geldes für jedes Mitglied Ihrer Familie zur Lebensmittelkartenstelle

Pressemitteilung vom 19. Juni 1948: „Die Militärregierungen der Vereinigten Staaten, Großbritanniens und Frankreichs haben am Abend des 18. Juni die ersten gesetzlichen Maßnahmen zur Durchführung der Währungsreform in den drei westlichen Besatzungszonen erlassen ..." *Historisches Archiv Stadtsparkasse Augsburg*

Währungsreform – Geburtsstunde der D-Mark

Für die deutsche Bankwirtschaft schlug die „Stunde Null" mit der Währungsumstellung am 20. Juni 1948. Grundlage hierfür war das „Erste Gesetz zur Neuordnung des deutschen Geldwesens".[5] Jeder Bewohner der Westzonen erhielt im Juni 1948 im Umtausch gegen 60 RM ein so genanntes Kopfgeld von 40 DM, im August nochmals 20 DM; Unternehmer erhielten je Beschäftigten 60 DM (als Kredit), die bei der Umstellung angerechnet wurden. Löhne, Gehälter, Pensionen, Renten, Mieten und Pachtzinsen wurden im Verhältnis 1:1 umgestellt, die meisten Verbindlichkeiten 10:1. Besonders hart traf der Währungsschnitt die Besitzer von Sparguthaben, die zunächst im Verhältnis 100:5, im Oktober 1948 100:6 und schließlich 1953 100:6,5 abgewertet wurden.

Sämtliches Altgeld war innerhalb von sechs Tagen abzuliefern. In der Zeit vom 20. bis 26. Juni 1948 staute sich die Bevölkerung an allen Schaltern der Kreissparkasse, um ihre Guthabenkonten anzumelden und die wertlos gewordene Reichsmark abzuliefern. Mit 11 950 Anmeldebögen wurden während der Einzahlungswoche fast acht Millionen Reichsmark bei der Kreissparkasse Augsburg abgegeben.[6] Der damalige stellvertretende Sparkassenleiter Alois Kerschbaum erinnert sich: „Ich ließ mich mit einem Taxi durch den ganzen Landkreis fahren und holte das Geld ab. Am nächsten Tag musste es gezählt werden und bei der Reichsbank abgeliefert werden."[7] Wegen des großen Andrangs bei der Ablieferung der alten Reichsmark bei der Sparkassenfiliale in Göggingen mussten auf dem Bürgersteig sogar Tische aufgestellt werden.[8]

Zehn Tage vor der Währungsreform wurde das neue Geld in der Zentrale der Kreissparkasse am Augsburger Martin-Luther-Platz 6 vom amerikanischen Militär angeliefert. Weil es im Landratsamt keinen Tresor gab, wurde das neue Geld im Tresor der Kreissparkasse eingelagert. Erst einen Tag vor Beginn der Auszahlung wurde es dort abgeholt.[9] Die Auszahlung des Kopfgeldes übernahmen die Stellen, die auch Lebensmittelmarken an die Bürger ausgaben, meist die Gemeindebehörden.

Am Tag der Kopfgeldauszahlung, am 20. Juni 1948, schrieb der Fischacher Pfarrer Steinmayer ironisch in sein Verkündbuch: „Heute vormittags Auszahlung von 40 Mark Kopfgeld pro Person! Führer, wir danken Dir!"[10] An allen Auszahlungsstellen standen um 8 Uhr Menschenschlangen zum Umtausch bereit. Ausweis, Lebensmittelkarte (115. Zuteilungsperiode) und 60 Mark Altgeld waren mitzubringen. Wer letztere nicht oder nur zum Teil besaß – bettelarme Rentner oder kinderreiche Familien – bekam trotzdem

4 Merz, R., Stadtsparkasse Augsburg, S. 386.
5 Siehe dazu: Buchheim, Chr., Währungsreform 1948, S. 189–231.
6 HAKSKA, Geschäftsbericht 1948–1951, S. 2.
7 Kerschbaum, Oral History, S. 6.
8 Ebd., Anhang.
9 Augsburger Allgemeine, 24. 6. 1998.
10 Piller, M., Fischach, S. 482.
11 MAZus, Akt Auszahlung Kopfgeld, Richtlinien über das Verfahren bei der Auszahlung des Kopfgeldbetrages vom 15. 6. 1948 und Merkblatt für die Auszahlung des Kopfgeldbetrages durch Kartenstellen vom 17. 6. 1948.
12 Ebd., Abrechnung Kartenstelle Zusmarshausen.
13 Grass, G., Mein Jahrhundert, S. 172.
14 Amtsblatt für den Landkreis Augsburg, 15. 7. 1948.
15 Ebd., 22. 7. 1948.
16 Schulz, G., Geld in der deutschen Nachkriegswirtschaft, S. 50f.

das Kopfgeld.[11] In Zusmarshausen wurde an 1703 Personen der volle Kopfgeldbetrag mit einer Summe von 68 120 DM und an 85 Personen mit Gemeinschaftsverpflegung ein Betrag von 3 400 DM ausbezahlt. Gleichzeitig wurden 107 280 RM abgeliefert.[12]

Der Schriftsteller Günter Grass erinnert sich an das markante Ereignis: „Und so sind wir denn (…) noch schnell auf die Sparkasse und haben das bisschen abgehoben, was noch da war, denn am Sonntag darauf, auf den 20. Juni genau, ging es los mit dem Umtausch. Erstmals hieß es, sich anstellen. Und das bei Regen."[13]

Am „Geburtstag der D-Mark", ihrem ersten Geltungstag, waren die Schaufenster der Geschäfte plötzlich voll mit einem ungeahnten Warenangebot, das bis dahin offensichtlich gehortet oder zum Teil auf den Schwarzmarkt geschleust worden war. Selbst ein neuer VW-Käfer wurde den staunenden Bürgern ohne Bezugsschein feilgeboten: Preis 5 300 DM, Lieferzeit eine Woche! Für den Normalbürger mit durchschnittlichen Einkommen von 300 DM und Preisen für ein Pfund Schweinefleisch von 3 bis 4 DM, ein Ei 35 Pf. oder ein Liter Milch 33 Pf. war dieses Objekt der Begierde nahezu unerschwinglich.

Das Amtsblatt des Landkreises Augsburg veröffentlichte am 15. Juli 1948 die erste offizielle Stellungnahme zur Währungsreform: „Die Währungsreform ist eine notwendige Folge der letzten 20 Jahre. Sie ist eine unvermeidliche Offenlegung eines bereits seit langem bestehenden Zustandes. Es wäre deshalb verfehlt, sie als eine willkürliche Maßnahme der Staatsregierung oder der Militärregierung zu betrachten. Es gibt heute schon wieder manche, die das Vertrauen in die neue Währung untergraben wollen. Das sind Pessimisten und Miesmacher, die nie aussterben, sich aber auch kaum überlegen, dass sie mit ihrem dummen Geschwätz Schaden stiften; denn es ist notwendig, Vertrauen in die neue Währung zu haben und sich danach zu verhalten. Der Erfolg hängt weitgehend von dem Verhalten der Bevölkerung ab. Wer heute infolge des Warenhungers überhöhte Preise zahlt, verhindert eine vernünftige automatische Preisregulierung; denn wilde ungezügelte Nachfrage wirkt preissteigernd oder hält zumindest hohe Preise weiter aufrecht; vernünftiges Abwarten für einige Wochen wird sich später lohnen. Es ist besser, jetzt zu sparen und das Ersparte auf die Sparkasse zu bringen, wo es sich verzinst und damit der Wirtschaft in Form von Krediten zur Mehrerzeugung der solange entbehrten Waren zuzuführen, um dann in absehbarer Zeit das Notwendige zu einem vernünftigen Preis kaufen zu können. Jeder Einzelne hat also den Erfolg der Währungsreform in der Hand."[14]

Kurzzeitig kam es zu Schwierigkeiten bei der Versorgung der Bevölkerung mit neuem Bargeld. Deshalb wurde empfohlen, im Interesse der gesamten Geldwirtschaft weitgehend vom bargeldlosen Zahlungsverkehr Gebrauch zu machen.

Ein Fotodokument mit Seltenheitswert: Die neue Deutsche Mark erreicht die Augsburger Kreissparkasse. Amerikanische Soldaten sperrten den Marin-Luther-Platz als das Geld mit Lastwagen angeliefert und in den Tresor eingelagert wurde. Im Vordergrund stehen Beamte der Staatspolizei. *Historisches Archiv Kreissparkasse Augsburg*

Der Schwarze Markt war durch die neue Geldordnung zunächst schwer getroffen. Doch kurze Zeit später wurde vergeblich versucht, mit Angeboten unter Normalpreis wieder eine neue Basis für die dunklen Geschäfte zu schaffen.[15]

Zukunftweisend war die Flankierung der Währungsreform mit einem umfassenden Wirtschaftsprogramm.[16] Für die Wirtschaftsreform steht das Konzept der Marktwirtschaft des damaligen Wirtschaftsministers Ludwig Erhard: Marktwirtschaft ist, weil sie auf der Leistung einzelner beruht, besser als eine Steuerung durch den Staat – soviel Markt wie möglich, soviel Staat wie nötig.

Der vollzogene Währungsschnitt brachte Härten und Ungerechtigkeit. Jeder Bürger erhielt die gleiche Kopfquote – Grundstücke, Fabriken, Warenlager, Wertpapiere unterlagen jedoch nicht dem offiziellen Abwertungssatz. Die großen Sachvermögen hatten zwar meist durch den Krieg gelitten, nicht aber durch die Währungsreform. Soziale Gesichtspunkte wurden bei der Währungsreform nicht berücksichtigt. Die sozialen Ungerechtigkeiten wurden im Nachhinein durch den Lastenausgleich zur Milderung der Kriegs- und Folgeschäden, die Vermögensabgabe mit einem Satz von 50 Prozent auf das steuerpflichtige Vermögen, verteilt auf 30 Jahre, und die Hypothekengewinnabgabe, die einem Schuldner jenen Gewinn abschöpfte, den er mit der Verringerung seiner ursprünglichen Schuld auf zehn Prozent erzielte, etwas abgefedert.[17]

Neuanfang – die DM-Eröffnungsbilanzen vom 21. Juni 1948

Die Währungsgesetze bewirkten eine eklatante Veränderung der Aktiven und Passiven der Sparkassenbilanzen. Die bei

Reichsmark-Schlussbilanz (RMSB) und DM-Eröffnungsbilanz (DMEB) der Kreissparkasse Augsburg[18]

	RMSB 20. 6. 1948 TRM	DMEB 21. 6. 1948 TDM
Aktiva		
Kasse, Banken, Postscheck	35 345	811
Schatzwechsel, Wertpapiere	17 672	171
Ausgleichsforderung	—	2 082
Forderungen	1 240	125
Grundstücke, Gebäude und Geschäftsausstattung	119	83
Sonstiges	772	4
	55 148	**3 276**
Passiva		
Einlagen	54 608	2 996
Rücklagen	421	108
Rückstellungen	79	149
Sonstiges	40	23
	55 148	**3 276**

Reichsmark-Schlussbilanz (RMSB) und DM-Eröffnungsbilanz (DMEB) der Kreis- und Gemeinde-Sparkasse Schwabmünchen[19]

	RMSB 20. 6. 1948 TRM	DMEB 21. 6. 1948 TDM
Aktiva		
Kasse, Banken, Postscheck	6 026	574
Schatzwechsel, Wertpapiere	15 166	5
Ausgleichsforderung	—	1 851
Forderungen	19 284	92
Beteiligungen	57	6
Grundstücke, Gebäude und Geschäftsausstattung	51	48
Sonstiges	19	5
	40 603	**2 581**
Passiva		
Einlagen	40 148	2 364
Rücklagen	355	88
Rückstellungen	82	118
Wertberichtigungen	13	10
Sonstiges	5	1
	40 603	**2 581**

17 Möller, H., Die westdeutsche Währungsreform von 1948, S. 433–480.
18 HAKSKA, Geschäftsbericht 1948–1951, S. 18.
19 HASpkSch, Geschäftsbericht 1948–1951, S. 3.
20 HAKSKA, Geschäftsbericht 1948–1951, S. 2.
21 Ashauer, G., Von der Ersparungscasse zur Sparkassen-Finanzgruppe, S. 264f.
22 Dreiseitel, E./Frey, F. X., Der Landkreis seit 1945, S. 107.
23 Endrös, H./Krausse, J., Grundriss der Heimatkunde des Landkreises, S. 178.
24 HAKSKA, Geschäftsbericht 1948–1951, S. 3.
25 Pfister, D./Hagel, B., Vertreibung und neue Heimat, S. 143 f.

der Kreissparkasse Augsburg am 20. Juni 1948 ausgewiesenen 54,6 Mio. RM Spar- und Giroeinlagen ergaben einen Umstellungsbetrag von 2,99 Mio. RM. Von ursprünglich 20 025 Sparkonten erloschen durch Anrechnung von Kopfgeldbeträgen und Angstabhebungen 8 863 mit einer Gesamtsumme von 11,2 Mio. RM.[20]

Mit der Währungsreform gingen noch zwei weitere Regelungen einher, die nicht den Vorstellungen der Sparkassen entsprachen: zum einen die Ausgleichsforderungen und zum anderen die Mindestreservepflicht.[21] Die Mindestreservepflicht verpflichtet die Kreditinstitute, Beträge – je nach Einlagenart in unterschiedlicher Höhe – zinslos im Zentralbanksystem zu halten. Sie ist ein währungspolitisches Instrument, mit dem die Geldmenge beeinflusst werden kann. Zum anderen dient sie als Liquiditätsreserve.

Die Forderungen der Kreditinstitute gegen das Reich waren nach der Währungsreform nichts mehr wert. Zum Ausgleich wurden sie in langfristige Forderungen zunächst gegen die Länder und schließlich gegen die Bundesrepublik umgewandelt. Diese Ausgleichsforderungen, die mit drei Prozent verzinst wurden, machten bei der Kreissparkasse Augsburg 63 Prozent der gesamten Aktiva aus.

Die Zusammenschau der Reichsmark-Schlussbilanzen per 20. Juni 1948 und der DM-Eröffnungsbilanzen vom 21. Juni 1948 der Augsburger Kreissparkasse und der Schwabmünchner Kreis- und Gemeindesparkasse zeigt anhand der konkreten Bilanzpositionen die enormen Auswirkungen der Währungsgesetzgebungen, letztlich das ganze Ausmaß der Finanzkatastrophe, die das Dritte Reich hinterlassen hatte.

Das Aussiedlerlager in Strassberg im Jahr 1950. *Aus: Landkreis Schwabmünchen, S. 106*

Gewaltige Herausforderungen

Bevölkerungsexplosion durch Flüchtlinge und Vertriebene

Der Zustrom von Flüchtlingen, Vertriebenen und Evakuierten stellte die Landkreise vor große Probleme. Im Landkreis Schwabmünchen zählte man bis Mitte 1948 bereits 12 400 Ausgewiesene und Flüchtlinge.[22] Zahlreiche Gasthaussäle, Schulräume und sonstige Behelfsunterkünfte wurden zur vorübergehenden Unterbringung herangezogen. Staatlich verwaltete Flüchtlingslager dienten vorerst zur Unterkunft. Die Bevölkerung des Landkreises Augsburg stieg von 52 958 im Jahr 1939 auf 81 643 im Jahr 1950.[23]

Diese Situation stellte auch die Sparkassen im Landkreis vor große Herausforderungen. Den neu errichteten Flüchtlingsbetrieben wurden finanzielle Hilfen gewährt, teils aus eigenen Mitteln, teils durch Vermittlung und Weiterleitung von Mitteln aus zentralen Kreditaktionen.[24] Die Bearbeitung der immensen Anzahl von Anträgen auf „Entschädigung im Währungsausgleich für Sparguthaben Vertriebener" (aufgrund des Währungsausgleichgesetzes vom 27. März 1952) war eine bürokratische Höchstleistung.[25] Neben dem Antrag musste auch das jeweilige Sparbuch vorgelegt werden, in dem per Stempel die Ausgleichsgutschrift dokumentiert wurde.

Eine Möglichkeit, Wohnraum für Vertriebene zu schaffen, lag im Siedlungswesen. So entstanden die Adalbert-Stif-

Auch bei der Kreissparkasse Augsburg reichten die Vertriebenen Sparbücher aus ihrer Heimat ein. *Historisches Archiv Kreissparkasse Augsburg*

ter-Siedlung in Gersthofen, die Gnadental-Siedlung in Großaitingen und das Friedensdorf in Zusmarshausen.[26]

Spargeld schafft Wohnungen

Zur Eindämmung der Wohnungsnot gründete der Landkreis Augsburg am 13. Mai 1949 die „Gemeinnützige Kreiswohnungshilfe GmbH".[27] Sie baute bis 31. Dezember 1951 insgesamt 354 Wohnungen mit einem Kostenaufwand von über 3 Mio. DM.[28] Ebenfalls 1949 wurde im Landkreis Schwabmünchen die „Gemeinnützige Bau-, Wohnungs- und Siedlungsgenossenschaft" ins Leben gerufen.[29]

Die Kreissparkasse Augsburg finanzierte durch 27 Hypothekendarlehen mit einer Gesamtsumme von 716 500 DM bis Ende 1951 insgesamt 190 Wohnungen.[30] Der Augsburger Landbote dokumentierte 1951 unter der Überschrift „Das wirtschaftliche Rückgrat des Landkreises. Die Kreissparkasse konnte den Kreditgesuchen ihrer Kunden entsprechen" den Stellenwert des Landkreisinstitutes: „Die Geschäftsentwicklung der Kreissparkasse hielt Schritt mit dem Aufblühen des ganzen Landkreises. Im Jahre 1950 war der Eingang an Spareinlagen so günstig, dass es diesem Geldinstitut möglich war, dem raschen und umfangreichen Wohnungsbau wirksam zu unterstützen. Ohne ihre Hilfe wären die 340 Wohnungen im Landkreis Augsburg im Laufe des Jahres 1950 nicht so leicht entstanden. (...) Wenn im Titel dieses Artikels das Geldinstitut als Wirtschaftsrückgrat bezeichnet wird, so hat dies seinen guten Grund. Zahlreiche Klein- und Mittelbetriebe des Landkreises verdanken gerade ihr die Möglichkeit der Gründung und des Weiterbestehens. Es ist nur natürlich, dass auch heute die Baulustigen und Wohnungssuchenden ihre Blicke auf die Kreissparkasse lenken, wenn sie Baukredite erhoffen. (...) Die Kreissparkasse kann nur soviel DM auf der einen Seite austeilen, wie sie auf der anderen Seite von Sparern herein bekommt. Hier liegt der Hase im Pfeffer."[31]

Bestens in Erinnerung ist dem damaligen stellvertretenden Sparkassenleiter Alois Kerschbaum eine Frau K., die damals etwas „Revolutionäres" in Zusammenarbeit mit der Kreissparkasse unternahm. Sie besorgte gut gelegene Grundstücke, schloss mit den Eigentümern Optionsverträge und verhandelte mit Interessenten. Ihr Motto: „Ihr könnt doch Eigentumswohnungen machen. Ihr bekommt Flüchtings- und Staatsdarlehen und von der Kreissparkasse besorge ich eine günstige Hypothek. Dann braucht ihr fast kein Eigenkapital. Ich bau euch das Haus. Wir bilden eine Baugemeinschaft nach dem BGB und ihr sagt mir wie ihr die Wohnung wollt."[32] Kerschbaum wertet dies als Beginn des Bauträgergeschäftes der Kreissparkasse.

Bis 1960 wurden bei der Kreissparkasse Augsburg insgesamt 878 Hypothekendarlehen im Gesamtbetrag von 22,0 Mio. DM zur Finanzierung von 2 196 Wohnungen vergeben.[33] Auch noch 1966 lag der Schwerpunkt der langfristigen Ausleihungen im Hypothekendarlehensgeschäft. Hierbei entfielen von den Neuausleihungen in Höhe von 15,5 Mio. DM auf

26 Ebd., S. 130–138; Pfister, D., „Flüchtlinge und Vertriebene", S. 439 f.
27 50 Jahre Wohnungsbau GmbH für den Landkreis Augsburg, 1949–1999, Jubiläumsbericht, S. 10.
28 HAKSKA, Geschäftsbericht 1948–1951, S. 3.
29 Dreiseitel, E./Frey, F.X., Der Landkreis seit 1945, S. 113. Im Jahre 1973 erfolgte ein Zusammenschluss mit der Wohnungsbau GmbH für den Landkreis Augsburg.
30 HAKSKA, Geschäftsbericht 1948–1951, S. 11.
31 Augsburger Landbote, 10. 2. 1951.
32 Kerschbaum, A., Oral History, S. 20.
33 HAKSKA, Geschäftsbericht 1960, S. 9.
34 Grundlage: HAKSKA, Geschäftsberichte 1948–1967; HASpkSch, Geschäftsberichte 1948–1967.
35 Ebd., Geschäftsbericht 1966, S. 12.
36 HASpkSch, Geschäftsbericht 1960, S. 17.
37 Ebd., Geschäftsbericht 1966, S. 17.
38 HAKSKA, Geschäftsbericht 1948–1951, S. 4.

Gesamtausleihungen 1948 – 1967 (in Mio. DM)[34]

AUGSBURG			SCHWABMÜNCHEN	
Jahr	Gesamtausleihungen	langfristige Ausleihungen Grundpfandrechte	Gesamtausleihungen	langfristige Ausleihungen Grundpfandrechte
1948	0,1	0,1	0,07	
1949	1,5	0,3	0,2	
1950	3,4	1,4	0,5	
1951	4,1	1,5	0,6	
1952	4,5	1,8	1,0	
1953	6,2	2,4	1,5	
1954	7,6	2,9	3,1	
1955	9,9	4,7	4,6	
1956	14,2	6,4	6,4	
1957	15,9	7,4	8,5	
1958	21,1	10,2	10,4	3,1
1959	25,2	13,7	11,9	4,0
1960	31,8	17,9	14,5	5,4
1961	36,3	21,7	17,8	6,8
1962	46,9	28,5	21,5	8,8
1963	51,2	31,4	24,8	11,9
1964	55,7	34,4	28,2	14,5
1965	69,6	43,3	31,7	16,0
1966	86,0	52,6	35,3	18,4
1967	93,3	57,1	40,5	20,5

den Wohnungsbau 11,8 Mio. DM; das waren 75,8 Prozent. Dadurch erhöhten sich die seit der Währungsreform insgesamt ausgeliehenen Hypothekendarlehen auf 75,1 Mio. DM. Am 31. Dezember 1966 wurden 52,0 Mio. DM Hypothekendarlehen ausgewiesen. Die Zahl der mitfinanzierten Wohnungen stieg Ende 1966 auf 4 706.[35]

Die Kreis- und Stadtsparkasse Schwabmünchen gab 1960 insgesamt 1,2 Mio. DM Hypothekendarlehen für die Wohnungsbaufinanzierung aus und finanzierte dadurch 139 Wohnungen.[36] 1966 erhöhten sich die Hypothekendarlehen auf 3,7 Mio. DM, mit denen 168 Wohnungen geschaffen wurden.[37]

Wegen der enormen Herausforderungen war auch das Kreditbedürfnis im Landkreisgebiet nach der Währungsreform außerordentlich groß. Die Geschäftswelt benötigte kurz- und mittelfristige Kredite zur Beschaffung von Rohstoffen, Waren und Geschäftsausstattungen, nachdem sie über keine ausreichenden Betriebsmittel mehr verfügte. Auch das wieder auflebende Wechseldiskontgeschäft nahm bei den Sparkassen im Landkreis einen beachtlichen Aufschwung. Am Außenhandelsgeschäft beteiligte sich die Kreissparkasse Augsburg durch die Vermittlung einer großen Anzahl von Import- und Exportzahlungen für Rechnung ihrer Außenhandelsbank, der Bayerischen Gemeindebank. Bemerkenswert war die zeitweise Stellung an Bardepots im Importgeschäft.[38]

Schlichte Zeitungswerbung 1950.
Aus: Schwäbische Landeszeitung, 27. Oktober 1950

Die rapide Siedlungsverdichtung und der gewerblich-industrielle Wiederaufbau verlangte von den Kommunen enorme Investitionen in die Infrastruktur. Hier waren die beiden Sparkassen im Landkreis Augsburg gefordert. Gehörte es doch zu den satzungsmäßigen Aufgaben, die Gemeinden in ihrem Geschäftsbereich finanziell zu unterstützen. Ende 1954 erfüllte die Kreissparkasse Augsburg mit 16 Kommunaldarlehen in Höhe von 443 625 DM diese Aufgabe.[39] 1960 wurden bereits 43 Kommunaldarlehen in Höhe von 3,8 Mio. DM ausgeliehen[40], die sich 1966 auf 92 Darlehen mit einer Gesamtsumme von 13,8 Mio. DM erhöhten. Damit war das in Paragraph 32 der Sparkassenordnung vorgeschriebene Kontingent ausgeschöpft, sodass im Hinblick auf die Bekanntmachung des Bayerischen Staatsministeriums des Innern vom 18. Juli 1966 keine Möglichkeit für weitere Zusagen mehr vorhanden war.[41]

Ein Mensch ...

Ein Mensch, der stets zu den Lobpreisern
Des Sparens zählte (und zwar eisern!),
Sah zweimal gehen in die Binsen
Sein Geld samt Zins und Zinseszinen.
Er schwur – sein Spartrieb schien erloschen
Jetzt zu verjubeln jeden Groschen,
„Statt dass ihn andre drum betrögen."
Jedoch, bei hellem Denk-Vermögen
Kam er zu Einsicht und Entschluß,
Daß man im Leben sparen muß,
Weil man, zu schonen seine Nerven,
Beim „nervus rerum" braucht Reserven.
Mit Schiller konnte er entdecken:
Es wächst der Mensch mit höhern Zwecken
Und mit der Mehrung seiner Märker
Ward auch sein Spartrieb wieder stärker,
Und damit auch sein Lebensmut:
Guthaben habend hat er's gut!

EUGEN ROTH (1895–1976)
Quelle: Anzeigen- und Lokalblatt für den Stadtbezirk Augsburg-Lechhausen, 28. 10. 1955

Über das Aktivgeschäft des Jahres 1966 der Kreissparkasse Augsburg heißt es im Geschäftsbericht: „Die Nachfrage nach Darlehen und Krediten war auch im Berichtsjahr unvermindert stark. Die Einlagenentwicklung erlaubte es, den wirtschaftlich vertretbaren Kreditwünschen unserer Kunden in großem Umfang zu entsprechen. Hierdurch erhöhten sich die Gesamtausleihungen im Jahre 1966 um 16,0 Mio. DM von 70,0 Mio. DM auf 86,0 Mio. DM."[42]

Ein etwas anderes Bild zum Aktivgeschäft zeichnet der Geschäftsbericht der Kreis- und Stadtsparkasse Schwabmünchen des gleichen Jahres: „Dagegen konnte das Aktivgeschäft nicht voll befriedigen. Der Grund liegt in der wirtschaftlichen Struktur des Landkreises. Der westliche und gebietsmäßig größere Teil des Landkreises ist fast ausschließlich landwirtschaftlich orientiert und der Kreditbedarf daher gering. Die großen Industriebetriebe unterhalten zwar Konten bei der Sparkasse, decken jedoch ihren Kreditbedarf am Stammsitz der Unternehmen. Der Einzelhandel und das mittelständische Gewerbe werden durch die Umsatzabwanderung nach der nur 25 km entfernten Großstadt Augsburg ungünstig beeinflußt."[43]

Und doch muss es sein! „Das Sparen"

Nach der Währungsreform und dem Verlust der Spareinlagen bezeichnete der erste DM-Geschäftsbericht es als die schwerste Aufgabe der Kreissparkasse, „den fast zerstörten Spargedanken neu zu begrün-

39 Ebd., Geschäftsbericht 1954, S. 10.
40 Ebd., Geschäftsbericht 1960, S. 13.
41 Ebd., Geschäftsbericht 1966, S. 12.
42 Ebd.
43 HASpkSch, Geschäftsbericht 1966, S. 5.
44 HAKSKA, Geschäftsbericht 1948–1951, S. 2.
45 Geiger, H., Entwicklungslinien, S. 329.
46 Wandersleb, H., Der Sparer ist der Held, S. 327f.
47 HAKSKA, Geschäftsbericht 1948–1951, S. 4.
48 Ebd. S. 6.
49 Amtsblatt für den Landkreis Augsburg, 13. 5. 1949.
50 Grundlage: HAKSKA, Geschäftsberichte 1948–1967; HASpkSch, Geschäftsberichte 1948–1967.
51 Ab 1960 Einzahlungen pro Jahr.
52 HAKSKA, Geschäftsbericht 1948–1951, S. 8.
53 HASpkSch, Geschäftsbericht 1948–1951, S. 12.

den und zu pflegen".[44] Die Entwicklung der Spareinlagen galt von jeher als ein Spiegelbild und Gradmesser wachsender oder sinkender Konsolidierung der politischen und wirtschaftlichen Verhältnisse und damit des Vertrauens in die Währung überhaupt. Die allmählich sich einsetzende Stabilisierung der Preise wirkte sich sehr günstig auf die Spareinlagenbildung aus.[45] Der Sparer avancierte zum „Held des Wiederaufbaues".[46]

Vertrauensbildend erwiesen sich auch die im Laufe des Jahres 1954 im Rahmen der Altsparerentschädigung gutgeschriebenen Mittel. Bei der Kreissparkasse Augsburg waren dies für 3 865 Altsparer insgesamt 511 527 DM.[47] Bis zum Ende des Jahres 1955 erhöhten sich die Gesamtgutschriften im Rahmen der Altsparerentschädigung auf 1,1 Mio. DM, 1 116 000 DM verteilt auf 8 660 Einzelposten.[48]

Schulsparen

Schon 1948 wurde versucht, das nach dem wirtschaftlichen Zusammenbruch zwischen Schule und Sparkasse lose gewordene Band neu zu knüpfen, insbesondere durch einen Appell an die Lehrerschaft, die Sparsamkeit und das Sparen in den Blickwinkel der Schüler zu rücken „Die Förderung des Spargedankens ist eine wichtige Voraussetzung für die für den Wiederaufbau erforderliche Kapitalbildung. Damit werden die Geldinstitute in die Lage versetzt, Leihkapital in die Wirtschaft vergeben zu können. In diesem Zusammenhang kommt auch dem Gedanken des Schulsparens wieder eine besondere Bedeutung zu. Das Schulsparen hat aber auch einen erzieherischen Wert für die heranwachsende Jugend, weil durch das Kleinsparen dem Kinde rechtzeitig der Wert des Geldes und der Sinn des Sparens beigebracht wird."[49] Die Kreissparkasse Augsburg bestimmte hierfür einen speziellen Sachbearbeiter, von den Schulkindern liebevoll „Sparonkel" genannt, der insgesamt 28 Schulen im Augsburger Landkreisgebiet betreute.[52] Die Schwabmünchner Sparkasse nahm in der Anfangsphase in 21 Schulen Spardosenentleerungen vor.[53] Bis zum Jahre 1967 beteiligten sich im Augsburger Landkreisgebiet 34 Schulen. Die Spardosen wurden jährlich dreimal entleert. Darüber hinaus stellte die Sparkasse den Lehrkräften Unterrichtshilfen zur Verfü-

Sofort nach der Währungsreform startete die Sparkassenwerbung, hier das Hauptplakatmotiv von 1948.
Deutscher Sparkassenverlag

Entwicklung des Schulsparens 1948–1967[50]

Kreissparkasse Augsburg			Kreis- und Stadtsparkasse Schwabmünchen	
Jahr	Schulsparer	Einlagenstand DM	Schulsparer	Einzahlungen pro Jahr DM
1949	936	12 904		
1950	2 959	54 815	1 322	8 380
1955	3 815	130 795	1 924	16 596
1960	4 251	97 716[51]	2 477	32 072
1965	5 006	199 590	2 613	59 888
1967	5 421	220 000	2 487	62 000

Plakat zum 1952 ins Leben gerufene Prämiensparen mit dem vierblättrigen Kleeblatt als Glückssymbol. *Deutscher Sparkassenverlag*

gung. Viele Schüler wurden über Vorträge oder spezielle pädagogische Lehrmittel auf die Bedeutung der Sparsamkeit und des „guten Haushaltens“ hingewiesen. Von den 7 144 Schülern in den betreuten 34 Schulen beteiligten sich 5 421 am Schulsparen, das waren 75,8 Prozent.[54]

Steuerbegünstigtes Sparen 1949 / Prämienbegünstigtes Vertragssparen 1959

Mit der Einführung des steuerbegünstigten Sparens versuchte der Gesetzgeber die ungünstigen Auswirkungen der Währungsreform auf die Kapitalbildung abzuschwächen. Zwei Vertragstypen, allgemeiner Sparvertrag und Sparvertrag mit festgelegten Sparraten, wurden geschaffen – ein ideales Instrument zum Ausbau des Einlagengeschäftes.[55]

Von dem steuerpflichtigen Einkommen konnte man steuerfreie Rücklagen als Sonderausgaben zunächst für sich selbst mit 800 DM, für jeden steuerlich zählenden Familienangehörigen mit je 400 DM absetzen. Darüber hinaus gehende Beträge waren mit der Hälfte grundsätzlich bis zu 7,5 Prozent des Einkommens absetzbar. Ein verheirateter Einkommensteuerpflichtiger mit einem Kind erzielte somit bei einem steuerpflichtigen Einkommen von 7 000 DM und einem Sparbetrag von 1 200 DM eine Steuerersparnis von 417 DM. Die bedeutende Steuerersparnis, die die Sparer bis 55 Prozent ihrer Spareinlagen aus ersparten Steuern finanzieren ließ, fand in zunehmenden Maß Beachtung und stellte einen wesentlichen Faktor für die Entwicklung der Spartätigkeit dar.

Der Auslauf des steuerbegünstigten Sparens Ende 1958 wurde kompensiert mit dem am 5. Mai 1959 erlassenen Sparprämiengesetz. Unbeschränkt einkommensteuerpflichtige Personen konnten für Sparbeträge, die auf fünf Jahre festgelegt wurden und die nicht nach dem Wohnungsbau-Prämiengesetz schon steuerbegünstigt waren, Prämien in Höhe von 20 Prozent der im Kalenderjahr geleisteten Sparbeträge erhalten. Die Prämie war auf 120 DM begrenzt (600 DM Sparleistung), für Verheiratete auf 240 DM (1 200 DM Sparleistung), bei mindestens drei Kindern unter 18 Jahre erhielten die Sparer weitere 120 Prämie. Die Prämien waren einkommensteuerfrei. Eine Prämie wurde nur gewährt, wenn die Sparbeträge mindestens 60 DM betrugen.[56] Das Zweite Vermögensbildungsgesetz 1965 gab dieser Sparform einen weiteren Auftrieb.[57]

PS-Sparen (Prämiensparen) 1952

Das PS-Sparen (Prämiensparen) ist ein Kind des Sparkassendirektors der Augsburger Stadtsparkasse Julius Heil.[58] „Die Idee kam aus Augsburg,“ titelte am 11. Januar 1952 die Süddeutsche Zeitung.[59] Die Kreissparkasse Augsburg nahm dieses Produkt umgehend in ihre Produktpalette auf. Im Amtsblatt des Landkreises inserierte sie: „Die deutschen öffentlichen Sparkassen führen ab dem 1. 1. 1952 zur Pflege der Sparsamkeit ein Prämiensparverfahren durch, an dem jedermann teilnehmen kann, der in einem Kalendervierteljahr um DM 26 Sparmarken zu DM 2 erwirbt und in eine Sparkarte eingeklebt hat. Er erlangt dafür das Recht, an insgesamt drei Auslosungen teilzunehmen, bei denen Prämien im Gesamtbetrag von über DM 100 000 ausgeschüttet werden. Am 19. Februar 1952 findet bereits die erste Auslosung statt. Gleichgültig, ob der Sparer gewinnt oder nicht, sein Sparbetrag bleibt ihm in jedem Fall erhalten.“[60] Der Geschäftsbericht des Jahres 1952 berichtet: „Mit dem im Jahr 1952 neu eingeführten Prämiensparen (PS)

54 HAKSKA, Geschäftsbericht 1967, S. 9.
55 Siehe dazu: Henze, W. / Schmidt, H., Steuerbegünstigtes Sparen.
56 Heil, J., Die Pflege des Spargedankens, S. 75 f.
57 HAKSKA, Geschäftsbericht 1965, S. 9.
58 Siehe dazu: Merz, R., Stadtsparkasse Augsburg, S. 367–370.
59 Süddeutsche Zeitung, 11. 1. 1952.
60 Amtsblatt für den Landkreis Augsburg, 24. 1. 1952.
61 Grundlage: HAKSKA, Geschäftsberichte 1948–1967; HASpkSch, Geschäftsberichte 1948–1967.
62 HAKSKA, Geschäftsbericht 1952, S. 5.
63 Ebd.
64 Augsburger Landbote, 4. 3. 1953.
65 Ebd., Geschäftsberichte 1955, S. 7, 1960, S. 6, 1967, S. 9. Für die Kreis- und Stadtsparkasse Schwabmünchen liegen für diesen Zeitraum keine Angaben vor.
66 „PS-Sparen und gewinnen“ in stetiger Entwicklung, in: SpkWD 1 (1965), S. 4.
67 Heil, J., Die Pflege des Spargedankens, S. 63.
68 HAKSKA, Geschäftsbericht 1956, S. 7.

Entwicklung des steuer-/prämienbegünstigten Sparens 1949–1967 in Mio. DM[61]

Kreissparkasse Augsburg			Kreis- und Stadtsparkasse Schwabmünchen	
Jahr	**Verträge**	**Gesamtguthaben**	**Verträge**	**Gesamtguthaben**
1949	35	0,02	41	0,03
1951	134	0,11	83	0,13
1955	570	1,15	97	0,43
1960	1 617	2,87	546	0,79
1965	7 202	8,91	2 279	2,48
1967	8 673	12,56	2 711	4,02

Aufruf zur Teilnahme an der PS-Auslosung.
Augsburger Landbote, 2. Juli 1952

wurde der weithin verbreitete Spieltrieb auf eine sehr ansprechende Weise der Förderung des Spargedankens nutzbar gemacht. (…) Wenn auch eine gewisse Arbeitsbelastung gerade der Zweigstellen durch diese neue Sparart festzuhalten ist, so unterliegt die breite Werbewirkung des Prämiensparens mit seinen monatlichen Auslosungen keinem Zweifel. Auch mit dieser modernsten Sparform erfüllt die Sparkasse nur ihre alte satzungsgemässe Aufgabe, den Sparsinn der Bevölkerung nach besten Kräften zu pflegen."[62] Durch intensive Werbung konnten bereits im Jahre 1952 insgesamt 5 256 Sparkarten ausgegeben werden. Die Guthaben von über 1 000 Prämiensparern beliefen sich Ende 1952 auf 11 Mio. DM.[63] 1953 konnte die Kreissparkasse Augsburg die interessante Feststellung machen, dass ungefähr zwei Drittel der PS-Kunden durch die Werbung für das Prämiensparen überhaupt erst wieder den Weg zur Sparkasse gefunden haben. Gerade die große Menge der Enttäuschten, die jeder Form von Bargeldhäufung nach den bitteren Erfahrungen der letzten Jahrzehnte sehr skeptisch gegenüber standen, fand im Prämiensparen eine Rücklageform, mit der ein Neuanfang gewagt werden konnte.[64] Im Jahr 1955 konnten 10 197, in 1960 schon 17 841 und 1967 stattliche 30 985 Sparkarten abgesetzt werden.[65] Die Entwicklung dieser Sparform bis zum Jahre 1967 ist eine beispiellose Erfolgsstory. Die ausgeschütteten Gewinne, ein vermehrtes Hinführen der Sparer zum PS-Sparen per Dauerauftrag und die Platzierung dieses Produkts im Jugendmarkt unterstützten die stetige Aufwärtsentwicklung.[66]

Schranksparen

Das Schranksparen wurde vornehmlich in Betrieben, Einzelhandelsgeschäften und Gastwirtschaften praktiziert.[67] Der Vorteil des Schranksparens lag in der Möglichkeit der Einzahlung geringer Sparbeträge, der jederzeitigen Verfügbarkeit und der Wegersparnis zur Sparkasse. Die Schranksparer bildeten eine Spargemeinschaft. In regelmäßigen Abständen wurden die Fächer durch den Vertrauensmann der Spargemeinschaft zusammen mit einem Beauftragten der Sparkasse entleert und die Einzelbeträge in eine „Entleerungsliste" eingetragen. Am Jahresende erhielten die Sparer ihre Sparbeträge mit Zinsgutschrift zurück, sodass für das Weihnachtsfest größere Einkäufe gemacht werden konnten. Das von der Spargemeinschaft „Sparfreude" bei der Kreissparkasse Augsburg mit ca. 250 Sparschränken betriebene Schranksparen vereinigte 1956 etwa 3 800 Einzelsparer, die mit Zinsen insgesamt 87 000 DM in den Wochen vor Weihnachten zurückerhielten.[68] Bis 1965 ging die Zahl der Sparschränke sukzessive bis auf 112 mit 1 271 Fächern und einer Sparsumme von 62 181 DM zurück.[69] Die Reduzierung der Spargemeinschaften hatte verschiedene Gründe: Mit der Modernisierung vieler Ladengeschäfte fanden die Sparschränke keinen Platz mehr. Angesichts des attraktiven Produktportfolios der Kreissparkasse für Anleger orientierten sich zudem viele Kunden um und investierten ihr Geld in neue Sparangebote.

Stetiges Wachstum

Begleitet wurde das Wirtschaftswunder[70] – hohe Wachstumsraten, Vollbeschäftigung, Wohlstandsschub, hohe Handels- und Zahlungsbilanzüberschüsse – von einem stetig hohen Anstieg der Spareinlagen. Diese Entwicklung ist vor dem Hintergrund eines Bevölkerungswachstums im Landkreis Augsburg von 81 643 Einwohnern 1950 auf 122 045 1967 zu sehen.[71] Unterstützt wurde diese Spareinlagenmehrung auch durch eine Erhöhung des Spareinlagensatzes von bisher 2,5 auf 3 Prozent für Spareinlagen mit gesetzlicher Kündigungsfrist ab 1. November 1950[72] und einer Wiederbelebung des Weltspartages. Der Weltspartag 1953 stand unter dem Motto „Sparsam sein und besser leben". Der Augsburger Landbote berichtete darüber: „Bei der Kreissparkasse als dem größten Geldinstitut, das für den Landkreis arbeitet, haben sich die Spareinlagen sehr günstig entwickelt. (…) Allerdings hat sich die Art des Sparens heute grundlegend geändert. Während man früher zusammenlegte, um ein hübsches Kapital auf der Sparkasse liegen zu haben und von den Zinsen sowie dem beseeligenden Gefühl des wohlverwahrten, aber nicht angerührten Besitzes lebte, kalkuliert der Sparer heute kurzfristig. Im Hintergrund der Geldstückchen und -scheine, die sich da anhäufen, steht irgendein ganz greifbares Objekt, ein Motorrad zum Beispiel, eine Wohnungseinrichtung, ein Häuschen, vielleicht auch nur der Vorsatz, in bestimmten Zeitabständen oder zu besonderen Anlässen aus dem Sparguthaben in die Monatskasse zuzuschießen. (…) Denn das Geld bleibt ja nicht liegen, sondern es arbeitet weiter zum Nutzen der Allgemeinheit und des einzelnen. In der Hypothekenbestellung für den allgemeinen Wohnungsbau sowie in der Kredit- und Darlehensgewährung für die einheimische Wirtschaft spielt das Institut im

Entwicklung der Spareinlagen von 1948 bis 1967 in Mio. DM[73]

	Kreissparkasse Augsburg		Kreis- und Stadtsparkasse Schwabmünchen	
Jahr	Bilanzsumme	Spareinlagen	Bilanzsumme	Spareinlagen
1948	3,3	1,7	2,6	1,6
1949	4,6	1,8	3,3	1,5
1950	6,9	2,9	3,9	1,8
1951	8,2	3,1	4,7	2,5
1952	10,2	5,4	5,5	2,9
1953	13,4	8,2	8,1	4,4
1954	17,1	11,6	10,2	6,4
1955	21,9	15,2	12,2	7,3
1956	26,3	17,4	12,7	8,3
1957	32,7	21,8	15,3	10,1
1958	42,1	27,8	18,3	12,1
1959	51,5	35,9	22,3	14,9
1960	60,1	43,2	25,9	17,8
1961	72,9	52,1	30,3	20,8
1962	84,4	60,1	35,1	24,1
1963	96,7	69,1	40,4	29,5
1964	111,5	82,3	47,9	35,3
1965	128,6	97,0	54,8	41,0
1966	148,2	110,1	62,2	47,2
1967	162,5	122,6	67,9	52,6

69 Ebd., Geschäftsbericht 1965, S. 11.
70 Siehe dazu: Schröter, H.G., Von der Teilung zur Wiedervereinigung, S. 364–383.
71 Endrös, H./Krausse, J., Grundriss der Heimatkunde des Landkreises, S. 178.
72 Amtsblatt für den Landkreis Augsburg, 14. 12. 1950.
73 Grundlage: HAKSKA, Geschäftsberichte 1948–1967; HASpkSch, Geschäftsberichte, 1948–1967.
74 Augsburger Landbote, 30. 10. 1953.
75 HAKSKA, Geschäftsbericht 1960, S. 5f.
76 HASpkSch, Geschäftsbericht 1960, S. 9ff.
77 Weimer, W., Deutsche Wirtschaftsgeschichte, S. 107–116.
78 HAKSKA, Geschäftsbericht 1967, S. 7.
79 Ebd., Geschäftsbericht 1948–1951, S. 6.

1963 erreichte die Kreissparkasse Augsburg bei den Einlagen die 80-Millionen-DM-Marke – ein Anlass zum Feiern, zumal ein eigenes Sparkassenorchester auftrat.
Historisches Archiv Kreissparkasse Augsburg

Landkreis eine führende Rolle – und mit ihm jeder kleine Lausejunge, der sein Eiszehnerl nicht verschleckte, sondern in die Sparbüchse stopfte."[74]

1960, dem Jahr der übersteigerten Hochkonjunktur, beliefen sich die Spareinlagen bei der Kreissparkasse auf 43,2 Mio. DM, verteilt auf 35 626 Sparkonten. Auf 100 Einwohner des Landkreises Augsburg entfielen 35 Sparkonten. Die durchschnittliche Höhe des einzelnen Sparbuches betrug 1 213 DM (bayerischer Durchschnitt 1 128 DM). Der Durchschnittsbetrag auf den Kopf der Bevölkerung erreichte 421,14 DM.[75]

Bei der Kreis- und Stadtsparkasse Schwabmünchen waren es im gleichen Jahr 17,8 Mio. DM Spareinlagen auf 16 245 Sparkonten. Der Durchschnittsbetrag eines Sparkontos belief sich auf 1 033 DM.[76] Weltpolitische und übergeordnete Störfaktoren wie 1950 der Korea-Krieg oder 1963 die Kuba-Krise, wie eine von der Bankaufsichtsbehörde verordnete Senkung der Zinssätze für Spareinlagen mit halbjährlicher und jährlicher Kündigungsfrist um jeweils 0,25 Prozent oder die Ablösung des Soll- und Habenzinsabkommens durch eine staatliche Zinsordnung 1965 konnten die konstante Mehrung der Spareinlagen nicht mindern. Auch die Börsen-Hausse 1958/59 und die Ausgabe von „Volksaktien" (Preussag 1959 oder 1961 VW) führten zu keinen merklichen Umschichtungen.

Ein Blick auf die beeindruckende Wirtschaftsentwicklung: In der Zeit von 1950 bis 1960 stieg das Bruttosozialprodukt um jährlich 7,6 Prozent, die Industrieproduktion wuchs im gleichen Zeitraum um 150 Prozent, die Investitionsgüterindustrie verzeichnete gar einen Zuwachs von 220 Prozent. Besaß in 1955 erst jeder zehnte Haushalt einen Kühlschrank, so waren es 1963 bereits mehr als 50 Prozent. Diese Wachstumsschübe basierten auf einem beachtlichen Arbeitskräftepotenzial, das sich durch Zuwanderung und Flüchtlingswellen aufgebaut hatte. Die Arbeitskräfte waren qualifiziert, billig und äußerst motiviert.[77]

1967 stellte der Geschäftsbericht der Kreissparkasse Augsburg fest: „Die Bedeutung des Sparkassenbuches bei der Bildung finanzieller Rücklagen und privaten Kapitals in den breiten Bevölkerungsschichten ist nach wie vor unvermindert groß."[78]

Bauaktivitäten der Sparkassen

1955: Neubau Hauptstelle Kreissparkasse Augsburg – Martin-Luther-Platz 5

Bevor die Sparkassenleitung der Kreissparkasse sich mit einem Neubau einer Hauptstelle beschäftigte, wurden 1951 zuerst die 1936 erstellten und durch die Bombenangriffe stark beschädigten Betriebsräume am Martin-Luther-Platz 6 durch einen Umbau den damaligen Geschäftserfordernissen angepasst. Es entstanden eine modern gestaltete, zweigeschossige Schalterhalle sowie im zweiten und dritten Stock neue Arbeitszimmer.[79] Der damalige stellvertretende Sparkas-

Kreissparkassenalltag während der 1950er-Jahren: Blick in die Zweigstelle Göggingen. *Historisches Archiv Kreissparkasse Augsburg*

Das Hauptstellengebäude der Kreissparkasse Augsburg nach dem Umbau 1951. *Historisches Archiv Kreissparkasse Augsburg*

senleiter Alois Kerschbaum schildert rückblickend den Entscheidungsprozess für eine zweckmäßige Hauptstellenlösung: „Bei der Sparkasse ging es aufwärts. Man suchte nun ein neues Domizil. Der Landrat wollte unbedingt in die Bahnhofstraße, weil er sagte, unsere Kunden sind vom Land, kommen mit dem Zug und laufen durch die Bahnhofstraße. Er hat aber übersehen, dass sich die Kreissparkasse (...) in der Stadt so etabliert hatte, dass 80 Prozent der Kunden in der Hauptstelle Bürger der Stadt oder von Göggingen, Haunstetten oder Stadtbergen waren. Da bin ich zum ersten Mal mit dem Landrat in die Wolle gekommen, weil ich sagte, wir gehen vom Martin-Luther-Platz nicht weg. Das ist ein Zeichen. Das gehört zusammen und hat sich eingebürgert. In der Stadt spielt es weniger eine Rolle, aber draußen im Landkreis hat es sich eingebürgert: Martin-Luther-Platz – Kreissparkasse, da muss ich hin!

Im Gespräch über den Neubau waren wir auch mit den beiden Geschäftsleuten Theinert und Grün, die nach dem Krieg auf dem Martin-Luther-Platz Stände aufgebaut hatten. Herr Theinert verkaufte an Weihnachten Christbaumkugeln und Lametta, Herr Grün Kleidung. Auf dem Grundstück, das der Zigarettenfabrik Reemtsma gehörte, hatten die beiden Behelfsbauten errichtet. Jetzt waren sie der Meinung: Wir bleiben da. Sie vermittelten einen Kontakt zu einem Rechtsanwalt, der uns in Verbindung brachte mit einer jüdischen Organisation in New York. Diese kümmerte sich um die Rückführung von jüdischem Vermögen, das während des Dritten Reiches beschlagnahmt worden war. Das Verfahren war so: Die Organisation ließ auf den verschiedenen Grundstücken den Restitutionsvermerk eintragen. Das bedeutet, es konnte nicht mehr verkauft oder verfügt werden, solange bis feststand, ob noch jüdische Ansprüche da sind.

Das Haus am Martin-Luther-Platz 5 gehörte der Reemtsma Zigarettenfabrik und war jüdisches Vermögen. Im Einver-

80 Kerschbaum, A., Oral History, S. 7f.
81 Meitinger, W., Oral History, S. 3.

nehmen mit der jüdischen Organisation konnten wir das Grundstück erwerben. In ziemlich kurzer Zeit haben wir dann gebaut. Im Sommer 1955 wurde das Gebäude eingeweiht. Es war nach den modernsten Grundsätzen gebaut. Wir haben uns glücklich gefühlt, erstens eine ordentliche Schalterhalle zu haben, zweitens Büros, so wie man sich das vorstellte.“

Kerschbaum weiß zu diesem Thema auch noch eine Episode im Zusammenhang mit der Stadtsparkasse zu erzählen: „Wir hatten die Schalterhalle so konzipiert, dass man vom Windfang aus in die Schalterhalle kommen konnte. Es war alles mit Glasdach versehen. Rundum wurde mit Fertigbetonfelder gebaut. Herr Heil hat sich dann bei der Regierung von Schwaben beschwert und gesagt, es geht doch nicht, dass die Kreissparkasse zum Schluß eine größere Schalterhalle hat als die Stadtsparkasse. Wir wurden dann bekniet und um des lieben Friedens willen haben wir dann ein Feld weniger zur Schalterhalle genommen und es dann dem Eingang zugeschlagen.“[80] Der Kaufpreis für das Grundstück wurde damals, so wird heute noch erzählt, wegen des Misstrauens in die noch junge D-Mark mit Sachwerten beglichen – VW-Käfer.[81]

Die Kreissparkasse Augsburg platzierte sich mit ihrem Neubau an geschichtsträchtiger Stelle. Am Martin-Luther-Platz 5 hatte der Augsburger Bankier Georg Jakob von Köpf 1766/67 ein residenzartiges, repräsentatives Wohn- und Geschäftshaus errichten lassen, das im Jahre 1772 wegen des Konkurses des

Die Kreissparkasse erwarb ganz in der Nähe ihres bisherigen Standorts an der Ecke Martin-Luther-Platz/Annastraße einen Platz zur Errichtung der neuen Hauptstelle. Im Sommer 1955 wurde das Gebäude erweitert. *Historisches Archiv Kreissparkasse Augsburg*

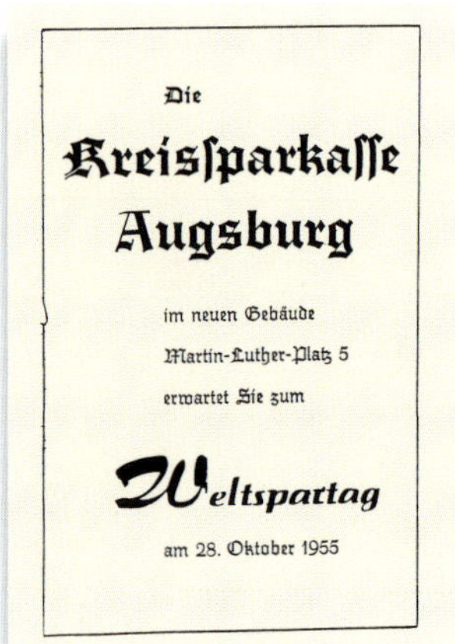
Die

Kreissparkasse Augsburg

im neuen Gebäude
Martin-Luther-Platz 5
erwartet Sie zum

Weltspartag

am 28. Oktober 1955

Quelle: Historisches Archiv Kreissparkasse Augsburg

Die neu gestaltete Hauptstelle der Kreissparkasse 1955: Außenansicht (oben) und Schalterhalle mit Glasdecke. *Historisches Archiv Kreissparkasse Augsburg*

Köpf'schen Bankhauses von dem Bankier Christian von Münch erworben wurde. Als „Münchsches Palais" erlangte es weithin Bekanntheit. Zu Beginn des 20. Jahrhunderts war dieses Bauwerk nach mehreren Umbauten Domizil der Großhandelsfirma Friedmann & Dannenbaum.[82] Die verheerenden Luftangriffe auf Augsburg in der Nacht vom 25. auf den 26. Februar 1944 legten das ehemals „Münchsche Palais" in Schutt und Asche.

1955, zum 100. Gründungsjubiläum der Kreissparkasse, beschenkte das Institut sich und seine Kunden nun mit einem modernen Bankgebäude.[83] Architekt Alois Strohmayer schuf einen Baukörper, der aus zwei parallel angeordneten Gebäuden entwickelt wurde, zwischen denen sich im Erdgeschoss die mit einer Glas-

82 Kießling, H., Kreissparkasse Augsburg am Martin-Luther-Platz, S. 19–21.
83 HAKSKA, Geschäftsbericht 1955, S. 4.
84 Kießling, H., Kreissparkasse am Martin-Luther-Platz, S. 19–21.
85 Augsburger Allgemeine, 8. 10. 1955.
86 Augsburger Allgemeine, 26. 3. 1973.
87 Kießling, H., Kreissparkasse Augsburg am Martin-Luther-Platz, S. 24–26; Kirchenzeitung für die Diözese Augsburg, 10/11. 11. 1984.

decke versehene Schalterhalle einfügte.[84] In den Geschossen stand nunmehr für die einzelnen Abteilungen mehr als 2 400 Quadratmeter Nutzfläche zur Verfügung. Das Herzstück der Anlage war die nach den Richtlinien und Erfahrungen des neuzeitlichen Kundendienstes konzipierte Schalterhalle mit einer respektablen Größe von 360 Quadratmetern. An der Vorderseite des Gebäudes zum Martin-Luther-Platz wurde ein Fassadenerker eingefügt, der sich wohlproportioniert über drei Stockwerke erstreckte. Geschmückt war der Erker mit einem Natursteinmosaik des renommierten Augsburger Künstlers Professor Georg Bernhard. Es zeigte fünf Ortswappen, Szenen aus dem landwirtschaftlichen Leben, die vier Jahreszeiten und ganz oben den „Baum der früchtebringenden Sparsamkeit". Im Eingang schuf Sepp Marstaller drei Tiefenreliefs, die Handel, Handwerk und Landwirtschaft symbolisierten. Ein Emaillebildwerk von Willi Sedlmayr in der Vorhalle zeigte den Sparkassengründungsort Zusmarshausen um 1855. An der Treppenhauswand wuchs ein von Prof. Georg Bernhard geschaffener abstrakter Lebensbaum empor, auf dessen Grundriss große Kacheln als „Früchte aus dem ländlichen Bereich" (Pferde, Stier, Vögel, Dorf) prangten. Hans Haertl schuf die Griffe an den Glastüren der Schalterhalle, die als Gürteltiere geformt waren, deren Panzer sinnigerweise aus Talern gebildet wurden.

Aus Rentabilitätsgründen zogen auch drei Geschäfte im Erdgeschoss des Neubaus ein: das Restehaus Kramer für Damenbekleidung, das Schokoladenhaus Diebold und der Sesselladen Willmeroth. Dieser großzügig konzipierte Hauptstellenneubau erfüllte alle betriebstechnischen und organisatorischen Erfordernisse der Zeit und schuf eine Basis für die weitere Aufwärtsentwicklung der Kreissparkasse Augsburg. Die örtliche Presse berichtete: „Die kraftvolle Entwicklung der Kreissparkasse findet einen imposanten Ausdruck in ihrem neuen Verwaltungsgebäude am Martin-Luther-Platz."[85]

Wegen des enorm gewachsenen Geschäftsumfangs und des Erfordernisses, die Betriebsabläufe rationeller zu gestalten, wurde 1973 das Innere der Hauptstelle umgebaut. Wo sich früher eine Thekenfront in starrem Geviert hinzog, standen jetzt über die größer gewordene Schalterhalle verteilt, einladende Sitzgruppen für die Kundenberatung und die Schreibtische der verschiedenen Arbeitsteams. Die Zahl der Kassenschalter wurde verdoppelt.[86]

Grundlegende Bauarbeiten am Hauptstellengebäude fanden erneut von Mai 1981 bis April 1984 statt. Der Um- und teilweise Neubau war angesichts gestiegener Anforderungen im Kundenbereich erforderlich.[87] Die Schalterhalle wurde umgestaltet und vergrößert, wobei den

Neueingefügter Fassadenerker mit Natursteinmosaiken des Augsburger Künstlers Professor Georg Bernhard.
Historisches Archiv Kreissparkasse Augsburg

Festveranstaltung zur Eröffnung der umgestalteten Schalterhalle 1973.
Historisches Archiv Kreissparkasse Augsburg

Die 1973 neu gestaltete Schalterhalle. *Historisches Archiv Kreissparkasse Augsburg*

Bedürfnissen der Kunden und Mitarbeiter Rechnung getragen wurde. Durch die Eingliederung des benachbarten „Theinert-Hauses" vergrößerte die Kreissparkasse ihre Raumfläche entscheidend. Es konnte ein zentraler Vorstandsbereich, Räume für den Kreditbereich und die Schulung der Angestellten sowie eine Caféteria für die Mitarbeiter geschaffen werden. Der Neu- und Erweiterungsbau Richtung Färbergässchen mit Büroräumen und Parkplätzen im zweiten Untergeschoss bekam eine Passage als weiteren Zugang zur Schalterhalle. Als besonders gelungen empfunden wurde die Gestaltung des Treppenhauses als Galerie, die sich zu einem viel beachteten Kunstraum in der kulturellen Szene entwickelte. Insgesamt wurden 2 631 Quadratmeter Nutzfläche neu geschaffen, wodurch sich die vorhandene Fläche mehr als verdoppelte. Der Vorstandsvorsitzende Dr. Peter Kahn schrieb darüber in der Hauszeitung: „Es wurden für die Mitarbeiterinnen und Mitarbeiter helle, angenehme und freundliche Arbeitsplätze geschaffen. Das ist ein wichtiger Beitrag zur Verbesserung des Betriebsklimas. Aber auch für unsere Kunden hat sich die Situation wesentlich verbessert. Mit dieser Baumaßnahme sind jedoch die Erweiterungsmöglichkeiten am Martin-Luther-Platz voll erschöpft."[88]

Hatten zur Zeit des Um- und Erweiterungsbaus am Martin-Luther-Platz rund 180 Mitarbeiter ihren Arbeitsplatz, waren im Jahr 1993 schon 350 Mitarbeiter in der Hauptstelle beschäftigt. Es wurde deshalb die Teilung der Hauptstelle der Kreissparkasse Augsburg beschlossen. Im „Pfersee-Park" in der Franz-Kobinger-Straße 9 wurde 1992 ein langfristiger Mietvertrag für neue Räume abgeschlossen. Rund 2 800 Quadratmeter Büroräume, rund 500 Quadratmeter Archiv- und Lagerflächen sowie 50 Tiefgaragenstellplätze stehen dort heute zur Verfügung. Arbeitsplätze für rund 150 Mitarbeiter, ausgestattet nach modernsten ergonomischen Erkenntnissen, wurden in der

88 Hauszeitung der Kreissparkasse, 3 (1984), S. 2.
89 HAKSKA, Report 1993, S. 5f.
90 Ebd., Report 1994, S. 3–7.
91 Hauszeitung der Kreissparkasse Augsburg, 2 (1995), S. 8.
92 Ebd.

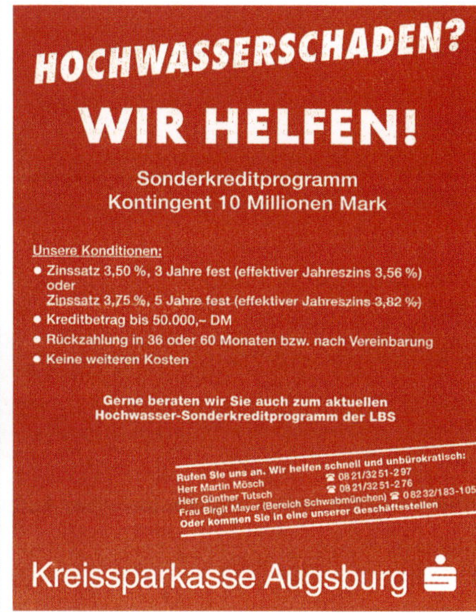

Das Pfingsthochwasser 1999 machte die Kreissparkasse zum Opfer wie zum Helfer. Das Materiallager, die Hausdruckerei und das Archiv in der Hauptstelle II wurden schwer in Mitleidenschaft gezogen. Schnell und unbürokratisch legte die Kreissparkasse für Geschädigte ein günstiges Sonderkreditprogramm auf. *Historisches Archiv Kreissparkasse Augsburg*

Hauptstelle II geschaffen.[89] Damit war die Voraussetzung geschaffen für eine Entflechtung und Umrüstung der Hauptstelle I zu einem modernen Vertriebs- und Servicezentrum.

Am 5. Mai 1995 folgte die Einweihung der neuen Hauptstelle I. Zur Anpassung an die veränderten Marktbedingungen und Kundenanforderungen wurden etwa 8 000 Quadratmeter Nutzfläche zu einem modernen, zukunftsweisenden Kundenzentrum ausgestattet. Angesiedelt sind dort heute unter anderem die kundenbezogenen Spezialbereiche für Vermögensanlagen, Finanzierungen, Firmen- und Gewerbekunden, Immobilien, Versicherungen, Bausparen und Auslandsgeschäft. Der Bereich „Service rund um die Uhr" ermöglicht die selbstständige, schnelle und unkomplizierte Erledigung aller Tagesgeschäfte. Persönliche und individuelle Beratung erhalten Kunden in den elf Beratungspavillons.[90] Vorstandsvorsitzender Alfons Maierthaler betonte in seiner Rede auf dem Festakt, dass es zu wenig gewesen wäre, nur „an der Hülle zu basteln". Deshalb sei neben neuer Architektur und neuer Technik auch eine neue Service- und Beratungskonzeption, die auf einer neuen Unternehmensphilosophie basiere, realisiert worden.[91] Dr. Karl Vogele, Landrat und Vorsitzender des Verwaltungsrates der Kreissparkasse, begründete die Notwendigkeit der Umbaumaßnahme: „Risikoscheues Nichthandeln kann auf Dauer riskanter sein als angemessenes bewusstes Handeln."[92]

Naturgewalt pur erlebte die Kreissparkasse am Pfingstsonntag des 23. Mai 1999. Das Pfingsthochwasser verwüstete in der Hauptstelle II in Pfersee das Materiallager, die Hausdruckerei, Teile des Historischen Archivs und das gesamte Fotoarchiv. Wertvolle historische Dokumente gingen dadurch unwiederbringlich verloren. Insgesamt mussten etwa 25 Millionen Liter Wasser aus der Tiefgarage und den Sparkassenräumen gepumpt

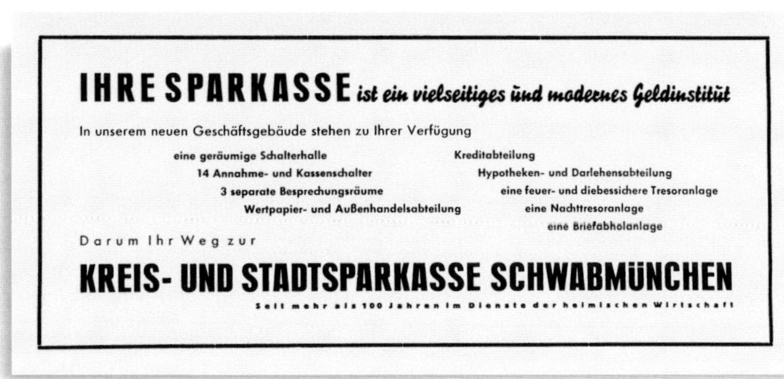

Am 11. Juni 1955 wurde das neue Hauptstellengebäude der Kreis- und Stadtsparkasse Schwabmünchen eröffnet. *Historisches Archiv Kreissparkasse Augsburg*

werden. Der Chronist Jürgen Neidlinger berichtete darüber in der Mitarbeiterzeitung. „Mit Taschenlampen bewaffnet wateten Herr Oßwald (Betrieb und Verwaltung), Herr Grieb (Werbung und Öffentlichkeitsarbeit) und ich durch die Gänge, sofern sie nicht von Stahlschränken, Schreibtischen oder tonnenweise Papier versperrt waren. Was wir sahen, übertraf unsere schlimmsten Befürchtungen: Nichts war da, wo es einmal stand. Da waren Schränke von einem Raum in den anderen geschwommen, in den Gängen und Räumen stapelte sich alles, was im Keller gelagert war, Lampen hingen von der Decke, kurzum: So stellte ich mir Titanic vor, nachdem sie auf dem Meeresgrund angekommen war.“[93]

Allen Widrigkeiten zum Trotz lief schon am Dienstag der Geschäftsbetrieb wieder an. Sämtliche Mitarbeiter der Hauptstelle II und viele Auszubildende schufteten tagelang im schlammigen, feuchten Keller bei schlechter Luft und entrümpelten mit Unterstützung einer Firma die Räume. Die Entfeuchtung der betroffenen Gebäudeteile dauerte bis Anfang Oktober. Nachdem nahezu alle Schäden beseitigt waren, feierten am 24. Juli die Mitarbeiter im Pfersee-Park ein Sommerfest mit einem bunten Rahmenprogramm. Für den raschen Hilfseinsatz der 35 Landkreis-Feuerwehren, an dem über 1 100 Feuerwehrmänner beteiligt waren, bedankte sich der Vorstandsvorsitzende der Kreissparkasse Augsburg, Alfons Maierthaler, mit einem Spendenscheck in Höhe von 8 000 DM bei Kreisbrandrat Georg Anzenhofer.

1955: Neue Hauptstelle der Kreis- und Stadtsparkasse Schwabmünchen

Auch für die Kreis- und Stadtsparkasse Schwabmünchen wurde die Errichtung eines neuen Sparkassengebäudes, das bereits im Jahre 1939 geplant war und durch Ausbruch des Krieges nicht verwirklicht werden konnte, unumgänglich.[94] Die unzulänglichen Schalterverhältnisse und beengten Arbeitsplätze erschwerten eine korrekte und diskrete Bedienung der Kunden.

Im August 1953 gelang es durch das Entgegenkommen der Familien Holzhey, das „Stadler-Anwesen“ zu erwerben. Nach

93 Hauszeitung der Kreissparkasse, 2 (1999), S. 27.
94 Siehe dazu: Schwäbische Landeszeitung, Sonderbeilage 11. 6. 1955; Schwabmünchner Zeitung, 13. 6. 1955.
95 1853–1978, S. 47.
96 HASpkSch, Kurzbericht 1989, S. 6.
97 Schwabmünchner Zeitung, 26. 10. 1998.

Seit 1972 war eine fahrbare Zweigstelle im Kreis Schwabmünchen unterwegs. *Historisches Archiv Kreissparkasse Augsburg*

einer Bauzeit von nicht ganz 14 Monaten konnte das neue Hauptstellengebäude in der Fuggerstraße 10 am 11. Juni 1955 eröffnet werden. Dem zweistöckigen Hauptbau angegliedert war ein größerer Bürotrakt im Erdgeschoss. Die vier großen Eingangstüren präsentierten sich in einer meisterhaften Ausführung. Sie enthielten in den Köpfen ihrer Griffe als Symbol für die Funktion eines Geldinstitutes vier Gedenkmünzen: bayerische Taler mit den Bildnissen von König Ludwig I. und König Maximilian II sowie zwei Marientaler. In der rund 75 Quadratmeter großen Schalterhalle befanden sich auf der linken Seite acht Annahmeschalter, an der Stirnseite zwei Kassenschalter und auf der rechten Seite zwei weitere Schalter für die Kredit- und Effektenabteilung. Die gesamte Schaltertheke war mit einem für den Kunden unsichtbaren Förderband versehen, das die einzelnen Schalter und Abteilungen verband. Dies sicherte eine schnelle und reibungslose Bedienung der Kundschaft. Im ersten und zweiten Obergeschoss waren fünf Wohnungen untergebracht – drei Mietwohnungen, eine Dienstwohnung für den Sparkassenleiter und eine Hausmeisterwohnung.

1972 wurde das Gebäude modernisiert, um den Bedürfnissen eines neuzeitlichen Dienstleistungsbetriebes gerecht zu werden. Direktor Alois Gingele betonte bei der Einweihungsfeier: „Die Kreis- und Stadtsparkasse Schwabmünchen geht nicht nur mit der Zeit, sie geht der Zeit voran – für sie hat die Zukunft bereits begonnen.“[95]

Dieses Hauptstellengebäude wurde im Jahre 1991 durch einen repräsentativen Neubau am Sparkassenplatz 1 abgelöst, dessen Spatenstich am 17. April 1989 stattgefunden hatte.[96] 1998 komplettierte ein Erweiterungsbau die nunmehrige Niederlassung der Kreissparkasse Augsburg.[97]

DIE KREISSPARKASSE AUGSBURG AUF DEM WEG ZUR UNIVERSALBANK

Sparen ist langweilig. Stellen Sie sich vor, Sie säßen mit Freunden zusammen, und einer von ihnen würde plötzlich aufspringen und sagen: „Ich hab's! Lasst uns sparen." „Was sollen wir tun?“, würden alle fragen, und jeder würde ihn für verrückt halten. Aber wenn er aufspringen und vorschlagen würde „Lasst uns eine Hütte mieten“, wären wir begeistert. Wann? Wo? Und wir würden eifrig Geld zurücklegen, um unseren Traum zu verwirklichen – plötzlich ist Sparen aufregend. (...)
Wenn wir unser Geld anlegen, um uns unsere ganz konkreten Wünsche zu erfüllen, wird uns bewusst werden, dass es nicht nur einfach, sondern auch erregend ist, sich zuerst selbst zu bezahlen.

Carol Keeffe, Spar dich reich, 1997

Geschäftsstellen in Kundennähe

Außenwerbung zum Weltspartag um 1960. *Historisches Archiv Kreissparkasse Augsburg*

Die systematische Erschließung der Fläche durch ein feinmaschiges Netz von Geschäftsstellen erwies sich als wichtiger Eckpfeiler für die Aufwärtsentwicklung der Sparkassen im Landkreis Augsburg. Der Kunde honorierte die Bequemlichkeit und Vorzüge einer Geschäftsstelle in unmittelbarer Nähe. Da die Bedürfnisprüfung bei Genehmigungen von Zweigstellen durch die staatliche Aufsichtsbehörde aufgehoben worden war, kam es in den 60er-, 70er- und 80er-Jahren des vergangenen Jahrhunderts zur Einrichtung zahlreicher neuer Zweigstellen. Das Schlagwort von der Zweigstellenexpansion machte die Runde.

Unmittelbar nach dem Krieg konzentrierte sich die Kreissparkasse Augsburg zunächst darauf, bereits bestehende Geschäftsstellen zu modernisieren und besser zu platzieren. So bezog Ende 1952 die Zweigstelle in Zusmarshausen neue, modern ausgestattete Geschäftsräume in der Ortsmitte am Marktplatz 17; Ende 1953 standen auch der Zweigstelle Welden erweiterte und erneuerte Geschäftsräume an der Bahnhofstraße 4 zur Verfügung.[1] Die unzureichenden räumlichen Verhältnisse der Zweigstelle in Dinkelscherben erforderten einen Neubau. Das neue Geschäftsstellen-Gebäude an der Bahnhofstraße wurde am 12. November 1954 dem Geschäftsverkehr übergeben.[2] 1956 zog die Zweigstelle in Haunstetten in neue Betriebsräume an der Landsberger Straße 56.[3] Im Jahr darauf, am 23. Juli, konnte die Zweigstelle Gersthofen neue Geschäftsräume in einem eigenen Gebäude an der Rot-Kreuz-Straße 1 beziehen. Dadurch erhielt auch diese Geschäftsstelle Räumlichkeiten, die ihrer örtlichen Bedeutung und den modernen Erfordernissen entsprachen.[4] Nochmals grundlegend umgebaut wurde in Gersthofen 1972. Die Geschäftsstelle erhielt damals ein völlig neu gestaltetes Kundenzentrum mit drei offenen Funktionszonen für Schnellbedienung, Kasse und Beratung. Am 1. Juli 1959 bezog die Zweigstelle Göggingen wesentlich erweiterte Geschäftsräume in einem zusammen mit der Wohnungsbauhilfe für den Landkreis Augsburg errichteten repräsentativen Neubau an der Hauptstraße 2.[5]

Den Reigen der Neubauten von Geschäftsstellen eröffnete Stadtbergen am 9. April 1954. Zuvor war die Kreissparkasse dort in einer umgebauten Garage an der Bismarckstraße 36 untergebracht. Wegen der raschen Ausweitung des Geschäftsbetriebes investierte das Institut 1962 in den Bau eines neuen Gebäudes an der Bauernstraße 50.[6] Die nächste Geschäftsstelle wurde am 11. Mai 1959 in Neusäß an der Bürgermeister-Kaifer-Straße 12 als neunte Zweigstelle eröffnet.[7] Weitere Zweigstellen folgten am 17. März 1961 in Inningen, Gögginger Straße 23, am 20. März des gleichen Jah-

1 HAKSKA, Geschäftsbericht 1953, S. 12.
2 Ebd., Geschäftsbericht 1954, S. 14.
3 Ebd., Geschäftsbericht 1956, S. 13.
4 Ebd., Geschäftsbericht 1957, S. 12.
5 Ebd., Geschäftsbericht 1959, S. 15.
6 Augsburger Allgemeine, 8. 4. 2004.
7 HAKSKA, Geschäftsbericht 1959, S. 15.

Geschäftsstellengründungen der Kreissparkasse Augsburg

Jahr	Ort	Jahr	Ort
1930	Fischach	1977	Übernahme: Altenmünster[12]
1931	Zusmarshausen		Emersacker
1931	Göggingen		Meitingen
1932	Welden		Herbertshofen
1934	Gersthofen		Biberbach
1934	Westendorf		
1936	Dinkelscherben	1977	Gessertshausen
1937	Haunstetten	1981	Biburg
1954	Stadtbergen	1981	Adelsried
1959	Neusäß	1982	Gersthofen-Stiftersiedlung
1961	Inningen	1982	Neusäß-Zielkauf
1961	Leitershofen	1982	Stettenhofen
1962	Steppach	1983	Nordendorf
1964	Diedorf	1983	Hainhofen
1965	Langweid	1985	Lützelburg
1966	Aystetten	1985	Deuringen
1968	Westheim		
1970	Haunstetten-Nord		
1970	Gablingen		
1972	Göggingen-Ost		
1973	Gersthofen-West		
1974	Horgau		
1974	Haunstetten-Süd		

1972 präsentierte sich die Zweigstelle Gersthofen „zeitgemäß, größer, viel besser". Zu den Innovationen zählten separate „Beratungsboxen" und der Autoschalter „für unsere motorisierten Kunden".
Historisches Archiv Kreissparkasse Augsburg

res in Leitershofen, Hauptstraße 19[8], und am 2. Mai 1962 in Steppach an der Ulmer Straße 11, die am 21. Dezember 1972 in einen Neubau Am Dreieck Nr. 2–4 verlegt wurde.[9] Heute befindet sich die Geschäftsstelle in der Ulmer Straße 30. Mit nunmehr zwölf Zweigstellen im Landkreis Augsburg war die Kreissparkasse Augsburg für etwa 65 Prozent der Landkreisbevölkerung direkt am Wohnort präsent. Im Juli 1964 wurde im Landkreis Augsburg der erste Autoschalter in der neuen Hauptzweigstelle in Haunstetten an der Landsberger Straße 42 seiner Bestimmung übergeben. Im gleichen Jahr erhielt auch die Zweigstelle in Fischach am Marktplatz 1 neue Betriebsräume.[10] Über die weitere Zeigstellenexpansion im Landkreisgebiet Augsburg geben die beiden chronologischen Auflistungen Auskunft. Die Eröffnung der Filiale in Deuringen als 38. Zweigstelle 1985 markierte den vorläufigen Schlusspunkt der Zweigstellenexpansion.[11]

Die Kreis- und Stadtsparkasse Schwabmünchen bezog in der Nachkriegszeit ihre erste Zweigstelle 1952 in Königsbrunn. Dort wurden zur Abwick-

8 Ebd., Geschäftsbericht 1961, S. 16.
9 Ebd., Geschäftsbericht 1962, S. 23.
10 Ebd., Geschäftsbericht 1964, S. 26.
11 Hauszeitung der Kreissparkasse, 4 (1985), S. 12–15.
12 Vgl. „Teilfusion der Wertinger Sparkasse", S. 184 f.
13 HASpkSch, Geschäftsbericht 1952, S. 16.
14 Ebd., Geschäftsbericht 1959, S. 5.
15 Ebd., Geschäftsbericht 1962, S. 5.
16 Ebd., Geschäftsbericht 1963, S. 5.
17 Ebd., Geschäftsbericht 1965, S. 5.
18 Ebd., Geschäftsbericht 1969, S. 2.
19 Ṡ 1853-1978, S. 48.
20 HASpkSch, Geschäftsbericht 1972, S. 27.
21 Ebd., Geschäftsbericht 1975, S. 27.
22 Ebd., Geschäftsbericht 1982, S. 36.
23 Ebd., Kurzbericht 1987, S. 2.

Geschäftsstellengründungen der Kreis- und Stadtsparkasse Schwabmünchen

Jahr	Ort	Jahr	Ort
1929	Bobingen I	1972	Einsatz fahrbare Zweigstelle
1938	Mittelneufnach	1972	Königsbrunn II
1952	Königsbrunn I	1972	Königsbrunn III
1959	Klosterlechfeld	1974	Untermeitingen
1962	Mickhausen	1975	Bobingen-Siedlung III
1963	Langenneufnach	1982	Langerringen
1965	Bobingen II	1985	Königsbrunn IV
1968	Wehringen	1986	Hiltenfingen
1969	Großaitingen	1987	Lagerlechfeld

lung des Geschäftsverkehrs die Parterreräume im Hause Diener, Hauptstraße Nr. 63, angemietet und entsprechend ausgebaut, um zweimal wöchentlich Geschäftstage abhalten zu können.[13] Die zweite Neueröffnung folgte am 16. November 1959 in Klosterlechfeld im Haus Nr. 22.[14] Durch den Ausbau des Fliegerhorstes Lechfeld-Schwabstadl hatte sich der dortige Kundenkreis stark erweitert. Eine wahre Zweigstellenexpansionswelle entwickelte sich zwischen 1962 und 1975 – neun Geschäftsstellen wurden errichtet. Den Anfang machte am 18. Juni 1962 die Zweigstelle Mickhausen[15], gefolgt von der Zweigstelle Langenneufnach am 20. November 1963[16]. Am 1. März 1965 bezog das Institut eine zweite Geschäftsstelle in Bobingen, Lindauer Str. 22.[17] Nach der Errichtung der Zweigstelle Südliche Hauptstraße 15 in Wehringen 1968 eröffnete die Sparkasse Schwabmünchen 1969 eine weitere Geschäftsstelle in Großaitingen.[18] Von 1972 an kam eine fahrbare Zweigstelle zum Einsatz, die im regelmäßigen Turnus die Orte Hiltenfingen, Kleinaitingen, Lagerlechfeld, Langerringen, Reinhartshofen, Scherstetten, Schwabegg und Walkertshofen ansteuerte.[19] Im gleichen Jahr wurden in Königsbrunn im nördlichen und südlichen Bereich zur intensiveren Betreuung der dortigen Kunden zwei weitere Geschäftsstellen eröffnet, an der Hauptstraße 28 und Fuggerstraße 44.[20] Am Ende der Expansionswelle standen 1974 die neue Zweigstelle in Untermeitingen an der Wettersteinstraße 1 und 1975 die dritte Zweigstelle in Bobingen Siedlung, Winterstraße 20b.[21] Damit hatte die Kreis- und Stadtsparkasse Schwabmünchen ein Zweigstellennetz aufgebaut, das für die Bevölkerung die Annehmlichkeit der kurzen Wege bot.

Dem starken geschäftlichen Wachstum der Sparkasse Schwabmünchen entsprechend, folgte in den Jahren 1982 bis 1987 eine zweite Expansionsphase bei Geschäftsstellen in der Fläche. Am 5. April 1982 wurde in Langerringen im ehemaligen Langerringer Rathaus an der Gualbert-Wälder-Straße 1 eine Geschäftsstelle eröffnet.[22] Ihr folgten weitere Zweigstellen 1986 in Hiltenfingen, Mühlstraße 4, und 1987 in Lagerlechfeld, Bahnhofstraße 13. Zu diesem Zeitpunkt bediente die fahrbare Zweigstelle elf Haltepunkte: Kleinaitingen, Lagerlechfeld (2), Konradshofen, Klosterlechfeld, Reinhartshofen, Scherstetten, Schwabegg, Oberottmarshausen, Waldberg und Walkertshofen.[23] Das hohe Prinzip der Sparkassen, „Präsenz vor Ort" zu zeigen, war mit 17 Zweigstellen Wirklichkeit geworden.

Verwaltungsreform und Sparkassenfusionen

Das heutige administrative Gepräge Bayerns ist zurückzuführen auf die von Innenminister Bruno Merk konzipierte, am 13. Januar 1971 erstmals in der CSU-Fraktion des Bayerischen Landtags vorgestellte und bereits am 1. Mai des folgenden Jahres in Kraft getretene Gebiets- und Gemeindereform. Die Neugliederung des Freistaates reduzierte die Zahl der Landkreise von 143 auf 71, die der kreisfreien Städte von 65 auf 48. Die bis 1978 abgeschlossene Gemeindereform ließ die Zahl der bayerischen Gemeinden von über 7 025 auf 2 056 schrumpfen. Ziel dieser Reform war es, die Leistungsfähig-

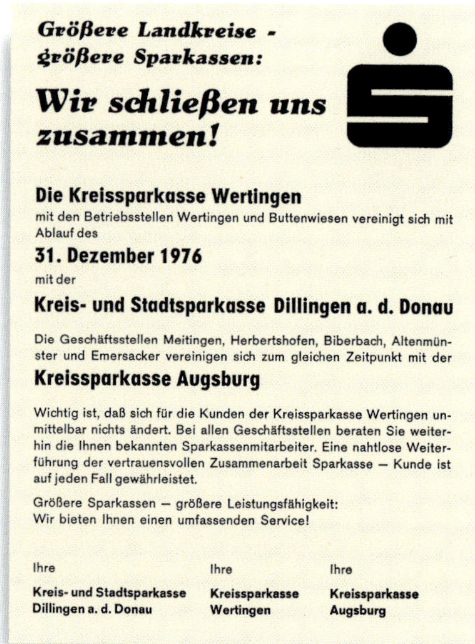

Anzeige in der „Wertinger Zeitung" am 20. November 1976. *Historisches Archiv Kreissparkasse Augsburg*

keit der Landkreise, kreisfreien Städte und Gemeinden zu stärken, damit durch die kommunale Selbstverwaltung zukünftig die schwieriger und kostspieliger werdenden Aufgaben und die steigenden Ansprüche der Bürger bewältigt werden konnten.[24]

Ausfluss dieser Reform war der „neue Landkreis Augsburg", gebildet zum 1. Juli 1972 aus dem größten Teil des ehemaligen Landkreises Augsburg, dem gesamten Landkreis Schwabmünchen, mehr als der Hälfte des Landkreises Wertingen und Teilen der Landkreise Neuburg a. d. Donau und Donauwörth. Das Kreisgebiet betrug nunmehr 1 102 Quadratkilometer mit insgesamt 170 334 Einwohnern.[25]

1977: Teilfusion der Wertinger Sparkasse

Diese neue geographisch-administrative Ausgangslage hatte auch für die Kreissparkasse Augsburg Konsequenzen. Am 21. Dezember 1976 berichtete die Wertinger Zeitung: „Folgerung aus der Landkreisreform. Kreissparkasse Wertingen wird nun geteilt. (…) Die im heutigen Landkreis Augsburg gelegenen bisherigen Zweigstellen der Sparkasse Wertingen in Meitingen, Altenmünster, Herbertshofen, Biberbach, Emersacker und Westendorf übernimmt ab 1. Januar die Kreissparkasse Augsburg."[26] Mit übernommen wurden 22 Sparkassenangestellte und vier Auszubildende.

Der Geschäftsbereich der Kreissparkasse Wertingen umfasste 46 Gemeinden mit ca. 34 600 Einwohnern. Der Jahresabschluss per 31. Dezember 1976 wies bei einer Bilanzsumme von 132,4 Mio. DM Verbindlichkeiten gegenüber Kunden in Höhe von 121,2 Mio. DM aus, darunter Spareinlagen und Sparkassenbriefe 103,4 Mio. DM sowie Kredite an Kunden in Höhe von 68,5 Mio. DM.[27] Dieser letzte Geschäftsbericht des Institutes zog ein Resümee und vermerkte für die Zukunft: „Das Ziel der Kreissparkasse Wertingen war es von Anfang an, eng und vertrauensvoll mit der heimischen Wirtschaft, mit den Kommunen und der Bevölkerung zusammenzuarbeiten zum Wohle des Raumes zwischen Zusam und Lech. Die Rechtsnachfolger der Sparkasse Wertingen werden konsequent dieses Ziel weiterverfolgen. Das Jahr 1977 ist daher für den Geschäftsbereich der ehemaligen Kreissparkasse Wertingen kein Neubeginn, sondern eine nahtlose Fortsetzung der bisher bewährten Sparkassenpolitik."[28]

Die Kreissparkasse Augsburg konnte durch diese „Teilfusion" nachfolgende Bestände übernehmen: Bilanzsummenerhöhung um 70,3 Mio. DM bei Verbindlichkeiten gegenüber Kunden von 65,4 Mio. DM, darunter Spareinlagen 56,6 Mio. DM, und Kredite an Kunden in Höhe von 30,5 Mio. DM.[29] Schon bei der Präsentation der Halbjahreszahlen von 1977 konnte Vorstandsvorsitzender Dr. Peter Kahn eine Ausweitung der Bilanzsumme von rund 500 Mio. DM auf 600 Mio. DM verkünden. Die Presse schrieb zu diesem geschäftspolitischen Ereignis: „Freilich dieser Anstieg kommt nicht von ungefähr. Rund 70 Millionen ‚erbte' das Geldinstitut durch die Übernahme von sechs Zweigstellen der ehemaligen Sparkasse Wertingen, die als Folge der Gebietsreform Augsburg zugeordnet wurden. Die Augsburger Kreissparkasse besitzt seit dem 1. Januar 1977 insgesamt 29 Filialen."[30]

Den Kunden der Kreissparkasse Wertingen wurde ab November 1976 mit Zeitungsanzeigen die Sparkassenfusion näher gebracht. Gleichzeitig wurde in einem Informationsblatt, das durch die Wertinger Zeitung an alle Haushalte im Ge-

24 Liedl, E., Gebietsreform – Landkreis- und Gemeindereform, S. 447.
25 Landratsamt Augsburg (Hrsg.), 1972–1982, S. 2.
26 Wertinger Zeitung, 21. 11. 1976.
27 HASpkW, Geschäftsbericht 1976, S. 5 u. 11.
28 Ebd., S. 28.
29 HAKSKA, Geschäftsbericht 1977, S. 13.
30 Wertinger Zeitung, 3. 8. 1977.
31 HAKSKA, Fusion Kreissparkasse Wertingen 1977.
32 Meitinger, W., Oral History, S. 3.
33 HAKSKA, Fusion Kreissparkasse Wertingen 1977, Aktionsplan.
34 Wertinger Zeitung, 6. 1. 1977.
35 HASpkW, Geschäftsbericht 1976, S. 23.
36 Augsburger Allgemeine, 12./13. 2. 2000.
37 Schwabmünchner Allgemeine, 24. 6. 1998.
38 Zit. nach: Ebd.
39 Zit. nach: Ebd.
40 Augsburger Allgemeine, 25. 6. 1998.

schäftsbereich der Wertinger Sparkasse verteilt wurde, detailliert die Fusion erläutert. Inhabern von Girokonten teilte die Kreissparkasse Wertingen brieflich auch schon im November die neuen Kontonummern mit. Aus buchungstechnischen Gründen wurden sie ab 1. Dezember 1976 auf generell neun Stellen erweitert. Der Brief endete mit dem Versprechen: „Wir sind sicher, dass die Kreissparkasse Augsburg Sie in der Zukunft genauso freundlich und zuvorkommend bedienen und beraten und den gleichen guten Sparkassen-Service bieten wird, wie wir es zu tun versucht haben, zumal die Ihnen bereits bekannten Sparkassen-Mitarbeiter nach wie vor mit Ihnen zusammenarbeiten werden."[31]

Der damalige Organisationsleiter der Kreissparkasse Augsburg, Wilhelm Meitinger, erinnert sich an die unmittelbaren Auswirkungen der Fusion: „Wir waren hierbei ganz auf uns allein gestellt. Wir mussten uns bei dieser Übernahme alles selbst erarbeiten. Mit großer Kraftanstrengung schafften wir dies. Ich sehe vor mir noch die vielen zu bewältigenden Aktenordner."[32]

Zur Integrationsförderung der neuen Kunden gab es verschiedene vertrauensbildende Aktivitäten: Kontakte zu den Bürgermeistern und den Lehrern, Vorträge in den Schulen, Veranstaltung von Altennachmittagen, Tage der offenen Tür, Jugend-Disco-Party.[33]

Auf der Bilanzpressekonferenz für das Jahr 1976 äußerte sich der Vorstandsvorsitzende der Kreissparkasse Augsburg, Dr. Peter Kahn, zu einer möglichen Fusion mit der Schwabmünchner Kreis- und Stadtsparkasse, „daß sich die Augsburger Kasse mit der Schwabmünchner Kasse zwar im Gespräch befinde, aber darüber sind wir noch nicht hinausgekommen. Alles soll organisch wachsen. Wir müssen erst den Wertinger Bereich integrieren".[34] Die technische Fusion mit Wertingen erfolgte am 28. Februar 1977.[35] Damit war die erste schwäbische Sparkassenfusion nach der Gebietsreform vollzogen.

Die Zentrale der Kreissparkasse Augsburg in den 1970er-Jahren. *Historisches Archiv Kreissparkasse Augsburg*

1998: Fusion Kreissparkasse Augsburg und Kreis- und Stadtsparkasse Schwabmünchen

„Fusion im Landkreis war ein lang gehegtes Ziel ...," so beschrieb die Augsburger Allgemeine Vorgänge um den Zusammenschluss der Kreissparkasse Augsburg und der Sparkasse Schwabmünchen.[36] Seit Jahren sei vom Sparkassenverband, der Rechtsaufsicht, dem Innenministerium, und der Regierung von Schwaben darauf gedrängt worden, innerhalb eines Landkreises Sparkassen zusammenzuführen.

Die Leserschaft der Schwabmünchner Allgemeinen erfuhr am 24. Juni 1998, dass sich die Kreis- und Stadtsparkasse Schwabmünchen überraschend von einem Vorstandsmitglied getrennt habe. Probleme bei einem „Kreditengagement" seien Grund für diese Maßnahme.[37] Landrat Dr. Karl Vogele, Verwaltungsratsvorsitzender des Schwabmünchner Institutes, gab folgende Stellungnahme ab: „Die Sparkasse Schwabmünchen hat derzeit bei einem Kreditengagement Probleme, die mit Kompetenz und Augenmaß gelöst werden müssen. Die Sparkasse ist bemüht, soweit die Chancen bestehen, im Interesse der Arbeitsplätze dem Unternehmen zu helfen."[38] Auch Alfons Maierthaler, Vorstandsvorsitzender der Kreissparkasse Augsburg, kommentierte die Situation: Er betrachte sich als ein „Mitglied der großen Sparkassenfamilie, die zusammenhalte, wenn es darauf ankomme, und sprach vom ‚Knochenbruch, der weh tut, doch gut heilen kann, wenn er ordentlich behandelt wird'".[39] Sehr schnell spekulierte die Presse über die Gründe der fristlosen Entlassung: Überhöhte, eigenmächtig gewährte Kredite in einer Größenordnung von rund 30 Millionen DM an eine Firma im Raum Landsberg wurden ins Spiel gebracht.[40]

Ein enger Zeitplan sollte die Fusion beschleunigen. In der rechtlichen Struktur trat ein Sparkassenzweckverband als

Gewährträger auf, in dem neben dem Landkreis Augsburg entsprechend der bisherige Geschäftsanteil Schwabmünchens eingebracht werden sollte.[41] Schon am 6. Juli sprach sich der Verwaltungsrat der Kreissparkasse Augsburg einstimmig für eine Fusion mit der Kreis- und Stadtsparkasse Schwabmünchen aus. Um einer „Legendenbildung", so Landrat Dr. Karl Vogele, vorzubeugen, wurden in einer Presseerklärung die Fakten auf den Tisch gelegt.[42] Es wurde betont, dass „das Problem nicht im Rahmen des laufenden Kreditgeschäftes entstanden ist, sondern die Folge eines Missbrauches des Schecks als Zahlungsverkehrsinstrumentes ist". Der Begriff der „Scheckreiterei" wurde ausdrücklich genannt. Der Landrat sprach von einem Ausmaß, das die Vorstellungskraft eines „normalen Bürgers sprengt". Als Zielvorstellung der Fusion wurde eine neue Kreissparkasse als ein bürger- und kundennahes Institut formuliert, wobei der Standort Schwabmünchen im Rahmen der wesentlich vergrößerten Sparkasse als strategisches Standbein ausgebaut werden sollte. Die Süddeutsche Zeitung beschrieb die „Scheckreiterei" anschaulich: „Die Methode war simpel, aber erfolgreich: Das Unternehmen reichte Schecks seiner ausländischen Kunden ein und bekam die darauf vermerkte Summe sofort gutgeschrieben. Diese Art der Kreditgewährung ging solange gut, wie die Gelder auch tatsächlich eintrafen. Doch es kamen mit der Zeit immer mehr ‚faule' Schecks. Bei der Sparkasse wird inzwischen ein Verlust zwischen 30 und 40 Millionen befürchtet."[43]

Die Zustimmung zur Fusion des Schwabmünchner Verwaltungsrates erfolgte am 8. Juli 1998.[44] Der Kreisausschuss des Augsburger Landkreises stimmte am 13. Juli einstimmig zu.[45] Am nächsten Tag votierte der Stadtrat Schwabmünchen für die Fusion.[46] Bürgermeister Hans J. Neumann führte aus: Zum Wehklagen sei nach dem „riesigen Kreditverlust" nicht die Zeit, sondern Optimismus sei gefordert. „Die Fusion ist ein Meilenstein zu einer noch leistungsfähigeren Kreissparkasse, die in Schwabmünchen nach wie vor ein wichtiges Standbein haben wird." Die Stimmungslage der Schwabmünchner Bevölkerung gab SPD-Fraktionschef Ivo Moll treffend wieder, als er die Kreis- und Stadtsparkasse Schwabmünchen als ein „Stück alter Herrlichkeit der Stadt und des Landkreises Schwabmünchen sah, das nun endgültig verloren geht". Am 17. Juli stimmte der Kreistag des Landkreises Augsburg der Fusion zu.[47] Als letztes gab die Verbandsversammlung des Schwabmünchner Sparkassen-Zweckverbandes am 21. Juli grünes Licht für die Vereinigung der Sparkassen, sodass die Fusion zum 31. August dieses Jahres vollzogen werden konnte.[48] So fand am 27. Juli 1998 im Saal der Kreissparkasse Augsburg die Unterzeichnung des Fusionsvertrages, der nun zum 31. August wirksam wurde, statt.[49] Im Rekordtempo von knapp vier Wochen wurde die Fusion der Kreis- und Stadtsparkasse Schwabmünchen mit der Kreissparkasse Augsburg unter Dach und Fach gebracht. Die Regierung von Schwaben als Aufsichtsbehörde erteilte ihre Zustimmung nur zwei Tage nach der Unterzeichnung.[50]

Gewährträger der „neuen" Kreissparkasse Augsburg ist der Sparkassenzweckverband Landkreis Augsburg zu ⅞-Anteilen und die Stadt Schwabmünchen zu ⅛-Anteil. Die Verbandsversammlung setzt sich aus dem Vorsitzenden, Landrat Dr. Karl Vogele, und 18 Verbandsräten aus dem Kreistag Augsburg sowie fünf Verbandsräten aus dem Stadtrat Schwabmünchen zusammen. Die Geschäftsführung der Sparkasse obliegt dem Vorstandsvorsitzenden Alfons Maierthaler und seinerzeit drei weiteren Vorstandsmitgliedern. Der Verwaltungsrat unter Vorsitz von Dr. Karl Vogele und weiteren 14 Mitgliedern überwacht die Geschäftsführung.

In einer öffentlichen Stellungnahme zum Thema „Fusion" gegenüber der regionalen Presse zeigte sich Landrat Dr. Karl Vogele überzeugt, dass „mit diesem Zusammenschluss für den Landkreis Augsburg eine zukunftsweisende Struktur geschaffen wurde, die für Bürger, Unternehmen und Selbständige der Region Augsburg von großem Nutzen ist"[51]. Vorstandsvorsitzender Alfons Maierthaler versicherte: „In ihrer zukünftigen Struktur als Sparkasse Schwabmünchen, Niederlassung der Kreissparkasse Augsburg, wird die ehemalige Kreis- und Stadtsparkasse Schwabmünchen nicht an Bedeutung in der Region verlieren."[52]

41 Schwabmünchner Allgemeine, 2. 7. 1998.
42 Augsburger Allgemeine, 8. 7. 1998. Nachfolgende Zitate ebd.
43 Süddeutsche Zeitung, 10. 7. 1998.
44 Schwabmünchner Allgemeine, 9. 7. 1998.
45 Augsburger Allgemeine, 14. 7. 1998.
46 Schwabmünchner Allgemeine, 16. 7. 1998. Nachfolgende Zitate ebd.
47 Augsburger Allgemeine, 18.7.1998.
48 Schwabmünchner Allgemeine, 22.7.1998.
49 Schwabmünchner Allgemeine, 28.7.1988.
50 Schwabmünchner Allgemeine, 31.7.1998.
51 Schwabmünchner Allgemeine, 28.7.1998.
52 Ebd.
53 HASpkSch, Jahresabschluss 31. 12. 1997, S.1.
54 Schwabmünchner Allgemeine, 28. 7. 1998.

Das neue Dienstleistungszentrum der Kreissparkasse in Schwabmünchen.

Das Signet zur Fusion. *Kreissparkasse Augsburg*

Durch die Ansiedlung eines Dienstleistungszentrums für den Zentralen Marktservice, den Zahlungsverkehr und die Wertpapierabwicklung werde der Standort gestärkt.

Der Jahresabschluss der Kreis- und Stadtsparkasse Schwabmünchen zum 31. Dezember 1997 dokumentierte: „Mit Ablauf 31. August 1998 fusioniert die Kreis- und Stadtsparkasse Schwabmünchen als übertragendes Institut mit der Kreissparkasse Augsburg (übernehmendes Institut) auf der Grundlage von Art. 16 SpkG. Die Kreissparkasse Augsburg übernimmt die Aktiven und Passiven der Sparkasse nach den Werten der Jahresbilanz zum 31. Dezember 1997. Die Bilanz des Jahresabschlusses der Kreis- und Stadtsparkasse Schwabmünchen stellt somit deren Schlussbilanz dar.“[53] Bei einer Bilanzsumme von 1,05 Mrd. DM und 230 Mitarbeitern übernahm die Kreissparkasse Augsburg Verbindlichkeiten gegenüber Kunden in Höhe von 711 Mio. DM und Forderungen an Kunden in Höhe von 766 Mio. DM.

Die fusionierte Sparkasse mit ihren 841 Mitarbeitern und nunmehr 54 Geschäftsstellen konnte jetzt eine Bilanzsumme von 4,5 Mrd. DM bei einem Kreditvolumen von 3,5 Mrd. DM und einem Kundenanlagevolumen von 3,7 Mrd. DM ausweisen.[54]

Sichtbares Zeichen über den gesamten Fusionszeitraum hinweg war ein Signet, das die erste Phase des Zusammenschlusses der Kreissparkasse Augsburg mit der Kreis- und Stadtsparkasse Schwabmünchen begleitete. Dieses Signet vermittelte die naheliegende Botschaft: „Ein gutes Stück Zukunft für die Region Augsburg" – eben eine neue, größere Kreissparkasse Augsburg. Kommentiert wurde diese Darstellung von dem Slogan „In Zukunft: gemeinsam". Es wurde deutlich kommuniziert, dass die beiden Sparkassen zukünftig ein Institut sind.[55]

Als letzter Schritt der Zusammenführung folgte am letzten Wochenende im April 1999 die technische Fusion: Die Datensysteme wurden auf der Plattform „Kreissparkasse Augsburg neu" zusammengeführt. Dabei wurden die Daten von 175 000 Sparkassenkunden und die Unternehmensdaten zu einheitlichen Beständen fusioniert. 50 000 Giro-, Spar- und Darlehenskonten erhielten neue Kontonummern. Nahezu 40 000 neue ec- und Sparkassencards mussten für die Kunden bereitgestellt werden.[56]

Ab Ende Juli 1998 beschäftigte sich die Staatsanwaltschaft mit dem Kreditausfall bei der ehemaligen Kreis- und Stadtsparkasse Schwabmünchen und leitete Ermittlungen gegen verschiedene Personen ein.[57] In diesem Zusammenhang wurde einige Wochen später ein Ex-Vorstandsmitglied des Schwabmünchner Institutes in Untersuchungshaft genommen. Die Staatsanwaltschaft warf ihm Untreue mit einem hohen Millionenschaden vor.[58] Im November des Jahres kündigte der ehemalige Vorstandsvorsitzende der Kreis- und Stadtsparkasse Schwabmünchen und seit der Fusion im Sommer Vorstandsmitglied der Kreissparkasse Augsburg, aus gesundheitlichen Gründen seinen Rückzug in den Ruhestand an.[59] Auch ihm legte die Staatsanwaltschaft Untreue mit einer Schadenssumme in Millionenhöhe zur Last.[60]

In dem Prozess sprach das Landgericht Augsburg am 6. April 2000 das Urteil gegen die früheren Vorstände der Schwabmünchner Sparkasse. Das Gericht sah es als erwiesen an, dass die beiden Bankvorstände dem Landsberger Unternehmer und seiner Software-Firma ab 1989 regelmäßig Millionenkredite eingeräumt hatten, obwohl das Unternehmen seit 1992 konkursreif war.[61]

Der Kreditvorstand wurde wegen Untreue zu einer Freiheitsstrafe von vier Jahren verurteilt, sein Kollege ebenfalls wegen Untreue zu zwei Jahren auf Bewährung mit Geldauflage. In beiden Fällen ging die Strafkammer auch vom Tatbestand einer Vermögensgefährdung für die Sparkasse aus. Vier Jahre Haft wegen Beihilfe zur Untreue lautete das Urteil gegen den Landsberger Geschäftsmann.[62]

Am 13. Februar 2001 wurden die Urteile endgültig rechtskräftig, nachdem die Revisionen der Sparkassen-Vorstände vom Bundesgerichtshof verworfen worden waren.[63]

Zeitgeschehen und Entwicklung der Landkreissparkassen 1967 bis 2004

Die erste Rezession Nachkriegsdeutschlands 1966/67 setzte dem Wirtschaftswunder ein jähes Ende. Das Stagnieren des Bruttosozialproduktes hatte auch politische Konsequenzen. Bundeskanzler Ludwig Erhard, die Symbolfigur des deutschen Wiederaufstiegs, trat von der politischen Bühne ab. Sein Mythos war verblasst und um seiner vergeblichen „Maßhalteappelle" wegen wurde Erhard von jüngeren Ökonomen ungeniert bespöttelt. Am 1. Dezember 1966 kam es zur Bildung der „Großen Koalition". Kurt-Georg Kiesinger wurde neuer Bundeskanzler, Willy Brandt Vizekanzler und Außenminister. Karl Schiller und Franz Josef Strauß, im Volksmund „Plisch und Plum" genannt, betrieben „Globalsteuerung". Binnen kurzem erreichten sie eine Wiederbelebung, die im Zeichen des „Stabilitäts- und Wachstumsgesetzes" vom Jahre 1967 „Aufschwung nach Maß" genannt wurde.[64] Es war der Schritt von der „konventionellen zur aufgeklärten Marktwirtschaft", von der traditionellen zur rationalen, von der subjektiven zur objektiven Marktwirtschaft. In den Medien wurde das Gesetz als „Wunderwaffe gegen Wirtschaftsprobleme" gewürdigt. Ein Kernstück des Gesetzes war die Bestimmung, dass bei Störungen des wirtschaftlichen Gleichgewichts die Bundesregie-

55 HAKSKA, Report 1998, S. 11.
56 Augsburger Allgemeine, 21. 4. 1999.
57 Augsburger Allgemeine, 31. 7. 1998.
58 Schwabmünchner Allgemeine, 1. 9. 1998.
59 Schwabmünchner Allgemeine, 17. 11. 1998.
60 Schwabmünchner Allgemeine, 18. 11. 1999.
61 Augsburger Allgemeine, 7. 4. 2000.
62 Urteil KLs Js 124133/98.
63 Urteil Bundesgerichtshof 1 StR 448/00; Augsburger Allgemeine, 14. 2. 001.
64 Siehe dazu: Weimer, W., Deutsche Wirtschaftsgeschichte, S. 180–195.
65 Ellwein, Th., Krisen und Reformen, S. 45f.
66 Siehe dazu: Schröter, H. G., Von der Teilung zur Wiedervereinigung, S. 383–391.

Es gibt auch Grenzen der Belastbarkeit für einen Finanzminister. Er kann sich nicht unaufhörlich vertrösten lassen ... Ich bin nicht bereit, eine Politik zu unterstützten, die nach außen den Eindruck erweckt, die Regierung lebe nach dem Motto: „Nach uns die Sintflut."
Ein Finanzminister, der monatelang stumm bleiben soll, wie das viele Kollegen wünschen, weil man in solchen Zeiten nicht von Geld redet, ist von mir nicht darzustellen. Die Regierung hat die Pflicht, über den Tellerrand des Wahltermins hinauszublicken und dem Volk rechtzeitig zu sagen, was zu leisten ist und was zu fordern ist.

Aus dem Rücktrittsschreiben Karl Schillers vom Juli 1972

rung durch Rechtsverordnung für alle öffentlichen Stellen eine Begrenzung der Kreditaufnahme anordnen konnte. Es verpflichtete die öffentliche Hand zu einer antizyklischen Etatpolitik.[65]

Die deutsche Wirtschaft lief nun auf Hochtouren. Die Produktionsanlagen waren voll ausgelastet. Die Knappheit an Arbeitskräften nahm weiter zu. Von Herbst 1969 bis Mitte 1970 stiegen die Löhne mit zweistelligen Raten. Die wirtschaftliche Wende kam 1973.[66]

Während des Jom-Kippur-Krieges zwischen Israel und Ägypten/Syrien setzten zehn arabische Länder die „Erdölwaffe" ein. Die Erdölverknappung änderte die Situation in der Bundesrepublik grundlegend. In welchem Tempo die Teuerung an den Rohstoffmärkten galoppierte, zeigten die internationalen Warenpreis-Indizes. Während sich 1972 das durchschnittliche Preisniveau um 15 Prozent erhöhte, schnellte es 1973 um 75 Prozent empor. In Deutschland wurden diese fulminanten Preissteigerungen durch die gleichzeitige Aufwertung der D-Mark zwar ein wenig abgemildert, gleichwohl war der Inflationsimpuls noch kräftig genug. Im Sommer 1973 waren die Wechseldiskontkredite bei durchschnittlich 12 Prozent angelangt. Geschockt vom Ölpreissprung und den hohen Zinsen, machte sich allenthalben Unsicherheit breit. Die Verbraucher zögerten mit neuen Anschaffungen. Im Herbst 1974 kam es dann zu einem ungewöhnlich steilen, sich kumulierenden Abschwung, der in die bis dahin schwerste Rezession der Nachkriegszeit mündete. In der Öffentlichkeit machte die neue Vokabel „Minus-Wachstum" die Runde – in 1975 betrug es runde drei Prozent. Weltweit stand man vor der Frage, wie man das Zielbündel Vollbeschäftigung, Preisstabilität, Wirtschaftswachstum und außenwirtschaftliches Gleichgewicht ausgleichen, wo man Prioritäten setzen sollte. Staatliche Konjunkturprogramme halfen, die schwer angeschlagene Konjunktur wieder anzukurbeln. Der gesteigerte private Konsum unterstützte die konjunkturelle Belebung. Bis 1979 war ein kräftiges Wirtschaftswachstum zu verzeichnen, das wiederum durch abrupte Preiserhöhungen für Erdöl jäh gestoppt wurde. Die deutsche Wirtschaft taumelte in eine tiefe Rezession.

Das Jahr 1981 sollte zu einem der dunkelsten in der Geschichte der D-Mark werden. Die D-Mark erlitt einen ungewohnten Vertrauensverlust als „Frontwährung", zumal die wirtschaftliche Problemlage Deutschlands immer heikler wurde: Preissteigerungen, Arbeitslosigkeit, Leistungsbilanzdefizit. Die Kapitalabflüsse waren erheblich größer als die Kapitalzuflüsse. An den Devisenmärkten wurde die D-Mark daraufhin gemieden und abgestraft. Am 15. Januar 1981 wurden die Geschäftsbanken von der Bundesbank offiziell aufgefordert, keine weiteren DM-Auslandsemissionen mehr zu begeben, um weitere Kapitalexporte zu vermeiden. Am 20. Februar wurde der Lombardkredit ausgesetzt. Am 15. Mai bot die Bundesbank den Kreditinstituten kurzfristige Schatzwechsel (vier bis sieben Tage) zum Zinssatz von 11,5 Prozent an. Im September erreichten die Umlaufrenditen inländischer Anleihen mit 12,4 Prozent einen historischen Höchststand. Für kurzfristige Termingelder wurden bis zu 15 Prozent bezahlt.

Die Debatte über den Wirtschaftseinbruch geriet zunehmend zu einer kritischen Generalabrechnung mit der gesamten sozialliberalen Ära. Hauptstigma des Scheiterns: die Massenarbeitslosigkeit. Als die sozialliberale Ära begann, herrschte Vollbeschäftigung in Deutschland; als sie endete, waren mehr als zwei Millionen Menschen arbeitslos. Mit der spektakulären Wahl Helmut Kohls zum neuen Bundeskanzler am 1. Oktober 1982 sollte auch die wirtschaftliche Wende eingeleitet werden. Nach 1983 entstanden viele Arbeitsplätze, die Zahl der Existenzgründer nahm zu, die der Insolvenzen ab. Industrie und Dienstleistungsgewerbe legten zu, der Aufschwung und das Wachstum zahlten sich aus. Auf die Tarifsenkung bei der Einkommensteuer folgte eine beeindruckende Konsumbelebung, die Konjunktur erholte sich ab 1987 aus eigener Kraft. Die Wiedervereinigung Deutschlands 1989 löste eine Sonderkonjunktur aus; das Jahr 1993 markierte das Ende des Vereinigungsbooms, es folgte eine Phase deutlicher Konsolidierung. Von großer Symbolkraft für einen neuen Aufschwung war die Platzierung der Deutschen Telekom-Aktie an der Börse im November 1996. Im Verlauf des Doppeljahres 1996/97 brach am Wertpapiermarkt Goldgräberstimmung aus. Der Börsenboom gipfelte in der „Neue-Markt-Euphorie", die kurz nach dem dritten Geburtstag des neuen Börsensegments im März 2000 zu einer beispiellosen Talfahrt ansetzte und das Ende der „New Economy" mit einem anhaltenden Konjunkturtief ankündigte.

Zwei entscheidende Faktoren beeinflussten Mitte der 1960er-Jahre das Spar- und Anlageverhalten der Bundesbürger. Zum einem ließ die wirtschaftliche Entwicklung die Sparfähigkeit stark wachsen: Zwischen 1970 und 1977 erhöhte sich das Einkommen je Arbeitnehmer um 78 Prozent.[67] Die Sparquote stieg kontinuierlich bis 1975 auf 16,2 Prozent. Die Kunden der Sparkassen gerieten nun auch ins Blickfeld der Banken. Zum anderen bewirkte die allmähliche Durchsetzung der bargeldlosen Lohn- und Gehaltszahlung und damit einhergehend die weitere Verbreitung des Girokontos differenziertere Anlageformen. Die Funktion des Girokontos zur Gewinnung und Bindung der Kunden ist unübersehbar. Die Sparkassen waren damit, auch vor dem Hintergrund einer ab 1969 beginnenden Hochzinsphase mit der Gefahr der Abwanderung von Spareinlagen in institutsfremde Anlagebereiche, zu Produktinnovationen gezwungen, um dem veränderten Anlagebewusstsein ihrer Kunden entgegenzuwirken.

Sparkassenbrief – ein absoluter Renner

Seit 1968 boten die beiden Sparkassen im Landkreis Sparkassenbriefe zum Verkauf an. Mit diesem mittelfristigen Anlagepapier kamen sie den Wünschen vieler Kunden entgegen, die eine rentable und kurssichere Vermögensanlage verlangten, ohne sich den Nachteilen von Pfandbriefen und Obligationen aussetzen zu müssen. Bei der Rechtsnatur des Sparkassenbriefes handelt es sich um eine Namensschuldverschreibung, die auch als effektives Stück (Urkunde) dem Erwerber ausgehändigt werden kann.[68] Die Sparkassenbriefe stellen eine Kapitalanlage ohne Kursrisiko dar. Der Kunde konnte wählen zwischen Laufzeiten von vier, fünf oder sechs Jahren und zwei Arten der Zinsvergütung, Normalverzinsung oder Vorabverzinsung. Im ersten Fall werden die garantierten Zinsen jährlich ausbezahlt, im zweiten Fall werden die Zinsen und Zinseszinsen für die gesamte Laufzeit sofort vom Kaufpreis abgezogen. Bei Fälligkeit erhält der Kunde dann den eingezahlten Betrag plus Zinsen und Zinseszinsen in einer Summe zurück. Beim Kauf des Briefes fielen weder Gebühren noch Provisionen an. Diese einfache, übersichtliche und erkennbar vorteilhafte Sparform fand von Anfang an bei den Anlegern eine gute Resonanz. Der damalige Wertpapierabteilungsleiter der Kreissparkasse, Johannes Rottenegger, sagt zum Sparkassenbrief: „Die Einführung 1968/69 war ein absoluter

67 Abelshauser, W., Wirtschaftsgeschichte, S. 135.

68 Lang, D., Sparkassenbriefe und Sparkassenobligationen, S. 67 f.

69 Grundlage: HAKSKA, Geschäftsberichte/Jahresabschlüsse 1967–2003; HASpkSch, Geschäftsberichte/Jahresabschlüsse 1967–1997. Ab 1998 fusionierte Zahlen. Ab 2001 in TEUR.

Entwicklung der Einlagen von 1967 bis 2004 (in TDM, ab 2001 in TEUR)[69]

Kreissparkasse Augsburg				Kreis- u. Stadtsparkasse Schwabmünchen		
Jahr	Bilanzsumme	Gesamteinlagen	Spareinlagen	Bilanzsumme	Gesamteinlagen	Spareinlagen
1967	162 466	146 880	122 577	67 950	61 870	52 634
1968	181 983	168 199	140 117	74 148	68 494	58 066
1969	214 464	200 303	164 179	84 188	78 088	64 693
1970	237 678	222 989	180 542	89 416	83 604	68 275
1971	276 283	255 062	203 951	101 099	93 011	75 642
1972	310 681	287 387	225 761	111 558	103 683	84 708
1973	340 073	316 120	234 310	125 492	117 047	89 686
1974	369 627	347 746	260 477	143 500	132 661	100 642
1975	434 655	409 283	322 294	161 931	151 820	125 266
1976	496 029	462 499	347 349	178 450	167 013	137 924
1977	634 229	591 543	442 048	202 811	190 439	152 964
1978	724 731	671 873	484 525	230 970	214 437	164 821
1979	796 345	727 378	497 546	257 528	237 095	174 966
1980	866 522	789 410	508 767	273 614	250 072	178 914
1981	971 767	848 933	516 534	297 075	270 392	180 982
1982	1 068 703	916 212	551 644	323 340	293 074	196 557
1983	1 219 509	993 517	575 433	338 052	306 499	206 094
1984	1 324 280	1 047 985	601 489	364 092	329 614	222 332
1985	1 466 470	1 145 818	649 116	390 348	350 928	242 187
1986	1 612 239	1 244 911	701 621	428 991	381 469	261 001
1987	1 748 720	1 355 857	736 576	458 868	404 867	275 821
1988	1 823 575	1 401 895	766 423	492 539	426 249	287 954
1989	2 014 702	1 472 855	738 796	528 257	444 237	282 608
1990	2 145 202	1 577 142	739 640	593 612	492 148	291 770
1991	2 276 288	1 655 553	737 286	668 914	509 170	301 026
1992	2 414 212	1 685 624	760 594	730 163	560 654	312 247
1993	2 782 650	1 802 163	857 428	833 796	588 471	343 868
1994	3 060 456	1 850 836	938 701	884 074	613 472	376 564
1995	3 099 403	1 896 407	1 045 498	953 536	643 293	416 265
1996	3 248 318	2 023 372	1 133 690	1 019 529	677 485	459 581
1997	3 382 069	2 079 682	1 192 491	1 046 926	711 138	491 550
1998	4 620 676	2 995 754	1 764 127			
1999	4 400 487	3 015 494	1 756 121			
2000	4 252 313	2 824 484	1 476 367			
2001	2 210 889	1 483 932	692 116			
2002	2 225 108	1 509 293	648 348			
2003	2 205 967	1 521 205	661 513			
2004	2 203 971	1 513 042	672 564			

Renner. Rund 50 Prozent des Sparkassenbriefbestandes kamen aus dem Sparkassenbuch."[70] Die Sparkassen konnten bei Sparbriefen auf Anhieb einen Marktanteil von annähernd 75 Prozent erreichen; dieser stieg in den Folgejahren bis 1974 sogar auf mehr als 80 Prozent, 1979 betrug er noch 70 Prozent, bis er 1985 auf unter 60 Prozent fiel.[71] Der Absatz der Sparkassenbriefe im Überblick zeigt ein stetiges Ansteigen des Sparkassenbriefbestandes mit hohen Zuwächsen. Der Geschäftsbericht des Jahres 1974 der Kreissparkasse Augsburg führt darüber aus: „Die Bestände an ausgegebenen Sparkassenbriefen, die im Vorjahr die höchste Steigerungsrate aller Einlagenarten aufwiesen, haben sich im Jahre 1973 nochmals um 81,2 Prozent erhöht. Ihre Ausstattung mit marktgerechten Zinsen sowie das fehlende Kursrisiko entsprechen weitgehend den Anlagevorstellungen unserer Kunden."[72]

Mitte 1981 wurde der Angebotsfächer der Kreissparkasse Augsburg um ein- und zweijährige, ab 1983 dreijährige

Zeitungswerbung 1979 für den Sparkassenbrief. *Historisches Archiv Kreissparkasse Augsburg*

Quelle: Kreissparkasse Augsburg

Entwicklung der Sparkassenbriefe 1968 –1986[73] (Angaben in TDM)

Jahr	Kreissparkasse Augsburg	Kreis- u. Stadtsparkasse Schwabmünchen
1968	883	258
1969	2 287	845
1970	2 937	973
1971	5 972	1 027
1972	10 073	1 246
1973	18 256	2 402
1974	22 186	3 877
1975	—	5 300
1976	45 231	8 700
1977	59 809	12 600
1978	71 634	15 600
1979	96 836	23 900
1980	125 667	30 400
1981	182 591[74]	34 700
1982	228 264	40 500
1983	269 000	44 200
1984	312 416	46 253[75]
1985	352 003	45 936
1986	353 687	42 754

70 Rottenegger, J., Oral History, S. 4.
71 Schulz, G., Der Beitrag der Sparkassen-Finanzgruppe zur Vermögensbildung, S. 37.
72 HAKSKA, Geschäftsbericht 1973, S. 8.
73 Grundlage: HAKSKA, Geschäftsberichte 1967–1986; HASpkSch, Geschäftsberichte 1967–1986.
74 Ab 1981 subsumiert der Betrag auch Sparkassenobligationen.
75 Ab 1984 subsumiert der Betrag auch Sparkassenobligationen.
76 HAKSKA, Geschäftsbericht 1981, S. 15.
77 HASpkSch, Geschäftsbericht 1985, S. 9.
78 HAKSKA, Geschäftsbericht 1969, S. 25.
79 HASpkSch, Geschäftsbericht 1971, S. 6.
80 Emmerich, N., Geschichte der deutschen Sparkassenwerbung, S. 175; Neues Sparsystem der Sparkassen, DSpkZ, 11. 4. 1968.
81 HAKSKA, Geschäftsbericht 1977, S. 18.
82 HASpkSch, Geschäftsbericht 1977, S. 12.
83 HAKSKA, Geschäftsbericht 1979, S. 16.
84 Blum, Ortwin, Zuwachssparen – das neue zielgruppenorientierte Angebot, in: SpkWD 11(1976), S. 240 f.

Sparkassenobligationen ergänzt. Diese Obligationen fanden reges Interesse aufgrund der Kurzfristigkeit bei bestehender inverser Zinsstruktur.[76]

Der Absatzrückgang der Sparkassenbriefe seit 1984 ist zurückzuführen auf eine einsetzende große Nachfrage nach Aktien. Das Jahr 1984 war gekennzeichnet von zahlreichen Neuemissionen auf dem Aktienmarkt wie z. B. der von Nixdorf oder Porsche. An der Aktienbörse jagte 1985 ein Rekord den nächsten. Das durchschnittliche Kursniveau der deutschen Aktien erhöhte sich um mehr als 70 Prozent.[77]

Sondersparformen als bestmögliche Anlageform

Bereits 1969 bot die Kreissparkasse Augsburg ihren Kunden die Möglichkeit, ihre individuellen Sparziele mit Hilfe eines längerfristigen Sparprogramms zu verwirklichen. Dabei konnte der Kunde zwischen dem **Zielsparen** mit Sonderbonus bei ansteigender Verzinsung oder Verträgen mit gefächerten Anlageformen wählen.[78]

Ein ähnliches Produkt mit der Bezeichnung **Progressivsparen** brachte die Kreis- und Stadtsparkasse Schwabmünchen im Jahre 1971 auf den Markt.[79] Dies war die Reaktion auf eine Flut von Sparprodukten der Konkurrenz, insbesondere auf das System-Sparen der Dresdner Bank und das Plan-Sparen der Deutschen Bank. Diese Sparformen boten dem Kunden auf der Grundlage eines Sparplans die Möglichkeit, ein von ihm festgelegtes Sparvorhaben durch regelmäßige Sparleistungen zu erreichen. Abgewickelt wurden diese Programme über das Sparkassenbuch. Je nach Anlagedauer der Sparbeträge erhielt der Kunde einen Zinsbonus zwischen 1 Prozent und 2,5 Prozent. Geschäftspolitische Intention dieser neuen Anlageformen war die Kundenpflege sowie die Gewinnung neuer Kunden.[80] Bei der Kreissparkasse Augsburg beliefen sich die Einlagen auf Zielsparkonten Ende 1977 auf 28,7 Mio. DM.[81]

Zur gleichen Zeit richteten die Sparkassen im Landkreis Augsburg für die Privatkunden einen neuen Service ein: das Abschöpfungssparen. Dieses Verfahren wurde unter den Bezeichnungen **Plus-Sparen** oder **Sparen per Dauerauftrag** angeboten. Der Kunde kann dem Institut den Auftrag erteilen, zu bestimmten Terminen sein Girokonto entweder ganz, bis auf einen bestimmten Restbetrag oder zu einem angegebenen Höchstbetrag zugunsten seines Sparkontos abzuräumen bzw. einen fest vereinbarten Betrag abbuchen zu lassen. Unter geschäftspolitischen Gesichtspunkten war dies eine Maßnahme zur Stärkung der Passivseite. Zum Jahresende 1977 verzeichnete die Kreis- und Stadtsparkasse Schwabmünchen einen Anteil der Spar-Daueraufträge und Plus-Sparaufträge (Abschöpfungssparen) von 38,8 Prozent der Privatkonten.[82]

Das 1978 von der Kreissparkasse Augsburg auf den Markt gebrachte **Zielsparen 2000** – das Konto mit dem steigenden Zins – erreichte sofort eine bemerkenswerte Kundenakzeptanz.[83] In den Folgejahren erhielt das Produkt einen neuen Namen: Aus Zielsparen 2000 wurde das **Zuwachssparen**. Bei dieser Sondersparform handelt es sich um ein normales Sparkonto in der altvertrauten Form des Sparkassenbuches mit einem garantierten steigenden Zins. Die Höchstlaufzeit beträgt fünf Jahre.[84] Der Prospekt des Jahres 1981 der Kreissparkasse Augsburg „Bringen Sie Ihr Geld auf Zuwachskurs – Zuwachssparen" bringt die Vorteile dieser Sparform auf den Punkt: jährliche, überdurchschnittlich wachsende Zinserträge, schnelle Verfügbarkeit durch Kündigungsfristen ähnlich wie beim Sparkassenbuch; risikolose einmalige Anlage eines festen Geldbetrages.[85]

Als Ersatz für das seit dem 12. November 1980 eingestellte Prämienbegünstigte Vertragssparen erweiterten die beiden Sparkassen im Landkreis schon 1979 ihre Angebotspalette durch das neue Produkt **Bonussparen.**[86] Ähnlich wie beim Prämienbegünstigten Vertragssparen wird in Form des Ratensparvertrages sechs Jahre lang ein bestimmter Betrag einbezahlt. Nach einem Wartejahr wird die Einlage fällig und dem Kunden zusätzlich zu seinen Zinsen mit einem einmaligen Bonus der Sparkasse in Höhe von 12 Prozent zur Verfügung gestellt. Ergänzt wurde diese Vertragssparte 1983 mit der Sparform **S-Prämiensparen**, bei der der Sparer für seine regelmäßigen, auf Dauer von sieben Jahren festgelegten Sparleistungen bei Fälligkeit zu der normalen Verzinsung eine Prämie von der Sparkasse in Höhe von 14 Prozent erhielt.[87] Im gleichen Jahr überstiegen mit einer Wachstumsrate von 8,7 Prozent die Gesamteinlagen der Kunden der Kreissparkasse Augsburg erstmals die Milliarden-Grenze.[88]

Seit 1981 vervollständigte die Sparform der einjährigen **Sparkassenzertifikate** die Angebotspalette. Das hohe Zinsniveau bei den Termineinlagen machte eine kurzfristige Anlageform mit hoher Rendite als Alternative zum Wertpapiersparen notwendig. Bereits im ersten Jahr verzeichnete die Schwabmünchner Sparkasse einen Zugang von 14,2 Mio. DM.[89]

Mit dem 4. Vermögensbildungsgesetz eröffnete sich den Kunden die Möglichkeit, neben den herkömmlichen 624 DM einen zusätzlich geförderten Betrag von 312 DM in Beteiligungswerten bei den Landkreissparkassen anzulegen. Der Geschäftsbericht des Jahres 1984 der Kreissparkasse zu dieser Anlageform: „Mit der **S-Gewinnobligation** erwerben unsere Kunden eine sichere und hochverzinsliche Anlage. Zusätzlich zu der möglichen staatlichen Arbeitnehmersparzulage von 23 % bzw. 33 % erhalten die Sparer eine gewinnabhängige Verzinsung. Für 1984 wird die Verzinsung 7 % betragen. Die Anlage beteiligt unsere Kunden direkt am Erfolg der Kreissparkasse. Diese Möglichkeit wurde sehr intensiv genutzt."[90]

Im gleichen Jahr erweiterte die Augsburger Kreissparkasse ihre Angebotspalette um eine weitere interessante Sparform. Als erste schwäbische Sparkasse bot sie ihren Kunden das **S-Versicherungssparen** an.[91] Dieser hochverzinsliche Sparplan wird zum Ende der jeweiligen Vertragsdauer mit einer bis zu 40-prozentigen Prämie ausbezahlt. Das Sparziel kann durch eine Risikoversicherung abgesichert werden und verbindet damit zwei Vorteile: Sparen und Versicherungsschutz. Bei der Schwabmünchner Sparkasse kam dieses Produkt 1985 unter der Bezeichnung **Zukunftssparen** ins Angebotsportfolio.[92]

Der **S-Renta-Plan**, eingeführt 1985, ist ein hochrentierlicher Auszahlungsplan, mit dem eine Kapitalreserve in ein Zusatzeinkommen umgewandelt werden kann. Die Auszahlung erfolgt entweder nur aus dem Ertrag oder auch durch Aufzehrung des Kapitals. Der Zinssatz wird für jeweils vier Jahre festgesetzt und garantiert.[93]

Als Renner erwies sich die 1987 eingeführte **S-Inhaberschuldverschreibung**, von der bis zum Jahresende nahezu 25 Mio. DM bei der Kreissparkasse Augsburg abgesetzt werden konnten.[94] Dabei handelt es sich um ein attraktives, festverzinsliches Wertpapier mit einem Mindestanlagebetrag und einer Laufzeit bis zu zehn Jahren. Die Kreis- und Stadtsparkasse Schwabmünchen konnte bis 1988 insgesamt 13 Mio. DM dieser Anlageform zuführen. „Mit diesem Papier", so rechtfertigt der Report 1988 des Schwabmünchner Institutes das neue Produkt, „wollten wir den Abflüssen in die festverzinslichen Wertpapiere entgegentreten".[95]

Im September 1993 schuf die Kreissparkasse Augsburg ein neues Produkt: **S-Vario-Kapitalsparen.**[96] Die Produktbezeichnung sollte zum einen die Flexibilität (Vario) und zum anderen den Renditegedanken (Kapital) zum Ausdruck bringen. Hauptziele waren die Förderung der Spareinlagen durch ein attraktives Sparprodukt und eine Strukturveränderung der Passivseite, eine Umschichtung der Termineinlagen in Spareinlagen. Das Produkt hatte einen guten Start; bis zum

85 HAKSKA, Prospekt Zuwachssparen 1981.
86 HASpkSch, Geschäftsbericht 1980, S. 15.
87 HASpkSch, Geschäftsbericht 1983, S. 13.
88 HAKSKA, Geschäftsbericht 1983, S. 12.
89 HASpkSch, Geschäftsbericht 1981, S. 14.
90 HAKSKA, Geschäftsbericht 1984, S. 14.
91 Hauszeitung der Kreissparkasse, 3(1985), S. 24–26.
92 HASpkSch, Geschäftsbericht 1985, S. 15.
93 HAKSKA, Geschäftsbericht 1985, S. 13.
94 HAKSKA, Report 1987, S. 9.
95 HASpkSch, Report 1988, S. 3.
96 Hauszeitung der Kreissparkasse, 1 (1994), S. 8.
97 Grundlage: HAKSKA, Geschäftsberichte/Jahresabschlüsse 1967–2003; HASpkSch, Geschäftsberichte/Jahresabschlüsse 1967–1997. Ab 1998 fusionierte Zahlen. Ab 2001 in TEUR.
98 HAKSKA, Geschäftsbericht 1968, S. 31.

Gesamtausleihungen 1967–2004[97] (Angaben in TDM, ab 2001 in TEUR)

Kreissparkasse Augsburg			Kreis- u. Stadtsparkasse Schwabmünchen	
Jahr	Gesamtausleihungen	langfristige Ausleihungen Grundpfandrechte	Gesamtausleihungen	langfristige Ausleihungen Grundpfandrechte
1967	93 308	57 122	40 554	20 472
1968	100 955	57 849	43 690	20 856
1969	112 198	64 503	50 098	23 596
1970	151 829	80 432	56 221	27 587
1971	177 572	88 371	64 327	30 380
1972	203 254	100 592	71 448	33 813
1973	216 244	107 043	78 092	37 293
1974	235 801	115 002	81 178	38 458
1975	252 880	117 371	91 714	41 625
1976	275 693	118 722	104 508	45 962
1977	340 116	135 542	118 293	50 325
1978	422 080	138 673	131 427	53 424
1979	498 388	145 688	160 356	58 462
1980	576 925	163 992	185 046	71 670
1981	661 141	191 153	196 738	76 835
1982	739 715	237 289	211 114	80 157
1983	858 389	300 023	239 037	88 632
1984	984 394	368 815	267 390	101 805
1985	1 042 779	416 280	286 595	114 053
1986	1 126 047	466 040	299 054	122 836
1987	1 192 108	519 095	321 856	136 103
1988	1 257 670	554 758	330 316	143 009
1989	1 356 710	595 809	360 231	157 782
1990	1 465 180	621 924	391 654	166 658
1991	1 654 685	681 985	456 147	176 335
1992	1 826 553	744 660	521 372	189 531
1993	2 114 584	898 043	596 218	219 276
1994	2 351 483	1 007 079	669 213	247 757
1995	2 450 659	1 046 214	712 423	255 280
1996	2 515 498	1 075 889	736 648	264 901
1997	2 537 917	1 104 696	766 214	287 043
1998	3 339 653	1 444 998		
1999	3 366 069	1 540 502		
2000	3 385 744	1 617 613		
2001	1 728 321	854 341		
2002	1 741 483	880 774		
2003	1 750 279	907 757		
2004	1745 120	933 282		

31. Dezember 1993 flossen bereits 240 Mio. DM in das S-Vario-Kapitalsparen.

Einführung des Dispositionskredits 1968

Das Konsumentenkreditgeschäft erhielt 1968 eine neue Gestalt durch den Dispositionskredit, der breiten Bevölkerungskreisen ermöglichte, ihre Konsumwünsche zu erfüllen – durch Vorsparen mit Nachsparen für größere Anschaffungen. Der Geschäftsbericht des Jahres 1968 berichtet über dieses Kreditinstrument: „Viele haben von dieser angenehmen Möglichkeit der Kreditbeschaffung Gebrauch gemacht, die auch für Scheckkarteninhaber interessant ist, weil sie Dispositionen nicht nur aus Guthaben, sondern auch aus Kredit ohne besondere Formalitäten ermöglicht. Mit dieser Aktion wollen wir keine Ausweitung des Kreditgeschäftes erreichen, wir betrachten sie als echten Kundendienst."[98] Der mit negativen Wertvorstellungen belegte Begriff der Kontoüberziehung wurde durch die „freiere" Bezeichnung „Dispositionskredit" ersetzt. Unter diesen Begriff fielen alle Arten von Krediteinräumungen auf Lohn- und Gehaltskonten, sei es die einseitige Einräumung von Kreditlinien durch die Sparkasse, seien es die zweiseitig vereinbarten Kreditlinien oder die üblichen Überziehungskredite. Diese Kreditart bietet sowohl den Kunden als auch der Sparkasse erhebliche Vorteile. Der Dispositionskredit ist einmal für den

Kreditnehmer kostengünstiger als der Ratenkredit, weil er die Kreditsalden immer wieder durch die monatlichen Gehaltsüberweisungen zurückführt, zum anderen werden die Erlösschmälerungen der Sparkasse durch eine rationelle und kostengünstigere Abwicklung des Kredites ausgeglichen. Darüber hinaus bietet der Dispositionskredit dem Kunden einen ständigen Liquiditätsrückhalt in Höhe der eingeräumten Kreditlinie, über die er nach freiem Belieben verfügen kann.[99]

Der Dispositionskredit stellte eine tief greifende Neuerung dar, denn er leitete im Privatkreditgeschäft eine neue Phase ein. In der einschlägigen Literatur wurde der Wandel aus damaliger Sicht wie folgt wahrgenommen: „Galt die Schuldenaufnahme ursprünglich nur für investive Zwecke als gerechtfertigt, so musste der Konsumentenkredit folgerichtig als ‚Schulden machen' moralisch verurteilt werden. Wenn er inzwischen als Instrument zur Finanzierung privater Konsumwünsche legitimiert worden ist, so bedeutet das nicht nur eine wirtschaftliche, sondern auch eine sozialpsychologische Neuorientierung mit unabsehbaren Zukunftsperspektiven. Mögen diese vielleicht nicht uneingeschränkt wünschenswert erscheinen, so eröffnen sie dessen ungeachtet den Blick auf eine neue gesellschaftliche Funktion des Kredits."[100] Es gab also auch kritische Stimmen mit Blick auf die Gefahren für die leichtfertige Verschuldung von privaten Haushalten mit allen sozialen Folgen.

Generell bleibt festzuhalten: Als kreditpolitisches Novum konnte sich der Dispositionskredit mit seiner Zubringerfunktion für andere Geschäftssparten neben den mittelfristigen Anschaffungsdarlehen im kurzfristigen Bereich zu einem tragenden Pfeiler des Konsumentenkredites entwickeln.[101] Es ermöglichte dem Bürger ein Stück Autonomie, seine finanziellen Dinge eigenständig und vorausschauend zu planen und zu disponieren.

Langfristige Darlehen

Für 1968 meldete der Geschäftsbericht der Kreissparkasse Augsburg ein reges Hypothekendarlehensgeschäft.[102] Von den Neuausleihungen in Höhe von 11,37 Mio. DM entfielen auf den Wohnungsbau 7,24 Mio. DM, das entspricht 63,7 Prozent. Die seit der Währungsreform insgesamt ausbezahlten Hypothekendarlehen erhöhten sich damit auf 93,67 Mio. DM. Die Zahl der mitfinanzierten Wohnungen stieg auf 5 265 Einheiten zum Ende des Jahres 1968.

Bis 1973 lässt sich eine nachhaltig positive Ausweitung des Hypothekengeschäftes registrieren. Die Hochkonjunktur von 1970 bis 1972 unterstützte diese Entwicklung. Angesichts kräftiger Lohnerhöhungen und steigender Inflationsraten kam es teilweise zu einer Flucht in Sachwerte, die 1970 einen regelrechten Bauboom auslöste.[103] Das Jahr 1973 brachte in der regen Entwicklung des Hypothekengeschäftes eine Wende. Die gestiegenen Baupreise und Finanzierungskosten für langfristige Darlehen zogen einen Wechsel auf dem Grundstücks- und Wohnungsmarkt vom Verkäufer- zum Käufermarkt nach sich. Dies führte in den nächsten Jahren zu einer verhaltenen Nachfrage nach langfristigen Finanzierungen. Das Jahr 1976 brachte der Wirtschaft der Bundesrepublik die angestrebte Erholung von der bisher schwersten Rezession. Der nunmehr einsetzende Rückgang der Zinsen belebte das langfristige Darlehensgeschäft wieder. Die Kreissparkasse Augsburg konnte im Geschäftsjahr 1977 im Langfristbereich einen erheblichen Zuwachs erzielen.[104] Insgesamt stiegen die langfristigen For-

Zeitungsanzeige vom Juni 1980. *Historisches Archiv Kreissparkasse Augsburg*

99 Geiger, Walter, Der Dispositionskredit im Wettbewerb, in: SpkWD 8 (1968), S. 172 f.
100 Ebd. S. 172
101 Mura, J., Entwicklungslinien, S. 188.
102 HAKSKA, Geschäftsbericht 1968, S. 27.
103 HASpkSch, Geschäftsbericht 1970, S. 5.
104 HAKSKA, Geschäftsbericht 1977, S. 22.
105 Ebd., S. 21.
106 HAKSKA, Geschäftsbericht 1983, S. 16.
107 HAKSKA, Report 1993, S. 10.
108 HAKSKA, Geschäftsbericht 1963, S. 20 u. 26.
109 HAKSKA, Geschäftsbericht 1966, S. 25.

derungen um 9,8 Prozent. An langfristigen Darlehen gegen Grundpfandrechte waren zum Jahresende 1977 135,5 Mio. DM ausgereicht. Gestützt wurde diese Entwicklung durch das neu eingeführte Wohnungsbaudarlehen – eine Kombination von erster und zweiter Hypothek.

Die von den Kunden verstärkt genutzte Finanzierungsalternative Anschaffungsdarlehen führte in diesem Bereich zu einer kräftigen Steigerungsrate von 69,5 Prozent und war das Ergebnis der Sonderkreditaktionen mit günstigen Zinsen. Der Bestand erhöhte sich von 26,3 Mio. DM 1976 auf 36,85 Mio. DM 1977.[105]

Einen Impuls bekam das langfristige Darlehensgeschäft durch die seit 1982 zunehmende Bedeutung der von Bauträgern und Bauherrengemeinschaften teils zum Zweck der Kapitalanlage, teils aber auch zur Eigennutzung errichteten Eigentumswohnanlagen. Sinkende Zinsen, zusätzlich staatliche Vergünstigungen und relativ günstige Baupreise wirkten unterstützend.

Der Geschäftsbericht der Kreissparkasse Augsburg von 1983 analysiert diese Situation: „Die starke Nachfrage nach unseren langfristigen Darlehen setzte mit den ersten positiven wirtschaftlichen Anzeichen ein. Der Zuwachs der langfristigen Forderungen gegen Grundpfandrechte + 26,4 % bestätigt nachhaltig die erfreuliche Belebung in der Bauwirtschaft. Diese Entwicklung in der Bauwirtschaft war mit ein auslösendes Moment dafür, dass der Konjunkturmotor wieder ansprang. Das Investitionsverhalten der gewerblichen Wirtschaft zeigte sich aufgrund der Ende 1982 beschlossenen Investitions- und Bauanreize im Berichtsjahr verbessert. Im Vordergrund standen hierbei Maßnahmen zur Modernisierung und Automatisierung. (…) Das hohe Wachstum bei den kurz- und mittelfristigen Krediten ist in der verstärkten Konsumbereitschaft der Verbraucher, der Zunahme der Zwischenfinanzierungen von Baumaßnahmen und der Lagerauffüllung im Handel begründet."[106]

Das Auslaufen der Vorteile im steuerlich begünstigten Bauherrenmodell-Verfahren, zunächst zum 31. Dezember 1984, dann zum 30. März 1985, führte nochmals zu einem Wachstumsschub im Hypothekenbereich. Die kommenden relativ hohen Wachstumsraten im langfristigen grundschuldgesicherten Darlehensbereich waren getragen von der Idealkombination niedrige Zinsen bei gleichzeitig stabilen Baupreisen. Die Jahre 1991 und 1993 zeigten nochmals Rekordzuwächse bei den Kreditvolumina. 1993 stiegen die langfristigen Ausleihungen um 16,0 Prozent. Rege Bautätigkeit und die weiterhin hohe Attraktivität von Immobilien als Eigenheim oder als Kapitalanlage waren einerseits Gründe für die starke Nachfrage nach langfristigem Kapital, andererseits bestand auch eine hohe Kreditnachfrage der Firmenkunden zur Finanzierung ihrer Investitionen.[107] Ab 1994 pendelte sich das Kreditwachstum konjunkturell bedingt auf einem niedrigeren Niveau ein.

Automatisierung und Technisierung

Das rapide Anwachsen des bargeldlosen Zahlungsverkehrs in den 50er- und 60er-Jahren sowie die wachsende Palette der Finanzdienstleistungen ließ den Geschäftsverkehr, die Buchungs-, Überweisungs- und Inkasso-Daueraufträge in ungeahnte Größenordnungen vorstoßen. Die anfallenden Buchungsarbeiten wurden per Lochkartensystem bearbeitet. Ab 1. Juli 1963 stellte die Kreissparkasse Augsburg die Lochkartenbearbeitung auf eine neue Anlage IBM 421 um. Neben der Kontenbuchung mit Auszugsschreibung wurde auch die Kontokorrent-Zinsberechnung sowie die Erledigung von ca. 10 000 Daueraufträgen mit dieser Anlage bearbeitet. 1963 führte die Kreissparkasse mit rund 775 000 Girokonten Überweisungen im Gesamtbetrag von 552 Mio. DM aus, das waren über 3 100 „Girokarten"/Überweisungen pro Arbeitstag. Im Scheckeinzugsverkehr bearbeitete die Sparkasse 389 000 Schecks im Gesamtbetrag von 275 Mio. DM.[108] Um diese immense Buchungsflut in Griff zu bekommen, wurde Ende 1966 die gesamte Buchhaltung im Kontokorrentverkehr und 50 Prozent des Sparverkehrs auf die neu installierte Datenverarbeitungsanlage IBM 360/20 übernommen. Der restliche Sparverkehr wurde Anfang 1967 auf die EDV-Anlage übertragen.[109]

Die Sparkassenscheckkarte, eine Innovation auf dem Gebiet des bargeldlosen Zahlungsverkehrs, wurde von der

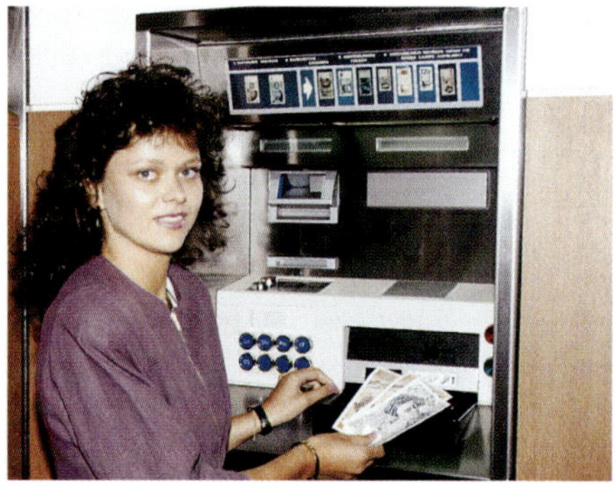

Technikvorreiter: Die erste SB-Sparkasse Schwabens richtete 1987 die Kreissparkasse Augsburg ein. *Historisches Archiv Kreissparkasse Augsburg*

Als erstes Kreditinstitut in Deutschland installierte die Kreissparkasse Augsburg einen Fremdwährungswechsler. *Historisches Archiv Kreissparkasse Augsburg*

Kreissparkasse Augsburg ab 1968 angeboten und von einem Großteil der Privatkontoinhaber angenommen. Da die Scheckeinlösung bis zu 200 DM (später als ec-Karte bis zu 400 DM) garantiert wurde, erfreute sie sich stetiger Beliebtheit. Der Geltungsbereich der Scheckkarte wurde auf alle Länder Westeuropas ausgedehnt.[110]

Der Siegeszug der elektronischen Datenverarbeitung war nicht mehr zu stoppen und die Anschaffung der Großrechner aus Kostengründen von den einzelnen Sparkassen nicht mehr zu schultern. Die Lösung hieß: Sparkassen-Buchungsgemeinschaft – eine organisatorische Innovation von bedeutungsvoller Tragweite, wie sich bald herauskristallisieren sollte.

Im Verbund mit den Nachbarsparkassen schlossen sich 1969 die Kreissparkasse Augsburg und die Kreis- und Stadtsparkasse Schwabmünchen mit den Sparkassen Wertingen, Günzburg, Aichach, Pöttmes, Friedberg, Rain a. L., Donauwörth, Oettingen und Nördlingen zur „Nordschwäbischen Buchungsgemeinschaft" zusammen.[111] Bis Ende Mai 1969 wurde beim Augsburger Institut die gesamte Buchhaltung der Kunden- und Sachkonten auf die Buchungsgemeinschaft übertragen. Für die Bearbeitung der Daueraufträge schloss sich die Augsburger Sparkasse dem Zentralen Dauerauftragsdienst der Bayerischen Gemeindebank München an. Auch die Depotverwaltung wurde auf die Datenverarbeitungsanlage der Bayerischen Gemeindebank übertragen.[112] 1974 erfolgte die Umstellung der Bereiche Festgelder und Sparkassenbriefe auf die EDV-Bearbeitung im Rechenzentrum Südbayern.[113] Seit 1978 gehört die Kreissparkasse Augsburg wie auch die Schwabmünchner Kreis- und Stadtsparkasse der Buchungszentrale Bayerischer Sparkassen (BBS), jetzt Informatik-Zentrum Bayern (IZB), an, die zwei Groß-Rechenzentren in München und Nürnberg betreibt.[114]

Auf die zukünftige Rolle der Technik wies der Vorstandsvorsitzende Dr. Peter Kahn bereits in seiner Rede anlässlich der Jubiläumsveranstaltung zur 125-Jahr-Feier der Kreissparkasse Augsburg hin: „Aus diesen Entwicklungstendenzen resultiert für alle der Zwang zur Rationalisierung. Neue Technologien bieten sich hier an. Bei der jetzt notwendigen Weichenstellung ergibt sich das Problem, das technisch Machbare mit dem wirtschaftlich Gebotenen einerseits und dem gesellschaftspolitisch Vertretbaren andererseits in Einklang zu bringen. Es geht um eine Automation nach Maß und nicht um eine maßlose Automation. Eines scheint mir sicher – trotz technischen Fortschritts spielt auch in Zukunft der Mensch die entscheidende Rolle und das ist gut so."[115]

Der Einzug der neuen Technik nahm einen rasanten Verlauf und bot den Sparkassenkunden zunehmend Qualität und Service. Ab 1982 ermöglichte die Kreissparkasse Augsburg Kunden, die selbst über keine entsprechende EDV-Anlage

110 HAKSKA, Geschäftsbericht 1968, S. 39.
111 Meitinger, W., Oral History, S. 2.
112 HAKSKA, Geschäftsbericht 1969, S. 75.
113 HAKSKA, Geschäftsbericht 1974, S. 22.
114 HAKSKA, Geschäftsbericht 1979, S. 24.
115 HAKSKA, Geschäftsbericht 1980, S. 19.
116 HAKSKA, Geschäftsbericht 1982, S. 20.
117 HASpkSch, Geschäftsbericht 1984, S. 35.
118 HAKSKA, Geschäftsbericht 1983, S. 32.
119 HAKSKA, Geschäftsbericht 1984, S. 31. In Schwabmünchen erfolgte die Umstellung auf Siemens Trans-Data in 1985.
120 HAKSKA, Geschäftsbericht 1985, S. 30.
121 HAKSKA, Report 1987, S. 3.
122 HAKSKA, Geschäftsbericht 1986, S. 27.
123 HAKSKA, Report 1987, S. 6.

verfügen, über den S-Zahlungsservice, Gehalts- und Lohnabrechnungen, Mieteinzüge und Vereinsabrechnungen rationell abzuwickeln. Im gleichen Jahr wurde in der Hauptstelle in Augsburg am Martin-Luther-Platz der erste Geldautomat installiert. 1983 ließ die Kreissparkasse Geldautomaten in Gersthofen, Haunstetten, Meitingen, Stadtbergen und Neusäß-Zielkauf aufstellen. Damit bestand für die Kunden über die Schalterzeit hinaus jederzeit die Möglichkeit, sich mit Bargeld zu versorgen. Mit dieser Einführung wurden ca. 14 000 ec-Automatenkarten an die Kunden ausgegeben.[116] Die Kreis- und Stadtsparkasse Schwabmünchen installierte ihre ersten Geldautomaten 1984 in Schwabmünchen, Bobingen und Königsbrunn.[117]

Für den bundesweiten Beginn des neuen Mediums Bildschirmtext (Btx) im Jahre 1984 wurde bei der Kreissparkasse Augsburg bereits 1983 eine Btx-Anlage eingerichtet.[118] 1984 wurden verschiedenen Abteilungen der Hauptstelle 15 Bildschirme des eingeführten Online-Systems zur Verfügung gestellt. Für den Datenverkehr mit dem Rechnungszentrum erwarb das Institut eine Siemens TransData. Bei dieser Technik handelte es sich um ein Datensammelsystem auf Magnetplatte; die Datenerfassung erfolgte am Bildschirm.[119]

1985 wurden in der Hauptstelle und den Zweigstellen Göggingen, Haunstetten, Gersthofen, Meitingen, Neusäß und Stadtbergen Kontoauszugsdrucker aufgestellt. Seitdem kann der Kunde seinen Kontoauszug selbst abrufen.[120] Im gleichen Jahr eröffnete die Kreissparkasse Augsburg als erste Sparkasse Schwabens eine „SB-Kreissparkasse“, die den Kunden die Möglichkeit eröffnet, Geldgeschäfte selbstständig, einfach, schnell und diskret zu erledigen – unabhängig von den normalen Öffnungszeiten im 24-Stunden-Service, auch an Sonn- und Feiertagen.[121]

Die ersten Personalcomputer für Kundenberatungen und interne Arbeiten kamen bei der Kreissparkasse Augsburg 1986 zum Einsatz. Für die Anlageberatung wurde ein modernes Wertpapierinformationssystem der Firma Reuters eingerichtet. Durch dieses neue Informationssystem ist das Institut direkt mit der Deutschen Börse verbunden.[122] Als erstes Institut in Deutschland installierte die Kreissparkasse 1987 einen Fremdwährungswechsler. Der Umtausch war zum jeweils offiziellen Tageskurs unabhängig von den Öffnungszeiten möglich.[123]

1993 wurde gleichzeitig mit der Inbetriebnahme der neuen Hauptstelle II in

Augsburg-Pfersee der Umstieg auf eine neue EDV-Anwendungstechnik vollzogen: Als eine der ersten Sparkassen Bayerns realisierte die Kreissparkasse Augsburg mit neuer Netzwerk- und Servertechnik den Einstieg in die „dezentralen EDV-Systeme der 90er Jahre". Auch ein neues EDV-Trainingszentrum wurde geschaffen, ebenfalls eines der ersten innerhalb der bayerischen Sparkassenorganisation.[124]

Mit der stufenweisen Technisierung und Automatisierung vollzog sich der Einstieg in die „Echtzeit-Technik", das heißt die gleichzeitige Verfügbarkeit der aktuellen Kundendaten an allen Terminals. Dies brachte sowohl für die Sparkasse als auch die Kunden Vorteile. Mit Hilfe der Onlineschaltermaschine konnten die Bearbeitungszeiten erheblich verkürzt werden, was sich auch vorteilhaft auf die Bedienung der Kunden auswirkte. Dem Kundenberater stehen heute alle kunden- und produktbezogenen Informationen online zur Verfügung. Die Grundinhalte reichen von der Abfrage einfacher Kontodaten bis hin zur entscheidungsorientierten Datenverarbeitung als Dienstleistung an die Führungskräfte.[125]

Personalentwicklung

In den Jahren nach 1945 beeinflussten die Entnazifizierungen und der Fachkräftemangel wegen Krieg und Gefangenschaft die Personalsituation der Sparkassen im Landkreis erheblich. Alois Kerschbaum, früherer stellvertretender Leiter der Kreissparkasse Augsburg, erinnert sich an seine Rückkehr aus dem Krieg 1945: „Nachdem niemand wusste, ob es auch weiterhin eine Sparkasse geben würde, insbesondere ob es zukünftig noch Sparer gäbe, kündigten wir vorsorglich allen weiblichen Mitarbeitern. Die verheirateten Männer mit Kindern wollten wir nicht auf die Straße setzen. Gott sei Dank musste dann letztendlich niemand gehen."[126]

Die Zahl der Beschäftigten bei der Kreissparkasse Augsburg betrug am 20. Juni 1948 zwei Beamte, 22 Angestellte und vier Lehrlinge[127], bei der Kreis- und Gemeindesparkasse Schwabmünchen waren drei Beamte, zehn Angestellte und neun Aushilfen (wegen des verstärkten Arbeitsanfalls infolge der Währungsreform) beschäftigt[128]. Die Kreissparkasse Augsburg leitete ab 1945 Sparkassendirektor Anton Böhm, ab 1956 zusammen mit Alois Kerschbaum als Stellvertreter. Das Schwabmünchner Institut stand unter der Führung von Otto Mang und dessen Stellvertreter Alois Gingele.

Bei Einführung der Fünftagewoche ab 1. Juli 1961 zählte die Augsburger Sparkasse bereits 104 Mitarbeiter – drei Beamte, 84 Angestellte, 16 Lehrlinge und

Personalentwicklung 1948 – 2004 [129]

	Kreissparkasse Augsburg		Kreis- u. Stadtsparkasse Schwabmünchen	
Jahr	Gesamtpersonal	Auszubildende	Gesamtpersonal	Auszubildende
1948	24	4	13	–
1951	29	5	16	1
1956	48	10	27	5
1961	88	16	41	9
1966	111	12	47	13
1971	146	44	69	10
1976	197	29	81	9
1981	260	53	96	16
1986	304	63	119	15
1991	591	93	159[130]	13
1996	635	50	187	17
2001	931[131]	54	–	–
2004	845	57	–	–

124 HAKSKA, Report 1993, S. 6f.
125 Nowak, R., Datenfernverarbeitung und Datennetze, S. 368.
126 Kerschbaum, A., Oral History, S. 3a.
127 HAKSKA, Geschäftsbericht 1948-1951, S. 5.
128 HASpkSch, Geschäftsbericht 1948–1951, S. 7.
129 Grundlage: HAKSKA, Geschäftsberichte/Jahresabschlüsse 1948–2003; HASpkSch, Geschäftsberichte 1948–1997; Auskünfte Personalabteilung Kreissparkasse Augsburg.
130 Ultimo- und Teilzeitkräfte prozentual berücksichtigt.
131 Gesamtpersonal einschließlich der fusionierten Kreis- u. Stadtsparkasse Schwabmünchen; hohe Mitarbeiterzahl wegen Aushilfskräften für die Euroumstellung.
132 HAKSKA, Geschäftsbericht 1961, S. 17f.
133 HASpkSch, Geschäftsbericht 1961, S. 21.
134 Kerschbaum, A., Oral History, S. 9 f.
135 Meitinger, W., Oral History, S. 4.
136 HAKSKA, Geschäftsbericht 1972, S. 27.

FASCHING 58

Es steht nunmehr endgültig fest:
Am Samstag, den 25. Januar 1958 versammeln sich alle Schbar-Gassler und Rinnen samt den amtlich verordneten Ehegesponsten und Verlobten um 19,3o Uhr im bekannten Marmorglaspalast in Datschiburg zwischen Grün-Cariert und Will-mehr-Rot. Sollte der Zweck der Zusammenkunft nach Mitternacht noch nicht geklärt sein, so wird er dann direktörlich verkündet.
Wie immer ist die Mitführung einer kleinen Aussteuer nicht zu umgehen, z.B. Teller, Kaffeetasse (fliegende Untertassen sind in der Garderobe an die Leine zu legen) Löffel und Weinglas. Dafür bietet der Abend wieder Genüsse in ausreichender Zahl und Gattung.
Aus einem frei erfundenen Konkurs werden pro Kopf der Ein-Geladenen folgende Quoten ausgeschüttet: (bitte nicht wörtlich nehmen!)
1 Flasche Wein
5 Gläschen Schnaps (Cognac oder Likör nach Wahl)
3 Glas Sekt
1 Paar Frankforter mit Brot und Senf
5 Brezen
1 Schachtel Giftnudeln
1 Tasse Kaffee

sowie je männlichen Bass, Tenor oder Bariton 3 Flaschen gutäs, gschmackigäs, bairischäs Bier.

Aufruf der „Faschingsgilde in der Kreis-Sparren-Kasse".
Historisches Archiv Kreissparkasse Augsburg

eine Aushilfe. Für den Wegfall des Schalterdienstes an den Samstagen wurden die Kassenstunden am Freitag bis 18.00 Uhr verlängert.[132] Bei der Schwabmünchner Sparkasse betrug der Personalstand zu dieser Zeit vier Beamte, 34 Angestellte und sieben Lehrlinge.[133]

Auf die Pflege des Gemeinschaftssinnes legte die Leitung der Kreissparkasse Augsburg schon immer besonderen Wert. Bereits 1950 veranstaltete die Belegschaft einen Faschingsball in der Schalterhalle der Hauptstelle, der sich in den Folgejahren zu einer jährlichen Traditionsveranstaltung entwickelte. Aus einer Faschingslaune heraus entstand nach Aussage von Alois Kerschbaum auch das über die Landkreisgrenzen bekannt gewordene Sparkassenorchester. Dessen erster öffentlicher Auftritt fand 1953 bei einer Betriebsversammlung im Gersthofer Gasthof Strasser statt. Das Orchester, dem zeitweise über 50 Mitglieder angehörten, probte in der Schalterhalle der Hauptstelle. Es bestand mehr als 30 Jahre. Wehmütig erinnert sich Alois Kerschbaum an sein „Lieblingskind": „Meine erste ‚Amtshandlung' nach der Pensionierung (1986) war die Auflösung des Orchesters. Ich habe das sehr bedauert, denn wir hatten uns einen guten Namen erworben, wir hatten ausgezeichnetes Notenmaterial, ein eigenes Klavier, eigene Pauken, eigenes Schlagzeug, eigenen Kontrabass. Die Auflösung war ein Jammer."[134]

Der erste Betriebsausflug nach dem Krieg führte die Sparkassenbelegschaft 1954 mit dem Omnibus nach St. Gallen.[135] Von da ab fanden jährlich Betriebsausflüge statt. Eine wichtige, gemeinschaftsbildende Tradition nahm so ihren Anfang.

Von weiteren Freizeitaktivitäten ist im Geschäftsbericht 1972 der Kreissparkasse Augsburg die Rede: „Die Fußballmannschaft der Kreissparkasse nahm an dem schon zur Tradition gewordenen Pokalturnier mit vier Nachbarsparkassen teil. Die Kegelgruppe der Sparkasse beteiligte sich an verschiedenen Spielrunden, darunter an dem Drei-Städte-Kampf der Sparkassen Augsburg-München-Nürnberg."[136] Der Geschäftsbericht der Kreis- und Stadtsparkasse Schwabmünchen

Die Kreissparkasse bietet etwa 60 jungen Menschen eine qualifizierte Ausbildung.

des Jahres 1985 schildert ähnliche Veranstaltungen: „Zur Förderung der Betriebsgemeinschaft und des persönlichen Kontaktes trugen ein vom Personalrat organisierter Faschingsball, ein zweitägiger Betriebsausflug nach Überlingen, die turnusmäßige Betriebsversammlung, diverse Volksfestbesuche sowie die traditionelle Weihnachtsfeier für das aktive Personal und die Pensionisten unserer Sparkasse bei.“[137]

Zu Beginn der 1980er-Jahre erarbeitete eine Projektgruppe für die Kreissparkasse Augsburg erstmals ein Unternehmensleitbild, dessen Intentionen und Grundgedanken in einer Broschüre veröffentlicht wurden. Dieses Leitbild sollte bei den Mitarbeitern einen stetigen Wertentwicklungsprozess auslösen, in dem persönliche Verhaltensweisen, die Stellung der Kreissparkasse im Wettbewerb und die geschäftspolitische Zielsetzung permanent kritisch überprüft werden. Ein Leitsatz lautete: „Unsere Aktivitäten als Mitarbeiter der Sparkasse orientieren sich an den Bedürfnissen unserer Kunden sowie aller im Geschäftsbereich lebenden Bürger und sämtlicher Einrichtungen der Wirtschaft und des kommunalen Lebens ... Ziel unserer Kundenorientierung ist: der zufriedene Kunde.“[138]

Einen vorbildlichen Beitrag für die deutsche Wiedervereinigung leisteten einige Mitarbeiter aus den beiden Sparkassen des Landkreises. Die Kreissparkasse Augsburg übernahm zusammen mit der Kreis- und Stadtsparkasse Schwabmünchen, der Stadtsparkasse Augsburg und der Stadtsparkasse Friedberg die Patenschaft für die Kreissparkasse Chemnitz (Karl-Marx-Stadt). Ziel war es, für die Kreissparkasse Chemnitz Hilfe zur Selbsthilfe zu leisten. Die Mitarbeiter der Augsburger Kreissparkasse leisteten rund 100 Manntage in Ostdeutschland.[139] Da qualifiziertes Personal in den neuen Ländern Mangelware waren, bildeten die vier Sparkassen in Kooperation mit der Industrie- und Handelskammer elf junge Männer zu Bankkaufleuten aus. Die theoretischen Grundlagen vermittelten Dozenten auch aus den Sparkassen. Bereits nach einem Jahr schlossen die Kandidaten die IHK-Abschlussprüfung erfolgreich ab.

Ein großes Augenmerk legte und legt die Kreissparkasse Augsburg auf die qualifizierte Ausbildung und kontinuierliche Weiterbildung ihrer Mitarbeiter. Denn: Der rasche wirtschaftliche und technische Wandel stellt in zunehmendem Maße Anforderungen an die Qualifikation der Mitarbeiter und Führungskräfte; insbesondere im Dienstleistungsbereich verändern neue Produkte und Technologien die Arbeitswelt, auf die man sich mit erworbenem Wissen wieder neu einstellen muss. Beispielhaft seien hier der wachsende Wettbewerb mit neuen Anbietern von Finanzdienstleistungen, wachsende Ansprüche der Kunden an Beratungs- und Betreuungsqualität und die Erweiterung der Produktpalette genannt.

Qualifikation und Motivation der Mitarbeiter ist deshalb in einer wettbewerbsintensiven Branche für überwiegend erklärungsbedürftige Dienstleistungen von immenser Bedeutung. Eine auf die gezielte Verbesserung dieser Mitarbeiterkompetenz ausgerichtete Personalentwicklung ist als Teil der Personalsteuerung für die Sparkasse ein geschäftspolitisches Instrument zur Realisierung der Unternehmensstrategie. Sie ist ein „strategischer Erfolgsfaktor“.[140]

Die Planung, Realisierung und Integration von Personalentwicklungsmaßnahmen ist aber auch eine wichtige Führungsaufgabe. Personalentwicklung ist für den Vorgesetzten ein bedeutendes In-

137 HASpkSch, Geschäftsbericht 1985, S. 37.
138 HAKSKA, Broschüre „Unser Sparkassenleitbild. Möglichkeiten eine Idee zu verwirklichen“.
139 Hauszeitung der Kreissparkasse Augsburg, 1 (1990), S. 11.
140 Die folgenden Ausführungen bis zum Ende des Kapitels stammen teilweise aus der Feder der Kreissparkasse Augsburg.

strument zur Zielerreichung in seinem Team. Als strategischer Erfolgsfaktor sichert Personalentwicklung die künftige Aufgabenerfüllung und somit den Erhalt der Arbeitsplätze der Mitarbeiterinnen und Mitarbeiter.

Als Grundlage für Personalentwicklungsentscheidungen dient das Personalentwicklungskonzept der Kreissparkasse, in dem die Ziele und Leitlinien der Personalauswahl, Personalentwicklung und -disposition fixiert sind. 1993 gestartet, wird es seither laufend weiterentwickelt.

Leitlinien sind dabei:

- Die Aufstiegsweiterbildung stellt den zukünftigen Bedarf an qualifizierten Mitarbeitern und Führungskräften bereit.
- Das Personalentwicklungskonzept ist zielgruppenorientiert, bedarfsgerecht und arbeitsplatzorientiert. Es passt sich künftigen Veränderungen flexibel an.
- Die Aufstiegsweiterbildung ist eine attraktive Alternative zum Studium nach der Berufsausbildung und zeigt jüngeren Mitarbeitern die beruflichen Perspektiven auf.
- Die Personalauswahl und Personalentwicklung wird systematisch und effizient gestaltet und orientiert sich am Bedarf der Kreissparkasse Augsburg.
- Für die einzelnen Funktionsbereiche sind differenzierte Karrierewege erstellt.
- Für die Karriereplanung gilt rechtzeitige Weichenstellung nach gezielter Auswahl. Zur Auswahl werden unterschiedliche Instrumente wie Beurteilung, Vorgesetzteneinschätzung und Assessment-Center herangezogen.
- Die Verweildauer bei herausragenden Positionen soll mindestens vier bis fünf Jahre sein; hier gilt „Banking ist Beziehungsgeschäft".
- Der Mitarbeiter selbst ist für seine eigene Entwicklung gleichermaßen verantwortlich. Eigeninitiative und der Impuls, aktiv an sich selbst zu arbeiten, wird von ihm erwartet. Eigeninitiative bedeutet konkret:
  - Leistungsbereitschaft und engagierter Einsatz am Arbeitsplatz als Mitunternehmer
  - sich über die eigenen beruflichen Zielvorstellungen Gedanken zu machen und diese gemeinsam mit den Vorgesetzten / der Personalabteilung in einem Fördergespräch zu besprechen
  - Bereitschaft zur Teilnahme an den Lehrgängen und Fortbildungsveranstaltungen auch in der Freizeit
  - auf Stellenausschreibungen zu reagieren, eine neue Aufgabe als Chance zum beruflichen Aufstieg zu nutzen und bereit zu sein, Verantwortung zu übernehmen.

Der Karriereweg der Kreissparkassen-Mitarbeiter beginnt häufig bereits mit der Ausbildung zum Bankkaufmann. Die Auszubildenden erhalten eine praxisorientierte Ausbildung im Betrieb. Theoretische Inhalte vermittelt die Berufsschule, ergänzt durch innerbetrieblichen Unterricht und Verkaufstrainings. Für bestimmte Zielgruppen bietet sich hier bereits die Kombination mit einem Studium über die Berufsakademie an. Nach dem Abschluss Bankkaufmann/Bankkauffrau besteht die Möglichkeit zur Weiterbildung an der Sparkassenakademie Bayern in Landshut bis hin zur höchsten Stufe der sparkasseninternen Weiterbildung an der Deutschen Sparkassenakademie in

Mitarbeiterin in der Wertpapierabteilung der Kreissparkasse Augsburg.

Bonn zum Diplom-Sparkassenbetriebswirt. Seit kurzem gehört zur Sparkassenorganisation eine eigene Hochschule, die mit den Studiengängen zum Bachelor und künftig auch zum Master, international anerkannte Studienabschlüsse anbietet.

Um die Fachkompetenz zu erweitern und ein hohes Qualifikationsniveau zu erreichen, bietet die Sparkasse ihren Mitarbeitern regelmäßige Seminarbesuche an. Dies kann intern über das hausinterne Seminarjahresprogramm oder durch externe Seminare, z. B. an der Sparkassenakademie Bayern erfolgen. Im Personalentwicklungskonzept ist auch festgelegt, unter welchen Voraussetzungen berufsbegleitende Fortbildungsmaßnahmen des freien Bildungsmarktes wie etwa Bankfachwirt/IHK von der Kreissparkasse gefördert werden.

„Durch die konsequente Anwendung der Leitlinien im Personalentwicklungskonzept werden Fehl- und Mehrfachinvestitionen in der Bildungsarbeit, der Bruch von Kundenverbindungen und der Verlust von Know-how vermieden", sagt Vorstandsvorsitzender Alfons Maierthaler. „Vielmehr erreichen wir dadurch eine optimale Zielorientierung bei Personalinvestitionen."

Dass die Personalentwicklung für die Kreissparkasse hohe Priorität hat, zeigt sich im jährlichen Betriebsvergleich. Bei den Fortbildungskosten und den Schulungstagen pro Mitarbeiter investiert die Kreissparkasse Augsburg überdurchschnittlich viel.

Die Kreissparkasse Augsburg heute

Um aus kleinen Anfängen die Leistungs- und Wettbewerbsfähigkeit der heutigen Kreissparkasse Augsburg zu erreichen, waren zahlreiche organisatorische, konzeptionelle, technische und produktinnovative Veränderungen erforderlich. Im April 1991 wurden die Weichen gestellt, um das bisherige Unternehmensleitbild nach rund zehnjährigem Einsatz aufgrund des Wertewandels, eines geänderten wettbewerbspolitischen Umfelds und neuer geschäftspolitischer Ziele zu erneuern. Eine repräsentativ zusammengesetzte Mitarbeitergruppe erarbeitete dies in Abstimmung mit den Kolleginnen und Kollegen in der Sparkasse. „Von uns, über uns, für uns" lautete schließlich der Titel des neuen Leitbilds, das nach über einjähriger gemeinsamer Arbeit Ende 1992 fertiggestellt wurde. Dieses Leitbild dient allen Mitarbeitern als Orientierungshilfe für ihr aktuelles und zukünftiges Handeln.

Das Leitbild wurde dann in den Folgejahren zur Unternehmensphilosophie „TOP Kreissparkasse" weiterentwickelt. Die Kernbereiche der bis heute gültigen Philosophie sind:

- „Wir sind kundenorientiert – Wir wollen zufriedene Kunden."
  Hier sind Leitlinien zur Service- und Beratungsqualität und zur Kreissparkasse als Dienstleistungsunternehmen formuliert.

Top Kreissparkasse
✓ Kundenorientiert
✓ Partnerschaftlich
✓ Unternehmerisch

- „Wir verhalten uns partnerschaftlich" beleuchtet den Umgang mit Kunden mit dem Ziel einer vertrauensvollen Kundenbeziehung, aber auch den Umgang der Kolleginnen und Kollegen untereinander im Haus.
- „Wir handeln unternehmerisch" als dritter Kernbereich behandelt schließlich die geschäftspolitischen Ziele und den Qualitäts- und Leistungsgedanken. Jeder Mitarbeiter ist aufgefordert, als mitverantwortlicher Unternehmer die Geschicke der Kreissparkasse aktiv in die Hand zu nehmen.

TOP Kreissparkasse wurde aber nicht nur als reine Unternehmensphilosophie formuliert. Die drei Säulen „Kundenorientiert", „Partnerschaftlich" und „Unternehmerisch" dienten auch als Handlungsgrundlage für alle Mitarbeiter in einem umfassenden Prozess der Neustrukturierung. In den Jahren 1992 bis 1995 wurden unter dem Begriff TOP

141 U. a. Hauszeitung der Kreissparkasse, 1(1995), S. 2 f.
142 HAKSKA, Report 1995, S. 3–7.
143 Hauszeitung der Kreissparkasse, 1 (1996), S. 10–12.
144 Schwabmünchner Allgemeine, 23. 4. 2004.
145 HAKSKA, Report 1998, S. 10.
146 Hauszeitung der Kreissparkasse, 3 (1995), S. 9.
147 Hauszeitung der Kreissparkasse, 3 (1996), S. 8 f. u. 15.

Kreissparkasse beispielsweise auch die Aufbau- und Prozessorganisation neu gestaltet, zwei Hauptstellen wurden neu gebaut bzw. umgebaut, eine neue Vertriebsphilosophie entwickelt sowie die neue Vertriebskonzeption nach Kundengruppen realisiert und Kernelemente der Personalentwicklung zusammengeführt. In diesem Sinn war TOP Kreissparkasse auch ein Begriff, der die Aufbruchstimmung der Kreissparkasse hin zu einem modernen und kundenorientierten Unternehmen symbolisierte.[141] Informationsveranstaltungen, Maßnahmen zur Personalentwicklung oder Videofilme unterstützten die Umsetzung von „TOP Kreissparkasse".

Die heutige Kreissparkasse als modernes und innovatives Unternehmen wird den Qualitätsanforderungen nach schneller, sicherer und rationeller Leistungserstellung gerecht. Als Voraussetzung dazu wurden in organisatorischer Hinsicht Mitte der 90er-Jahre in den Abteilungen Zentrale Marktfolge, Wertpapier und Zahlungsverkehr Marktfolgeaufgaben zusammengefasst. Damit Marktbereiche und Marktfolgeabteilungen ihre Aufgaben optimal erfüllen können, werden sie heute von den geschäftsbezogenen Kompetenzzentren Auslandsabteilung, Bauspar- und Versicherungsservice, Immobilienservice und Vermögensberatung sowie den zentralen Stabsabteilungen unterstützt. Eine Firmenkunden- und eine Gewerbekundenabteilung betreuen die Unternehmenskunden und stellen den zentralen Marktbereichen ihr spezielles Know-how im Finanzierungsgeschäft zur Verfügung. Die Abteilung für Immobilienfinanzierung und Privatkredite betreut das Kreditgeschäft mit den privaten Kunden. Um mehr Kundennähe zu erzielen, wurden verschiedene Marktbereiche geschaffen, die sich heute in fünf Teilmärkte gliedern: die Marktbereiche Augsburg, Süd, West, Gersthofen-Neusäß und Nord.

Unter der Konzeption und dem Motto „Ein neuer Lichtblick" wurde und wird seit 1995 sukzessive ein leistungsfähiges, modernes Geschäftsstellennetz mit 52 wohnortnahen Filialen geschaffen. Damit werden Kundennähe, Vertrauen, kompetente Beratung und partnerschaftliche Kontakte mit den Möglichkeiten modernster Banktechnik verbunden.[142] Um weiter Fachkompetenz vor Ort zu garantieren, erfolgt die Beratung in den Geschäftsstellen teilweise im „Geschäftsstellen-Pool". Der erste Pool wurde 1996 mit den Geschäftsstellen Haunstetten-Nord und Haunstetten-Süd gebildet.[143] Mit dem Bau eines neuen zukunftsorientierten Kundenzentrums in Königsbrunn investiert die Kreissparkasse Augsburg weiter in die Zukunft.[144] Mit dem neuen Dienstleistungszentrum, Mitte 2005 eröffnet, entsteht eine der größten Geschäftsstellen im gesamten Kreissparkassen-Verbund. Angesiedelt sind dort künftig auch die Gebietsdirektion mit Fachleuten für umfassenden Service sowie Vermögens- und Finanzierungsberatung für alle Kundengruppen – Privatkunden ebenso wie Firmen- und Gewerbekunden. „Unser Ziel ist es, an einem für uns wichtigen Standort mit einem optimalen Angebot und in bester Erreichbarkeit noch gezielter auf die Wünsche unserer Kunden eingehen zu können", sagt Vorstandsvorsitzender Alfons Maierthaler.

Unter dem Zeichen des Zusammenschlusses mit der Kreis- und Stadtsparkasse Schwabmünchen rückte Ende der 90er-Jahre die Fusionskernaussage **„Ein gutes Stück Zukunft für die Region Augsburg!"** in den Mittelpunkt. Der Report der Kreissparkasse 1998 vermittelt dazu: „Im neuen, vergrößerten Geschäftsgebiet der Kreissparkasse Augsburg wird weiterhin die Förderung von Aktivitäten vor Ort im Mittelpunkt des Engagements stehen. Denn wir haben gemeinsame Interessen mit den Kommunen, der heimischen Wirtschaft und den Menschen, die hier leben. Und als Sparkasse sorgen wir dafür, dass das Geld, das uns anvertraut wird, dort bleibt, wo es herkommt – in der Region."[145]

Die Einführung des **S-electronic KONTO** bei der Kreissparkasse Augsburg 1995[146], die Möglichkeit der Kontoführung von zu Hause aus, die Ausgabe einer **GeldKarte** 1996, der Beginn des kartengebundenen Zahlungsverkehrs und der erste Internetauftritt der Kreissparkasse http://www.kreissparkasse-augsburg.de[147] erweiterten das kundenorientierte Dienstleistungskonzept der Sparkasse. Für den seit September 1998 neuen und eigenständigen Internetauftritt wurde die Kreissparkasse für das beste Handling unter allen deutschen Kreditinstituten mit dem „e BankAward 1998" ausgezeichnet.[148]

Der Hinführung der Kunden zur neuen Währung, dem Euro, widmete die Kreissparkasse Augsburg große Aufmerksamkeit. Bereits im Herbst 1997 startete das Institut eine Öffentlichkeitsoffensive unter dem Motto **„Fit für den EURO"**; insgesamt fanden rund 100 Vorträge zum Themenkomplex EWWU und Euro statt.[149] Am 12. Mai 1998 organisierte die Sparkasse eine Euro-Expertenrunde in der Stadthalle Neusäß, deren prominentester Gast Dr. Franz-Christoph Zeitler, Präsident der Landeszentralbank Bayern, war.[150] Zum 1. Januar 1999 erfolgte die Einführung des bargeldlosen Euro in zwölf Ländern Europas. Die bisherigen Währungen der einzelnen Teilnehmerstaaten der EWWU waren fortan nur noch Untereinheiten des Euro; der Umrechnungsfaktor zwischen DM und Euro wurde mit 1,95583 festgelegt. Am 1. Januar 2002 kamen schließlich die Euro-Geldscheine und -Münzen in Umlauf; Ende Februar 2002 ging die Doppelwährungsphase zu Ende. Die Hauszeitung berichtete über die Ereignisse beim geldhistorischen Jahreswechsel 2001/2002: „Unsere Geschäftsstellen wurden in der ersten Januarwoche regelrecht ‚belagert'. Von morgens bis abends beherrschten lange Warteschlangen das Bild in unseren Geschäftsstellen. Aber auch am Abend nach Schließung der Geschäftsstellen war noch lange nicht Schluss. So mussten zunächst die entgegengenommenen Einzahlungen gezählt und danach noch die DM- und Euro-Kassenbestände abgestimmt und verstaut werden. Am besten kann die Höhe der Kassenposten ausdrücken, was in den ersten Januartagen in unseren Geschäftsstellen los war: So waren am 2. Januar 27 600, am 3. Januar 22 400, und am 4. Januar 17 000 Kassenposten zu verzeichnen. Die Spitzenbelastung betrug damit rund das Achtfache des sonst üblichen Tagesgeschäfts im Vergleichszeitraum. Auch in der Folgewoche wurden im Schnitt noch 11 000 Kassenposten pro Tag gezählt. Von September 2001 bis Februar 2002 wurden an die Kreissparkasse ca. 50 Tonnen Euro-Münzen geliefert (incl. Frontloading und Subfrontloading). Ebenso viele Tonnen DM-Münzen wurden im gleichen Zeitraum an die Landeszentralbank zurückgegeben."[151] Die Augsburger Allgemeine berichtete zum Euro-Start: „Einen Euro-Frühstart haben die Automaten der Stadtsparkasse und der Kreissparkasse Augsburg hingelegt: Die Freigabe der neuen Währung war zwar erst für die Morgenstunden geplant, die Bankautomaten haben jedoch ‚selbstständig beschlossen', die Kunden schon kurz nach Mitternacht mit Euros zu versorgen. Eine technische Erklärung konnten die EDV-Experten der Sparkassen nicht liefern."[152]

Die Gegenwart der Kreissparkasse Augsburg ist geprägt von der Vetriebsphilosophie **„Drei Wege – eine Bank"**, die es den Kunden ermöglicht, mit dem Institut persönlich, über Telefon oder per Internet Kontakt aufzunehmen.[153] Die Marktstrategie ist die einer innovativen Universalbank, die für jeden Wunsch die passende Lösung anbietet. Im Bereich Sparen und Anlegen steht eine umfangreiche Angebotspalette zur Verfügung:[154] Sparkonto, Festgeld, PS-Sparen, Prämiensparen flexibel, Sparkassenbrief, Sparkassenobligation, Rentaplan, Inhaberschuldverschreibung bis zum TopSparInvest, eine clevere Kombination einer lukrativ verzinsten Geldanlage und der Chance an einem Konjunkturaufschwung in der Zukunft mit Fondsanlagen der DekaBank zu profitieren.

148 Hauszeitung der Kreissparkasse, 4 (1999), S. 3.
149 Hauszeitung der Kreissparkasse, 1 (1998), S. 9.
150 Hauszeitung der Kreissparkasse, 2 (1998), S. 13.
151 Hauszeitung der Kreissparkasse, 1 (2002), S. 7.
152 Augsburger Allgemeine, 2.1.2002.
153 HAKSKA, Prospekt „Drei Wege – eine Bank".
154 http://www.kreissparkasse-augsburg.de/sparen und anlegen.
155 HAKSKA, Report 2002, S. 9.
156 http://kreissparkasse-augsburg.de/kredite und finanzierungen bzw. firmenkunden/kredite und finanzierungen.
157 HAKSKA, Report 2002, S. 11; Müller, Reinhold, Mezzanine-Kapital. Hybride Finanzierung, in: Profits. Das Firmenkundenmagazin der Sparkassen-Finanzgruppe, Sonderausgabe Corporate Finance 2004, S. 18–21.
158 HAKSKA, Report 2003, S. 14.

Vielfältige Dienstleistungen: Firmenkundenabteilung, Kartenservice und Kundencenter in der Hauptstelle der Kreissparkasse Augsburg.

Um den Kunden umfassende Kompetenz zu bieten, arbeitet die Kreissparkasse Augsburg innerhalb der **Sparkassen-Finanzgruppe** u. a. mit folgenden **Partnerunternehmen** zusammen:[155]

- Bayerische Landesbank Girozentrale
- LBS Bayerische Landsbausparkasse
- Sparkassen-Immobiliengesellschaft
- Bayernfonds
- Bayerngrund
- Bayern-Versicherung
- Versicherungskammer Bayern
- Deutsche Leasing AG
- DekaBank (Investmentgesellschaft der Sparkassen-Finanzgruppe)
- S-UBG Bayern Gesellschaft für Unternehmensbeteiligungen AG

Im Bereich Kredite und Finanzierungen reicht das Angebotsspektrum vom Dispositionskredit, simply credit (Allzweckkredit), über die Baufinanzierung bis hin zu komplexen Firmenfinanzierungen mit den Produktvarianten Investitionskredit, Leasing, Gründungsdarlehen, öffentliche Fördermittel und Auslandsfinanzierung.[156] Im Mittelpunkt steht dabei eine maßgeschneiderte Unternehmensfinanzierung für den Mittelstand, die auch innovative Lösungen wie Mezzanine-Darlehen beinhaltet. Um das Eigenkapital mittelständischer Unternehmen zu stärken, hat die Kreissparkasse Augsburg als erste bayerische Sparkasse aus eigenen Mitteln ein Eigenkapitalergänzungsprogramm, einen so genannten „Mezzaninefonds“ für Mittelständler mit Wachstumspotenzial, entwickelt und aufgelegt.[157] In diesem Zusammenhang werden auch gezielt Gründerzentren wie der „aiti“-Park in Augsburg gefördert.[158]

Als selbstständiges Wirtschaftsunternehmen in kommunaler Trägerschaft fühlt sich die Kreissparkasse Augsburg der Region verpflichtet und orientiert sich stark am Gemeinwohl. „Es gehört zu unserem Selbstverständnis, uns über die eigentliche Geschäftstätigkeit hinaus für die Interessen des Gemeinwohls einzusetzen und mit unserem Förderengagement wichtige Aufgaben für die Gemeinschaft zu erfüllen“, sagt Vorstandsvorsitzender Alfons Maierthaler. Allein im Jahr 2004 leistete die Kreissparkasse knapp 830 000 Euro an finanzieller Unterstützung für verschiedene gesellschaftliche Zwecke – zum Beispiel Kultur, Soziales oder Sport. Dazu kommt die

Die Kreissparkasse Augsburg ist im gesellschaftlichen Leben der Region präsent:

Der musikalische Nachwuchs gibt beim jährlichen „Konzert junger Talente" in Schwabmünchen sein Bestes (links oben).

Auch die Verkehrserziehung im Landkreis findet mit Unterstützung der Kreissparkasse statt. 2004 belegte die Klasse 4a der Volksschule Dinkelscherben unter 33 teilnehmenden Klassen den ersten Platz bei der Fahrradprüfung im Bereich der Polizeiinspektion Zusmarshausen (rechts oben).

Regelmäßig werden in den Räumen der Kreissparkasse – in Augsburg und Schwabmünchen – viel beachtete Ausstellungen mit renommierten Künstlern veranstaltet (links unten).

Drei Meister der deutschen Karikatur-Szene traten bei der 20.Jubiläums-„Cartoonica" 2004 auf (von links): Erich Paulmichl, Erik Liebermann und Erich Rauschenbach.
Fotos: Kreissparkasse Augsburg

finanzielle Beteiligung und das ehrenamtliche Management in mehreren Stiftungen sowie die Gründung einer eigenen Stiftung aus Anlass des Jubiläums. Der geschäftliche Erfolg ist die Grundlage für dieses Engagement. Mit einer Bilanzsumme von 2,204 Mrd. Euro konnte die Kreissparkasse für das Geschäftsjahr 2004 erneut ein gutes Ergebnis vorlegen.[159]

Die Kreissparkasse trägt seit Jahrzehnten auf vielen Gebieten zu einem lebendigen Kulturangebot in Stadt und Landkreis Augsburg bei. Musikalische Talente werden mit dem jährlich zu Gunsten „der Kartei der Not" stattfindenden „Konzert junger Talente" unterstützt. Die kulturelle Vielfalt beleben ebenso geförderte Veranstaltungen wie das Mozartfest, die Fronhof-Konzerte oder die Konzert-Matineen im Rokokosaal. In Augsburg und Schwabmünchen finden regelmäßig Ausstellungen regionaler Künstler statt. Höhepunkt ist seit 1992 die jährliche Verleihung des „Schwäbischen Kunstpreises der Kreissparkasse Augsburg". Ein weiterer Eckpfeiler im Sponsorenjahr ist die Augsburger Karikatur-Ausstellung „Cartoonica", die 2005 bereits zum 21. Mal stattfindet.

Besondere Schwerpunkte werden auf die Förderung des Sports und der Jugend gelegt. Finanzielle Zuschüsse an die örtlichen Turn- und Sportvereine, die Beteiligung an Förderkreisen wie dem Arbeitskreis Schule-Wirtschaft, Jugendwettbewerbe, Betriebspraktika oder das Planspiel Börse für Schüler unterstreichen die vielseitigen Aktivitäten der Kreissparkasse.

Mit Investitionen in Millionenhöhe gibt die Kreissparkasse zudem als Investor und Auftraggeber wichtige Impulse für die heimische Wirtschaft. Innovative Finanzierungshilfen der Kreissparkasse für mittelständische Unternehmer sowie die Finanzierung und Begleitung von Existenzgründern dienen zur Förderung der

159 Lagebericht 2004.
160 Stiftungsbroschüre „Offene Stiftungsgemeinschaft BUNTER KREIS – Kreissparkasse".
161 Hauszeitung der Kreissparkasse Augsburg, 1(1996), S. 6f.
162 Augsburger Allgemeine, 13. 11. 2003.
163 Pressemitteilung 26. 10. 04 Kreissparkasse Augsburg, Nr. 26/04.

regionalen Wirtschaft und helfen, Arbeitsplätze in der Region zu sichern und neu zu schaffen.

Soziales Engagement und ehrenamtliche Arbeit sind tragende Pfeiler unserer Gesellschaft. Die Kreissparkasse unterstützt beispielsweise seit 1994 die Arbeit des Bunten Kreises, der schwerkranke Kinder und ihre Familien in den Mittelpunkt seines Engagements stellt. Der Bunte Kreis und die Kreissparkasse Augsburg bilden seit 1998 zusammen eine Trägerstiftung, die in ihre Gemeinschaft weitere neue Stiftungen zum Wohle von chronisch-, krebs- und schwerstkranker Kindern aufnimmt.[160]

Als Mitglied der im Dezember 2003 gegründeten Stiftergemeinschaft zur Förderung des Klinikums Augsburg hat die Kreissparkasse ihr soziales Engagement noch einmal erweitert. Zweck ist die Erhaltung und Verbesserung des Standards der Medizintechnik im Zentralklinikum. Zur „Bürgerstiftung Augsburger Land", im Dezember 2004 auf Initiative des Landkreises Augsburg gegründet, leistete die Kreissparkasse mit Gründung einer „Zustiftung" einen finanziellen Beitrag von 100 000 Euro.

Eine neue, eigene Stiftung zum Wohl der Landkreisbürger gründete die Kreissparkasse aus Anlass ihres Jubiläumsjahres. Sie trägt den Namen „Zukunft" und kümmert sich laut Präambel der Stiftungssatzung um „die Menschen, die hier leben". Ziel ist die Förderung von Kunst und Kultur, Wissenschaften und Forschung, Bildung und Erziehung, der Jugend- und Altenhilfe, mildtätiger Zwecke des Natur- und Umweltschutzes, der Landschafts- und Denkmalpflege, der Heimatpflege, des Brauchtums und des Sports. Vorstandsvorsitzender Alfons Maierthaler erläutert: „Mit der Gründung dieser Stiftung möchte die Kreissparkasse Augsburg anlässlich ihres 150-jährigen Bestehens ihre Verbundenheit mit ihrer Region und ihren Menschen zum Ausdruck bringen."

Ein weiteres bedeutendes Engagement zum Wohl der Landkreisbürger verwirklicht die Kreissparkasse Augsburg in der Funktion als geschäftsführender Mitgesellschafter in der Grundstücks- und Wohnbaugesellschaft Neusäß mbH (GWN), gegründet am 2. April 1993. Aufgabe ist die sozial verantwortbare Versorgung des Gebietes mit Wohnraum, Bereitstellung von Grundstücken zur Gewerbe- und Industrieansiedlung mit dem Ziel der Schaffung und Sicherung von Arbeitsplätzen und in der Durchführung von Erschließungsmaßnahmen.[161] So hat die Neusässer Gesellschaft in zehn Jahren mittlerweile sechs Projekte mit 164 Wohnungen, 107 Tiefgaragen-Stellplätzen sowie 20 Reihen- und Doppelhäuser gebaut mit einer Bauleistung von 25 Mio. Euro.[162]

Rückblickend lässt sich feststellen, dass die Kreissparkasse Augsburg in ihrer Region mit den ihr gestellten Aufgaben in den vergangenen 150 Jahren erfolgreich gewachsen ist und mit einer beachtlichen unternehmerischen Bilanz aufwarten kann. Sie weist alle für Sparkassen typischen Stärken in besonderer Ausprägung auf:

- hohe Marktdurchdringung durch Hausbankprinzip mit langfristig angelegten Geschäftsverbindungen,
- Konzentration der Geschäftstätigkeit auf den lokalen Raum,
- Identifikation mit lokalen und regionalen Anliegen,
- unverändert gute Betriebsergebnisse, und
- das Eigenkapital wird selbst erwirtschaftet.

Die Kreissparkasse Augsburg hat sich in der Vergangenheit bewährt und ist positiv der Zukunft zugewandt. Vorstandsvorsitzender Alfons Maierthaler betonte daher in der ersten Presseveranstaltung zum Auftakt des 150. Jubiläumsjahres: „Wir arbeiten für ein modernes, innovatives Unternehmen mit Geschichte und Tradition, das seinen Blick in die Zukunft gerichtet hat." In der ersten Pressemitteilung zum 150. Firmenjubiläum erläuterte er: „Als auf dem heimischen Markt konzentriertes Kreditinstitut werden wir uns weiterhin für die uns anvertraute Region einsetzen."[163] Das Jubiläum ist für die Kreissparkasse Anlass, auf die Geschichte des Unternehmens zurückzublicken. Maierthaler: „Mit diesem Wissensschatz wollen wir unseren Weg als moderner Finanzdienstleister fortsetzen."

AUSBLICK – DIE KREISSPARKASSE HEUTE UND MORGEN – OPTIMISTISCH AUF DEM WEG IN DIE ZUKUNFT

Wir sind eine Sparkasse,
in der die Zukunft Tradition hat
und die Tradition Zukunft:
Modern, nach vorne blickend,
mit viel Erfahrung
und einem wertvollen Kapital,
engagierten und kompetenten
Mitarbeiterinnen und Mitarbeitern.

Unternehmensleitbild
Kreissparkasse Augsburg

Impulse für die Wirtschaftsregion Augsburg

Seit 150 Jahren ist die Kreissparkasse Augsburg in der Region fest verwurzelt. In dieser Zeit hat sich das Unternehmen zum größten Kreditinstitut im Landkreis Augsburg mit einem Geschäftsvolumen von 2,34 Mrd. Euro entwickelt. Mit unserem Firmensitz in der Stadtmitte Augsburgs, unserem Verwaltungszentrum im Augsburger Ortsteil Pfersee, einer Niederlassung mit zentralen Funktionen in Schwabmünchen, sechs weiteren Standorten in der Stadt Augsburg und 45 Standorten im gesamten Landkreis sind wir wichtiger Wirtschaftsfaktor und Klammer zwischen „Stadt und Land".

Als Sparkasse sind wir Teil der kommunalen und regionalen Infrastruktur. Deshalb haben wir ein vitales Interesse an einer gesunden und starken örtlichen Wirtschaft. Wir geben auf vielen Ebenen Impulse für die Weiterentwicklung des Wirtschaftsraums Augsburg – mit dem Ziel, durch unsere nachhaltige Förderung daran mitzuwirken, dass Potenziale und Stärken dieses hervorragenden Standorts im Herzen Europas konsequent genutzt werden.

Die Standorttreue der Kreissparkasse Augsburg ermöglicht zudem ein vielfältiges gesellschaftliches Engagement, das weit über die normalen Bankgeschäfte hinausgeht. Nach unserem Selbstverständnis verbinden wir in unserer Geschäftspolitik attraktive Finanzdienstleistungen, betriebswirtschaftliche Effizienz und solide Ertragskraft mit der Orientierung am Gemeinwohl.

Wir übernehmen Verantwortung

Als leistungsfähiges Wirtschaftsunternehmen sehen wir unsere Aufgabe in einer verantwortungsbewussten Standortförderung.

- **als Arbeitgeber**

Die Kreissparkasse Augsburg gibt rund 850 Frauen und Männern einen Arbeitsplatz und ist damit einer der größten Arbeitgeber im Landkreis Augsburg. Darüber hinaus bieten wir Mitarbeitern mit herausragenden Leistungen vielfältige Aufstiegsmöglichkeiten. Unsere Führungspositionen besetzen wir am liebsten aus den eigenen Reihen.

- **als Ausbilder**

Rund 60 junge Menschen erhalten bei der Kreissparkasse Augsburg eine solide Berufsausbildung mit hervorragenden Perspektiven für die Zukunft.

- **als Spender und Sponsor**

Mit einem hohen Etat für Spenden und Sponsoring-Aktivitäten fördert die Kreissparkasse humanitäre, kulturelle, soziale und sportliche Einrichtungen und Projekte im Raum Augsburg.

- **als Stifter**

Aus Anlass ihres 150-jährigen Bestehens hat die Kreissparkasse eine eigene Stiftung mit dem Namen „Zukunft" gegründet, die verschiedene gemeinnützige Ziele verfolgt. Daneben leistet sie erhebliche finanzielle und ehrenamtliche Beiträge für weitere Stiftungen – zum Beispiel die „Offene Stiftergemeinschaft Bunter Kreis – Kreissparkasse Augsburg", die „Stiftergemeinschaft zur Förderung des Klinikums Augsburg" und die „Bürgerstiftung Augsburger Land".

- **als Auftraggeber**

Laufend investiert die Kreissparkasse Augsburg in ihre Geschäftsstellen und andere Projekte. Aufträge gehen bevorzugt an Kunden und regionale Unternehmen.

Die „Offene Stiftergemeinschaft Bunter Kreis – Kreissparkasse Augsburg" unterstützt Familien mit chronisch- und schwerstkranken Kindern. So finanziert die Stiftergemeinschaft Reittherapien in der Kinderklinik Augsburg. *Foto: Kreissparkasse Augsburg*

Die Kreissparkasse Augsburg ist leistungsstarker Finanzdienstleister für ihre mittelständischen Firmenkunden. Ein Beispiel für viele: Herbert Dischinger, Chef der Firma Sortimo aus Zusmarshausen, mit Ehefrau Sigrid und Reinhold Braun (links) sowie Klaus Emler. *Foto: Kreissparkasse Augsburg*

- als Wirtschaftsförderer

Die Kreissparkasse Augsburg engagiert sich aktiv für Existenzgründer sowie den Mittelstand und unterstützt regionale Wirtschaftsförderinitiativen. Im Verbund mit weiteren Einrichtungen der Sparkassenorganisation sind wir wichtigster Kreditgeber für die mittelständische Wirtschaft. Durch eine verantwortungsvolle Geschäftspolitik wird Unternehmen geholfen, Arbeitsplätze zu schaffen und zu erhalten.

- als Steuerzahler

Das kontinuierliche geschäftliche Wachstum der Kreissparkasse Augsburg berücksichtigt auch die Notwendigkeit einer stabilen und zufrieden stellenden Ertragskraft. Dementsprechend fließen über die Jahre laufend hohe Beträge an Gewerbe- und Körperschaftssteuer, die zu einem wesentlichen Teil der Region zugute kommen.

Am Kunden orientiert

Das Jubiläum wirft die Frage auf: Wie erreicht ein Unternehmen 150 Jahre, ohne „alt" zu sein? Wir meinen: vor allem durch das Vertrauen der Kunden. Und dadurch, dass wir fortwährend daran arbeiten, dieses Vertrauen zu rechtfertigen. Unser wichtigstes Ziel besteht darin, jeden einzelnen Kunden zufrieden zu stellen und ihm maßgeschneiderte Lösungen für all seine finanziellen Fragestellungen anzubieten. Weil wir wissen, dass der Erfolg unseres Unternehmens maßgeblich von unseren Mitarbeitern bestimmt wird, achten wir besonders auf deren persönliche und berufliche Qualifikation. Und wir legen sehr großen Wert auf die persönliche und berufliche Entwicklung unserer Mitarbeiter.

Die Kreissparkasse hat Vorsorge betrieben und kann eine gute Kapitalausstattung vorweisen. Über den Erfolg am Markt entscheidet nicht zuletzt die Qualität der gebotenen Leistung. Hier steht die Kreissparkasse im harten Wettbewerb mit anderen Kreditinstituten und Finanzdienstleistern. Unsere Antwort auf diese Herausforderungen heißt: Enge Kundenbindung und persönliche Beratung, hohe Servicequalität und schnelle, unbürokratische Entscheidungen, Orientierung an Innovationen und modernen Trends, verbunden mit einer geradlinigen, aktiven und dennoch umsichtigen Geschäftspolitik.

Hoher Standard bei Service und Beratung

Auch über 2005 hinaus bleibt die Unternehmensphilosophie der Kreissparkasse Augsburg auf dieser Linie. Wir begleiten

Kunden schätzen die seriöse und qualifizierte Beratung der Sparkassenmitarbeiter. Aus einem erstklassigen Produktangebot werden optimale Lösungen angeboten. *Foto: Kreissparkasse Augsburg*

Die heutige Kreissparkasse Augsburg mit Hauptsitz am Martin-Luther-Platz 5 in Augsburg ist ein modernes, innovatives Unternehmen und leistungsstarker Finanzdienstleister.
Foto: Kreissparkasse Augsburg

Die Wünsche der Kunden stehen bei täglichen Mitarbeiterbesprechungen im Mittelpunkt.
Foto: Kreissparkasse Augsburg

unsere Kunden mit den faszinierenden Möglichkeiten moderner Finanzdienstleistungen durch alle Lebensphasen und bieten gute Beratung für jedermann. Unser Service ist geprägt von Freundlichkeit, Kompetenz, Aufgeschlossenheit, Diskretion und vertrauensvoller Zusammenarbeit. Wir bieten für jedes Anliegen die passende Lösung an und betrachten Veränderungen als Herausforderung. Um den Wünschen unserer Kunden gerecht zu werden, entwickeln wir ständig neue Produkte und Dienstleistungen und optimieren die Zusammenarbeit durch zusätzliche Serviceleistungen.

Kompetent und persönlich

Die Kreissparkasse Augsburg wird auch weiterhin ihre besonderen wirtschaftlichen Aufgaben und gesellschaftlichen Leistungen in der Region wahrnehmen. Kurz gesagt, wird die Kreissparkasse das bleiben, was sie immer war – im Herzen eine persönliche, örtlich nahe und kompetente Bank mit qualifizierter, persönlicher Beratung für Privatkunden, Selbstständige und Firmen. Die Kommunikation auf allen Ebenen – persönlich, per Telefon oder online – wird weiter ausgebaut und gleichzeitig die persönliche, vertrauensvolle Nähe zu den Kunden beibehalten. Das versteht die Kreissparkasse als Verpflichtung für die Zukunft.

Nichts ist beständiger als der Wandel. Das gilt auch für uns als Sparkasse, die am Leben und der Entwicklung in und um Augsburg teilhat. Da wir ständig unseren Blick nach vorne richten und uns auf die kommenden Herausforderungen einstellen, haben wir allen Grund, optimistisch zu sein.*

* Gesamter Text Kapitel „Ausblick“ (S. 210–213) Kreissparkasse Augsburg.

Abkürzungen

Aufl.	Auflage
BA	Bezirksamt
BayHStA	Bayerisches Hauptstaatsarchiv
Bd.	Band
Bl.	Blatt
DM	Deutsche Mark
ders.	derselbe
Diss.	Dissertation
DspkZ	Deutsche Sparkassenzeitung
EUR	Euro
fl.	Gulden
fol.	folium
GBl.	Gesetzblatt für das Königreich Bayern
HAKSKA	Historisches Archiv Kreissparkasse Augsburg
HASpkSch	Historisches Archiv Kreis- und Stadtsparkasse Schwabmünchen
HASpkW	Historisches Archiv Sparkasse Wertingen
HAStakaA	Historisches Archiv Stadtsparkasse Augsburg
HVLAJb	Heimatverein für den Landkreis Augsburg e.V., Jahresbericht
kr.	Kreuzer
M.	Mark
m	Meter
masch.	maschinell
MAZus	Marktarchiv Zusmarshausen
MF	Ministerium der Finanzen
MInn	Ministerium des Innern
Nr.	Nummer
Pf.	Pfennig
RGBl.	Reichs- und Gesetzesblatt
RM	Reichsmark
S.	Seite
Sp.	Spalte
SpkWD	Sparkassen-Werbedienst
StAA	Staatsarchiv Augsburg
StadtAA	Stadtarchiv Augsburg
StadtASch	Stadtarchiv Schwabmünchen
StadtAW	Stadtarchiv Wertingen
TDM	Tausend Deutsche Mark
TEUR	Tausend Euro
TRM	Tausend Reichsmark
ZBLG	Zeitschrift für Bayerische Landesgeschichte
ZBSpkG	Zeitschrift für Bayerische Sparkassengeschichte
ZHVS	Zeitschrift des historischen Vereins für Schwaben (u. Neuburg)

ANHANG

KLEINE (DEUTSCHE) WÄHRUNGSGESCHICHTE

Gulden, Kreuzer, Pfennig und Heller

Nach der Neuordnung der politischen Landschaft durch den Wiener Kongress 1815 gab es im Deutschen Bund über 30 münzberechtigte Fürsten und Städte, die eigenes Geld in meist unterschiedlichen Währungen ausgaben. Insgesamt existierten sieben Münzsysteme, wobei im Norden das Taler- und im Süden das Guldensystem vorherrschten. Bayern prägte den **Gulden** seit 1754 nach dem so genannten Konventionsfuß: Aus der feinen kölnischen Mark (233,856 g) Silber wurden 24 Gulden geschlagen. 1837 erfuhr dieser Münzfuß eine geringfügige Änderung. Neben Silbermünzen in verschiedenen Stückelungen wurden als Scheidemünzen Kreuzer, Pfennige und Heller geprägt. Dabei galt folgende Einteilung: 1 Gulden = 60 Kreuzer = 240 Pfennig = 480 Heller.

Mark und Pfennig

Eine epochale Leistung im 1871 gegründeten deutschen Kaiserreich war die Schaffung eines einheitlichen Geldsystems. Als Einheit wurde die **Mark**, ursprünglich ein Edelmetallgewicht, gewählt. Sie wurde nach dem Dezimalsystem in 100 Pfennige unterteilt und bereitete der Währungsvielfalt auf deutschem Boden ein Ende. Die Durchsetzung als einheitliche Reichswährung erfolgte schrittweise. In Bayern trat sie am 1. Januar 1876 in Kraft. Der Gulden wurde im Verhältnis 1 : 1,76 in Mark umgerechnet. Bedeutend war die Einführung des Goldmünzfußes. Diese Golddeckung der Währung war durch die enormen Reparationszahlungen der Franzosen nach der Niederlage im Krieg 1870/71 möglich geworden. Der durchschnittliche Tageslohn für festbesoldete Bedienstete bewegte sich im letzten Drittel des 19. Jahrhunderts in Bayern zwischen 1,30 Mark (0,76 Gulden) und 1,90 Mark (1,11 Gulden).

Durch die immensen Kriegslasten und die Folgen des verlorenen Krieges (1914–1918) erlitt die Mark einen beispielslosen Werteverfall, dessen Höhepunkt in der **Inflation** des Jahres 1923 gipfelte. Für 1 Goldmark (0,35 g Feingold) mussten 1 Billion Papiermark bezahlt werden. Im November dieses Katastrophenjahres kostete ein Brötchen 20 Milliarden Mark. Eine Stabilisierung wurde mit der Einführung der **Rentenmark** am 15. November 1923 erreicht. 1 Billion Papiermark wurde gegen 1 Rentenmark eingetauscht, damit entsprachen 4,2 Billionen Papiermark oder 4,2 Rentenmark einem US-Dollar. Papiermark und Rentenmark zirkulierten als Zahlungsmittel parallel, bis im Oktober 1924 die **Reichsmark** die Papiermark ablöste. Die gleichwertige Rentenmark blieb teilweise bis 1948 im Umlauf. Im Gegensatz zur Rentenmark war die Reichsmark eine echte Goldwährung. Die umlaufenden Banknoten waren zu 30 Prozent in Gold und Golddevisen zu decken. Der NS-Staat hat im Zuge seiner Kriegsvorbereitungen neue Wege der Geldschöpfung beschritten, die in der zweiten großen Kriegsinflation mündeten. Der Zusammenbruch ging einher mit einem gewaltigen Geldüberhang. Im besetzten Deutschland galt die Reichsmark weiter, während die Alliierten durch eigene Ausgaben die Geldmenge vermehrten. Lebensmittelkarten und Bezugsscheine, die für viele Familien kaum das Existenzminimum gewährleisteten, waren zu einer Art Ersatzwährung geworden, ebenso wie Zigaretten, die auf dem Schwarzmarkt zur gängigsten Währungseinheit mutierten.

Nach der Gründung der Bank deutscher Länder im März 1948 kam es in den drei Westzonen am 21. Juni 1948 zur Einführung der Deutschen Mark. Die bisherigen Zahlungsmittel wurden außer Kraft gesetzt. Jeder Einwohner konnte 600 Reichsmark in 60 Deutsche Mark umwechseln, davon wurden 40 DM sofort, der Rest nach einem Monat ausbezahlt. Die **Deutsche Mark** stellte einen neuen Währungstyp in der deutschen Geldgeschichte dar: Es wurde zum ersten Mal auf jegliche Formen der Deckung verzichtet. Die Verantwortlichen der sowjetisch besetzten Zone reagierten auf das neue Geld unmittelbar mit einer eigenen Währungsreform. Erst 1950 übernahm die junge Bundesrepublik Deutschland die Münzhoheit. Die DM-Banknoten wechselten mehrfach ihr Aussehen. Auf den ersten, in den USA gedruckten Scheinen fehlte noch der Hinweis auf die ausgebende Notenbank. Mit dem Datum 2. Januar 1960 erschienen erstmals ein 500- und ein 1000-DM-Schein. Die letzte nationale Banknotenserie startete 1989. Auf den Werten wechselten sich jeweils ein männliches und ein weibliches Personenporträt ab. Mit dem Vollzug der Währungsunion kam am 1. Juli 1990 die DM in die DDR.

Der Euro

1992 beschloss der Europäische Ministerrat im Rahmen eines Stufenplans den Aufbau einer Europäischen Wirtschafts- und Währungsunion. Spätestens zum 1. Januar 1999 sollte der Euro (1 Euro = 100 Cent) als gemeinsame und eigenständige Währung in elf Staaten – Belgien, Deutschland, Finnland, Frankreich, Italien, Irland, Luxemburg, Niederlande, Österreich, Portugal und Spanien – zunächst im bargeldlosen Zahlungsverkehr eingeführt werden. Griechenland schloss sich am 1. Januar 2001 der Euroschlange an. Zum 1. Januar 2002 hielt in diesen zwölf Staaten mit insgesamt über 300 Millionen Einwohnern das Euro-Bargeld Einzug. Diese große logistische Aufgabe wurde ohne gravierende Probleme bewältigt. Wie bereits die DM-Noten fungiert der Euro als modernes Kreditgeld, besitzt also keinen inneren Wert. Alleiniger Emittent des neuen Geldes ist die 1998 ins Leben gerufene Europäische Zentralbank (EZB) mit Sitz in Frankfurt am Main.

SPARKASSENLEITER, VORSTÄNDE, VERWALTUNGSRATSVORSITZENDE

Kassierer – Rechnungsführer – Sparkassenleiter der Kreissparkasse Augsburg

1855–1859	Hauck
1859–1874	Joseph Süß
1874	Gerstner
1874–1900	Gaa
1900–1901	Johann Goller
1901–1913	Wilhelm Schmidt
1914	Karl Gehwald
1914	Anton Demharter
–1933	V. Dürr
1933–1945	Schütze
1945–1970	Anton Böhm
ab 1956–1970	Stellvertreter Alois Kerschbaum

Vorstände der Kreissparkasse Augsburg

	Vorsitzender		Mitglied		Mitglied
1970–1975	Anton Böhm	1970–1979	Alois Kerschbaum	1972–1975	Hans Bunk
1975–1986	Dr. Peter Kahn	1975–1986	Gottfried Selmair	1980–2000	Josef Merk
1986–1992	Gottfried Selmair	1986–1992	Alfons Maierthaler	2000–	Manfred Stöckl
1992–	Alfons Maierthaler	1992–2001	Johannes Rieger	2002–	Horst Schönfeld

Verwaltungsratsvorsitzende der Kreissparkasse Augsburg

1948–1962	Landrat Albert Kaifer
1962–1972	Landrat Dr. Fritz Wiesenthal
1972–1987	Landrat Dr. Franz Xaver Frey
1988–	Landrat Dr. Karl Vogele

Kassierer – Rechnungsführer – Sparkassenleiter der Kreis- und Stadtsparkasse Schwabmünchen

1853–1855	Karl Keck
1855–1863	Eduard Hartmann
1863–1904	Anton de Crignis
1904–1918	Franz Xaver Fäustle
1918–1919	Max Geiger
1919–1921	Alois Kießling
1921–1924	Karl Lerner
1924	Julius Vorbach
1924–1933	Joachim Barth
1933–1935	Dr. Helmut Korn
1935–1969	Otto Mang
1969–1970	Alois Gingele

Verwaltungsratsvorsitzende der Kreis- und Stadtsparkasse Schwabmünchen

1948–1952	Bürgermeister Hans Dempf
1952–1956	Landrat Waldemar Erzberger
1956–1960	Bürgermeister Richard Wagner
1960–1964	Landrat Dr. Franz Xaver Frey
1964–1968	Bürgermeister Richard Wagner
1968–1972	Landrat Dr. Franz Xaver Frey
1972–1976	Bürgermeister Adolf Lettenbauer bzw. 1976 Bürgermeister Franz Stapfer
1976–1980	Landrat Dr. Franz Xaver Frey
1980–1984	Bürgermeister Elmar Pfandzelter
1984–1987	Landrat Dr. Franz Xaver Frey
1987–1990	Bürgermeister Elmar Pfandzelter
1990–1993	Landrat Dr. Karl Vogele
1993–1996	Bürgermeister Hans-Joachim Neumann
1996–1998	Landrat Dr. Karl Vogele

Vorstände der Kreis- und Stadtsparkasse Schwabmünchen

	Vorsitzender		Mitglied
1970–1974	Alois Gingele	1970–1974	Peter Frankenberger
1974–1998	Peter Frankenberger	1974–1989	Anton März
		1989–1998	Karl Moser

QUELLEN UND LITERATUR

Man muss die Zukunft im Sinn haben und die Vergangenheit in den Akten.

Charles Maurice Talleyrand (1754 –1838)

Die mangelnde Quellenbasis stellte die Erarbeitung und Erforschung der Distriktssparkasse Zusmarshausen bzw. der Bezirkssparkasse Augsburg vor eine große Herausforderung. Ernüchterung trat ein, als festgestellt werden musste, dass im Hause der Kreissparkasse Augsburg für die Jahre vor 1955 keine einzige Archivalie auffindbar war. Grund: Nach Aussage des ehemaligen Vorstandes, Alois Kerschbaum, wurde 1955 mit dem Umzug in den Neubau am Martin-Luther-Platz bewusst ein „Neubeginn" in der Sparkassengeschichte vorgenommen, der sich unter anderem in der Trennung vom „Althergebrachten" vollzog. Die „alten Unterlagen" wurden in einem Container zur Vernichtung weggefahren.

Ein „Schwarzer Sonntag" für das Archiv wurde das Pfingsthochwasser des 23. Mai 1999. In der Hauptstelle II in Pfersee wurden Teile des Historischen Archivs, insbesondere das komplette Fotoarchiv, Opfer des Hochwassers.

In jahrelanger mühseliger Kleinarbeit musste nun das Schriftgut vor 1955 in Archiven und Bibliotheken, in Zeitungen und alten Statistiken detektivisch ermittelt werden.

Literatur

Abelshauser, Werner, Wirtschaftsgeschichte der Bundesrepublik Deutschland 1945 – 1980, Frankfurt a. M. 1983.

Abröll, Georg Josef, Beiträge zur Geldgeschichte im Landkreis Augsburg, Augsburg 1989.

Abröll, Georg Josef, Franz Xaver Egger (1798 – 1869). Pfarrer und Sparkassen-Gründer in Dinkelscherben, in: Pötzl, W. (Hrsg.), Lebensbilder, S. 225 – 229.

Ambrosius, Georg, von Kriegswirtschaft zu Kriegswirtschaft, in: North, M. (Hrsg.), Deutsche Wirtschaftsgeschichte, S. 282 – 350.

Ashauer, Günter, Von der Ersparungscasse zur Sparkassen-Finanzgruppe. Die deutsche Sparkassenorganisation in Geschichte und Gegenwart, Stuttgart 1991.

Bauer, Hans, Schwabmünchen, München 1994 (Historischer Atlas von Bayern, Teil Schwaben, Heft 15).

Bayrischer Raiffeisenverband (Hrsg.), Raiffeisen in Bayern. 1893 – 1968, München 1968.

Benker, Leonhard, Die Geschichte der Stadtsparkasse Nürnberg von der Gründung bis zum Jahre 1939, in: Tradition und Fortschritt. 140 Jahre Stadtsparkasse Nürnberg, Nürnberg 1961, S. 49 – 120.

Bildstein, Gebhard, Die Entstehung der schwäbischen Landkreise, in: Schwäbische Blätter für Volkskunde und Heimatpflege 4 (1950), S. 113 –122.

Borchardt, Knut, Währung und Wirtschaft, in: Deutsche Bundesbank (Hrsg.), Währung und Wirtschaft in Deutschland 1876 –1975, Frankfurt a. M. 1976, S. 3 –55.

Born, Karl Erich, Von der Reichsgründung bis zum Ersten Weltkrieg, München 1975.

Born, Karl Erich, Wirtschaftskrisen und Rechtsformen im 19. und 20. Jahrhundert, in: Bankhistorisches Archiv, Zeitschrift für Bankengeschichte 1 (1975), S. 19 – 30.

Bosl, Karl, Bayerische Geschichte, München 1971.

Both, Leonhard/**Helmschrott,** Franz , Zusmarshausen. Heimatbuch einer schwäbischen Marktgemeinde, Weißenhorn 1979.

Bracher, Karl Dietrich/ **Funke,** Manfred/ **Jacobsen,** H.-A. (Hrsg.), Die Weimarer Republik 1918 – 1933. Politik. Wirtschaft, Gesellschaft, Bonn 2. Aufl. 1988 (Schriftenreihe der Bundeszentrale für politische Bildung, Bd. 251).

Buchheim, Christoph, Die Währungsreform 1948 in Westdeutschland, in: Vierteljahreshefte für Zeitgeschichte 36 (1988), S.189 – 231.

Buchner, Rudolf, Deutsche Geschichte im europäischen Rahmen. Darstellungen und Betrachtungen, Göttingen 1975.

Burger, Friedrich/**Weidinger,** Hans, Das bayerische Sparkassenrecht. Sparkassengesetz, Sparkassenordnung und Mustersatzung mit Erläuterungen, München 3. Aufl. 1938.

Caesar, Rolf, Die Finanzierung des Ersten Weltkrieges und die Rolle der Sparkassen, in: ZBSpkG 65 (1991), S. 57 – 127.

Caesar, Rolf, Der öffentliche Kredit der Sparkassenorganisation von 1914 bis 1945, in: Sparkassen in der Geschichte, Abt. 1: Dokumentation, Bd. 7 (1992), S. 51 – 83.

Deininger, Heinz Friedrich (Hrsg.), Göggingen. Beiträge zur Geschichte der Stadt, Göggingen 1969.

Dijk, Willibrord-Christian van, Geschichte der franziskanischen Spiritualität, in: Rotzetter, Anton / Dijk, Willibrord Christian van / Matura, Thaddee, Franz von Assisi. Ein Anfang und was davon bleibt, Zürich/Einsiedeln/ Köln 1981.

Domes, Richard, Sparkassenwandlungen. Grundzüge einer Wirtschaftsgeschichte der deutschen und österreichischen Sparkassen, Wien 1930.

Donaubauer, Klaus A., Das Augsburger Bankwesen, in: Aufbruch ins Industriezeitalter. Aufsätze zur Wirtschaft und Industriegeschichte Bayerns von 1750–1850, Bd. 2, München 1985, S. 298–307

Dreiseitel, Erich/**Frey,** Franz Xaver, Der Landkreis seit 1945, in: Landkreis Augsburg (Hrsg.), Landkreis Schwabmünchen, S. 103–126.

Eberhart, Hermann, Wertingen 1910–1950. Geschichte und Geschichten, Wertingen 2001.

Eglau, Hans Otto, Mehr Schein als Sein. Als die Mark Kapriolen schlug. Deutsches Notgeld 1914–1923, Düsseldorf o. J.

Ellwein, Thomas, Krisen und Reformen. Die Bundesrepublik seit den sechziger Jahren, München 1993.

Emmerich, Norbert, Geschichte der deutschen Sparkassenwerbung. 1750 bis 1995, Stuttgart 1995 (Sparkassen in der Geschichte, Abt. 3: Forschung, Bd. 7).

Endrös, Hermann/**Krausse,** Johannes, Grundriß der Heimatkunde des Landkreises Augsburg, Augsburg 2. Aufl. 1969.

Erdmann, Karl Dietrich, Deutschland unter der Herrschaft des Nationalsozialismus 1933–1939, München 1980.

Erdmann, Karl Dietrich, Der Erste Weltkrieg, München 2. Aufl. 1981.

Erdmann, Karl Dietrich, Die Weimarer Republik, München 2. Aufl. 1981.

Fehn, Klaus, Wertingen, München 1967 (Historischer Atlas von Bayern, Teil Schwaben, Heft 3).

Feldenkirchen, Wilfried, Von der Sparanstalt zum Universal-Kreditinstitut. 175 Jahre Stadtsparkasse Weiden, München 1998.

Fried, Pankraz, Voraussetzungen und Auswirkungen der frühen Industrialisierung in Bayern – Die Situation auf dem Lande, in: Müller, Reiner A. (Hrsg.), Aufbruch ins Industriezeitalter, Bd. 2, Aufsätze zur Wirtschafts- und Sozialgeschichte Bayerns 1750–1850, München 1985, S. 412–442.

Friedrich, Jörg, Der Brand. Deutschland im Bombenkrieg 1940–1945, München 2002.

Geiger, Helmut, Entwicklungslinien der Sparkassenarbeit. Wiederaufbau, Konsolidierung, Wachstum 1947 bis 1967, in: Sparkasse 20 (1967), S. 229–332.

Gingele, Alois, Bank- und Kreditwesen, in: Landkreis Augsburg (Hsrg.), Landkreis Schwabmünchen, S. 251–254.

Gladen, Albin, Sparkassen als Element der Modernisierung im Prozeß der Entstehung und Ausprägung der industriellen Welt, in: ZBSpkG 6 (1992), S. 19–34.

Gosden, Peter H. J. H., Die Entstehung der Sparkassen in Großbritannien, in: Pix, M./Pohl, H. (Hrsg.), Invention – Innovation – Diffusion, S. 161–177.

Gottlieb, Gunther u.a. (Hrsg.), Geschichte der Stadt Augsburg. 2000 Jahre von der Römerzeit bis zur Gegenwart, Stuttgart 2. Aufl. 1985.

Grass, Günter, Mein Jahrhundert, Göttingen 1999.

Grube, Frank/**Richter,** Gerhard, Die Schwarzmarktzeit, Hamburg 1979.

Haecker, Theodor, Tag- und Nachtbücher 1939–1945, München 1946.

Hagel, Bernhard, Das Bezirksamt Zusmarshausen, in: Pötzl, W. (Hrsg.), Zusmarshausen, S. 285–291.

Hardach, Gerd, Deutschland in der Weltwirtschaft 1870–1970. Eine Einführung in die Sozial- und Wirtschaftsgeschichte, Frankfurt a. M./New York 1977.

Hartmann, Peter Claus, Bayerns Weg in die Gegenwart. Vom Stammesherzogtum zum Freistaat heute, Regensburg 1989.

Heil, Julius, Die Pflege des Spargedankens. Sparkassenwerbung und Sparwerbung, Bonn 1960.

Henning, Friedrich-Wilhelm, Das industrialisierte Deutschland 1914 bis 1986, Paderborn u.a. 6. Aufl. 1988.

Hentschel, Volker, Sparkassenorganisation und gesamtwirtschaftliche Entwicklung von 1914 bis 1945, in: Sparkassen in der Geschichte, Abt. 1: Dokumentation, Bd. 9 (1994), S. 39–53.

Henze, Werner/**Schmidt,** Hans, Steuerbegünstigtes Sparen, Stuttgart 1949.

Henze, Werner/**Schmidt,** Hans, Grundriß für die Sparkassenarbeit. Teil 1: Grundzüge der Geschichte des Sparkassenwesens, Stuttgart 1966.

Hetzer, Gerhard, Unsere Gemeinden im Königreich Bayern, in: Nozar, M./Pötzl, W. (Hrsg.); Neusäß, S. 413–458.

Hetzer, Gerhard, Von der Reichsgründung bis zum Ende der Weimarer Republik 1871–1933, in: Gottlieb, G. u.a. (Hrsg.), Geschichte der Stadt Augsburg, S. 568–592.

Hetzer, Gerhard, Weltkrieg und Parlamentarismus (1914–1933), in: Pötzl, W. (Hrsg.), Herrschaft und Politik, S. 375–391.

Hetzer, Gerhard/**Tröger,** Otto-Karl, Weichenstellungen. Eisenbahnen in Bayern 1835–1920, München 2001 (Ausstellungskataloge der Staatlichen Archive Bayerns Nr. 43).

Heydenreuter, Reinhard/**Krüger,** Ingo/**Rumschöttel,** Hermann, Armenfürsorge und Daseinsvorsorge. Dokumente zur Geschichte der Sozialgesetzgebung und des Sparkassenwesens in Bayern, München 1992 (Ausstellungskataloge der Staatlichen Archive Bayerns Nr. 31).

Höpker, Heinrich (Hrsg.), Die deutschen Sparkassen, ihre Entwicklungen und ihre Bedeutung, Berlin 1924.

Holzapfel, Heribert, Die Anfänge der Montes Pietatis (1462–1515), München 1903 (Veröffentlichungen aus dem kirchenhistorischen Seminar München Nr. 11).

Houtmann – De Smedt, Helma/**Wee,** Hermann van der, Die Entstehung des modernen Geld- und Finanzwesens Europas in der Neuzeit, in: Pohl, H., Europäische Bankengeschichte, S. 75–173.

Hubensteiner, Benno, Bayerische Geschichte. Staat und Volk. Kunst und Kultur, München 5. Aufl. 1967.

Irmler, Heinrich, Bankenkrise und Vollbeschäftigungspolitik (1931–1936), in: Deutsche Bundesbank (Hrsg.), Währung und Wirtschaft, S. 283–329.

Jahn, Joachim, Augsburg-Land, München 1984 (Historischer Atlas von Bayern, Teil Schwaben, Heft 11).

Jahn, Joachim, Schwabmünchen. Geschichte einer schwäbischen Stadt, Schwabmünchen 1984.

Jüngling, Elisabeth, „Handweber-Renitenz" und „Arbeitsverweigerung" – Protestverhalten während der Frühindustrialisierung in Bayern, in: Müller, R. A. (Hrsg.), Aufbruch ins Industriezeitalter, Bd. 2, S. 459 – 468.

Jungmann-Stadler, Franziska, Die Finanzierung des Eisenbahnbaus in Bayern bis 1870, in: Hetzer, G. / Tröger, O.- K., Weichenstellungen, S. 283 – 299.

Kästner, Friedrich, Die öffentlichen Sparkassen Bayerns in den Jahren 1914, 1915 und 1916, in: Zeitschrift des Bayerischen Statistischen Landesamtes 50 (1918), S. 529 – 591.

Kaufhold, Karl Heinrich, Geldwirtschaft und Sparkassen-Finanzgruppe von den Anfängen bis 1945, in: Sparkassen in der Geschichte, Abt. 1: Dokumentation, Bd. 24 (2001), S. 23–43.

Kießling, Hermann, Die Kreissparkasse Augsburg am Martin-Luther-Platz. Bauliche Entwicklung und historisches Umfeld, Augsburg 1992 (Manuskript masch.).

Kleßmann, Christoph/**Wagner,** Georg, Das gespaltene Land. Leben in Deutschland 1945 bis 1990. Texte und Dokumente zur Sozialgeschichte, München 1993.

Körner, Martin, Handel und Geldwesen im mittelalterlichen Europa, in: Pohl, H. (Hrsg.), Europäische Bankengeschichte, S. 33 – 72.

Kohlberger, Alexandra (Hrsg.), KulturGeschichteN. Festschrift für Walter Pötzl, Augsburg 1999 (26. Jahresbericht 1997/1998/ 1999 Heimatverein für den Landkreis Augsburg).

Kopitzsch, Franklin, Sparkassenrealität und Sozietätsbewegung im Zeitalter der Aufklärung, in: Sparkassen in der Geschichte, Bd. 2 (1984), S. 123 – 156.

Kraus, Andreas, Geschichte Bayerns. Von den Anfängen bis zur Gegenwart, München 1983

Krausse, Johannes, Chronik der Stadt Gersthofen 969 – 1989, Gersthofen 1989.

Künzer, F., Die Aufgaben der Sparkassen im Wandel der Zeit, in: **Höpker,** H. Die deutschen Sparkassen, S. 1 – 77.

Lade, Karl, Die Genossenschaften insbesondere die Kreditgenossenschaften nach Schulze-Delitzsch und das deutsche Volkssparwesen, in: Schriften des Vereins für Socialpolitik 137 (1913), S. 65 – 113.

Landkreis Augsburg (Hrsg.), Landkreis Schwabmünchen. Landschaft. Geschichte. Wirtschaft. Kultur, Augsburg 1975.

Landratsamt Augsburg (Hrsg.), Landkreis Augsburg 1972 – 1982, Augsburg 1982.

Lang, Dietrich, Sparkassenbriefe und Sparkassenobligationen, in: Handwörterbuch der Sparkassen Bd. 4, Stuttgart 1982, S. 66 – 75.

Lang, Joachim, Die öffentlichen Sparkassen Bayerns im Jahre 1933, in: Zeitschrift des Bayerischen Statistischen Landesamtes 67 (1935), S. 56 – 69.

Liebhart, Wilhelm, Königtum und Politik in Bayern, Frankfurt a. M. 1993.

Liedl, Eugen, Gebietsreform – Landkreis- und Gemeindereform, in: Pötzl, W. (Hrsg.), Herrschaft und Politik, S. 447 – 457.

Mags, Emma, Die Eisenbahn als Arbeitgeber, in: Hetzer, G. / Tröger, O.-K., Weichenstellungen, S. 408 – 419.

Malchus, Carl August Frhr. von, Die Sparcassen in Europa, Leipzig 1838 (Reprint Stuttgart 1994).

Mann, Golo, Deutsche Geschichte des 19. und 20. Jahrhunderts, Frankfurt a. M. 1958.

Mayr, Georg, Statistik der bayerischen Sparkassen, München 1873.

Mertens, Rainer, Johannes Scharrer. Profil eines Reformers in Nürnberg zwischen Aufklärung und Romantik, Nürnberg 1996 (Nürnberger Werkstücke zur Stadt- und Landesgeschichte Bd. 57).

Merz, Richard, Die Gründung des Vereins „Augsburgische Ersparnisskasse mit Verzinsung" im Jahre 1822, in: Fassl, Peter / Liebhart, Wilhelm / Wüst, Wolfgang (Hrsg.), Aus Schwaben und Altbayern. Festschrift für Pankraz Fried zum 60. Geburtstag, Sigmaringen 1991 (Augsburger Beiträge zur Landesgeschichte Bayerisch-Schwabens Bd. 5), S. 179 –194.

Merz, Richard, „Was die Dresdner können, das können auch wir". Zur Genesis des „Vereins der Augsburgischen Ersparniß-Kasse", in: ZBSpkG 9 (1995), S. 201– 210.

Merz, Richard, Zur Gründung des Sparkassenbezirksverbandes Schwaben 1907. Die Genesis aus der Perspektive der Stadtsparkasse Augsburg, in: Zeitschrift des historischen Vereins für Schwaben 89 (1996), S. 181 – 194.

Merz, Richard, Stadtsparkasse Augsburg 1822 – 1997. Ein Beitrag zur Wirtschafts- und Sozialgeschichte der Stadt Augsburg, Stuttgart 1997.

Merz, Richard, Eine Sparkasse für das bayerische Landgericht Göggingen, in: Kohlberger, A. (Hrsg.), KulturGeschichteN, S. 873–897.

Merz, Richard, „Von der Wohltat des Sparens und der Notwendigkeit des Geldverleihens". Kreditinstitute entwickeln die Augsburger Wirtschaftsregion vom 19. ins 20. Jahrhundert, in: Pötzl, W. (Hrsg.), Bauern – Handwerker – Arbeiter, S. 280 – 311.

Merz, Richard, 120 % Zinsen für Augsburger Geld! Die „Dachauer Bank" der Frl. Adele Spitzeder machte es möglich, in: Augsburger Zeiten 3 (2002), S 16 –18.

Möller, Hans, Die westdeutsche Währungsreform von 1948, in: Deutsche Bundesbank (Hrsg.), Währung und Wirtschaft, S. 433 – 483.

Möller, Horst, Weimar. Die unvollendete Demokratie, München 1985.

Müller, Melitta, Erlebnisse und Ansichten von Zeitzeugen der nationalsozialistischen Zeit, in: Pötzl, W. (Hrsg.), Herrschaft und Politik, S, 393 – 407.

Müller, Rainer A. (Hrsg.), Aufbruch ins Industriezeitalter, Bd. 2, Aufsätze zur Wirtschafts-Sozialgeschichte Bayerns 1750 – 1850, München 1985.

Mura, Jürgen, Entwicklungslinien der deutschen Sparkassengeschichte, Stuttgart 1987.

Mura, Jürgen, Das gewerbliche Kreditgeschäft seit 1908, in: Sparkassen in der Geschichte, Abt. 1: Dokumentation, Bd. 4 (1989), S. 49 – 59.

North, Michael (Hrsg.), Deutsche Wirtschaftsgeschichte. Ein Jahrtausend im Überblick, München 2000.

Nowak, Richard, Datenfernverarbeitung und Dokumente, in: Deutscher Sparkassenverlag (Hrsg.), Handwörterbuch der Sparkasse, Bd. 1, Stuttgart 1982.

Pfister, Doris, „Flüchtlinge und Vertriebene" – Ein Rückblick nach 60 Jahren, in: Pötzl, W. (Hrsg.), Herrschaft und Politik, S. 433 – 445.

Pfister, Doris/**Hagel,** Bernhard, Vertreibung und neue Heimat. Eine Dokumentation, Augsburg 1995 (Beiträge zur Heimatkunde des Landkreises Augsburg Bd. 12).

Piller, Michael, Fischach. Geschichte einer mittelschwäbischen Marktgemeinde, Weißenhorn 1981.

Pix, Manfred/**Pohl,** Hans (Hrsg.), Invention – Innovation – Diffusion. Die Entwicklung des Spar- und Sparkassengedankens in Europa, Stuttgart 1992 (Vierteljahresschrift für Sozial- und Wirtschaftsgeschichte, Beiheft Nr. 103).

Pötzl, Walter, So lebten unsere Urgroßeltern. Die Berichte der Amtsärzte der Landgerichte Göggingen, Schwabmünchen, Zusmarshausen und Wertingen, Augsburg 1988.

Pötzl, Walter, Das Landgericht Zusmarshausen, in: Ders., Zusmarshausen, S. 223 – 284.

Pötzl, Walter (Hrsg.), Lebensbilder zu Bildern aus dem Leben. Biographien von bedeutenden Persönlichkeiten und einfachen Leuten aus fünf Jahrhunderten, Augsburg 1991.

Pötzl, Walter (Hrsg.), Zusmarshausen. Markt, Pflegamt, Landgericht und Bezirksamt, Zusmarshausen 1992.

Pötzl, Walter (Hrsg.), Bauern – Handwerker – Arbeiter. Beiträge zur Wirtschafts-, Sozial- und Bildungsgeschichte, Augsburg 2001.

Pötzl, Walter (Hrsg.) Herrschaft und Politik. Vom frühen Mittelalter bis zur Gebietsreform, Augsburg 2003.

Pohl, Hans (Hrsg.), Europäische Bankengeschichte, Frankfurt a. M. 1993.

Pünder, Tilmann, Das bizonale Interregnum, Köln / Berlin 1966.

Rahn, Hans Adolf, Die Sparkasse der Stadt Zürich 1805 – 1944, Diss. Zürich 1946.

Rall, Hans, Die politische Entwicklung von 1848 bis zur Reichsgründung 1871, in: Spindler, Max (Hrsg.), Handbuch der bayerischen Geschichte, Bd. 4, Teilbd. 1, Das neue Bayern. 1860 – 1970, München 1974, S. 224 – 282.

Reinhart, Michael/**Zeitler,** Peter, Zwischen Tradition und Fortschritt. 175 Jahre Sparkasse Ansbach, Stuttgart 1998.

Reusch, Heinrich, Die Zinspolitik der Sparkassen, in: Schriften des Vereins für Socialpolitik 137 (1913), S. 67 – 198.

Rittmann, Herbert, Deutsche Geldgeschichte 1484 – 1914, München 1975.

Roesler, Konrad, Die Finanzpolitik des Deutschen Reiches im 1. Weltkrieg, Berlin 1967.

Ṡ 1858 – 1978. Gestern und heute. Festschrift zum 125. Jubiläum der Sparkasse, Schwabmünchen 1978.

Sambacher, Ernst, Das Geld. Eine Kulturgeschichte, München 1964.

Schachner, Robert, Das bayerische Sparkassenwesen, Erlangen 1900 (Wirtschafts- und Verwaltungsstudien mit besonderer Berücksichtigung Bayerns Bd. 6.).

Schaich, Michael, Spargedanke und Sparkassenidee im Schrifttum bayerischer Aufklärungssozietäten und Vereine, in: ZBSpG 7 (1993), S. 13 – 49.

Schieder, Theodor, Vom Deutschen Bund zum Deutschen Reich 1815 – 1871, München 1976.

Schröter, Harm G., Von der Teilung zur Wiedervereinigung 1945 – 2000, in: North, M. (Hrsg.), Wirtschaftsgeschichte, S. 351 – 420.

Schuber, Marianne, Oberhausener Chronik, Augsburg 1990.

Schulz, Günther, Der Beitrag der Sparkassen-Finanzgruppe zur Vermögensbildung von 1945/48 bis zum Beginn der Neunzigerjahre, in: Sparkassen in der Geschichte 25 (2002), S. 23 – 47.

Schulz, Günther, Geld in der deutschen Nachkriegswirtschaft: Sparkassen und Geldwertstabilität, in: Sparkassen in der Geschichte, Abt. 1: Dokumentation, Bd. 24 (2002), S. 45 – 68.

Schulze, Hagen, Weimar. Deutschland 1917–1933, Berlin 1994.

Schwabe, Klaus, Der Weg der Republik vom Kapp-Putsch 1920 bis zum Scheitern des Kabinetts Müller 1930, in: Bracher, K. J. / Funke, M./Jacobsen, H.-A. (Hrsg,), Weimar, S. 105 – 132.

Seidel, Max, Das deutsche Sparkassenwesen, Berlin 1896.

Settele, Walter (Hrsg.), Haunstetten. Geschichte – Episoden – Bilder, Augsburg 1983.

Sombart, Werner, Der Bourgeois. Zur Geistesgeschichte des modernen Wirtschaftsmenschen, Stuttgart 2. Aufl. 1991.

Sommer, Albrecht, Geistesgeschichte der deutschen Sparkassen, Berlin 1935.

Spies, Martina, Feuerversicherung. Waisen- und Kreditkassen bei ostschwäbischen Reichsklöstern vor der Säkularisierung und ihre Auslösung, Diss. masch., Augsburg 1997.

Spiethoff, Bodo, Ungewollt zur Größe. Die Geschichte der bayerischen Sparkassen, München 1958.

Spiethoff, Bodo, Vom Feudalbesitz zum Sparguthaben. Ein Beitrag zur Geschichte der Vermögensbildung, Stuttgart 1961.

Sprenger, Bernd, Vor 70 Jahren endete die

Hyperinflation, in: Die Bank 10 (1993), S. 615 – 619.

Strauß, Friedrich, Freiherr von, Fortgesetzte Sammlung der im Gebiete der inneren Staats-Verwaltung des Königreichs Bayern bestehenden Verordnungen von 1835 bis 1852, aus amtlichen Quellen bearbeitet, 8. Bd. der neuen Folge, München 1854.

Stucken, Rudolf, Schaffung der Reichsmark, Reparationsregelungen und Auslandsanleihen, Konjunkturen (1924 – 1930), in: Deutsche Bundesbank (Hrsg)., Währung und Wirtschaft, S. 249 – 281.

Thurn, Hans Peter, Die Kultur der Sparsamkeit. Die Kulturgeschichte des Sparens, Stuttgart 2. Aufl. 1991.

Tilly, Richard H., Vom Zollverein zum Industriestaat. Die wirtschaftlich-soziale Entwicklung Deutschlands 1834 bis 1914, München 1990.

Trende, Adolf, Geschichte der deutschen Sparkassen bis zum Anfang des 20. Jahrhunderts, Stuttgart 1957 (Reprint Stuttgart 1993).

Treue, Wilhelm, Zu den Anfängen des modernen Genossenschaftswesens von der Mitte des 19. Jahrhunderts bis etwa 1900, in: ZBSpG 4 (1900), S. 26 – 38.

Veit, Manfred, Landwirtschaftliche Dienstboten am Übergang zum 20. Jahrhundert. Obrigkeitliche Bewertung und erlebte Praxis, in: Kohlberger, A. (Hrsg.), KulturGeschichteN, S. 582 – 610.

Vogel, Rudolf, Lagerlechfeld – ein Truppenstandort im Wandel der Zeit, in: Landkreis Augsburg (Hrsg.), Landkreis Schwabmünchen, S. 459 – 476.

Vogel, Rudolf, Zur Geschichte des Landkreises im Mittelalter bis zum Ende des Zweiten Weltkriegs, in: Landkreis Augsburg (Hrsg.), Landkreis Schwabmünchen, S. 45 – 102.

Wagner-Braun, Margarete, Das genossenschaftliche Bank- und Versicherungswesen im 19. und zu Beginn des 20. Jahrhunderts – das Beispiel des „Wirtschaftlichen Verbandes“, in: Schriftreihe zur Genossenschaftsgeschichte Bd. 1, S. 100 – 140.

Wandersleb, Hermann, Der Sparer ist der Held des Wiederaufbaus, in: Sparkasse 21 (1955), S. 327 f.

Weber, Karl, Neue Gesetz- und Verordnungen – Sammlung für das Königreich Bayern mit Einschluß der Reichsgesetzgebung, Bd. 39, München 1912.

Wehler, Hans-Ulrich, Das Deutsche Kaiserreich 1871 – 1918, Göttingen 3. Aufl. 1977.

Weidner, Alfred, Geld und Währung. Einführung in die Grundlagen, Stuttgart 2. Aufl. 1961.

Weimer, Wolfram, Deutsche Wirtschaftsgeschichte. Von der Währungsreform bis zum Euro, Hamburg 1998.

Willi, Gerhard, Neusäß während der nationalsozialistischen Diktatur, in: Nozar, M./ Pötzl, W. (Hrsg.), Neusäß, S. 485 – 510.

Winkler, F. A., Die deutschen Sparkassen und die Kriegsanleihe, in: Höpker, H. (Hrsg.), Die deutschen Sparkassen, S. 105 – 110.

Wüst, Wolfgang, Das Fürstbistum Augsburg. Ein geistlicher Staat im Heiligen Römischen Reich Deutscher Nation, Augsburg 1997.

Wysocki, Josef, Eine utopische Sparkassenidee aus dem Zeitalter des frühen Absolutismus, in: Sparkassen in der Geschichte, Bd. 2 (1984), S. 95 – 122.

Wysocki, Josef, Land und Zeit 1836 –1986, Weilheim i. OB. 1986.

Wysocki, Josef, Untersuchungen zur Wirtschafts- und Sozialgeschichte der deutschen Sparkassen im 19. Jahrhundert, Stuttgart 1986.

Wysocki, Josef, Leben und Wirtschaft. Aus Wirtschafts- und Sozialgeschichte zum 150jährigen Gründungsjubiläum der Sparkasse Dingolfing-Landau, Stuttgart 1992.

Wysocki, Josef / **Pix,** Manfred, Was ging den Landrichter die Sparkasse an?, Neustadt a.d. Aisch 1982.

Wysocki, Josef / **Pix,** Manfred, Von der Sparanstalt zum Kreditunternehmen, Neustadt a.d. Aisch 1985.

Wysocki, Josef / **Pix,** Manfred, Aufstieg über Hindernisse, Neustadt a.d. Aisch 1988.

Wysocki, Josef / **Pix,** Manfred, Keine eigenen Wege!, Neustadt a.d. Aisch 1995.

Zeitler, Walter, Mit 200 km/h durch den Landkreis – Geschichte und Entwicklung der Eisenbahn im Landkreis Augsburg, in: Pötzl, W. (Hrsg.), Bauern – Handwerker – Arbeiter, S. 263 – 279.

Zeitler, Walther/**Hufschläger,** Helge, Eisenbahn in Schwaben. 1840 bis heute, Stuttgart 1980.

Zorn, Wolfgang, Handels- und Industriegeschichte Bayerisch-Schwabens 1648 – 1870. Wirtschafts-, Sozial- und Kulturgeschichte des schwäbischen Unternehmertums, Augsburg 1961 (Studien zur Geschichte des bayerischen Schwabens, Bd. 6).

Zorn, Wolfgang, Bayerns Geschichte im 20. Jahrhundert. Von der Monarchie zum Bundesland, München 1986.

Oral History

Interviews mit Vorstandsmitglied (i. R.) Alois Kerschbaum am 7.8., 21.10.1997 und 17.2.1998. Interviewer: Dr. Richard Merz.

Interview mit Abteilungsleiter Organisation (i. R.) Wilhelm Meitinger am 10.3. 1998. Interviewer: Dr. Richard Merz.

Interview mit Abteilungsleiter Wertpapier Johannes Rottenegger (i. R.) am 11.2.1998. Interviewer: Dr. Richard Merz.

Befragung Johann Kopp, Leiter Personalabteilung, am 4.2.2005.